军事情报学

（修订版）

闫晋中　著

时事出版社

故明君贤将，所以动而胜人，成功出于众者，先知也。先知者不可取于鬼神，不可象于事，不可验于度，必取于人，知敌之情者也。

——《孙子兵法·用间篇》

目 录

绪 论

本书研究的是军事情报学，它研究的是军事领域的情报理论和实践。军事情报学属于军事科学的范畴，而军事科学是研究战争和战争指导规律、战争准备与战争实施的知识体系。因此，我们要对军事情报学有一个全面系统的高层次理性认识，在研究军事情报学之前，我们有必要叙述一些最基本的概念以及它们之间的相互关系，如战争、政治、军事、经济、和平等。这样将有利于我们对军事情报学的目的、任务、方法等问题有进一步明确的认识。我们可以这样概括：军事是实现战争的条件，战争是政治的继续，政治是经济的集中表现，经济是各阶级的根本利益。下面我们就有关概念作一论述。

（一）什么是战争

《中国大百科全书·军事卷》给战争下的定义是：战争是“人类社会集团之间为了一定的政治、经济目的而进行的武装斗争。这是一种特殊的社会历史现象，是用以解决民族与民族、国家与国家、阶级与阶级、政治集团与政治集团之间矛盾的最高的斗争形式”。

马克思主义的战争观认为，战争不是从来就有的，也不是永恒的。战争只是在社会生产力和生产关系发展到一定阶段的产物。当生产资料私有制产生、阶级出现和国家形成以后，才出现压迫和反压迫、侵略和反侵略的战争。战争的性质，在阶级社会只有正义战争和非正义战争两大类。无产阶级奋斗的目标，就是要努力发展生产力，提高人民的生活水平，逐步消灭阶级差别，消灭作为阶级统治工具的国家，进入共产主义社会，最终消灭战争。

（二）战争与军事

战争是为了达到一定的政治、经济目的而进行的武装斗争。战争的实质就是一定的阶级、国家、政治集团的政治通过暴力手段的继续。战争是人类社会发展到一定的历史阶段的特殊社会现象。马克思把战争放到社会经济基础上来研究，认为战争和军事是一个历史范畴，有它产生、发展、消亡的过程。战争不是永恒的社会现象。阶级社会的战争是私有制和剥削阶级的产物。毛泽东运用辩证唯物主义和历史唯物主义的世界观方法论提出，战争是“从有私有财产和有阶级以来就开始了的，用以解决阶级和阶级、民族和民族、国家和国家、政治集团和政治集团之间，在一定发展阶段上的矛盾的一种最高斗争形式”。战争的初始形态是原始社会晚期部落或部落联盟之间为争夺生存条件而引起的暴力冲突。随着生产力的发展，私有制和阶级的出现，产生了暴力统治工具——国家。战争的性质逐步发生了变化。进入阶级社会后，战争便成为阶级与阶级、民族与民族、国家与国家、政治集团与政治集团之间矛盾斗争的最高形式，成为政治斗争的最后手段。各阶级、国家、政治集团为了取得战争的胜利，维护本阶级、国家、政治集团的政治、经济利益，必须进行各种准备和实施战争的活动，于是产生了准备和实施战争为中心的社会活动——军事，同时产生了专门从事武装斗争的社会集团——军队。

军事是“直接有关武装斗争的事项的统称”（《中国人民解放军军语》）。诸如武装力量的组织、训练和作战行动，武器装备的研制、生产和使用，战略战术的研究和运用，战争物资的储备和供应，国防设施的计划和建造以及军事科学的研究，这些都属于军事的范畴。

军事是直接决定战争胜负的因素之一。要想取得战争的胜利，一是要有强大的军事实力；二是要有驾驭战争的能力。这就必须建设一支强大的军队，拥有优良的武器装备及强有力的后勤保障，同时也要有先进的军事思想、正确的作战指导等等。

战争不是从来就有，也不会永远存在，而是一种特殊的社会现象，但只要阶级不消灭、国家不灭亡，战争就不可避免，军事就有必要存在，而且必须给予高度的重视。军事上的强大，就意味着国家、阶级、集团的根本利益有了保障。

同时，我们还要认识到，军事不是孤立的活动，它涉及国家的政治、经济、科学技术、文化教育以及意识形态等各个方面，既受这些因素的制约，又对它们发生不同程度的作用，如政治的性质和目的，决定军事的性质和任务；军事的优劣成败，又直接关系到政治目的是否能实现。经济是军事的物质基础，经济实力的大小，制约着军事力量的规模和武器装备更新的速度；军事活动又对经济发展产生或促进或延缓的影响。科学技术、文化教育的水平，直接关系到军事素质的高低，军事又给予科学技术、文化教育的发展以积极或消极的影响。由此可知，军事关系到整个社会的各个方面，是与人类社会生活密切相关的。战争是一种综合实力的较量。

战争与军事，互相依存，互为作用：一方面，战争的发展对军事不断提出新的问题，军事必须在理论和实践上满足战争的需要，接受战争的检验。另一方面，军事的进步又对战争的方式、方法、进程和结局产生重大的影响。现代化的战争必须要求军事的各个方面现代化反过来，军事的现代化，也会促进战争的现代化。

（三）战争与政治

战争是政治的继续。那么什么是政治？关于政治，列宁有两个重要定义。第一个定义是："政治是经济的集中表现"；第二个定义是："政治就是各阶级之间的斗争"。这两个定义的内涵是统一的。应该这样理解，任何一个阶级、集团的最根本的经济利益都表现为政治。因为只有通过政治，各阶级的根本利益、根本需要才能集中地表现出来。在阶级社会中，各阶级、集团的根本利益，总是通过它们之间的矛盾斗争表现出来的，这种矛盾斗争就是政治斗争。所谓政治斗争，就是各阶级、集团为了实现其经济利益，而进行的夺取政权和巩固政权的活动，为此而实行的对内、对外的全部政策和策略。其中，政治斗争最根本的问题是夺取国家政权，维护本阶级的经济利益。通俗地讲，在阶级社会中，政治就是各阶级、集团为维护和发展本阶级的经济利益，而处理阶级、集团内部与其他阶级、集团之间的关系所采取的直接的策略、手段和组织形式。总之，经济利益是各阶级的根本利益，集团与集团的关系、阶级与阶级的关系，是由其经济地位决定的，政治的本质就是经济的集中表现。从事政治活动必然以经济利益为根本目的，并受这个目的的规定和制约。

政治是社会上层建筑的重要组成部分，是由经济基础决定的，并为经济基础服务。各阶级、集团之间的经济地位决定他们之间的关系，从而也就产生了他们的政治地位。政治最深刻的根源是他们的经济利益。政治活动从来就是在经济活动的决定下形成的。各阶级、集团的根本经济利益，首先表现为政治利益。因此，一方面，任何一个阶级、集团为了实现或保护自己的根本经济利益，必须进行政治斗争，夺取或巩固政权。另一方面，任何一个阶级、集团也只有取得并掌握了国家政权，取得了统治地位，才能对整个社会进行全面的管理，并贯彻、执行其方针政策，以达到维护其根本利益的目的。国家作为一个阶级统治另一个阶级的工具，是统治者实现其政策、维护其利益的保证，而国家最主要的专政机器是军队。政治要以军事作为其坚强的后盾和基石。当统治者的政策在执行中受到阻碍的时候，当阶级矛盾、民族矛盾尖锐化，用和平的方式不能达到各自的目的、矛盾发展到不可调和的时候，就要诉诸武力，就只有通过政治斗争的最高形式——战争，运用军事手段来解决，即企图以战争达到政治目的。所以说，“战争是政治的继续”。

革命的战争是扫清革命道路上的障碍，是革命的政治的继续；霸权主义进行的侵略战争则是夺取世界霸权、区域霸权的政治的继续。政治决定战争的性质，对战争的胜负起着重要的作用。反侵略战争是正义战争，符合历史的发展和大多数人的根本利益。侵略战争是非正义战争，不符合社会历史和大多数人的利益，最终是要失败的。我们说战争是政治的继续，但战争并不等于一般的政治，它是政治的特殊手段的继续。战争本身有自己的规律。它有一套特殊的组织——军队及其指挥系统；特殊的方法——战略战术；特殊的过程——攻防进退的交替运用等。战争与政治紧密联系，政治规定和影响着战争，要在认清战争性质、规律的同时，正确实施战争，善于运用武器装备，制定正确的战略战术，把握战争的主动权。

（四）战争与经济

战争是政治的继续，而政治则是经济的集中表现。战争的胜负是以经济为基础的。战争总是和敌对双方的经济利益联系在一起的。在阶级社会里，战争的终极原因是为了争夺和维护某个国家、民族、政治集团的经济利益。经济，归根到底是战争的动因，任何一次战争都是以对抗性的阶级关系为特点的社会经济关系的产物。任何战争都是基于不同的阶级、国家的经济利益发生的，都是以经济制度为基础的。战争的发生受经济制约，进行战争的方式方法又和参战国的经济基础有密切关系。这里说的经济，是指参战国的生产力发展水平和生产关系的性质。它直接决定着进行战争的方式方法，即战略战术。恩格斯说："装备、编成、编制、战略和战术，首先依赖于当时的生产力水平和交通状况。"生产力发展水平通过给军队提供所需的物质资料，特别是提供武器装备，对战争发生影响。武器随生产的发展而发展，作战方法随武器改变而改变。武器发生质的飞跃时，必然导致作战方法的革命性变革。当武器处于量变阶段时，也会引起作战方法的相应改变。战争必须有军队，军队必须有战斗力，而战斗力是由人和武器两个因素构成的。如果说，生产力发展水平通过武器因素作用于战争，那么生产关系的性质则通过人的因素即对战争的态度，对战争发生影响。

经济对战争的影响，是随着生产力的增长和生产的发展而逐渐加深的。战争不仅是武装斗争，同时也是经济竞争。经济力量是军事力量的基础，暴力本身就是一种经济力。因为暴力不单纯是意志行为，它要求有促进意志行为实现的非常现实的前提，特别是武器装备。生产武器装备需要生产资料，而生产资料是通过经济活动取得的。经济是武器装备生产的基础，有什么样的经济，就有与之相适应的武器装备。经济条件是武器装备发展的直接的、决定的因素。它通过武器装备的发展，对整个战争的进程和结局产生极其重要的影响。在现代战争条件下，经济已直接成为战争的手段之一。

战争的胜利首先取决于军事力量，军事力量是由人和武器构成的。经济除对武器装备有直接影响外，人的因素也是以一定的经济条件为前提的。因为武装人员的数量和质量，是受国家人力资源和经济能力制约的。生产力发展水平高，劳动生产率也就高，从事物质资料生产的人就少，军队人员数量和战时最高动员量也就多。军队的质量也最终决定于一定的社会经济条件，军队的人员是来自社会经济各个部门的社会劳动力，而他们的质量，首先受生产力发展状况制约。一般地讲，劳动力的身体素质和文化教育程度与生产力发展水平成正比。生产力愈发达，生活水平、医疗卫生和文化教育水平就愈高，劳动力的身体素质也就愈好，军队的整体素质也就愈高。此外，人们总是生活在特定的生产关系之中，人们的生活条件、教育条件和精神状况都受到生产资料占有关系的制约，也就是受到社会经济制度的制约。战争依赖于经济又对经济具有反作用力：一是积极作用，战争产生革命，革命的战争能打破旧的上层建筑，改变旧的生产关系，解放社会生产力，为社会经济复兴和发展创造条件，推动科技发展，促进经济交流；二是消极作用，战争大量消耗和毁灭生产力，战争对经济的破坏程度，随着武器装备的发展、战争规模的扩大而日益严重。总之，战争必须以经济为基础。在某种程度上，经济决定战争的性质，决定战争的方式方法，决定战争的胜负，决定战争的进程与时间，战争需要的武器装备、军事人员以及具体的诸如通讯、交通、军需用品等，都与经济的发展状况密不可分。

经济是战争的物质基础，是战争胜负的决定因素之一。军队的编制和武器装备、军队的费用和物资消耗、战争规模和持续时间、战争的进程和结局等，都依赖于经济条件，依赖于人力、物力、财力的支持。战争愈现代化，对经济的依赖性就愈大。正因为经济是军事的基础，所以当战争爆发时，敌对双方都力求破坏、摧毁或利用对方的经济，从根本上摧毁对方的战争机器。

战争是力量的竞赛，是科学技术的竞赛。科学技术也是生产力。从工业革命尤其是20世纪以来，战争向科学技术提出需求，科学技术往往在战争中首先得到运用，如雷达、核技术、电子计算机等，最初都是适应战争的需要而出现的，并首先运用于军事。战争的历史证明，科学技术的发明，一旦运用于军事，必然引起战争方式的变革，如火药的发明和运用于军事，使战争从使用冷兵器转变为热兵器，军队的战斗队形由密集队形转变为散兵队形。内燃机、飞机的发明和运用于军事，使军种、兵种的结构编组发生很大变化，使地面战争发展成立体战争。核技术的发明和运用于军事，使战争涉及的范围和破坏杀伤力空前增大，出现了许多不同于常规战争的新特点。随着科学技术的发展，新的技术不断运用于军事领域，战争对科学技术的依赖性增大，现代条件下的战争，对生产力发展提出了更高的要求，经济因素在战争中的作用也更加重要。

（五）战争与和平

“战争是和平时期政治的继续，和平是战争时期政治的继续”（《列宁选集》第2集，第915页）。在人类历史发展中，战争与和平是互相渗透和相互转化的。“国虽大，好战必亡。天下虽安，忘战必危。”（《司马法·仁本第一》）说明了战争与和平相互包含、相互渗透的哲理。战争与和平在一定条件下能互相转化，有时战争是不可避免的，而和平也和战争一样，在人类生活中，也是应该努力争取的，但和平并不是天下太平无事，而是指运用非暴力手段进行斗争，即和平斗争，是斗争形式的转换。和平斗争是暴力斗争的必要准备，和平斗争必须以暴力斗争作后盾。战争与和平密切相关，两者相互影响，相互渗透。战争给人类带来灾难，但对下一个和平也发生深刻的影响，如巩固民族团结、刺激经济发展、加强文化交流等。反之，在和平稳定的环境中，如果人们失去警惕，看不到战争因素的蔓延和增长，不去备战，也可能招致新的战争的发生。长久和平的实现，只有通过不断地增强自己的经济和军事实力，做好防止新战争爆发的充分准备，才能有效地制止战争。对战争有了充分的准备，即使战争爆发，也能最大限度地减少战争给人类带来的灾难。

第二次世界大战后的经验证明，在全球范围内，存在着战争与和平两种尖锐对立的力量。超级大国谋求世界霸权，在各个领域展开激烈争夺，导致国际局势动荡不安。军备竞赛的不断升级，严重威胁着世界和平。这是现代战争的危险根源，也是战争力量增长的具体体现；但另一方面，世界各国人民，包括超级大国国内的人民，都渴望和平，反对侵略战争，因而形成了一股世界和平的潮流，这是和平力量增长的具体体现，和平和发展成为时代的主题。虽然争取和平的任务十分艰巨，但当前世界和平力量的增长，超过了战争力量的增长，这使防止新的战争发生成为可能。

阶级社会的和平是与战争相伴随、相交结的，是政治的一种表现形式，它存在于两次战争之间。这种和平，也包含着政治、经济的矛盾，包含着阶级、集团之间的斗争，孕育着战争。

战争是以暴力手段继续执行交战国统治集团早在战前就已执行的那一政治。战后和平的第一个标志——和约，就是以战争时期的政治为根据，以战争时期所造成的交战各方力量对比的变化为条件产生出来的。

战争与和平，是政治的两种不同形式。因为政治在不同的历史时期所处的社会环境不同，政治矛盾的激烈程度也是不同的。在一定的社会历史环境中，政治矛盾比较缓和，它就以比较平稳的方式发展，表现为和平形式；而在另一社会条件下，政治矛盾剧烈、激化，政治就不能用和平方式继续发展了，就要采取外部冲突和对抗的方式继续发展，这就表现为战争形式。

战争与和平表现形式不同，但受同一政治的驱使，具有同一政治的特性。

战争中包含着和平的因素，和平中包含和孕育着战争因素，正因为战争包含着和平的因素，才能在战争中出现和平，同样，正因为和平中包含着战争的因素，在和平时期就存在不同阶级、国家、民族和集团的政治、经济利益上的对立，存在着战争的危险，所以，在一定条件下就可能爆发战争。战争与和平，是可以互相转化的。社会政治经济上的矛盾和发展是不平衡的，政治、经济矛盾的发展必然引起社会上其他各种关系和矛盾的变化。政治、经济矛盾的激化，可以引起其他社会矛盾的激化，从而造成社会动荡、混乱纷争，导致战争发生。

某一集团和阶级的经济实力与力量和它的政治地位、权利不相适应时，它必然要通过各种方式和手段来获得这些地位和权利，如果这一要求受到阻碍，它最终要用经济上的实力通过战争来达到。谁的经济实力、军事实力强，谁就能在政治上处于支配地位，就会有较大的势力范围。纵观历史，在以下情况下可出现和平：一是引起战争的那些政治、经济矛盾得到了缓和或解决；二是一方达到了目的，另一方在军事上失败，屈从于对方的意志，被迫签订和约；三是双方妥协，两败俱伤；四是出现新的均势；五是找到了解决问题的新途径；六是和平力量壮大。而人类要从根本上消灭战争，必须靠整个社会的进步和发展。

以上我们运用辩证唯物主义和历史唯物主义的观点，对战争、政治、军事、经济、和平等问题进行了探讨，目的是让我们在纷繁复杂的现实环境中，保持清醒的头脑，充分认识政治斗争和军事斗争的长期性、复杂性，军事斗争的必然性和必要性，充分认识军事在社会生活中的地位和作用，从而进一步认识军事情报的重要性，更好地保卫我国社会主义制度，保卫无产阶级专政，保卫我国神圣领土不受侵犯，为我国社会主义建设做出应有的贡献。

我们从历史的高度和理论的高度，探讨了有关军事的基本问题，那么，我们下面就开始讨论军事情报学的基本概念及其相互关系。我们先从情报概念开始。

一、情　报

（一）情报的定义

目前国内外对情报一词的解释，五花八门，还没有统一的定义。为了研究探讨方便，我们根据情报一词的演变过程划分，大致可分为传统定义和现代定义。

1. 传统定义

传统的情报定义指的就是军事情报。《辞海》的不同版本对情报的定义主要指的是军事情报。1915 年出版的《辞海》把情报解释为："军中集种种之报告，并预见之机兆，定敌情如何，而报于上官者。"1939 年出版的《辞海》说："战时关于敌情之报告，曰情报。"1965 年出版的《辞海》对情报的解释是："对敌情和其他有关对敌斗争情况进行分析研究的成果，是军事行动的重要依据。"1979 年出版的《辞海》对情报作如下阐述："情报是以侦察手段或其他方法获得的有关敌人军事、政治、经济等方面的情况以及对这些情况进行分析研究的成果。是军事行动的重要依据之一。”

2. 现代定义

现代对情报的解释多是从图书馆学、档案学等方面作出的，是引申扩大了的情报概念，流传较广的是“信息”论和“知识”论。

我们认为，情报就是知识，是为解决特定问题而所需要的知识，是通过传递而满足需要的知识。

探讨情报的定义，目的在于揭示情报的本质和规律，以指导情报实践。

（二）情报的基本属性

情报作为一种特殊的社会现象，有其本身固有的属性：

1. 知识性是情报的本质属性

人们在各种活动中，搜集、传递、利用情报的目的在于了解情况，解决问题。反映客观事物的情报，无论是“战时关于敌情之报告”还是“传递中的知识”都是对客观事物的描述，是人们对客观事物的感性认识，是感性知识。运用科学的方法对各种复杂的情报素材进行综合分析判断，是对客观事物的理性认识，是理性知识，所以说，任何情报都是知识。知识性是情报的最主要的本质属性。

2. 传递性是情报的基本属性

一切事物都是可知的、运动的。情报的传递性有两方面含义：一方面，情报是可以通过一定的手段获得；另一方面，情报必须通过一定的物质形式进行传递。情报本身就是一个运动传递的过程。情报从搜集到使用，都是一个传递过程。只有经过传递，才能满足人们的不同需要。情报的传递性是情报的基本属性。

3. 选择性是情报的一般属性

人们搜集和利用情报都是有一定的目的性，具有选择性。情报的选择性主要表现在：搜集什么情报都是经过选择的；情报的搜集过程也是一个选择的过程，人们不可能什么都搜集，只能搜集最重要和最有用的；情报的分析研究也是一个选择的过程；情报的搜集手段也是经过选择的；使用情报也是一个选择过程；情报的传递方向也是有选择性和针对性的。可以说，情报就是一个选择的过程。

情报除上述属性外，还有其他一些属性：

(1) 情报与载体的紧密性。情报必须借助文字、符号、图像、磁性材料等载体记载，并通过声、光、电等物质载体进行传送。

(2) 情报的价值性。情报是为使用者服务的。情报必须满足使用者的需要，具有使用价值。情报反映的事物愈充分、全面、系统，价值就愈大；可靠程度愈高，价值也就愈大。总之，情报价值的大小取决于对使用者的有用程度。

(3) 情报的社会性。情报来源于社会，存在于社会之中，情报价值的高低会在社会实践中得到验证。

(4) 情报的积累性。对事物的认识，不可能一下子就认清，要经过不断反复的认识，经过长期观察研究分析，才能掌握其本质规律。

(5) 情报的离散性。情报是从一点一滴中搜集起来的，是经过分析判断的产物，由于种种原因，大部分情报素材都是分散的，有的甚至是只言片语，这就要求我们有较高的分析研究水平，从大量离散的、不连贯的材料中，提炼出有用的情报来。

(6) 情报的广泛性。情报是一种社会现象，它反映的内容，包括社会生活的各个方面，如军事、政治、外交、经济、文化、科学技术等。特别是在情报已成为各门学科之间相互渗透交叉的边缘学科之后，搜集分析研究情报更需要广博的知识。

(三) 情报的分类

根据不同的标准和方法，情报可划分为不同的类型：

按情报内容的性质，可分为政治情报、军事情报、经济情报、外交情报、科技情报等；按获取的方法和途径，可分为公开情报、秘密情报、人力情报、技术情报等；按情报的时效，可分为动态情报、基础情报、预测情报等；按情报的加工程度，可分为一次情报、二次情报、三次情报等；按情报的载体，可分为文字情报、声像情报、实物情报等。以上情报种类还可根据一定的标准进行更为详细的划分。

二、军事情报

(一) 军事情报的定义

《中国大百科全书·军事卷》对军事情报作出的定义是：“为保障军事斗争需要而搜集的敌对国家、集团和战区的有关情况以及对其研究判断的成果。它是制定战略方针、国防政策和各级指挥员定下决心、指挥作战的重要依据。”

《中国人民解放军军语》对军事情报下的定义是：“已获得的

敌方军事、政治、经济、科学技术、地理等方面的情况。是指挥员定下作战决心的重要依据。情报必须经过分析判断才能使用。”

这两个定义是目前国内军事领域最权威的论述。我们认为，军事情报应该这样理解：军事情报是直接为军事斗争服务的，与军事斗争密切相关的政治、经济、科学技术等方面的情报是军事战略情报。军事情报是军事情报单位和人员有组织有计划地通过各种侦察手段和途径获得的有关情况。获取的有关情况都有其特定的使用目的，是有组织有计划地针对某一特定对象进行搜集的，主要是运用军事侦察手段获得的情况。严格地讲，运用各种手段获得的情况，原则上只能称为情报素材，必须经过识别、选择、分析研究，作出判断后，才能成为真正意义的军事情报。本书将以上述定义和理解为依据，展开对军事情报的研究。

(二) 军事情报的特征

军事情报具有明显的特征：

1. 激烈的对抗性。敌对的双方为取得军事上的胜利，一方极力通过各种手段、方法搞清对手的情况，另一方则千方百计保护自己的秘密。军事斗争中，谁的情报工作搞得好，谁就多一分胜利的把握，具体表现在激烈的情报与反情报斗争中。从军事情报的产生发展以及趋势都可以看出军事情报斗争的激烈对抗性。

2. 严密的组织性。军事情报斗争源远流长，情报手段千奇百怪，但各国都秘而不宣。从古至今，都有一整套的情报组织机构和经过专门训练的情报人员，具有高度的组织纪律性。任何情报活动都是通过专门的机构和人员进行的。

3. 影响的深刻性。军事情报是供给指挥员决策使用的依据之一，情报质量的高低，直接影响到决策的正误。小的可影响到一次战斗的胜负，大的可影响到国家的存亡。历史上此类事例很多。

4. 明确的目的性。情报是为了战胜对方而进行的活动。搜集什么、如何搜集，都是为了特定目的而进行的。军事情报直接为军事服务。战略、战役、战术侦察都是围绕军事斗争而进行的情报活动。

（三）军事情报的分类

军事情报通常按目的和范围分为：战略情报、战役情报、战术情报。根据军事情报的不同用途，还有许多分类：按军种可分为：陆军情报、海军情报、空军情报；按兵种可分为：步兵情报、炮兵情报、工程兵情报、防化兵情报等；按情报产生的空间可分为：地面情报、空中情报、海上情报等；按情报的来源可分为：部队侦察情报、技术侦察情报、人民群众侦察情报等；按情报的时效可分为：基础情报、动向情报等。以上分类还可根据不同的需要，按一定的标准进一步划分，如战役情报还可根据不同的作战方式分为：进攻战役情报、防御战役情报、运动战役情报等。划分情报的种类，目的是为了使用和研究方便。

三、军事情报与军事侦察

（一）什么是军事侦察

军事侦察，简称侦察。《中国大百科全书·军事卷》的定义是："为获取军事斗争所需敌方或有关战区的情况而采取的措施。它是实施正确指挥，取得作战胜利的重要保障。"《中国人民解放军军语》的定义是："军队为获取敌情、地形和有关作战的其他情报而采取的行动，是军队作战行动的重要保障。”《苏联军事百科全书·战争理论卷》对侦察是这样解释的：“对某些预想的或正在交战的敌对国家和国家联盟的军事政治情况，武装力量和军事经济潜力，军队集团的编成、态势、状况、行动性质和企图以及战区等情报资料的获取、搜集和研究，是战斗行动保障的一种类型。各级指挥部和司令部组织均应并在任何情况下实施。”目前世界各大国对“军事侦察”一词的解释有所不同，但其基本内容是一致的。简单概括地说，军事侦察就是为获取军事情报而采取的措施和行动。

(二) 军事侦察简史

古代的军事侦察，主要是由军队指挥员以自己的感官对战场进行直接观听来判断敌情，后来发展到派出人员至前沿或敌后进行侦察。现代的军事侦察有了很大提高，特别是19世纪末20世纪初，出现了无线电技术侦察、雷达侦察、航空侦察和潜艇侦察等手段。二战以后各种技术侦察手段得到广泛的应用和发展，出现了航天侦察和各种遥感侦察等手段，军事侦察向新的水平发展。随着侦察技术、侦察器材的发展，侦察手段不断增多，侦察范围不断扩大，侦察的内容和范围也不断丰富和发展。

(三) 军事侦察的分类

军事侦察一般按以下几种依据分类：

按任务范围分为：战略侦察、战役侦察、战术侦察；按活动空间分为：地面侦察、海上（水中）侦察、空中侦察、航天侦察；按活动方式分为：武装侦察、技术侦察、谍报侦察等；按服务对象分为：炮兵侦察、工程侦察、防化侦察等。

（四）军事侦察的原则要求

军事侦察通常由指挥员和指挥机关组织实施，目的在于查明有关国家、集团及战区的军事和有关的政治、经济、社会、科技、地理、气象等情况。组织实施侦察都要根据指挥员或指挥机关在平时和战时的多种要求和需要来开展侦察，如战略侦察，是由统帅部或负有战略侦察任务的指挥机关组织实施的侦察，目的在于获取有关国家安全和战争全局所需的情报，运用的主要方式和手段有：谍报侦察、武官调研、航天侦察、无线电侦察、战略预警侦察等。战役侦察则是由战役军团指挥员和司令部组织实施的侦察，主要是为了获取战役行动所需的情报。战术侦察是由兵团、部队、分队指挥员及其司令部组织实施的侦察，以获取战斗行动所需的情报等。

军事侦察的组织实施，必须根据侦察单位的任务和力量、手段等情况，综合运用各种侦察力量，包括专业部队、分队、作战部队、分队和民兵、人民群众的侦察力量，广泛实施侦察，充分发挥各军兵种侦察力量的整体作用，组织侦察协同，构成严密的侦察配系，建立畅通的通讯联络，始终保持与敌人的接触，不间断地监视敌人的动向。世界各国都重视军事侦察建设，广泛运用先进科学技术，综合研究和使用有关电磁、光学、声学、热辐射等技术侦察设备及运载工具，不断研制出新的多用途的侦察器材和装备，大力发展夜间侦察和实施侦察技术，进一步扩大侦察范围，提高军事侦察的时效性和准确性。

（五）军事侦察与军事情报的关系

军事侦察是为了获取军事情报而进行的各种活动，军事情报是军事侦察行动的目的和结果。侦察是手段，情报是目的，它们是相互联系的，没有侦察就没有情报，得不到情报侦察也就失去意义。军事侦察与军事情报又是有区别的，侦察是行动，情报是结果，但侦察与情报的最终目的是一致的，都是为了保障军事行动的胜利，是为军事斗争而服务的。

四、军事情报学

任何科学学科都是逐步发展的，都要经过产生、发展、完善、成熟的过程。研究社会科学的专家认为，一门学科具备了以下四个条件，就可以成为独立的学科。这四个条件是：

(1) 具有独立明确的研究对象；(2) 确立了与研究对象相适应的科学概念；(3) 提出了揭示该学科基本的理论或规律；(4) 具有本学科独特的研究方法。

我们以此为据来观察军事情报学作为一门独立的学科条件，目前已具备。军事情报历史源远流长，但作为一门独立的学科尚未完善，这是因为：军事情报本身是具有秘密性质的，虽然有许多理论著述，但都是泛泛而论，没有进行更深入系统的探讨；各国对军事情报的研究十分重视，但对军事情报理论的探讨，局限在一定的范围，影响了军事情报学研究的进程。

为加强军事情报的研究，我们目前有可能、有条件、有必要从理论上开展对军事情报的广泛研究。

军事情报学是研究军事情报现象及其规律的科学。换句话说，军事情报学是研究军事情报的搜集、研究、传递及其效用发挥的理论与方法的科学。揭示的是军事情报生产及如何利用情报的规律。军事情报作为独立的活动而存在，是军事建设中的组成部分，也是军事学术理论的一个重要组成部分。军事情报学作为一门学科，还有待于进一步研究和完善。

五、军事情报学研究的范畴

军事情报学所要研究的范畴，是反映军事情报的本质联系并在分析归类的基础上，提出本学科的一些基本概念，主要有以下三个方面：

1. 军事情报的内涵及其地位作用

军事情报作为军事情报学研究的主体，首先应搞清它的确切含义。搞清了军事情报的内涵与外延，才能把军事情报与近似的概念，如图书情报、科技情报等区别开来，才能明确本学科的研究方向及理论体系，才不至于把军事情报学混同成图书情报学、科技情报学或其他什么情报学。同时为了帮助人们了解军事情报学的自身价值，对军事情报的地位、作用，亦应从理论上进行阐述，使人们在了解军事情报地位、作用的过程中，通过思考、探索来加深对这一学科的认识。因此，军事情报的内涵及其地位、作用，必然成为军事情报学研究的基本范畴。

2. 军事情报基础理论

这是军事情报工作经验的总结与高度概括。它反映了军事情报的本质，反映了军事情报活动与其他军事活动的区别，不仅可为人们深刻地认识军事情报的规律提供了科学的根据，而且，还可以为人们的军事情报活动提供丰富的知识和可效仿借鉴的经验。

军事情报基础理论，作为一种独特的理论体系，具有其特定的研究内容，譬如军事情报学的出现，既不是偶然的，也不是人为的现象，那么，在理论上，就一定有其自己的渊源。军事情报学的理论来源又是什么呢？这都是需要寻根究底的。军事情报规律是军事情报主体、客体、外部环境相互作用的必然结果，它制约着一切军事情报活动，对在军事情报中起重要作用的规律，应上升到理论的高度去认识；军事情报原理、原则是对军事情报规律理性认识升华的结果，为人们的军事情报活动提供了可以遵循的依据和法则，在整个军事情报理论中起着核心作用，应该全面系统地去研究；军事情报活动是军事情报经验和军事情报理论巧妙结合的产物，是人类智慧的结晶，在战争中进行较量的敌对双方，谁要想获胜，就必须进行这种活动。那么，军事情报的奥妙何在呢？又如何去掌握和运用呢？客观条件对军事情报活动产生影响的主要原因有哪些？怎样利用有利因素克服不利因素等，这些问题都为军事情报学提供了研究的丰富内容，使军事情报理论，成为军事情报学一个重要的研究范畴。

3. 军事情报活动

军事情报活动，属于军事情报学应用理论的研究范畴。它是军事情报学中最生动、最富于创新性和实践性的部分。如军事情报搜集，是军事情报学中最主要的活动，是军事情报活动的中心和基础。那么，在搜集中应该注意什么呢，有何规律可循、经验可据？军事情报处理是提供可靠军事情报的关键，有何原则、方法以及军事情报的研究、报送等，这些都是军事情报学研究的范畴。

事物是不断发展的，随着时间的推移和人们对战争认识的不断深化，军事情报学还会遇到许多新的问题，如现代战争条件下情报的快速反应问题等，都需要人们去进一步研究和探索。范畴作为人类认识发展的历史产物，不可能是静止不变的，肯定会给军事情报学提出新的研究对象，来充实完善军事情报学的研究范畴。本书将主要从以上范畴展开对军事情报学的研究与探讨。

六、军事情报学的指导思想

军队和战争永远不会脱离政治而独立存在，不同的阶级、政党和不同性质的国家所代表的阶级利益和所实行的政策不同，因而军队的性质、军事工作的基本方针、国防建设的目的和内容也是不相同的。研究军事科学理论的指导思想也是受其制约的。

就我国来说，我们必须以马列主义、毛泽东思想来指导军事情报学的研究。在此基础上，必须坚持下述几个方面的理论与学说：

1. 坚持马列主义军事理论和毛泽东军事思想

马列主义军事理论是关于军事规律正确的科学思想的结晶，是辩证唯物主义和历史唯物主义原理与战争和军队的实践相结合的产物，是马列主义的重要组成部分。马列主义关于战争、军队、军事学说的基本观点，是我们研究军事情报学的基本观点。毛泽东军事思想是马克思主义、列宁主义军事理论与中国革命战争实践相结合的产物，是马克思列宁主义军事理论创造性的重大发展。我们研究军事情报学，只有在马列主义、毛泽东军事思想的指导下，才能正确把握研究方向，根据国际形势的发展、科学技术的进步和现代战争的新特点，从实际情况出发，研究军事情报的理论与实践问题，促进军事情报学的研究，指导军事情报实践。

2. 坚持理论与实践相结合的原理

研究军事情报理论，目的是为了找出军事情报的规律、原则、方法指导军事情报实践。我们研究军事情报理论的目的，就是为了用来指导军事情报的实践，军事情报理论的正确与否，必须在军事情报实践中加以检验，并在新的实践中不断补充发展、完善。正确的军事情报理论指导军事情报实践，这是因为，建立在马克思主义基础之上的军事情报学，才能全面、深刻地反映军事情报的本质，揭示军事情报的客观规律，能够使我们认识军事情报的特性、原则、方法，从而确立正确的方向、步骤、方针、政策和方法，在军事情报实践中达到预期的目的。所以，在军事情报研究中，必须坚持理论与实践相结合的原理。

3. 坚持以“实事求是”为核心的思想路线

“实事求是”的思想路线是进行军事情报实践的根本指导思想。军事情报实践是一种以敌情为主要对象的特殊活动，在这个领域，假象丛生、真假难辨、“声东击西”、“明修栈道、暗渡陈仓”等，都是常用来迷惑对方的欺诈手段。现代战争中，由于高科技的运用，斗争更为激烈。辩证唯物主义认为，世界是可知的，一切事物都是可以认识的。在纷繁复杂的情况面前，在详细占有客观材料的基础上，运用全面、联系、发展的观点，进行“去粗取精，去伪存真，由此及彼，由表及里”的分析研究，就可以揭示事物的本质。军事情报学所要研究揭示的就是军事情报的本质特性。

4. 坚持唯物辩证法联系和发展的观点

世界是普遍联系和永恒发展的。所谓联系就是事物、现象内部各要素之间以及不同事物、现象之间的相互依赖、相互制约、相互作用、相互影响的关系。所谓联系的普遍性，就是世界上一切事物都普遍地存在着相互影响、制约、依赖的关系。没有任何事物是孤立存在的，事物都是由各种要素相互联系构成的统一体，事物的联系是多样的，如内部联系和外部联系、本质联系和现象联系、必然联系和偶然联系、纵向联系和横向联系等。本质的联系就是事物发展的规律。只有坚持唯物辩证法联系和发展的观点，才能在纷繁复杂、零散、片断的情报素材中，提炼出有价值的情报来。

5. 坚持国家是阶级统治的工具的观点

坚持马克思主义的阶级和国家学说，是我们认识军事情报长期性和复杂性的基础，也可帮助我们认识军事情报的重要性。

从马克思主义关于国家学说的观点来看，军队是国家政权的主要成分，谁想夺取政权，并想保住它，谁就必须有强大的军队。我们必须清醒地看到：帝国主义是现代战争的根源。虽然国际局势出现相对的和平，但这是靠军事力量平衡来维持的。不同的社会制度之间、不同的国家之间还存在着许多矛盾甚至是尖锐的对立，国际局势还动荡不安，局部战争连绵不断，在这种情况下，军队要准备战争到来时，能够战胜敌人、抵抗侵略、保卫祖国，取得未来反侵略战争的胜利，在平时就要保持一定的威慑力量。加强武装力量建设是长期的，军事建设是长期的。军事学术的研究，将有利于促进军事建设，对军事情报的研究尤为重要。

军事情报学是一门实践性很强的学科，需要多方面引进和借鉴社会科学和自然科学、思维科学的先进方法与研究成果。引进、借鉴、消化和应用这些方法和成果，都离不开马克思列宁主义、毛泽东思想的指导，军事情报学也只有在这个前提下，才能不断丰富和完善自身的科学体系。

七、军事情报学的研究方法

马克思主义哲学为军事情报学的研究提供了根本方法，但具有本学科特色的专门科学方法尚在探索之中。目前，军事情报学研究中，使用较多的方法是：

(1) 哲学方法。辩证唯物主义和历史唯物主义是军事情报学的理论基础，对军事情报学研究具有指导意义。马克思主义哲学的基本观点，诸如物质观、意识观、运动观、时空观、矛盾观、战争观、政治观等，都是我们在进行军事情报学理论研究时必须遵循的基本观点，也是我们进行分析研究问题时的基本根据和标准。

(2) 系统方法。所谓系统，就是按照事物本身的系统性把对象放在系统形式中加以考察的一种方法，即从系统的观点出发，始终着重从整体与部分之间，整体与外部环境的相互联系、相互作用、相互制约的关系中综合地、精确地考察对象，以达到最佳的处理问题的方法。系统方法有三个显著特点：整体性，这是系统方法的基本出发点，它把整体作为研究对象，认为世界上各种对象、事件、过程都是一个合乎规律的由各部分组成的有机整体；综合性，其含义有二：一方面它认为任何整体都是由部分为特定目的而组成的综合体；另一方面它要求对任何对象的研究，都必须从它的成分、结构功能、相互联系方式、历史发展等方面作综合的系统的考察；最佳化，根据需要和可能为系统定量地确定出最优目标，并运用最新技术手段和处理方法把整个系统逐段分级，分成不同等级、层次结构，在动态中协调整体与部分的关系，使部分的功能和目标服从系统总体的最佳目标，以达到总体最佳化。军事情报学是一个复杂的系统，必须运用系统方法，从宏观和微观两个方面，考察研究与政治、经济、文化、社会、战争诸方面的关系以及军事情报学各部分之间的相互关系等。

（3）归纳法和演绎法。归纳是从特殊事实中概括出一般原理的推理形式和思维方法。它从个别的、单一的事物的性质、特点和关系中概括出一类事物的性质、特点和关系，是从特殊到一般的认识。归纳在科学研究过程中是一种重要的推理形式，也是人类从掌握到的客观事物中概括出一般科学原理的重要方法。在军事情报学中，归纳法也是常用的方法之一。在研究中往往从单一的、分散的特殊情报现象，归纳出一般性的规律，总结出军事情报学的性质、特点和关系等。

演绎是从一般到特殊，是根据一类事物都有的一般属性、关系、本质来推断该类事物中的个别事物所具有的属性、关系和本质的推理形式和思维方法，演绎推理或叫演绎法，有不同的种类：根据推理中的前提的数量，分为直接推理和间接推理。直接推理是由一个前提推出结论。间接推理是从几个前提中推出一个结论。演绎推理在人们认识过程中和科学研究中有着巨大的作用，它可以使人们获取新的知识，也可帮助人们论证某个问题。如用相关学科的比较成熟的一般原理，去推导军事情报学研究的个别结论。

（4）移植法。当代科学正在发生着深刻的变化。科学研究的目的和对象不再只是在各自的领域内创造知识，不再是自己设计自己、自己发展自己，而是在解决众多因素、高度综合的当代科学问题和社会问题的总发展和总设计中，协同地走上有目的有要求的自觉发展道路。在这种情况下，每一门学科所取得的成果都可以迅速地转移到其他学科中去，促进和带动其他学科的发展。各门学科共同的语言、概念和方法正在形成，当代社会和科学的综合发展特点要求我们必须运用多种学科知识和技术手段，才能解决我们所面临的种种问题，移植方法就是在科学整体化趋势的条件下诞生的科学研究方法之一。所谓移植法，就是将一个或几个学科领域的概念、原理、技术和方法移用到其他学科领域中去，为解决其他学科领域中所存在的疑难问题提供启发和帮助，促进科学研究得到新的发展，或为其他学科领域的研究提供新的解释、研究方法和手段。移植法不仅推动了本学科自身的发展，还可导致新的科学学科的产生、发展和完善。军事情报学的研究方法要完善和发展，适应现代科学发展的趋势，就必须注意移植其他学科成熟的理论和方法。

八、军事情报学与相关学科的关系

军事情报学是一门古老而又年轻的学科，有着自身的规律、研究对象和任务，同时又与许多学科有着千丝万缕的联系。进行军事情报学的研究，就必须一方面弄清本学科和一些相关学科的共性与个性，以示区别各自的基本属性，以免概念及其内涵的混淆；另一方面也不回避现实，需要虚心地吸收相关学科的一些好的理论、原则、方法和技术等，如系统理论、控制理论、信息理论与计算机科学技术等，让其既为别的学科服务，又让它为军事情报学服务。从而广泛协作、相互补充，发挥各自学科的优势。

学科之间的相互关系，可表现为多种关系。其中本质的关系是直接关联和间接的关联。直接关联是指学科之间的直接相互作用，常表现为派生关系、交叉关系、应用关系。间接关联是指学科之间的间接相互作用，常表现为中介关系、指导关系等。军事情报学作为一门学科，必然有它的相关学科，这些相关的学科，与军事情报学的直接关联和间接关联，都对军事情报学的发展产生着不同的影响。

（一）与军事情报学有直接关联的学科

（1）军事学。军事学是研究战争的本质和规律，并用于指导战争的准备与实施的科学。军事学的根本任务是从客观实际出发，透过极其复杂的战争现象，探索战争的性质和规律，从而预测战争的发生、发展及其特点，提出准备战争与实施战争的原则方法，赢得战争的胜利。然而，要了解研究作战对象国家的军事、政治、经济、地理、社会等情况，就必须要进行军事情报的搜集和研究。为了更好地指导军事情报实践，在总结经验的基础上，就产生军事情报的一些理论，产生了为军事情报实践而服务的军事情报学，用于指导军事情报实践。军事学与军事情报学是派生关系的相关学科。

（2）情报学。情报学是研究有关情报的搜集、整理、研究、服务的原理、原则与方式方法的科学。情报学是在情报实践的基础上，并在与其相关学科横向联系的过程中，为了适应现代科学技术迅速发展的需要而产生和发展起来的一门新兴学科。确切地说，我们现在通常所说的情报学，是科技情报学，就是社会上公认的产生于20世纪四五十年代的边缘学科。军事情报活动源远流长，军事情报论著博大精深，但真正把军事情报活动从理论上加以总结，作为一门专门的学科进行系统研究，还是近几年的事。随着科技情报学、社会情报学、军事情报学等部门学科的成熟，为情报学的最终形成创造了有利条件，提供了许多基本的原理、原则和方法。军事情报学作为一门学科，有必要借鉴科技情报学、社会情报学等学科的研究成果，来丰富发展完善自己的理论体系。

（3）指挥学。军队指挥学，是研究军队指挥规律和方法的一门学科。军队指挥学的基本任务是：研究指挥的基本内容、特点及要求、指挥规律、原理原则及应掌握的艺术；指挥的类型及方式方法；指挥系统的组成及功能；在指挥过程中指挥员应把握的几个环节；军种指挥、后方指挥、合成指挥等。军事指挥水平的高低直接关系到战争的胜败。随着现代高技术不断运用于军事领域，迫使作战方式发生了革命性变革，给现代指挥也带来了新的困难。而解决这些问题，首先要获取决策的依据——军事情报。20世纪60年代起，卫星系统开始广泛运用于指挥系统，现在一些发达国家的卫星侦察、监视、预警等系统，可不间断地监视全球各个地区军事活动，使得军事指挥员获取情报的地域范围，由过去的几十平方公里扩展到几万甚至几十万、上百万平方公里。同时由于新兵器广泛运用于战场，获取情报的对象，除了过去应该掌握的作战企图、兵力部署、工事设施、地形、气候等情况外，还必须重点了解对方拥有的大规模杀伤武器、核武器及有关辐射、化学、细菌武器的数量、部署和电子战技术设备等情况；加上卫星、激光传真、数据通讯技术的运用，加快了军事情报传递的速度，情报量成倍大量增加，给指挥员筛选情报、掌握运用情报进行决策带来了困难。同时，侦察、情报、传输、决策技术的高度发展，更加快了作战速度；战场情况，瞬息万变，给指挥员控制战场带来了困难和不便。现代战争的特点，更加突出军事情报在军队指挥中的作用，研究军事情报学的目的是为军事决策服务。军队指挥学也为军事情报学的研究定了向。

(4) 军事预测学。军事预测学是以军事发展变化基本规律为依据，以预测军事发展前景为目标，综合运用各种科学预测方法，揭示和描述未来军事发展的各种可能，为人们选择、设计和创造未来军事行动对策服务的科学。军事预测学研究内容主要有：军事政治预测、军事战略预测、战役战术预测、军事经济预测、军事技术预测等，军事情报学必须运用军事预测学的科学预测方法，对军事情报进行研究分析，对情报作出科学的预测，更好地为军事决策者服务，同时也完善了自身的研究方法论。

（5）情报心理学。情报心理学是运用心理学原理来研究情报产生、传播、利用过程中心理活动现象和规律的科学。情报心理学的主要内容是情报人员和情报使用者的心理问题、情报工作管理和教育的心理问题。军事情报学离不开对军事情报人员、使用者的研究；心理活动贯穿于整个情报搜集、研究、报告的过程，情报人员、使用者的心理状态、气质、性格也直接影响到情报的研究和使用。掌握情报人员、使用者的心理特点及其规律，对军事情报学的意义更为重要。军事情报活动的主体是人——情报人员和情报使用者。凡是有人参与的活动，都存在心理问题，军事情报活动不仅伴随着特殊的心理活动，而且心理活动对军事情报活动还起着特别巨大的能动调节作用。因为军事情报活动是一种特定的知识或思想交流，心理则是人脑的机能，是客观现实在人脑中的反映，从本质上看，军事情报活动是情报人员与情报使用者的心理交流或知识交流。军事情报活动受参与者个人世界观的强烈影响，特别是受某一阶级、阶层或集团的意志的影响。军事情报活动心理研究是在掌握军事情报基本理论的基础上，运用心理学的一般原理和方法，来研究军事情报搜集、加工、研究和利用的过程中人的心理现象和心理活动的特点与规律。对军事情报活动心理的研究不仅能为揭示军事情报的本质与特征、活动规律与特殊要求提供新的理论，而且为提高军事情报活动水平和效能打下扎实的基础，同时也丰富了心理学的内容。

（二）与军事情报学有间接关联的学科

（1）哲学。哲学是关于世界观和方法论的科学，是关于客观世界一般规律的科学。军事情报学与哲学的关系密切。哲学的内容也深入渗透到军事情报学的基本理论问题研究之中，军事情报学是对军事情报现象和本质的认识，辩证唯物主义帮助我们揭示军事情报与认识、知识的联系与区别，提高知识和智力水平。研究军事情报学，还受到人的世界观的强烈影响，军事情报学领域的研究者，都要受一定的哲学理论的支配。马克思主义军事哲学是运用马克思主义的哲学原理对各门具体军事学科的抽象、概括和总结，是军事情报学研究的指导理论和方法。

（2）语言学。语言学是研究语言现象和规律的科学。语言学研究的内容主要是语音、语义、语法三个部分。语言是人类最重要的交际工具，只要有人类活动的地方就需要语言。语言活动深入人类社会生活的一切领域。语言是思维的工具，思维是指对客观事物进行比较、分析、综合加工认识的能力。人们认识客观事物、形成概念，必然用语言来确切表达。认识的成果，也只有在语言的基础上记载、传播交流。军事情报学也是由人类进行的研究活动，情报的搜集、分析、研究都离不开语言。表达一定的观点、看法，也都是在语言的基础之上。军事情报学是研究在军事领域传递交流的学科，语言是人类交际最重要的工具。记录语言的符号——文字，是语言运用最一般的方式。军事情报活动就是对一定语言内容的表达、吸收、理解的过程。总之，语言学是研究军事情报学的基础，研究军事情报学的语言问题，是军事情报学的新兴课题，随着科学技术的发展，不仅要研究普通意义上的语言学，还要研究模糊、社会、心理、工程、信号语言学等，从中吸收营养，促进军事情报学的深入发展。

（3）逻辑学。逻辑学是研究思维的科学。思维是人脑对感性材料进行加工，将客观事物反映为精神事物的活动。这一活动包含相互对立统一的两个方面：思维运动和思维形式。思维运动是人脑对感性材料改造制作的过程，也是运用概念进行判断、推理、论证的过程。思维形式是反映客观事物的精神形式或观念形式，就是思想、知识的形式。思维运动产生思维形式，思维形式体现思维运动并促进思维运动。逻辑学一般分为：形式逻辑、辩证逻辑、应用逻辑。军事情报研究，是对客观事物认识的科学思维活动。在对情报进行研究时，必然要运用科学的思维形式及其规律，运用科学的逻辑方法进行判断、推理，进而得出结论。军事情报学的各种概念、特征、分类，都需要科学运用逻辑学知识，军事情报研究活动过程中的归纳、演绎推理，要运用比较、分类、分析与综合等逻辑方法进行处理。逻辑学是人们认识和掌握思维的科学。在军事情报活动中自觉地按照和运用思维规律来思考问题，可以提高情报人员的思维能力和效率，增加军事情报研究中思维的科学性。

除以上几门相关学科外，军事情报学还与许多学科有密切的联系，如资料学、文献学、档案学、管理学、运筹学、社会学、编辑学、技术学、计算机科学，与军事情报直接有关的战略学、战役学、战术学、军事经济学、军事地理学、国际政治学、国际经济学、军事社会学等。现代战争的复杂化和现代科学的多样化，使军事情报学与各门相关学科的联系愈加密切。这种各学科之间的相互依存、渗透、借鉴、交叉的情况，将随着科学技术的发展成为一种趋势。

九、军事情报学在军事科学中的地位

客观物质世界是有结构、系统和层次的。物质的每一层次的密切相联，构成了一个有机的整体。研究每一层次的物质现象的本质和规律，便形成相应的科学门类，形成科学分类体系，确定这一层次在整个体系中的地位，以便更好地开展研究。所谓科学分类体系，就是将众多的学科门类，依据一定的哲学思想及其反映的客观世界的各个领域、各类现象、各种物质的矛盾运动形式，进行分门别类的排列和组合，使其构成一个相互区别而又相互联系的有机整体。

军事科学研究的是战争与军事活动实践这一对象，具有错综复杂、多层联系的结构因素，要卓有成效地进行军事科学研究，就要进行科学分类。目的就是将不同的学科门类，根据研究对象的不同和所处的层次的不同，加以正确地区分，并在正确区分的基础上，认识它们之间的联系与区别，以确定每一学科门类在军事科学体系中所处的地位和作用，揭示整个科学体系的内部结构，以便对军事科学体系能有一个正确的认识，这对军事科学的发展有着理论的指导意义。

我国的军事科学在长期革命战争中已初步形成和建立，形成了具有中国特色的以毛泽东军事思想为基础的军事科学体系。在考虑确立和建立我国现代科学分类和科学体系时，既要注意到历史发展的连续性，体现其历史发展的合理内核，又要照顾可能的发展、预见到新的学科形成和出现，使建立起来的军事科学体系的内部结构更为合理。军事科学是社会科学的组成部分，包括军事思想、军事学说、军事技术三类。军事思想是关于战争和军事活动的高层次的理性认识。它揭示战争的本质、发展规律，武装力量建设和运用的基本理论和原则，从总体上反映了研究战争和军事问题的成果。军事思想是以一定的哲学世界观为基础，反映一定阶级、国家集团和重要人物对战争性质、战争准备与实施所持有的基本观点。军事思想是指导军事学说、军事技术研究的理论基础。军事学说是研究战争指导和作战方法变革的基本理论和规律的学科。军事技术是指直接应用于军事领域科学技术成就的统称，军事技术是构成军队战斗力的重要物质基础，它服务于战争和军事活动。

军事情报学是军事学说重要学科之一。军事情报学与战略学、战役学、战术学、指挥学都属于军事学说的范畴。军事学说研究的重要对象和内容是作战的方式方法。所谓作战方式是指军队为了达到所受领的任务，根据作战目的、所持有武器和实际作战能力而采取某种有效的行动方式和手段，一般包括战争战略、战役和战斗诸方面。为了施行和达到战争战略、战斗的目的，研究活动又采取了相应的方式方法，深入探讨其规律与原则，这样便产生了与之相适应的学科，即战略学和战术学。近代战争，因武器技术装备的发展，产生出一种新的作战形式和方法，即由一个或数个集团军群施行的作战任务即战役行动，研究战役的发展规律、理论和运用原则，便产生了战役学。现代科学技术的迅速发展，使军队组织指挥日益复杂，导致了研究军队的组织指挥的发展规律、理论和运用原则，并把军队的组织指挥从战略学、战役学和战术学中分离出来，形成了军队指挥学。作为军队指挥学的一个重要内容，军事情报的地位日益突出，其理论体系日渐成熟，成为一门独立学科的条件已初步具备。在这种情况下，形成了研究军事情报规律、特点、运用原则，制定战略、保障战役、战斗胜利的新学科——军事情报学。军事情报学在军事科学的地位是：军事情报学是军事学术的学科之一，军事学术是军事科学的类别之一。军事科学是社会科学中的组成部分，其关系如图所示：

军事情报学 < 军事学说 < 军事科学 < 社会科学

明确了军事情报学在军事科学中的地位，便于我们区别与其他军事学科的关系，对军事情报学的研究对象范围更加明确，有利于促进军事情报学自身的建设，有利于我们对军事情报学的研究与探讨。

第一章 军事情报简史

一、军事情报概述

军事情报是为军事斗争服务的，军事是战争胜利的基本条件。毛泽东指出：“战争——从有私有财产和有阶级以来就开始了的，用以解决阶级和阶级、民族和民族、国家和国家、政治集团和政治集团之间，在一定发展阶段上的矛盾的一种最高斗争形式。”

战争起源同样适用于军事情报，军事情报是随着战争的产生而产生的。马克思主义认为，军事情报是人类社会发展到特定历史阶段的产物，是随着阶级的产生、国家的产生而产生的，是阶级社会特有的现象，是为了适应军事、政治、经济斗争的需要而产生的。军事情报和战争、军事一样，不是永恒存在的，它将随着阶级、国家和产生它的经济基础的消灭而消灭。军事情报是人类社会的一种特殊现象，原始社会没有阶级、国家和战争，也就没有军事和军事情报。奴隶社会人类开始进入阶级社会，军事成为阶级、国家、集团之间进行斗争的工具，军事情报也是为一定的阶级、国家、集团服务的。奴隶社会、封建社会、资本主义社会、社会主义社会的军事情报都是有阶级性的。不同的是在奴隶社会、封建社会、资本主义社会的军事情报是为统治阶级奴役人民、对外掠夺侵略服务的，而社会主义是共产主义的初级阶段，无产阶级是为了消灭剥削而努力的，是为了实现共产主义政治目的而服务的，因而社会主义的军事情报与其他社会制度的军事情报有根本的区别。当人类社会走向无阶级、无剥削，没有国家、没有战争时，军事情报也会自然消亡。

二、军事情报的起源

人类社会自从有了阶级，产生了国家，也就有了战争，有了军事侦察，有了军事情报。也就是说，根据有文字可考的历史记载，人类社会进入阶级社会后才产生了军事情报，军事情报是在原始社会人们为了生存而进行的调查了解活动的基础上产生的。

世界各地奴隶制国家的形成不是同时的，古代东方几个大河谷地区，即尼罗河流域、两河流域（幼发拉底河与底格里斯河）、印度河流域和黄河流域，远在公元前三千多年就先后出现了奴隶社会，诞生了四大文明古国：埃及、巴比伦、印度和中国。古代欧洲的巴尔干半岛和意大利半岛，在公元前一千年左右，才出现奴隶制社会，产生了希腊、罗马等奴隶制国家，对这些奴隶制国家在形成之后的军事情报活动加以分析，对了解军事情报的起源有直接的意义。

埃及大约在公元前三千多年就进入了奴隶社会，形成了奴隶制国家。从记载着埃及法老统治历史的碑铭和纸草中，我们可以了解到埃及远古的军事情报活动。据现存的一片纸草记载，在公元前 1217 年法老拉密斯二世抵抗希提王哈托希里三世的战争中，出现过利用侦察手段获得军事情报取得胜利的著名事件。在这次战争中，拉密斯的军队在一个月左右推进 400 英里，抵达奥郎台高地，可是没有发现敌军。后来两个希提士兵到埃及军营投降，并主动报告哈托希里的军队还很远，士兵军心离散，都希望向埃军投降。拉密斯认为，这情报虽好，但不真实，需要查证，于是他派人前往侦察，并捕获回一些俘虏，得到了与投诚士兵完全不同的情报。拉密斯根据重新获得的情报，拟定新的作战方案，最后一举战胜了哈托希里。

欧洲古希腊、罗马等奴隶制国家，也有关于军事情报的记载。著名的特洛伊木马计就是其中一例：希腊进攻特洛伊城十年未克，后来希腊人留下装有士兵的木马而假装撤退，并派西农故意成了俘虏，传递假情报，特洛伊人受骗将木马运进城里。深夜，西农发出信号，藏在木马里的士兵冲出来，里应外合，攻下了特洛伊城。

中国古代最早见于文字记载、运用侦察手段获取情报的是著名的“少康中兴”事件。少康在恢复夏朝统治的斗争中，运用侦察手段，战胜了强大的敌人，开创了中国古代侦察活动的先河，故有中国“用间始于夏之康”之说。

这些事例都产生于奴隶社会初期，这说明军事情报是随奴隶制国家的产生、战争的产生而产生的。这不是偶然的，而有其客观和主观方面的原因。客观原因是在奴隶制国家形成的初期，小国林立、战争不断、大兼小并、强欺凌弱、扩张、角逐，各种战争此起彼伏。埃及最初形成的国家叫斯帕特，像这样的小国在当时有数十个之多，这些小国经常为争夺土地、奴隶和尼罗河水的控制权而不断进行战争，统一的奴隶制国家埃及就是在这种兼并战争的过程中形成的。古巴比伦、古印度、古中国的情形也大致如此，战争规模的不断扩大，军队数量的不断增加。在这种兼并战争中，谁的军事情报搞得好，能侦察到对方的虚实，出其不意，攻其不备，谁就能掌握战场的主动权，就能夺取战争的胜利。主观原因是奴隶社会的奴隶主、族、王、统帅，大部分是由原始社会部落首领酋长转化来的，他们为在兼并战争中取胜，常把在原始社会使用过的调查了解手段运用于战争之中，这样在战争中就产生了军事情报活动。由于客观的需要和主观的可能，在奴隶制国家形成之后的兼并战争中，军事情报就应运而生了。显而易见，军事情报是随阶级、国家的产生而产生的。

综观世界奴隶社会期间的战争活动，各国统治者对军事情报活动都很重视，产生了一批影响较大的军事情报事件，通过派出侦察人员、询问居民、审讯俘虏、制造假情报等手段，及时准确地掌握了对方的情况取得了战争的胜利。与此同时，产生了许多军事情报理论，在世界上享有盛名的是不朽的军事情报理论巨著《孙子兵法·用间篇》，对后世产生了深远的影响。

在封建社会时期，世界各国的侦察技术和手段的发展均较缓慢，中国的秦朝至明清时期和欧洲中世纪，由于受生产力发展的限制和道德观念的束缚，由于欧洲崇尚骑士之风的影响，军事情报活动为世人所鄙视，军事情报的搜集、传递方式的发展较为缓慢。

三、军事情报分布规律

随着社会的飞速发展和科学技术的进步，军事战争进程加快。高技术武装在战争中普遍运用，这不仅使战场形势瞬息万变，而且各种不可预见的情况随时都可能发生，这就为及时获取军事情报，提出了更高的要求。掌握军事情报分布规律，有助于我们提高军事情报工作的效率。

（1）军事情报时间分布规律

军事情报随社会的发展、科技的进步、思维方式的变化，其内容、数量持续增长。时间越近，情况越新，可靠性越大。掌握时间分布规律，是解决军事情报的准确性问题。

(2) 军事情报空间分布规律

军事情报在空间分布上有它的规律性：

军事情报在空间上有核心分布、相关分布、外围分布之分，不同质量的国事情报，分布在不同区域、层次。掌握军事情报空间分布规律，有助于在最小空间获得最准确的情报。掌握空间规律，可缩小布局，突出重点，减少人员、经费、减少风险，增加准确性。

军事情报有时间和空间分布规律，它的时空分布有自己独特的表现形式。军事情报的时间分布表现为：军事情报的累积性与及时性、现实性与预测性的对立统一；军事情报的空间分布表现为：军事情报的普遍性与特殊性、先进性与针对性、综合性与专业性、集中性与分散性的对立统一。以下分别叙述：

(一) 军事情报的累积性与及时性规律

军事情报的累积性是指军事情报有先积累后使用的特性。军事情报的累积性有两方面的含义：一是任何军事情报的搜集、整理、分析研究都有一个军事情报素材的点滴积累的过程；二是为了搜集具体目标的军事情报可通过各种军事情报搜集手段，积累汇总该目标的军事情报。

军事情报的及时性是指军事情报有时间限制的特性。军事情报发挥效用在适当的时机。军事情报的及时获取、及时整理研究、及时传递使用，才能发挥作用。

军事情报的累积性和及时性是矛盾的、对立的，但又是统一的。积累时间过长，军事情报就无法发挥作用；缺乏足够的累积，就缺少素材，无法判明情况，无法鉴别情报的可靠性，也就无法保证情报的及时性。

适度的累积是为了情报的及时，情报的及时需要适度的累积。这就是军事情报在时间分布上累积性与及时性规律。

（二）军事情报的现实性与预测性规律

军事情报的现实性是指为解决当前现实问题提出需求的现实特性。军事情报预测性是指运用科学方法，对事物的发展前景作出符合实际情况的判断的远期特性。任何事物的发生和发展都是有延续性的，都有前因后果。军事情报的现实性是为解决当前现实问题提供依据。军事情报的预测性是预测事物发展趋势和前景，实际上也是为解决当前的问题。

（三）军事情报的普遍性与特殊性规律

军事情报的普遍性是指军事情报产生和军事情报活动的普遍存在。情报的普遍性主要表现在四个方面：（1）军事情报无时不有；（2）军事情报无处不在；（3）军事情报内容复杂多样；（4）军事情报搜集渠道种类繁多。

军事情报的特殊性是指军事情报被特定的用户在特定的时间和特定的情况下以特定的方式所利用。

军事情报的普遍性是从军事情报的产生和活动角度说的，而军事情报的特殊性则是从军事情报的使用角度谈的。由于军事情报的产生、搜集、整理、研究、使用是同一过程的不同环节，因此，就各环节之间来说，军事情报的普遍性和特殊性是对立的，但就军事情报过程而言，二者又是统一的。军事情报的特殊性的总和构成了军事情报的普遍性。军事情报的特殊性与普遍性的对立统一就是军事情报在空间分布上的军事情报普遍性与特殊性规律。

（四）军事情报的先进性与针对性规律

军事情报的先进性就是指军事情报内容的新颖性。动态追踪事物的发展变化，并准确反映其实质。

军事情报的针对性指军事情报内容要符合军事情报用户的需求，军事情报用户部门不同、层次不同。某军事情报对甲用户可能有针对性，对乙用户可能就不符合需求。军事情报的针对性是相对而言的。

军事情报的先进性与针对性是对立统一的。先进性是对军事情报内容水平而言的，针对性则是相对军事情报用户需求而言的。显然，对军事情报用户来说，具有针对性的军事情报，在内容上就符合军事情报用户的需求，同时在水平上、数量上也要符合军事情报用户的需求。但有针对性的军事情报不一定是先进的，如果越出军事情报用户的需求，具有先进性的军事情报不一定具有针对性。这种先进性与针对性的对立统一关系就是军事情报在空间分布上的先进性与针对性规律。

（五）军事情报的综合性与专业性规律

军事情报的综合性是指军事情报内容和使用的多样性和复杂性。包含两种情况：一是军事情报内容的相关性，即一份军事情报由多种专业内容组成。对其中某一专业的内容来说，独立出来不构成情报，而在军事情报整体内容中，才有价值。如海湾战争中，美军某地面部队下令要求士兵服用抗菌药品，独立出来并无价值，但在海湾战争美军兵力布置完成之后，战争还未开始时，就具有特别的意义。因为，抗菌药品的时效只有 4 小时，美军士兵服药至少在 4 小时之内，进攻才开始，也就是海湾战争打响了。

军事情报的专业性是指军事情报的内容和用途只局限于某专业范围内，离开了某专业范围，该情报就失去意义。

军事情报的专业性是军事情报综合性的基础，情报的综合性是专业性发展的结果。同时又促进专业性的发展，这种对立统一的关系就是军事情报在空间分布上的综合性与专业性规律。

（六）军事情报的集中性与分散性规律

军事情报的集中性是指军事情报在其载体上的集中分布。

军事情报的分散性是指军事情报处于离散状态，相关的情报分散在各处。

军事情报在空间上的分布既集中又分散，军事情报用户要求集中搜集和使用情报，而情报本身有相对集中的一面，又有分散的一面。分散情报的再集中是情报用户的要求，情报分散分布又是客观事物发展的必然。这就是情报在空间分布上的集中性与分散性规律。

探索研究认识军事情报的分布规律，目的是为了更好地利用军事情报规律，获取及时准确有价值的军事情报。

四、军事情报的发展

随着欧洲工业革命的兴起，资本主义的发展和帝国主义的对外扩张，使军事情报又有了很大的发展。19 世纪末 20 世纪初，电子、航空等近代科学技术的出现，军事情报的内容更加广泛，搜集手段和传递方式都发生了重大变革，先后出现了无线电技术侦察、雷达侦察、航空侦察等手段，世界各强国普遍加强了军事情报机构的建设，特别是二战以后，航天遥感、电子计算机技术的运用，各种侦察手段得到更广泛的应用和进一步的发展，更加强调军事情报的作用，更加注重运用各种现代化技术侦察手段，使军事情报发展到了一个新的水平。二战以后，由于国际形势的动荡不安和局部战争的接连不断，世界各国都十分重视军事情报的获取和研究。当前世界各国普遍以先进的科学技术装备军事情报系统，使侦察手段日趋先进和完善，军事情报的获取和传递几乎到了同步的程度，并使军事情报活动的范围进一步扩大。

五、《孙子兵法·用间篇》

（一）孙子及其《孙子兵法·用间篇》

孙子，名孙武，字长卿，春秋后期齐国人，到吴国后，被吴王重用任命为将军。孙武是我国古代伟大的军事家，其所著《孙子兵法》是我国最早、最完整的一部兵书，也是最有影响的一部兵书。这部兵书是我国从有史以来到春秋时期的军事思想、战略、战术的科学总结，也是孙子军事思想的结晶。孙武的军事思想是一个完整的科学体系，“知己知彼，百战不殆”是孙武军事思想的精华，是孙武对军事理论科学的一个突出贡献。孙武把“知己知彼”看作是正确进行战略决策、指挥战争的先决条件，并把它贯穿于指导战争的全过程。在战前，注重多了解情况，认为“多算胜，少算不胜”。在进行战略决策时，应当以侦察到的各国政治动向的情报为依据。知彼就是掌握敌情，为战略决策提供依据。在战斗中，注意观察敌人的各种动态，列举了 32 个判断敌情的例证。在进军、对峙、交战等过程中，都要运用各种侦察手段查明和判断敌情，以达到“出其不意”地战胜敌人的目的。《孙子兵法·用间篇》是孙武专门论述军事情报侦察的理论著作，在这部著作中，孙武论述了侦察的重要性，科学地划分了“间谍”的种类、招募条件、使用原则，具体地指明了任务、活动方式等，形成了一套系统的军事侦察情报理论。《孙子兵法·用间篇》是中国也是世界最早的军事情报理论专著，孙武是军事情报理论的创始人。《孙子兵法·用间篇》对古今中外的军事侦察情报都产生了深远的影响。至今，仍然具有重要的指导意义。

（二）《孙子兵法·用间篇》在中国军事侦察情报史上的地位和影响

《孙子兵法·用间篇》的问世，标志着军事情报理论的产生。自它问世以来，一直受到中国历代军事家、政治家、思想家的重视。

在战国时期，《孙子兵法》就已广泛流传，受到人们的普遍重视，以致到了“境内皆言兵，藏孙、吴之书者家有之”。“世俗所称师旅，绋道孙子十三篇”。秦汉时期，各国将领都重视从中吸取营养，建立了显著的功勋。

在唐宋时期，孙武的军事侦察情报理论不仅得到应用，且有所发展。唐代政治家和史学家杜佑，用 35 年的时间编写了《通典》一书，其中《兵典·间谍》一篇，论述了军事侦察情报在战争中的重要作用。唐代著名军事家、情报理论家李靖，在长期的军事斗争和侦察活动的基础上，写出了《李卫公兵法》，继承了孙武的军事侦察情报理论，总结了从孙武到唐代一千多年的经验，使孙武的军事侦察情报理论更加严密系统。宋代《孙子兵法》被破例列入官家武学经典之首。宋代的军事著作《武经总经》、《虎钤经》、《百战奇法》都受到《孙子兵法》的影响。唐宋八大家之一的苏洵在其《嘉佑集》中就有一篇《用间》专论，论述了有关军事侦察方面的问题。

明清时期，出现了《登坛必论》、《武备志》等著作，丰富和发展了孙武的军事侦察理论。清代出现了我国第一部较为全面的军事侦察史话——《间书》。作者朱逢甲，从经史子集中广泛引用了大量资料，依据孙武的军事侦察理论，对我国历史上的军事侦察情报活动加以评述。在军事侦察理论上有较大的影响。

近代，中国革命的先行者孙中山曾说过："就中国历史来考究，二千多年的兵书，有十三篇，那十三篇兵书，便成为中国的军事哲学。所以照那十三篇兵书讲，是先有战斗事实，然后才成为那本兵书。"孙中山先生把《孙子兵法》上升到了中国军事哲学的高度。可见对其评价之高。

由此可见，《孙子兵法·用间篇》对中国历代军事侦察情报理论的影响之深远。

（三）《孙子兵法·用间篇》在世界军事情报史上的地位和影响

《孙子兵法·用间篇》不仅在中国产生了深远的影响，而且在世界情报史上也占有重要地位。

《孙子兵法》最早在唐代传到日本，这是流传到国外之始。公元1660年出现了日文译本和大量的研究专论。清乾隆年间，德国神父约瑟夫·阿米欧在巴黎出版了《孙子兵法》，开始传入西方。1905年出英文版，1910年出德文版，之后有了俄文版，后来欧洲各国都有了自己的译本。随着《孙子兵法》在世界各地传播，其侦察理论对各国情报界也产生了重大影响。

《孙子兵法》最早传入日本，日本人对孙武的侦察理论研究的最早，运用的也最多。西方情报家认为："日本人从事情报搜集活动，得自2450年前的中国兵法家孙子的启示。"孙武的"知己知彼，百战不殆"，被一代又一代的日本情报机关奉为主旨，第二次世界大战期间，日本对珍珠港发动突然袭击，其搜集情报和实际运用情报的策略都取自《孙子兵法》。英国情报专家雷蒙德认为《孙子兵法》在两千年前提出的侦察活动的基本战略、目的和技巧，至今都具有普遍的指导意义。美国情报专家桑契在《秘密战》一书中，对孙武的侦察理论推崇备至。他在书中写道：美国和苏联的间谍工作首脑们可能都愿意把中国军事理论家孙子当作他们精神上的祖先。

第二章　军事情报搜集

一、概　述

军事情报搜集就是搜寻集中各种来源的情报。要求主动查询，点滴积累，分类登记，充分占有材料。军事情报的搜集是情报实践的物质基础，是情报研究分析的前提和条件。军事情报搜集是军事情报机关和情报人员通过各种渠道，有计划、有目的地广泛搜集和系统积累有关材料的活动。

二、军事情报搜集的特征

军事情报搜集是有目的的活动，是为了及时获取准确可靠的情报，为各级首长和部门提供决策依据，因而情报搜集有其基本特性：（1）针对性。首先各级情报搜集机构是为保障本部门的情报服务而设立的，情报搜集的内容要根据本情报机构的性质、任务、服务对象和服务层次的不同而有针对性地确立其搜集范围和重点；（2）计划性。任何一个情报机构，要快速准确地获取情报，就必须制定一个周密详细的情报搜集计划，以便按计划、有步骤、有效地开展情报搜集活动；（3）系统性。情报机构要为军事决策部门和首长提供有效优质的情报，就必须不断地追踪其侦察对象的发展进程，系统连续地搜集有关的情报，既可为情报使用者服务，也可为本机构开展工作、了解现状和制定计划服务；(4) 预见性。当代的科学技术日新月异，军事斗争十分复杂，为情报使用者提供有预见性的情报是情报机构的责任，要密切注意现实状况，科学预测发展趋势，有预见性地布置情报搜集任务，提高情报服务层次，为首长和部门提供可靠的决策依据；(5) 科学性。要从复杂的事物中及时有效地搜集到有用的情报，必须运用现代科学方法和技术，否则，情报搜集将无法开展。

三、军事情报搜集的原则

严格地讲，通过各种来源搜集到的情报，只能称为情报素材或情报资料，但这些情报资料是分析研究判断情况的客观依据，是提炼有价值情报的原始材料。军事情报搜集，从某种意义上讲，也就是情报资料的搜集，也就是说没有军事情报资料搜集，就没有军事情报。为及时准确地获取有价值的军事情报，有效地进行军事情报搜集活动，需遵循以下原则：

（一）积极主动、广泛搜集、充分占有材料

军事情报搜集需要长期不懈的努力，各情报机构应积极主动地积累、搜集、整理有关方面的资料，建立健全完整而严密的情报搜集网，善于运用各种侦察力量，使用多种侦察手段，广泛地搜集有关方面的军事局势、军事科学和军事技术发展的情报资料，为战争准备、国防建设、军队建设提供有价值的情报。现代条件下的军事斗争十分复杂，各种伪装和保密技术的运用，致使军事情报搜集难度大大增加，这就要求侦察情报部门更加积极主

动地去搜集一点一滴的情况，充分占有材料，也只有在充分占有情报材料的基础上，便于互相鉴别、补充、修正，作出正确的判断。军事情报搜集的核心内容是军事，但与军事密切相关的政治、经济、外交、科学技术等也应尽可能搜集，这样有利于从各个方面对军事形势作出综合的分析判断，从战略高度掌握主动。随着国际形势和世界战略格局的变化以及帝国主义争霸和国与国之间历史与现实上的矛盾，随着他们在政治、经济等方面的矛盾发展，国与国之间的关系也在不断变化。因此，军事情报搜集不仅要重点搜集敌性国家或集团的情报，也要关注有关中立国或友好国家。因为过去的敌国可能变为中立国，甚至盟国，过去的中立国或盟国也可能变为敌国。历史发展证明，国与国之间，只有永恒的利益，没有永恒的友谊。军事情报搜集是广泛的、全面的，这样才能掌握主动，有备无患，在任何情况下，做到及时准确地提供各种情报。

（二）突出重点、兼顾一般、及时获取情报

军事情报搜集应全面考虑，明确主次，重点搜集直接影响军事行动的情报，保证军事斗争的胜利。情报的搜集，要根据首长和部门的意图和任务以及对情况掌握的程度，明确搜集的目的，确定搜集的内容、范围和重点，分清主次急缓，有组织有计划地进行。和平时期，军事情报搜集应突出当前主要作战对象，对于潜在作战对象的情报也要掌握。战争时期，军事情报搜集应突出敌兵力、部署、火力配系、后勤保障、作战企图、主攻方向、进攻时间等。为了适时正确地进行搜集活动，保障重点搜集任务的完成，军事情报部门还需不断研究形势发展变化和上级关于情报搜集的指示，并适时地向所属侦察部门提出情报搜集要点或提纲，以便使用多种手段完成重点搜集任务。

（三）要素齐全、确保价值、提高效益

军事情报价值的大小，一定程度上取决于其要素是否齐全，在进行军事情报搜集时，应尽力搜集齐全。一般情况下，军事情报应具备六个要素：(1)时间，这是情报重要的因素之一，是分析情报主次急缓的基础，是争取情报时效、发挥情报价值的首要前提。通常情报的时间应标明年、月、日、时、分、秒；(2)地点，没有地点的军事情报将无法及时准确地使用，其价值也会降低。地点通常以方位、距离、经纬度或坐标表示，对于需特别重视其位置的目标，如敌导弹发射井、弹药库、指挥所、通信枢纽等还可使用精确坐标；(3)经过，指情报内容反映的对象，其范围很广，可以指某个人或敌飞机、舰艇、部队的活动；(4)原因，就是敌人进行军事行动的企图、目的，也就是一份情报的分析判断结论；(5)结果，即事件发生后造成的后果，或可能产生的后果的判断；(6)来源，即情报获取的渠道，这是判断情报可靠性、准确性的依据之一。

军事情报搜集要素齐全，才能提高其价值，最大限度地发挥情报的效益。

（四）点滴积累、科学分类、平战结合

军事情报搜集是一项长期任务。充分详细的材料需要长期积累，平时对于相对较为固定的敌情资料、战区地形、气象、政治、经济、民族、社情等资料，均应建立详细档案，点滴积累，科学分类，以备战时考查。战时，则应在平时积累的基础上，搜集当前军事行动急需的有关情报，为首长和部门下决心提供决策依据。情报资料往往零碎杂乱，这就要求在搜集情报资料时，不

计细小，重视点滴，逐步积累。对于搜集到的情报资料，为了便于使用，需科学分类，认真登记，妥善保管。原则是要科学、实用、方便。一般常用手册、卡片、地图、表格、文件袋和资料剪贴本等。随着计算机科学在军事情报领域的广泛应用，日益纷繁的情报资料的贮存、分类、积累，已朝着现代化的方向发展。

（五）认真识别、多方印证、统一归口处理

现代条件下的战争，一方面需要大量的情报，另一方面情报数量大大多于过去，情报的成倍增加，给军事情报工作提出了更高的要求，要从大量的情报中，搜集到最需要的情报是十分困难的。而且搜集到的情报往往是零散、片断、不全面甚至是假情报，在这种情况下，识别情报的真假、正误尤为重要，成为突出的问题。真实性是军事情报的生命，直接影响到战争胜负，必须运用一切手段，加以认真识别，把各种来源搜集到的情报，反复进行比较鉴别，多方面补充印证。这就要求情报搜集能归口集中处理，充分运用现代各种情报搜集手段，发挥它们各自的长处，提高情报准确性和时效性，充分发挥军事情报的效益，军事情报统一归口，可以说是提高情报搜集时效和准确性的国际通用办法，优点明显。首先，把各种渠道和侦察手段搜集来的军事情报，统一归口处理，可扬各家之所长，避其所短，相互印证、相互补充，使情报更加完整可靠；其次，搜集判断分析情报，需要有广泛的专业知识和专业能力，情报归口到专门搜集机构，增加其可靠的程度，最大限度地避免失误。

（六）连续不断、跟踪搜集、准确掌握情况

军事情报搜集要着眼侦察对象的发展变化，进行长期的努力，根据自己的情报搜集任务，有针对性地开展搜集工作。因为现代战争，复杂多变，要掌握战争的主动权，必须有充足的情报作依据，有了及时准确的情报，才能掌握敌情的发展变化以及战场上的各种变化，有效地控制战场，及时作出决策，取得战争的最后胜利。

军事情报搜集不仅要紧密掌握军事动态，还要掌握国际形势的发展动态，看准世界格局变化，看准局部战争的热点地区和问题，抓住战争可能爆发的主要矛盾和矛盾的主要方面，这样才能具体地掌握国际重大事件的发生发展，为军事情报搜集打下基础。军事情报搜集的目的是为战争服务，在和平时期，不论战争是否发生，是否涉及本国，都要搜集有关情报，要充分利用和平时期的国际环境，充分利用各种渠道，积累战争所需的军事情报，这样才能不至于战争爆发时，手足无措，一无所知。

四、军事情报搜集指导

对军事情报搜集的指导贯穿于情报活动的整个过程。从情报活动的具体环节来说，它既是起点，又是终点，是一个循环过程。对情报搜集的指导，要与情报的目的性和针对性紧密结合，其根据一是情报使用者的需要；二是分析研究人员对情报资料分析研究的需要。前一种情报可以直接给搜集机构布置搜集情报任务；后一种情况则是对掌握情况和情报资料感到缺乏内容或不够具体、不够充实的材料，或急需了解的材料，提出进一步继续搜

集的要求。指导还包括如何改进搜集方法以提高情报质量等。上面这些都是对情报搜集任务的指导，还有一种指导是搜集的技术性指导，即对各种搜集手段运用的指导。这两种指导，互相关联，不能截然割断。因为任务的提出，要依据各种侦察手段的不同而有所区别，如不了解各种侦察手段的特点，就有可能提出超过其搜集能力要求而使搜集人员无法完成，而对各种侦察手段运用的指导，如不了解其所负的任务，亦很难实施有针对性的指导。所以有的国家把这两种指导合于一个部门，但有的国家则是分开的，或情报搜集与技术指导两个部门协商进行，我们这里讲的指导，系指对搜集任务的指导。

情报是否有实用价值，是以情报的内容是否符合使用的需要为准，而情报是否符合要求，在很大程度上取决于情报搜集指导的好坏。因此，对情报搜集的指导，是一个十分重要的工作环节。

（一）指导的内容

(1) 对侦察力量（侦察手段）介绍必要的情况。各种侦察力量，由于其所处地位的限制，对全局的情况不可能十分清楚，因此，他们的工作有时便会受到影响，只有了解必要的情况和全局的形势，才能更明确、更主动地完成自己的任务。介绍情况，可以是全局的形势，也可以是与其搜集任务有关的情况。通过集训或结合实际工作，由有关领导和有关部门作介绍。

(2) 对情报任务和要求的指导，可采取定期或不定期发出情报搜集要求。这种要求应依据搜集手段的条件提出，既照顾需要，也照顾可能。各种情报手段都有自己的主要任务，在进行指导时，应与其主要任务密切结合，有步骤地进行。不定期的搜集要求可依据情况发展变化和在情报资料的研究判断中发现新问题，而随时对情报搜集提出新的要求。

(3) 利用各种形式总结经验。其做法是对情报资料进行评价。这种评价分定期评价和按件评价两种。定期评价指在一定时期内对情报的质量和作用进行讲评，并指出工作的优缺点和提出对今后搜集工作的要求。按件评价是根据需要和搜集部门的要求及时进行，其内容主要是评估情报的价值、可靠程度、整理编写好坏以及应注意的问题等。有时还可以把搜集的较好的情报材料予以通报，以交流经验。总结或交流经验，既可通过文电形式，也可通过召开专业会议进行，其目的是不断提高搜集工作的质量。对情报进行评价，对搜集机构和人员来说很有必要，他们可以据此看出自己的工作成绩、工作质量和今后的努力方向，不断改进工作。

(二) 指导工作应注意的问题

(1) 对情报搜集的要求要依据条件和问题，不能盲目地提出要求。对有些侦察力量提出要求一定要慎重，如谍报人员，平时就不应给予一般性任务。对情报搜集的指导要抓住重点，分清主次，有的要分段进行，扬长补短，以此补彼，根据各种侦察手段的不同情况分别提出要求，切忌超过其搜集能力而使其手足无措。

(2) 对搜集的要求，既要有总任务、总要求，又要依据不同的对象提出具体要求。一般地说，要求愈具体，愈有利于搜集人员的工作。如对驻外武官，要求他充分利用公开身份，通过对外活动搜集驻在国和周围地区的重大动向情况，要求及时提供有分析有研究的情报材料。对谍报部门，则应根据不同情况，分别赋予谍报员任务，主要获取其他情报来源所无法解决的某些关键性的情报。对部队侦察则要求其及时掌握并报告当前敌情，搜集战备资料等。

(3) 指导搜集首先是为了有针对性地完成搜集情报任务，同时也是为了不断总结经验教训，提高搜集情报工作的质量，两者都要重视，要经常化。对情报的评价应以鼓励为主，不可随意提出想当然的批评，要真正做到有利于工作的提高。

五、军事情报搜集的依据和程序

(一) 军事情报搜集的依据

军事情报搜集是以情报单位的性质和所担负的情报搜集任务不同而有所区别。一般依据有以下几条：(1) 军事行动、决策、准备、作战的需要，主要是保障有关军事首长决策和控制战争进程的情报需要，这是相对固定的、长期的，也是第一位的，也就是说，军事斗争需要什么情报，就必须尽力尽快地去搜集；(2) 现有情报和资料状况。一般情报机关的情报资料都是经过多年积累，拥有大量基本材料，需要不断补充、更新、深化。就是说，情报材料状况也是依据之一；(3) 现有情报搜集能力。军事情报搜集，要受到各种客观条件的限制，现代战争中高科技的运用，更突出了这一点，要立足于现有的搜集手段，最大限度地发挥各种侦察力量的能力，尽可能建立新的手段和途径，加强侦察力量建设，及时准确地搜集各种军事情报。

(二) 军事情报搜集的程序

军事情报搜集是有计划有目的地进行的，所以它有一套相对稳定的搜集程序：(1) 制定计划，包括平时搜集计划、战时搜集计划预案及侦察指示、号令等。军事情报搜集计划，由最高统帅部、各军兵种、各战区及领受作战、海边防任务及担负侦察任务的部队制定，要根据本国战略意图、军队作战任务、国防建设需要部署侦察力量，区分任务；(2) 组织协同，军事情报搜集的手段、方法是多样的，各级部队和情报机关在执行侦察任务搜集情报时，各种侦察力量之间要明确分工，相互配合，避免相互干扰或出现的情报搜集空白；(3) 组织通讯保障，侦察指示、号令和搜集到的情报都要迅速传递，才能最大限度地发挥作用。顺畅的通信联络是非常必要的；(4) 具体实施，这是情报搜集最主要的环节。实施效果如何，直接关系到是否能搜集到情报以及情报的质量、数量。军事情报搜集具体实施是检验情报搜集能力、效果的惟一标准，是情报工作的基础的基础。情报搜集具体实施要充分做好准备，发挥最大能力，抓紧每分每秒，争取时效，同时要注意每个细微末节，做到准确及时、完整。

六、军事情报搜集的途径

军事情报来源、手段是多样的，搜集途径、方法也是多样的。军事情报最主要的搜集途径就是侦察，包括战略侦察、战役侦察、战术侦察。由于军事情报搜集单位的性质、任务和层次的不同，因而途径也有所不同，总部及战区的情报搜集途径，代表着整个国家的情报搜集水平，不仅全面系统而且力量最强，包括使用最先进的技术手段、最秘密的谍报派遣以及动用全部的侦察力量。一般情况下，战区以下的军事情报搜集的途径主要有六条：

(1) 接受上级的情况通报、指示、命令或主动申请上级查明有关情况。上级情报搜集部门一般手段多、力量强、资料全、情报可靠性高，是最重要的搜集途径。对上级下发和通报的情报和敌军资料，要认真研究掌握，同时，对因各种原因或搜集能力限制未能查明的情况或保障本级作战需要的情报，应主动适时地向上级情报部门证询。

（2）派出侦察，组织观察和现地勘察，听取部属的情报报告。各级所属的情报侦察机构是本级作战情报保障的主要力量，是情报部门搜集情报的主要途径。各级情报部门应根据作战部队的任务，正确适当地运用所属的侦察力量，周密组织实施侦察，及时进行具体指导，认真接受所属情报搜集机构的报告，并要经常主动地查询情况。

（3）利用友邻部队、地方有关部门和以民兵为主的人民群众的侦察成果，并接受其通报。情报部门应主动地与友邻部队和地方有关部门建立情报协同和交流关系，全面掌握整个战争的形势，对有关情况有全方位的了解。同时也应主动地将已方掌握的与友邻部队、地方有关的情报及时地通报给他们，互通有无，提高情报的利用率。利用人民群众的侦察成果也是重要的搜集途径。

（4）审讯俘虏、调查投诚者。俘虏、投诚者长期在敌人的内部工作，有的甚至担任要职，对敌方情况了解甚多，这是情报搜集的重要途径之一，要尽可能搜集到更多的情报。古今中外的军事情报机构和人员都充分地利用这一途径，并取得了巨大的成功。但情报部门对这一途径搜集到的情报，要认真鉴别，多方验证，综合分析后，方能使用，防止假情报现象发生。

（5）搜缴敌军文件资料和新式武器、器材装备。敌国的军事国防建设，都是经过长期建设的，所以无论和平时期还是战争时期，情报部门要高度重视搜集敌国的军事装备和新式武器、军事技术的工作。对敌军的资料文件应尽力搜集，但要注意鉴别真假，敌军文件资料和新式武器装备都是价值很高的情报。

(6) 查阅平时掌握的资料和战区兵要地志等。和平时期是搜集军事情报的有利时机，在科学技术高度发达和信息技术飞速发展的今天，许多重要的军事情报都可以通过公开的手段和途径搜集到，公开途径可搜集的情报不仅数量大、内容广、获取方便，而且有用的情报成分很多。一般可通过公开发行的图书、报刊、广播、电视等来搜集情报。许多重要的军事情报都是通过平时搜集积累而获取的。战区兵要地志是历代为军事斗争服务而研究出来的成果，可直接运用于作战行动，是军事作战必不可少的决策情报依据之一。

七、军事情报搜集的内容

严格地讲，一切与军事行动有关的情报都应在搜集和掌握之列，但在实践中完全搜集到作战对象国的全部情报是困难的，一方面，现代条件下作战，敌对双方都以各种方式来隐蔽自己的真实企图；另一方面，由于作战任务的不同，搜集情况的范围也各有侧重。

敌情是军事情报搜集的中心内容和重要环节，查明敌情是情报部门的首要任务。敌情指作战对象国的军事、政治、经济、地理、社会等情况，敌情可分为基本情况和动向情况，敌情的搜集内容一般包括：

1. 军事情况

这是军事情报搜集的重点，包括军事思想、建军方针、军事战略、军队现状、军费开支、常规战略、核战略、战场建设、编制体制、兵力部署、武器装备、作战思想、方法、特点，各军、兵种战役、战术、作战原则、任务以及当前敌军的兵力编成、番号、部署、行动企图、战斗力、战术特点；指挥官的背景、能力和指挥特点；核武器及其他新式武器性能和配置；阵地编成、工事构筑和火力配系情况；后勤技术保障状况；战斗准备程度等。

2. 战略目标情况

这是情报搜集的主要内容之一，包括敌国战略军事基地、海军基地、港口、空军基地和机场、陆军基地设施、防空设施、核武器、导弹发射基地、军事工业目标、首脑机关、具有战略意义的城市、交通、设施目标等。搜集战略目标情报主要是为进行战略打击提供情报依据。

3. 国防经济情况

现代战争是综合国力的较量，一国的军事力量从根本上受本国经济因素的制约，所以查明敌国的国防经济情况更为重要。国防经济情报搜集的内容应包括：战略资源蕴藏及产量、国民经济、国民收入、人民生活状况、主要工农业产品、军工生产、财政金融状况、对外投资贸易、军事贸易、经济集团实力等。

4. 政治、外交情况

军事是政治的继续，搜集敌国的政治外交情报，是把握分析敌国进行军事行动的前提，因为任何军事行动都是受政治的影响和支配，外交则是其政治集团意志的具体表现。所以搜集政治外交情报是很重要的战略情报内容之一，包括国家的政党组织、国家机构、社会团体、国内政局、对外政策、领土纠纷、边境事件、边界谈判、军事条约、在重大国际问题上的态度以及与我的利害冲突等。

5. 军事地理、地形、水文气象情况

这是军事作战的共同基础，积极查明和利用这些情况，就可以创造有利的作战条件。这也是制定战略方针、计划，进行国防建设、准备和实施战争所必须了解的重要情报。在搜集时应予高度重视。这些内容包括：(1) 军事地理，即情报搜集对象国的领土、行政区划、城镇人口、民族、风俗习惯、铁路、公路、海运、河运、管道、战略工程、人工障碍物等；(2) 地形状况，涉及地形的状况，如土质、石质、植被、制高点、坡度、河流等；(3) 道路状况，包括道路的种类、级别、宽度、坡度、桥梁、性质和通行能力以及道路两旁的地形状况等；(4) 水文，包括江、河、湖、海、水源、沼泽等位置、数量、航道、河岸、雨水、冰雪、水库、蓄水量、海岸、滩头、潮汐等以及对军事行动有影响的其他情况；(5) 气象情报。天候气象对军事行动有极为重要的作用。一般来讲，军事情报应搜集下列气象情报：气温、风、云、雨、雷电、温度、能见度、日照时间、昼夜变化、雾、霜、雹、寒暑、雨季、旱季、结冰、解冻及其变化规律等。

6. 居民状况，包括居民数量、分布状况、各类建筑物的坚固程度、街道可利用的建筑物、街道的数量、方向、宽度以及住房和驻军容量等。

7. 社会情况，即作战区域影响军事行动的社会因素，包括政治、经济、卫生、文教、科学技术和居民生活、民族分布、风俗习惯、思想情绪以及居民的希望、兴趣、偏见、怨恨、特长等。

八、公开情报资料的搜集

（一）概　述

公开军事情报资料搜集是军事情报搜集的重要组成部分，公开军事情报资料是军事情报不可缺少的来源，是军事情报分析研究的物质基础和重要方面。随着国际社会不断向开放型发展，公开情报在军事情报中的比重越来越大，各国军事情报部门因此而拿出了更多的人力、物力和财力以从事公开的情报活动。

（二）公开军事情报资料的特点

公开军事情报资料是与秘密军事情报资料相对而言的。它是不受发行、传播范围的限制，或者只受一般性的限制，供本国或国内外和某一部门所属人员阅读、收看、收听的材料，可以通过各种公开手段或合法程序获得，其特点有：

(1) 数量大。从20世纪二三十年代开始，特别是第二次世界大战以后，现代科学技术特别是尖端科学技术进入了一个高速发展的时期，导致了知识爆炸、情报爆炸局面的出现。大量的研究资料和成果源源不断地问世。各种视听资料、电视、电报、电话、广播等传播的情报量更是大得惊人。

(2) 内容广泛。无论是什么性质的国家，它的一系列方针、政策包括国防计划在内的各项经济、政治、文化、教育计划要一一付诸实施，对内对外的宣传活动一分一秒都不会中断，因此，一个训练有素的、警惕性很高的情报人员就不难从诸如政府工作报告、国会的辩论、财政预决算的讨论、军事政治理论的研究与实践、科学技术情况报道以及其他的许多公开情报来源中，获取某一国家或国家集团有关的政治、经济、军事、科学技术、自然环境等各个领域有关社会科学和自然科学的所有门类的内容极为广泛的公开情报资料。

(3) 较易获得。公开资料，在通常情况下，通过订阅、购买、索取、交换、收听、收看、参观等公开、合法的途径和方法就可获得，比如当代业已普及的广播电视，无论平时和战时，只需拨动电钮，对准波长、选准频道，就能收听收看某个国家或地区的广播电视节目，从中获取许多有价值的情报或情报资料。

(4) 实用性提高。公开情报资料的使用价值早已举世公认。当代国际社会日益开放，使公开资料具有更多的内幕性和系统性，使用价值明显提高。

(三) 公开军事情报资料的类型

公开军事情报资料按其表现形式，可区分为五种类型：

1. 报刊

报刊是公开情报资料很重要的组成部分。

报纸：报纸按内容分为综合性的和专业性的两大类。军队报纸一般按层次分为全军性的、军兵种的、军区的、舰队的，多数为内部发行。但是，不管哪一类和何种范围内发行的报纸，均起喉舌的作用，以报道快、内容新、广泛反映各方面的观点、问题著称。各国的内政、外交方针、政治、经济、军事和文化教育及其他社会活动，科学各个领域内的一些新观点、新发现、新创造和新发明，往往首先在报纸上披露出来，美国前总统杜鲁门曾说："美国有95%的秘密情报，都在报纸和其他刊物上发表过。"

期刊：期刊是一种定期或不定期连续出版的读物，有官方的、半官方的、军队和军队院校的，学术团体和研究机构的，国际组织的，地方大专院校的，公司和企业的等，撰稿人多为党政军和社会团体的头面人物、知名人士、专家、学者、工程技术人员和特约撰稿人。期刊内容复杂而丰富，有的文章具有一定的权威性，既有关于基本情况方面的论述，又有新的观点、新理论、新技术、新情况等的报道与探索。据国外资料统计，目前世界上每年出版期刊 55000 余种，使用 60—70 多种文字，足见期刊是公开情报资料的一个广泛来源。

2. 图书

图书种类繁多，最主要的有：

政府出版物：它是各国政府和议会发表、出版的文献，对于了解各国的政治、经济、军事和文化科学技术等情况具有较高的参考价值。政府出版物的内容广泛，一般可区分为行政性文献和专业性文献两大类。行政性文献一般包括政府工作报告、国会记录、政府法令、计划及其实施情况、报告、决议、指示以及调查统计资料等；专业性文献包括政府所属各部门的专题研究报告、技术性政策和有关的业务资料等。据不完全统计，美、英、法、日等国政府的出版物每年多达几万件。

书籍：书籍在公开情报资料中占有很重要的地位。由于它的发行量大、影响面广和具有长期保存价值，无论是作者还是出版商都持比较谨慎的态度，因而观点比较成熟，资料比较详细，内容完整、系统。尤其是当代，由于超级大国基于相互争霸的需要和各自对内的鼓动性宣传，不断公开出版以往保密的有关对方的军事情况方面的书籍，如《对和平的威胁来自何方》一书，苏联在首次出版后，不断根据情况的发展变化更新内容再版，把美军情况及时而又完整地公诸于众。美国也不甘落后，不仅把苏联的战略思想、作战原则和原华约国家的军事实力、组织指挥体系和武器装备等写成专著出版，而且利用叛逃西方的原苏联军政官员，揭露它的内幕。这就为情报人员从图书中获取情报提供了更加有利的条件。

科研报告和学术会议资料：这两种文字资料可统称之为学术文献。它们是社会和自然科学研究工作者或工程技术人员围绕某一专题或技术项目从事研究所作的记录或就所取得的研究成果撰写的论文。有的由科研单位和学术团体汇集出版，有的则在世界性、国际性、地区性或全国性的会议上宣读、讨论和散发。这类资料的特点之一是属于第一手材料，有观点、有材料、有数据，甚至配有图表；二是具有较高的情报价值，如伦敦战略研究所的研究报告，往往在其未正式发行之前，各国情报部门为了抢时间，争相找门路不惜重金购买清样，以先睹为快；三是一部分原属于保密范围，过了一定期限之后销了密的研究报告或文件。

3. 地图

地图种类很多，包括地形图、地质图、行政区划图、概况图、道路图、城市图、街道图、旅游图、航空图、气象图、海洋图、港口图等等。它反映自然和社会现象的地理分布与联系，是了解各国人口、面积、地理位置、地形地貌、气候和生态环境、自然资源、工农业布局、交通枢纽和运输情况等的重要来源和行军作战的必备工具。它的军事情报价值与比例尺的大小、成图方法、制图工艺水平、测绘与出版机构、出版年代与版次密切相关。

4. 声像资料

声像资料是有声音的，或既有声音又有活动图像的情报资料。随着通信技术的发展，无线电广播、无线电报、电话、传真、卫星电视广播以及录音和录像已深入到社会的各个角落，它们的特点是比任何一种文字资料都要来得快，来得及时，不受国界和区域的限制，较少受人为障碍的影响，即使有影响也可由人工加以消除，声像并茂。内容既有对国内听众的；又有对国外听众的；既有国与国、部门与部门之间的，又有个人与个人之间的相互信息沟通，数量多，时间上夜以继日。第二次世界大战期间，希特勒的湖滨特别监听所，在利用无线电广播搜集公开情报方面提供了这样一个例子。这个湖滨楼从1940年7月组建到第三帝国覆灭，经常收听33个国家，偶尔还有另外14个国家的总共37种语言的广播，如1942年1月至8月内就收到了有价值的新闻广播8266则，政治家的讲话和重要评论646篇，既及时掌握了国际重要动态，又为希特勒采取行动提供了决策参考依据。美国尽管航空、航天及其他技术侦察手段高度发展，但中央情报局至今把收听、收录“我们有兴趣的国家”的广播电视作为一项重要的任务。它在国内外设有专门的收听、录像站网，每天24小时进行收听、录制和分析、整理工作，重要材料迅速发往情报处理中心。

此外，声像资料还包括电影片、录音带、录像带、幻灯片等。它们具有不可低估的情报价值，一部反映大规模军事演习的电影纪录片或录像带，把一国军队理论上的作战原则与近似实战的军事行动融为一体，展现在人们的面前，给人以文字材料难以得到的启示。从一部纪录片中可以看到北极星导弹的水下发射情景，就可从中得到启发，从而加速研制潜射导弹的进程。

5. 照片资料

照片资料包括普通照片、新闻照片、技术装备照片、风景照片和广告宣传照片。这些由新闻记者、职业摄影家、业余摄影爱好者、旅游者和广告拍摄的照片，各国情报机关都可视为有价值的情报来源，它不仅给人以直观感，而且能如实地反映拍摄对象的情况。历史上就曾有旅游风光照片为进军取胜铺平了道路的例子。1942 年 8 月，美日太平洋战争中，美军准备进攻瓜达尔卡纳尔岛，但苦于缺乏有关该岛的地图资料，美国战略情报局经过一番搜集，找到了一位旅游者战前在所罗门群岛旅行时拍的七张风景照片。美军即根据这几张照片了解了该岛的地形情况。在这次战役中，美军最后以伤亡一千余人的代价，歼灭日军五万人，夺取了瓜岛战役的胜利。正因如此，美、英、日等国家情报机关把搜集这种情报照片作为各级情报网的任务之一，有的甚至要求国人把在国外旅行时拍摄或选购的各种照片送交情报机关作为出国的条件和应尽的义务。

6. 缩微资料

缩微资料是用摄影技术将手写型或印刷型的文件、图表、图片缩摄在感光材料上的资料。从 1839 年英国发明家丹塞发明第一张微缩资料算起，至今只有 160 多年的历史，缩微资料已获得广泛的应用。它的优点是存贮信息密度高，重量轻，体积小，价格较之印刷出版物便宜，而且便于实现自动化。它通常按外表形式划分为缩微胶卷、缩微平片、窗孔卡片、缩微胶套、胶片活页等。

7. 实物

实物系指实物样品和实物模型而言。在现代条件下，各国情报机关除一如既往注意战场搜寻实物，甚至它们的残骸碎片外，日益重视平时对武器装备和尖端技术实物样品的搜集，大至导弹部件，小至一块钢板或一把军用小锹都在搜集范围之内。其所以如此，这是因为这种实物情报不仅可以及时了解敌对国家、潜在对手甚至友好国家的武器装备状况、尖端技术发展情况和现代科学技术的发展现状，利于适时采取对策，而且可以直接仿制或取其精华，以改进和加速本国军队的武器装备、生产工艺，或者开拓科技人员的思路，加速和缩短更先进产品的研究过程，使自己不断处于领先地位。

此外，随着电子计算机和卫星的广泛应用，机读资料和卫星资料已逐步成为利用价值很高的公开情报资料来源。信息高速公路的建立，甚至可以做到“秀才不出门，便知天下事”。

（四）公开军事情报搜集的原则要求

公开军事情报资料搜集是军事情报工作的重要组成部分。它的主要任务是为统帅部门服务，为部队、院校服务，为国防现代化服务。搜集工作的原则要求主要有：

（1）领会上级意图，熟悉情报需求单位的要求，发挥主观能动性。领会上级意图，熟悉情报需求单位的要求，是公开情报资料搜集工作的依据。“公开情报搜集工作不是偶发行动，而是一种经过深思熟虑的有计划的行动”。这是国内外情报部门公认的进行公开情报资料搜集工作的一条行动准则。无目的地、主观片面地去搞搜集工作，都会造成非常不良的后果。所谓领会上级意图，就是领会最高统帅和统帅部的意图，带有全局性的行动纲领和原则。熟悉情报需求单位的要求，就是了解各工作部门每一个时期根据上级所赋予的任务而提出的具体搜集要求，也就是统帅部意图的具体化。根据上级意图制定基本的搜集提纲，根据情报需求单位的要求订出专题的或一定时期的搜集计划。认真地领会并把二者有机地结合起来，情报资料搜集工作者就能心中有数，搞哪些东西是符合需要的，有针对性，才能解决问题，起到情报资料所应起的作用。

与此同时，公开军事情报资料搜集部门和搜集工作者还要善于知彼，冷静观察国际风云的发展变化，熟悉自己所处的环境和条件，审时度势，既不暴露搜集意图而又不失时机地主动搜集各方面的资料。这一点特别在突发事件之前，上级任务尚未下达之际，有预见性地搜集提供资料具有特殊重要的意义。

（2）既要搜集重点国家和地区的资料，又要面向全世界；既要抓住重点，又要照顾一般；既要注意全球，又要考虑局部地区，这是根据当代的国际环境和国际形势发展决定的。美国情报专家艾伦·杜勒斯从美国利益出发，说了一段发人深思的话。他说："我们搜集情报决不能只限于搜集当前发生危机的国家的情报。在这个核时代，甚至南极、北极也成了重要的战略地区。距离和时间已经大大失去意义。"二次大战结束后，由于霸权主义的操纵，某些地区政变频繁，小战不断，一些热战正在旷日持久地进行着，因此，面对现实预见未来，公开军事情报资料的搜集工作既要抓住重点国家和地区，又要注意搜集有关国家和地区的材料。

（3）动向情况资料与基本情况资料并重。既要满足当前斗争需要，又要为未来战争需要做好准备，是平时公开军事情报资料搜集工作的总要求。掌握动向情报是情报工作摆在第一位的任务，公开军事情报资料搜集工作首先必须为此竭尽所能，及时、连贯而又有预见性地搜集提供敌方或潜在对手正在干什么、准备干什么、情况怎么样及其发展变化等各方面的资料。基本情况资料包括历史的、现实的和未来的诸方面在内，是掌握和研究动向情况的基础，是国际斗争、国防现代化和指导战争的重要保障。静态与动态是互相联系而不可分割的，不注意搜集和积累基本情况资料，不熟悉国际和各国的基本情况，不了解全面情况和历史背景，就很难对动向作出准确的判断和预见情况的发展趋势。有历史资料记载：第二次世界大战期间，美空、海军对日本的铁路线、车辆、轮渡、铁道工厂等实施破坏的情况，累计轰炸 403 次，扫射 493 次，舰炮轰击 15 次，致使日本铁路处于瘫痪状态。

这一历史事实，可为研究工作者判断和预测像日本这样的国家在未来战争中能承受多大的轰击力，提供有价值的参考依据。同时，基本情况资料主要靠平时积累，如果平时不注意搜集，战时一旦需要，就会措手不及，陷于被动，拿不出所需要的材料来。

(4) 积极发现线索，广泛开辟提供来源，多方设法搜集。发现资料来源的线索、掌握有可靠的资料提供者和搜集得法与安全运转，这是公开军事情报资料搜集工作有机联系的、缺一不可的三个重要环节。

所谓发现资料来源线索，就是要及时、准确了解什么时候、什么国家和地区、什么机构和经销单位公开发行或半公开发行何种形式、何种性质和内容的资料。这是公开军事情报资料搜集工作的首要环节。发现线索，一般可采用下述几种方法：A. 从报纸、杂志中发现线索，如新书介绍、书评、广告、举办各种展览会、学术研究会的消息报道等；B. 从广播、电视中发现线索，如军、政要人讲话，通常有摘要或全文播放，军事演习预告或录像剪辑，电影和电视片的转播等；C. 从图书目录中发现线索，这是发现资料来源最好的途径。图书目录多种多样，有政府机构出版的、军方出版的、研究机构出版的、书店出版的和声像经营商出版的等等。目录浩如烟海，琳琅满目，必须进行艰苦的劳动，摸出它们的规律性；D. 通过社交活动进行调查了解，这里最基本的一条原则是广泛接触，重点深入；E. 电子计算机情报检索。随着电子计算机技术的迅速发展，以计算机为核心的现代化技术，在情报资料贮存、整理、检索、传递等方面应用越来越广泛。因此，充分利用各国已有的公共计算机情报检索系统，是获取公开情报资料的一个很重要的来源。据 1985 年统计，美国约有 4000 个重要的文献数据库，对公众开放的联机数据库有 1450 个，其中存放着新闻、商业情报、科技文献等大量的公开资料。

公开军事情报资料搜集部门和工作人员，不管采用哪种方法去寻找线索，最重要的是要具有敏锐的情报观念，要腿勤、嘴勤、多看、多问、多想、多查找，处处做有心人。有了线索之后，关键在于有没有掌握可靠的提供来源，这是能否搜集到公开或半公开情报资料的保证。因此，要深入调查研究，广泛开辟提供来源，要善于经营资料提供来源，确保来源的安全。调查研究的内容主要有：A. 各国的书商、地图经售商、图片商、报刊发行商、出版商的政治背景、经营范围、作用大小、搜集能力，他们愿否合作、合作的范围与深度；B. 世界研究机构的情况，现在研究机构越来越多，有国内、国际和地区性的，有公开的、半公开的和秘密的，研究的范围涉及社会科学和自然科学的各个领域。因此，要根据公开军事情报资料搜集工作的要求，深入了解，慎加选择；C. 各国的图书馆、博物馆和档案馆的情况。了解它们的隶属关系、收藏范围、馆藏规模、借阅限制、开放时间、检索方法，国内馆际和国际馆际的业务联系等；D. 无线电台、电视台的开设情况，通信卫星的发射、使用情况，电影、电视制片商和声像出版、经售商，缩微资料、机读资料和卫星资料销售服务中心的情况等。

公开军事情报资料搜集的途径，通常有公开、半公开和秘密等三种途径。这三种途径不是截然分开的，有时往往是互相交叉的。根据国家和条件的不同，在当事国是秘密的，而在第三国却可采用半公开或公开的途径进行搜集。单就公开途径的搜集方法而言，一般采用直接搜集法、迂回搜集法和现地搜集法，通过购买、预订、借阅复制、官方交换、友好人士提供、出席各种会议、参观展览会、收听、收录等方式进行。

第三章 军事情报来源

一、概 述

简单地讲，军事情报来源就是获得军事情报的渠道和途径。军事情报来源的特殊性就在于它的侦察手段。军事情报是通过侦察获得的，是军事情报最主要的来源。军事侦察力量和手段是多种多样的，因而，军事情报的来源也是多种多样的。军事情报活动的关键是获取情报，特别是运用不同的侦察手段搜集情报，需要采用各种各样的方式、方法和手段。随着科学技术的发展并不断运用于军事侦察领域，出现了许多新的侦察手段，军事情报来源也更加丰富和多样化。了解和认识军事情报来源，有利于我们对军事情报的分析判断，搞好军事情报工作的指导和建设，获得更多更准的军事情报，为上级首长和部门决策服务，为军队作战服务。军事侦察力量和手段是多种多样的，军事情报来源也是多种多样的，本章将分别从谍报侦察与武官侦察、军队侦察、人民群众侦察、无线电技术侦察和卫星侦察等五个方面来加以介绍。

二、谍报与武官侦察

（一）谍报侦察

它是向侦察对象内部秘密派遣或在侦察对象内部秘密发展人员，以获取机密情报的活动。从事这种活动的人员，称为间谍。根据其活动的特点可分为潜伏间谍、行动间谍；根据其所负的任务可分为谍报组长、谍报员、报务员等；依其接敌状态可分为内线间谍、外线间谍。在谍报斗争中，常有双重间谍、多重间谍、逆用间谍等，谍报斗争通常称为间谍战、谍报战。

谍报侦察是获取军事情报重要的来源之一，在军事情报活动中具有重要的地位，主要用于战略侦察，也广泛用于战役侦察、战术侦察，它侦察的主要目标是侦察对象的决策和要害部门，以获取政治、军事、经济、外交、科技等核心机密情报。为国家和军队制定方针、政策、作战计划提供依据。谍报侦察具有明显的特征：

(1) 隐蔽性：谍报人员是在敌方政权严密统治下秘密进行的活动，必须以合法公开的形式掩护自己的真实企图，在合法社会形式的掩护下，进行军事情报搜集活动。

(2) 进攻性：谍报侦察是在敌方内部建立秘密组织和关系来获取情报，谍报人员须深入敌人内部要害部门，积极主动地寻找和利用对方的弱点，获取情报，具有明显的进攻性特色。

(3) 艰巨性：谍报侦察要深入敌人内部，一切活动都在对方的眼皮底下进行，难度大，进行情报搜集活动十分困难。现代科学技术的发展，使谍报与反谍报斗争更加复杂，增加了谍报侦察的难度。

(4) 长期性：谍报侦察须深入敌人要害部门，一般须经历一个相当长的时期，只有取得信任、长期潜伏、活动得当，才能持久地搜集到机密情报，在关键时刻发挥作用。由于各国的性质和传统习惯不同，因而其谍报侦察的指导思想和采取的手段也不相同。基本做法是建立谍报网，以公开途径，采取观察、刺探、密取、窃听、搜集资料等方法获取情报，有些国家还采取政治讹诈、色情引诱、金钱收买、制造把柄甚至威逼、恐吓等手段招募间谍和获取情报。

谍报人员能够直接接触对方的核心机密，能及时获取关键性情报，特别是原始情报、决策情报、内幕情报等并可持续发挥作用，但工作难度大、风险多、周期长、收效慢。

(二) 武官侦察

武官是派驻在使馆里对外代表本国武装力量的外交官，是大使的军事顾问和助手。一般由国防部或总参谋部派出，受军事情报部门和大使双重领导，各国通常把武官看作既是外交官，又是军事情报人员。武官的外交活动和对外交往，同时也是搜集情报的过程。武官所担负的军事情报任务，大致是：注视驻在国和有关地区和世界性的战略动向；调研驻在国和有关地区的军事以及与军事有关的基本情况；搜集军事科技情报和其他有价值的情报资料。

武官获取情报的途径一般有以下几种：(1) 通过外交和社交活动；(2) 通过交友工作；(3) 通过现场观察；(4) 通过研究公开资料；(5) 通过资料搜集；(6) 通过情报交换；(7) 其他途径。

武官能够直接观察国际风云，获取军事、政治、经济等多方面情报，各国都十分重视武官侦察。武官侦察在军事情报活动中有重要的地位和作用。

三、军队侦察

现代条件下的作战将是立体战、合同战、总体战，是诸军兵种参加的联合作战，为保障作战胜利而进行的侦察，也必须是诸军兵种合成的侦察。诸军兵种的合成侦察，可发挥其各自的特点和长处，多种手段结合运用，取长补短，互为补充，彼此印证，这样搜集的情报将更加及时准确。诸军兵种以各种手段进行的侦察，是军事情报的主要来源。战略情报由统帅部和负有战略任务的情报单位进行侦察；战役情报由战役指挥员和司令部组织侦察；战术情报由战斗部队指挥员和司令部组织实施侦察。在这里，我们重点介绍陆军侦察、海军侦察、空军侦察。无线电技术侦察和卫星侦察，因有其特殊的技术专业性，所以也列单项加以介绍。

（一）陆军侦察

陆军是在陆地上作战的军队，是重要的军种之一。既能独立作战，又能与海、空军合成作战。主要任务是在陆地上歼灭敌人，是进行战争的主要军事力量，一般包括：步兵、炮兵、装甲兵、工程兵、防化兵和通讯兵等兵种。陆军侦察就是指陆军各兵种部队和专业部队进行的侦察。陆军侦察也是合成军队侦察的重要组成部分，是陆军作战不可缺少的重要情报保障。陆军侦察包括：步兵侦察、炮兵侦察、装甲兵侦察、工程兵侦察、防化兵侦察、电子对抗侦察等兵种侦察。陆军侦察是陆军指挥的一个重要组成部分，是陆军进行作战行动的重要保障。

(1) 步兵侦察：步兵侦察是步兵部队和步兵专业侦察部队进行的侦察，主要是获取战役情报和战术情报。主要侦察手段有：观察、潜听、搜索、战斗侦察、火力侦察、捕俘、调查询问、谍报侦察、照相侦察、雷达侦察和搜集敌军文件资料等。

(2) 炮兵侦察：炮兵侦察是炮兵为获取敌情、地形、测地、气象、照明等保障情报而进行的侦察活动。炮兵侦察分为地面炮兵侦察和高射炮兵侦察。

地面炮兵侦察由各级炮兵侦察等有关专业部队担任。地炮侦察分为地面侦察、航空侦察和勤务保障侦察三种。地面侦察是炮兵利用在地面配置的侦察器材进行的侦察。主要手段有：观察所侦察、声测侦察、雷达侦察、无线电侦察、炮兵火力侦察等。航空侦察是炮兵利用侦察校射机、观察直升机、无人驾驶飞机等，从空中以目视、照相、电视、雷达、红外线和无线电技术等进行的侦察。能在较短时间内，获得正面和远纵深的敌情、地形等资料。勤务保障侦察包括三种，即气象勤务、测地勤务、照相勤务。

高射炮兵侦察是保障高射炮兵作战所需情报进行的侦察，主要是对空中目标的侦察，保卫军事要地和军队的空中安全。

随着科学技术的发展，炮兵侦察不断采用新的技术手段，在实现自动化、全天候、远距离侦察方面有了突破性进展。

(3) 装甲兵侦察：装甲兵侦察是装甲兵为获取有关作战的敌情、地形、气象等情报而实施的侦察活动，是装甲兵作战指挥的重要保障。装甲兵侦察力量由装甲部队所属的侦察分队组成。装甲坦克侦察车辆具有较强的火力、良好的机动能力和一定的装甲防护力，能实施广泛的机动。装甲兵侦察的特点是：在担负奔袭作战侦察、追击作战侦察、反空降作战侦察以及核条件下实施机动侦察等任务中，可发挥重要作用。

(4) 工程兵侦察：工程兵侦察是工程兵为保障工程作业和提

供合成军队司令部有关工程方面的情报而进行的侦察。它是军队行动的战斗保障和工程保障的重要措施之一，也是指挥员定下决心和组织工程保障以及遂行工程作业不可缺少的依据。工程兵侦察力量是由工程兵编成内的工程、舟桥和建筑等部队的侦察分队组成。工程兵侦察分队装备有各种工程侦察器材，担负着战场工程侦察任务。它可单独或在合成军侦察机构内实施侦察，主要查明：敌工程设施、工事类型、质量及伪装措施，障碍物设置、密度、特点及敌工程兵的编成、装备和行动，军队行动地域内的地形、道路、河流、桥梁、渡口、重要工程等情况及对军队行动的影响，获取工程作业和现地利用所需的资料以及敌炮兵、航空兵和原子武器袭击的地域内各种工程破坏程度和对军队战斗行动的影响等。

工程兵侦察由合成军队司令部和工程兵指挥员负责组织实施，侦察力量通常由工程兵分队或受过侦察训练的其他工程兵分队担任。

（5）防化兵侦察：为发现和查明敌人使用原子、化学武器袭击情况而进行的侦察，由司令部防化部门组织实施。其任务是：发现化学袭击征候，查明地面、空气、物体和水中染毒种类、范围和程度，监测染毒空气的传播，为部队组织防护提供依据。防化兵侦察由防化侦察分队和其他分队中受过专门训练的士兵担任。防化侦察分队主要用于保障指挥机关、重点军事目标和重要作战方向上的部队。其侦察方式有：道路侦察、地域侦察和定点监测。道路侦察是用于查明军队行军路线上的染毒情况，标明前后界、选择通路和寻找行路；地域侦察用于查明部队作战地区和毒剂种类、空气染毒情况并作出标志；定点监测主要是在指挥所和重要目标附近设化学观察哨，及时发现和报知化学袭击情况，并加以监测。

（6）电子对抗侦察：电子对抗侦察是电子对抗部队为进行电

子干扰和反干扰、电子反侦察而进行的侦察，是电子对抗部队作战的重要组成部分，是组织实施电子对抗作战的依据。电子对抗侦察获取的情报主要是：敌方电子设备的技术参数，如无线电通信设备的工作频率、调制方式、信号特征、雷达的频率、脉冲宽度、脉冲重复频率、天线扫描方式、波束形状等。综合分析电子设备的类型、用途、位置、数量、工作规律、变动情况等，从中获取敌军的编成、部署、武器装备、行动企图等情报。

电子对抗侦察通常分为：预先侦察和直接侦察。

预先侦察是对敌方电子设备进行长期或定期侦察，经过综合分析获得敌人电子设备的全面情报，判断其技术水平和发展动向，从而为制定电子对抗作战计划提供依据；研究电子对抗战术技术对策，发展电子对抗装备提供依据，并为直接侦察提供预先情报。直接侦察是在战役、战斗之前及战役、战斗进行过程中，对战场电磁环境进行实时分析、识别，主要用来判断敌方目标威胁程度，以便采取机动、规避等措施，引导干扰机在频率和方向上对准目标，选择干扰式样，检验干扰效果，为电子防御提供干扰源辐射特性等情报，为摧毁辐射源指示目标位置等。

电子对抗侦察的特点是：侦察距离远、范围广、获取信息多、情报及时准确；组织实施隐蔽、保密；无论平时、战时都可不间断进行等。电子对抗侦察是电子对抗部队作战的有力保障。

（二）海军侦察

海军是以舰艇部队为主体，在海洋上作战的军种，一般包括：潜艇部队、水面舰艇部队、海军航空兵、海军岸防兵、海军陆战队等兵种。海军具有在水面、水下和空中作战的能力，能单独在海上作战，又能协同陆军、空军作战。主要任务是协同陆军、空军防御敌人从海上来侵略，保卫领海主权、维护海洋权益。海军侦察就是海军各兵种部队和专业侦察部队进行的侦察，是海军作战行动的重要保障，也是海军指挥的一个重要组成部分。海军侦察由海军各级司令部负责组织实施，主要获取海军作战所需的情报，同时也为统帅部和各级合成军队提供必要的情报，并担负统帅部和各级合成军队赋予的侦察任务。海军侦察的任务主要是严密掌握当前海域敌情动向，查明敌方海军兵力、兵器、海区和有关海上作战等其他动态情报，及时发现敌方来自海上的突然袭击，保障海军作战和海上对敌斗争的胜利。海军侦察主要有四种：秘密侦察、部队侦察、无线电技术侦察和人民群众侦察。其中以部队侦察和无线电技术侦察为主。海军侦察力量不仅可在濒海、近海、远海担负侦察任务，而且可以在空中、水面、水下和海岸进行。

海军侦察主要获取的情报是：

(1) 敌海军编制、装备、舰队编成、作战序列、兵力部署和兵器的研制和发展；

(2) 敌港口、基地、机场、导弹发射阵地等重要目标的位置、容量、各种设备和防御设施，各种舰船、飞机、导弹的类型、性能和数量；

(3) 敌战争准备、海军兵力集结、突然袭击的征候、战备训练及战备物资的补给、装载、运输等情报；

(4) 敌海上交通运输情况，包括航道位置、航线、运输规律、特点及运输量、货物性质等；

(5) 敌海军后备力量的动员、造船能力及战争潜力；

(6) 敌海上各种编队的兵力编成、出航时间、航向、航速、编队队形及水面、空中编队兵力的组成等情况；

(7) 敌主要海峡、水道的防潜配系；

(8) 当前海上敌人巡逻、侦察、警戒等情况；

(9) 作战海区的水文、气象、兵要地志等。

(三) 空军侦察

空军是以航空兵为主体，进行空中、空地和地对空作战的军种，一般包括航空兵、高射炮兵、地空导弹兵、雷达兵、通信兵等兵种，具有远程作战、高速机动和猛烈突击的能力，既能协同陆军、海军作战，又能单独作战。空军侦察是空军各兵种部队和专业侦察部队进行的侦察，是空军指挥的重要组成部分之一，是空军作战的重要保障。空军侦察由空军各级司令部负责组织实施，主要获取空军作战所需的情报，同时也为统帅部和各级合成军队提供必要的情报，并担负统帅部和各级合成军队赋予的侦察任务。空军侦察力量主要有：侦察航空兵部队、无线电技术侦察部队、雷达部队、轰炸歼击、强击航空兵部队的侦察分队、无人驾驶照相侦察机分队和空降兵侦察分队。主要手段是：航空兵侦察、无线电技术侦察、雷达侦察等。空军侦察按任务范围可分为战略侦察、战役侦察和战术侦察。战略侦察的主要任务是：

(1) 敌方的政治、经济中心、首脑机关、军事要地、工业基地和交通枢纽等重要目标的情况；

(2) 敌方空军的编制、装备、战斗序列、基本部署和建设发展情况；

(3) 敌方导弹、原子武器的基地和仓库位置；

(4) 敌方战略预备队的集结地域和移动情况；

(5) 敌方空、海军基地内的机、舰和海、空军的活动及敌空袭、空降或登陆作战的准备；

(6) 敌方重要方向和重要目标的防空配系。空军在合同作战中实施的战役、战术侦察，除获取敌空军战役、战术情报、保障空军本身的战斗行动外，还负有为陆军和海军提供相关情报的任务。

四、人民群众侦察

人民群众侦察指组织广大人民群众获取情报的活动，是军事情报的重要来源之一，对保障军事斗争的胜利具有重要的作用。通常以居民社会职业作掩护，使用就便器材和工具，就近进行侦察。居民分布面广，熟悉当地各方面情况，便于接近敌人，可以配合军队实施广泛侦察。

中国人民解放军历来重视组织人民群众侦察，对保障作战和海防、边防对敌斗争的胜利都起了重要作用。国外有许多国家十分重视居民侦察的工作。有的国家在民兵组织和民防体系中设立各种群众性侦察组织，并进行相应的训练，装备专用的侦察器材，以期在战争中发挥更大的作用。我国未来的反侵略战争是现代条件下的人民战争，人民群众侦察将以更大的规模，活跃于辽阔的战场，对弥补军队侦察的不足，及时获取作战所需的情报，将发挥巨大的作用。

在人民群众侦察中民兵起着骨干作用。民兵侦察分队、群众情报站等是人民群众侦察的重要组织形式。

人民群众侦察既可配合军队执行侦察任务，也可单独进行侦察活动，它能担负的侦察任务是：(1) 广泛搜集所在地区敌军的兵力、部署、番号、装备、军事设施等情况；(2)提供战区地形、道路、水文、气象、社会情况等兵要地志情况；(3) 直接配合军队进行侦察活动，为军队传递情报、封锁消息、充当向导等；(4) 掌握社会情况，开展反侦察活动等。

五、无线电技术侦察

无线电技术侦察是使用无线电技术设备，截收敌方发射的各种无线电信号，从中获取情报的活动，是军事情报的重要来源之一。在战略侦察、战役侦察和战术侦察中均可广泛使用。

无线电技术侦察，包括无线电通信信号侦察和非通信信号侦察。

无线电通信信号侦察是使用无线电收信器材，截收敌方各种无线电通话、通报信号，通过对密码、密语的破译和通联特点的研究，对电台进行测向定位，直接获取敌军兵力、部署、调动、作战企图等情报。

非通信信号侦察，主要是通过对敌雷达、导航、制导、摇控、干扰等无线电信号的侦测、分析，查明其电子器材的类型、数量、用途、位置及有关技术参数，进而判断敌方部队的部署及动向等。

无线电技术侦察可根据情报搜集任务和敌无线电波辐射情况，由地面侦察站、电子侦察船、电子侦察飞机、电子侦察卫星和投掷式自动化电子侦察设备等实施。无线电技术侦察具有以下特点：（1）侦察距离远、范围广；（2）获取情报比较及时、准确；（3）组织实施隐蔽、安全、不易被敌方发现；（4）较少受地形、季节、气候等自然条件的影响；（5）无论平时、战时都可不间断地进行。

无线电技术侦察是无线电作为军队的通信和指挥工具之后产生和发展起来的，开始仅用于无线电通信信号侦察，后来随着雷达和制导武器的出现，又发展了非通信信号侦察。早在第一次世界大战前，欧洲一些国家即开始运用无线电台监听预想敌国的无线电广播和军事无线电通信。第一次世界大战期间，美国、英国、德国、法国等先后在军队中建立无线电技术侦察机构或勤务分队，并发挥了重要作用。第二次世界大战中，无线电技术侦察进一步发展和广泛运用。当时，美国、英国、苏联、日本、德国均投入大量人力、物力从事这一工作，不仅用于战术侦察，而且广泛运用于战役侦察和战略侦察，为制定作战计划和实施作战指挥提供了重要情报。战后，由于无线电技术器材大量装备部队，又为实施无线电侦察创造了有利条件。因此，许多国家的军队更加重视运用无线电技术侦察获取和掌握敌方动态的情报。

六、卫星侦察

卫星侦察是指使用有侦察设备的人造地球卫星进行的侦察。用于获取军事情报的人造地球卫星叫侦察卫星，侦察卫星利用光电遥感器或无线电接收机等侦察设备，从轨道上对目标实施侦察，监视或跟踪，以搜集地面、海洋、空中目标的情报。侦察设备搜集到的目标辐射、反射或发射出的电磁波信息，用胶卷、磁带等记录贮存于返回舱内，在地面回收，或通过无线电实时或延时传输到地面接收站，再经光学设备和电子计算机等处理，从中提取有价值的情报。侦察卫星主要用于战略侦察，也可用于战役侦察和战术侦察，一般由统帅部统一组织、管理和使用。卫星侦察的特点是：侦察的面积大、范围广、速度快、效果好；可定期或连续监视一个地区或国家；不受国界和地理条件的限制；能获取其他手段难以获取的情报。卫星侦察在获取政治、经济、军事、外交等方面的情报方面有重要的作用。

侦察卫星自 20 世纪 60 年代问世以来，发展迅速，现在已成为现代作战指挥系统和战略武器系统的重要组成部分。根据任务和设备的不同，侦察卫星一般可分为照相侦察卫星、电子侦察卫星、海洋监视卫星和导弹预警卫星。

(1) 照相侦察卫星。照相侦察卫星是装有可见光遥感器的人造卫星，用以对目标区拍照获取图像。主要用于侦察敌方机场、港口、导弹基地、部队集结地域、交通枢纽、重要城市和工业基地等战略目标。为了能发现和识别目标，要求获取的图像清晰和分辨率高，一般运行在近地点高度为150公里至280公里的轨道上。装备红外线照相机和多光谱照相机的侦察卫星，还具有夜间侦察和识别伪装的能力。

(2) 电子侦察卫星。电子侦察卫星是装备有电子侦察设备的卫星。用于侦辨雷达和其他无线电设备的位置与特性，截收敌方遥测和通信等机密情报信息。电子侦察卫星能把敌方各种无线电频率的电磁信号记录并贮存起来，在飞经自己国家上空时，把信号发给地面接收站，或者在侦察到敌方无线电信号的同时，不延迟地把它转发给自己的地面接收站。

电子侦察卫星通常担负下列侦察任务：侦察敌方的雷达位置、频率、脉冲重复频率、功率等，以便在必要时采取相应的干扰措施使之失效，或直接摧毁它们，保障己方轰炸机和弹道导弹突破对方防御系统，提高进攻效果；窃听敌方电子侦察卫星与卫星之间、卫星与地面之间的通信、超短波、散射通信等，从中了解敌方的作战计划和企图；接收导弹试验遥测信号，通过信号分析，了解和掌握敌方导弹射程、投掷重量等性能数据，掌握敌方战略武器发展状况。

(3) 海洋监视卫星。海洋监视卫星用于获取敌方海上力量(尤其是海上核力量) 的动态情报，用于监视海面上舰只和核潜艇的活动，主要任务是监视在海面下航行的核潜艇。海洋监视是战术性的，它监视的是不断运动着的目标，卫星数据需要边搜索边分析。海洋监视卫星的侦察面很大，卫星轨道约1000公里高，以便覆盖较大的区域。海洋监视卫星一般分两种类型：雷达型海洋监视卫星和电子情报型卫星。雷达型海洋监视卫星，它装有雷达，能从天上向海面发射雷达波束并接收其回波，根据海面和舰船反射雷达波束的差异来区分目标；利用类似于测视雷达的技术，甚至能产生地形和海上舰队照片。它不能测定波高、海浪不平度、海水流向以及对跟踪舰船和潜艇可能有用的其他数据。电子情报型海洋监视卫星，通过截获舰船上雷达和通信设备发射的电子信号来测定舰船位置，而且还可根据舰船无线电信号的性质和数量，可以确定舰队的规模和动向。

为了能对广阔的海洋进行连续监视，海洋监视卫星需要由多颗卫星组成监视网。

(4) 导弹预警卫星。导弹预警卫星是用于监视和发现敌方来袭的战略导弹并发出警报的卫星。预警卫星是战略防御的重要组成部分。洲际导弹从发射到合中一万公里以外的目标，约需要30分钟，预警卫星的任务就是在最短的时间内发现它，并发出警报。预警卫星的轨道主要有两种：一是地球同步轨道；二是大椭圆轨道。地球同步轨道在赤道上空，离地球35800公里，发射到这条轨道上的预警卫星称为地球同步卫星，又称静止卫星。它以每秒3公里的速度运行，绕地球中心旋转的角速度与地球自转的角速度一致。故从地面上看，好像卫星是悬在空中不动似的，这显然有利于连续监视某一地区。大椭圆轨道，是一种半同步轨道，其近地点在南半球，离地球约600公里，远地点在北半球，离地球约40000公里。卫星运行周期为12小时。一般由多颗卫星组成卫星预警网。导弹预警卫星装有红外探测器和电视摄像机，可探测导弹主动段发动机尾焰的红外辐射，及时准确地判明导弹发射情况，并自动把这一情报传给地球另一端的指挥中心，从发现到传出用3—4分钟即可。这样就为防御敌方突然袭击争取到 15—25 分钟的预警时间。

侦察卫星除上述四种外，还有核爆炸探测卫星、气象卫星、地球资源卫星以及载人宇宙飞船、航天飞机、空间实验室等，都可以获取军事情报，也是军事情报的重要来源之一。

第四章　军事情报处理

一、概　述

中国人民解放军《军语》对情报处理的解释是:“1. 从获取了情报到提供使用的工作过程; 2. 情报的报告、通报和分类归档的工作过程。”我们在本章内容中将采用第二种解释。军事情报处理的概念，可以这样表述：军事情报处理，就是将整理编写好的情报材料，及时报告、通报并进行分类、归档的工作过程。

二、军事情报处理的基本要求与内容

为使军事情报不失时机地发挥作用，军事情报部门应根据作战需要和情报的性质，按主次急缓，分别向上级首长和部门报告，向下属部队和友邻部队通报，并及时进行分类归档处理，以备查用。情报的价值在于使用。情报只有在上报、通报之后，才能产生使用价值。获得了重要情报或从大量的情报材料中挖掘出重要情报，经过认真研究，作出正确判断后，就要及时上报上级首长和部门，及时通报下属部队和友邻部队。

军事情报处理的主要内容是：上报、通报和分类归档。

上报就是把获得的军事情报报告上级首长和部门；

通报就是把获得的军事情报通报给下级部队和友邻部队、部门；

分类归档就是把上报和通报过的情报和不需要上报和通报、但还有使用价值的情报和情报资料，经过编目分类，然后存档，以备查用。

上报和通报一般采用的形式是：

口头报告、电话报告、电报报告、无线电报话机报告、传真报告、文字报告、录像报告、其他通信手段和载体形式的报告。

一般情况下，军事情报处理都有一套严密的规章制度，什么情报需上报，什么情报需通报，什么情报资料该存档，都要根据情报单位服务的对象、承担的任务、情报的重要程度来确定。军事情报处理的要求是：(1) 上报和通报要及时，时间就是胜利，重要紧急情报应通过各种手段争分夺秒进行处理；(2) 上报和通报情况要慎重。重要的要及时上报，一般的情报要根据内容和准确程度报告主管首长和部门，重要而没有证实的情报要作说明；(3) 上报和通报范围要控制。情报都是来之不易的，稍有不慎就会暴露情报来源，甚至导致失败，一定要根据任务和对象确定通报范围，防止扩散和泄密；(4) 上报和通报的情报要经常核实。情况是在不断变化的，要跟踪掌握情况动态。有的情报要素不全，情况零散或有待核实的，要进一步搜集、研究，连续观察其发展变化，搜集新的材料进行补充印证。

三、军事情报的报告与通报

军事情报部门及时向上级首长和部门上报情报，向下级和友邻部队通报情报是其基本任务，特别是在部队领受作战任务后和作战形势发生重大变化时，情报部门要及时准确地向指挥员提出敌情报告。重要紧急的情报，要立即报告和通报。一般情报，适时综合报告和通报，未经证实而又是首长和部队急需的情报，边查边报边通，但要加以说明。报告和通报时，特别应注意把敌情与分析判断结论加以区别。严格控制通报敌情范围，不得暴露情报来源。报告和通报一般分为：敌情报告和敌情通报。

敌情报告，就是向上级首长和部门陈述敌情的报告。敌情报告分为：一情一报、专题报告、综合报告。综合报告通常包括敌军总态势、当面敌情、判断结论和待查事项等。敌情报告要将事实和判断结论分开加以区别。

敌情通报，就是向所属部队和友邻部队所作的口头或书面的陈述敌情的通报。其内容根据已掌握的情况和部队的任务和需要而定。

情报上报和通报是情报工作的一个重要环节。获得情报，如果上报和通报时机不当，就不能发挥情报的作用，就达不到情报搜集目的。情报上报和通报是情报处理中最重要的工作，情报单位要根据所担负的情报任务和所获情报的内容、特点，及时、适时向上级首长和部门报告，向下级与友邻部队及时通报。情报上报和通报的基本要求是：

(1) 报送目的要明确。要树立为上级首长和部门决策服务，为部队作战需要服务的观念，根据形势的发展变化，上级和部队的需要报送情报，真正做到上级和部门需要什么情报就及时报送什么情报。

(2) 报送时机要适当。报送情报时要恰当地区分情报重次缓急，对紧急重要的情报，应迅速上报，对一般性情报，应适时报送。

(3) 报送情报要准确。情报内容要准确，观点要符合实际，分析判断要正确，表达词句要恰当。

(4) 报送情报内容尽量完整系统。情报要素尽量完备，要善于联系情况，系统说明问题，要有事实有判断。

(5) 灵活采取报送方式。根据报告和通报的目的、对象和材料状况，采用与之相适应的方式报告和通报，如电话、电报、传真、光缆、书面等。

情报报送应注意的几个问题：

(1) 及时与准确的关系。报送情报，特别是一些紧急重要的情报，必须既快又准，忽视这个问题，就可能造成很严重的后果。当出现未经证实，又为首长和部队急需的情报时，应边查边报边通，并加以说明，查清一点，补报一点，补充一点，直到问题最后澄清为止。要防止单纯求快，而忽视准确的倾向，在敌情严重、任务紧急时更应注意，以免受敌人蒙骗，同时也不应单纯追求准确，而忽视情报的时效，在形势相对和缓而情报又需要查证时，尤其要注意。

(2) 关于通报的时机。军事情报有的时效很急，需要及时报告和通报；有的时效相对不急的情报，要连续积累资料进行研究，根据形势的需要和上级、部队的需要，在适当的时间报告和通报。及时报送和适时报送都要根据实际情况而定，不能单纯片面地强调任何一个方面。要在确保紧急情报及时报送的同时，对时效不急的情报应经常研究整理，把握时机，在适当的时候，进行报送，充分发挥情报的作用。

(3) 一情一报、专题报告和综合报告。对于重要的、上级和部队急需的、时效性强的情报，要争分夺秒地以最快速度，用一情一报的方式，向上级首长和部门报告和通报。对于来源多、材料内容相同的情报，要以专题报告的形式，在适当时机报告和通报。对于数量多、内容杂、情况散、重点不突出的情报材料，要加强研究，深入发掘提炼出有价值的情报来，用综合报告的方式，向上级和部门报告和通报。要正确处理一情一报、专题报告和综合报告的关系，不可片面强调任何一个方面，如果都一情一报，势必造成情报数量多、情况散、内容杂的状况，影响、分散首长的精力，影响情报效益和作用。如果片面强调积累综合，则会延误情报的时效，失去情报的原貌和价值，影响情报的使用。其结果必然会使部分重要情报失去价值。因此，我们要正确掌握一情一报、专题报告和综合报告的适用范围，根据实际情况，灵活运用。

(4) 基本事实与判断结论的问题。军事情报是给上级首长和部队决策参考使用的。要求报送的情报，不仅要有基本事实，而且要对情况做出分析判断，提出看法，但要把基本事实和判断分析加以区分，以免造成误解，影响情报的使用。

情报的价值在于使用，情报只有在向上级和部队报告、通报后，才能发挥作用。情报的报送是情报活动的最关键的步骤，集中体现着整个情报活动的成果。报送及时、准确、连贯的情报是军事情报机构的根本任务，是衡量情报工作作用大小、效益高低的标准。

四、军事情报材料的分类与归档

分类归档，就是把已报告和通报过的，还具有一定查阅参考、使用价值的军事情报材料，根据一定标准进行分类贮存的工作，是情报处理的经常性工作，可为情报研究提供补充印证材料，为综合研究积累材料，是军事情报资料积累的主要部分。

(一) 军事情报材料的分类

分类，就是在便于利用和管理的原则下，按照情报材料的自然联系或情报的内在联系将情报材料划分类别。情报材料分类是依据分类原则和具体细则进行的，根据军事情报材料积累的特点，常用的是分类组织法。凡是能将情报资料按一定的规律进行有序排列的方法，都称之为情报组织方法。情报的分类组织法，就是按照可作为分类标准的某种属性（内容、性质、形式、载体、用途）等分门别类地系统组织情报资料的方法。具体地说，就是以科学分类为基础，运用概念划分的方法，按知识门类的逻辑关系，从总到分，从一般到具体，层层划分，逐级展开的情报材料管理方法。

情报的分类工作是情报资料积累的基础，没有分类，情报资料积累就无法顺利进行，它不仅有着一般分类意义上的作用，而且具有揭示和分析情报内容、提供研究基础资料等作用，所以说，情报分类工作在情报处理中是一项重要的、经常性的工作。

军事情报材料分类一般包括分类和归类两方面：

分类是由上到下，由大到小，由整体到部分，由一般到特殊，由总论到专论的划分过程。在进行分类时需要用概念的缩小与限制，如对敌军进攻战术原则分类，按级别可分为师、团、营、排、班的进攻战术原则；如依地形划分，可分为山地、丘陵地、平原地、沙漠地、森林地、沼泽地等进攻战术原则等。

归类是由下到上，由小到大，由部分到整体，由特殊到一般，由专论到总论的集合过程。在进行时须用概念的扩大和概括，如敌第一梯队、第二梯队、合成预备队、诸兵种预备队的兵力配置可以归纳概括为战斗部署类等。

情报的分类和归类是紧密联系的。将大量的情报材料分门别类地组成一个体系和将每一情报归到相应的门类中，是一件事情的两个方面。对情报材料进行分类，要遵循分类组织法原则和分类基本要求。

（二）分类组织法原则

完整性：情报的分类组织系统是与情报工作紧密结合的，要使所搜集和产生的情报材料都能归入相应的类别之中，应门类齐全，充实完整。

系统性：情报的分类组织系统是有机的体系，要科学合理简洁清楚，既脉络清晰，又紧密联系。

逻辑性：情报的分类组织系统是严格遵循形式逻辑的原则制定的，所以要概念明确、逻辑关系清楚。

简明性：情报的分类组织系统在保障功能齐全的基础上，应力求简明，达到使用方便的目的就可以了，不必划分得太细。

灵活性：情报的分类组织系统要根据情报工作的需要和实践，灵活掌握，使情报分类系统的功能始终与情报工作相适应。

情报分类工作的基本要求：

情报的选择要做到不超范围、不重复、不漏选，防止内容繁杂和缺漏。

对于反映某一事件的系列材料，要保持连续性和完整性，相对集中。

要注意分类的逻辑性、系统性、一致性，要遵循从属关系，前后一致，恰当分类，跨类资料应能互见。

（三）军事情报的归档

归档，就是在进行科学分类的基础上，将情报材料贮存起来，便于管理和使用，常用的方法是直接归档和间接归档。

直接归档就是把情报原件直接贮存起来。间接归档就是把情报材料的内容输入计算机数据库或进行缩微处理等。

电子计算机存贮：计算机的大容量外存设备，能解决情报资料的存放问题。凡是作战所需的敌方政治、军事、经济、科技等情报，敌军的编制装备、兵力部署、作战形式、地形、气候等资料，均可以数据的形式，贮存到数据库中，供随时查阅使用。计算机的外存设备，贮存容量大，速度快、准确性高。

缩微处理：缩微处理技术是将各种规格的文件、图纸等，用摄影方法，按一定的比例摄在胶片上的一种方法。缩微胶片储存量大、速度快、体积小、保存时间长、便于储存、便于使用。而且还便于阅读、放大、复制。

五、军事情报处理现代化和情报辅助处理系统

（一）军事情报处理现代化

随着现代科学技术的飞速发展及其在军事情报方面的广泛应用，获取情报的手段更加多样化，情报来源越来越广，情报量越来越大，对情报处理的时间要求也越来越紧，处理的情报越来越多，特别是在现代战争条件下，各国竞相把各种尖端技术广泛应用于情报处理工作，依赖人工已无法适应现代战争的需要，这就要求军事情报处理必须进行现代化，只有实现现代化，情报处理才能速度快、效率高。现代战争是对时间和空间的争夺，情报的作用和地位更加突出，只有快速准确地提供情报保障，才能保证军队夺取战争的胜利。

军事情报处理现代化主要体现在计算机的运用上。计算机的运用，使军事情报处理的各个环节实现了自动化。对于大量的情报资料，情报数据库可按不同的要求，进行采集、转换、分类、

组织、计算、存贮、检索、分析整理、传输等。电子计算机的检索速度快、准确率高，不仅解决了情报资料的存储、编辑、检索、输出等问题，而且提高了情报加工、处理、传递的速度和质量，提高了情报的效益。现代缩微技术、复印技术的运用以及光盘、磁盘、磁带等存贮设备的运用，使情报的处理速度更快；显示、声像等设备的运用，使提供的情报更为直观。随着新技术、新设备的不断出现，军事情报处理将越来越快，更能及时准确地为上级首长和部队提供充足的有价值的情报。

（二）军事情报辅助处理系统

1. 情报辅助处理系统的任务和组成

情报辅助处理系统的中心任务是快速搜集、传输、处理情报，提高情报的时效性、准确性和科学性。该系统由情报搜集分系统、情报处理分系统、情报决断分系统及通信设备组成。

情报搜集分系统：各种情报搜集机构，包括无线电技术侦察部队、谍报站、航空侦察、敌后侦察、观察所、雷达站以及所属部队、上级和友邻等，配备以相应的设备，就可以构成情报搜集分系统；其任务是将本系统所获得的情报，通过通信网络迅速传送到情报处理分系统。

各种情报搜集机构的情报辅助处理系统拥有数十个情报搜集分系统，其中大部分以短波通信情报处理分系统传输文字和图像情报，航空侦察则以微波向情报处理分系统或情报决断分系统传输电视图像情报。

情报处理分系统：该系统是情报辅助处理系统的主要组成部分，其任务是集中各情报搜集分系统传送的情报，进行比较、鉴别、分类、综合，作出符合逻辑的判断，精选有价值的情报；根据指令，将分析判断结果提供给指挥员作决断参考，或向上级报告、向部队和友邻通报。此外，情报处理分系统还具有建立本级数据库、数学运算、拟制文书、制作图表等多种功能。

情报决断分系统：该系统的主要设备是电子计算机和显示器，指挥员利用这些设备，可以接收情报处理分系统传来的敌情报告、态势图和电视图像。调用文字情报，并通过情报处理分系统向情报搜集分系统下达侦察指示，通报敌情。

情报搜集、情报处理和情报决断三个分系统，均装备有高性能的短波及微波通信设备，它们采取数字通信方式，可将情报信息直接输入电子计算机，从而使多种作业自动完成。密码加码机能对所传送的情报信息，自动加密与解密，具有抗干扰的能力，能保障迅速、准确、及时、保密和不间断地传输各种情报信息。

2. 情报辅助处理系统的工作过程

情报搜集分系统：将所要传送的情报信息，由人工或自动地输入终端机，经过信号变换及保密处理后，由短波或微波电台发往情报处理分系统。

情报处理分系统：由接口情报信息处理机对各情报搜集分系统传来的情报信息统一管理，然后将情报信息送报文处理机进行加工处理并存贮入库；若是图像信息则送图形处理机存贮。当控制台发出要建立某种态势图的命令时，报文处理机对入库数据进行检索，取出有关信息，送至图形处理机，以建立态势图；若是调阅文字情报的命令，其过程与建立态势图类似。在建立态势图和显示文字情报的同时，情报处理分系统又将同样的信息发往情报决断分系统，以建立相同的图形。

情报决断分系统：由情报处理分系统传来的情报信息，经过通信控制器，直接显示在显示屏上，供指挥员观察和决断。若要调阅其他早已入库的情报信息，指挥员只要在控制台上按下相应的编号按纽即可，指挥员若要下达侦察指示，只需将其输入终端机，与之相应的电信号便经情报处理分系统发往各情报搜集分系统。

3. 情报辅助处理系统的主要作用

一是部分地实现了实时侦察。指挥员通过微波接收机直接接收航空侦察发送的电视图像信号，从显示屏上实时了解战场情况，使侦察、传输、判断三个环节同时进行。

二是提高了情报处理的能力。该系统能同时接收多路情报，而且可以快速处理，使用雷达联机工作时，系统还有自动录取能力，目标在荧光屏上显示时，设备能迅速将目标有关的数据信息，传至决断分系统，指挥员则可立即掌握情况，进行决断。

三是能够记忆和计算。情报处理分系统的电子计算机能记忆大量数据，可将来自不同情报来源的原始资料、数据，经过处理，存于数据库中。

四是能进行逻辑判断。除上述作用外，该系统还能将情报处理过程中的大量繁琐工作，诸如绘图、分类、登记、复制等实现自动化。

情报辅助处理系统是战争和科学技术发展的产物，是自动化指挥控制、通信和情报系统的组成部分，极大地提高了情报处理、战场指挥的效率，但它亦有局限性，如生存能力有限，可靠性欠缺，不能代替人的思维和提供预先没有输入的情况处理方案等。

第五章　军事情报研究

一、概　述

军事情报研究是军事情报学的中心内容之一，是军事情报工作中高层次的科学研究活动。

（一）军事情报研究的概念

军事情报研究是指情报机构和人员，根据军事活动的需要，对搜集到的军事情报材料进行鉴别、分析、综合和评价的科学思维活动，就是根据军队的特定任务和情报需求，在广泛搜集和积累有关资料的基础上，运用科学的方法，通过分析、对比、推理、判断、综合等逻辑思维过程，揭示研究对象的本质、联系、规律的一项工作。从本质上讲，就是要最大限度地揭示情报的价值，满足军事斗争的需要。

（二）军事情报研究与军事情报学研究的区别

军事情报研究是对军事情报内容本身的分析与研究。军事情报学研究是对军事情报学理论和方法规律体系的研究。两者既有联系，又有区别。军事情报研究所研究的对象是军事情报反映的内容。军事情报学研究的是军事情报的搜集、传递和利用的一般规律。军事情报研究的一般过程和方法是构成军事情报学研究的组成部分。军事情报学研究是包括军事情报研究在内的各个情报环节的一般理论和方法的学问。因此，可以这样说，军事情报研究是利用军事情报学研究的理论和方法对军事情报内容进行的研究。军事情报学研究包括军事情报研究。军事情报研究是军事情报学研究的组成部分之一。

（三）军事情报研究的性质

军事情报是军事指挥员决策的依据，是经过分析研究评价过的情报，就是说，只有经过分析研究的情报，才能作为决策的依据，满足军事指挥员的情报需求。军事情报研究的成果是知识与智慧的结晶。需要有专业知识的人才和科学的研究方法。军事情报研究是一项科学性的研究工作。军事情报研究的主要内容是对搜集到的军事情报材料进行分析研究，揭示其情报价值。现代条件下的战争，大量应用高科技技术，战场形势瞬息万变，情报量大大增加，各种保密措施、欺骗伪装、假情报的出现，使情报真伪难辩，获取情报更加困难，而且获取内容零散片断，这就需要情报人员运用广泛的知识，运用科学的分析研究方法，把分散在各种大量资料和素材中有利用价值的点点滴滴、断断续续、零零散散的情报挖掘提炼出来，研究其相互关系和作用，揭示出情报的价值。军事情报研究的过程，也就是对各种来源获取的紊乱无序的情报素材，进行整序、研究，使之成为有序的、可利用的，成为决策依据——情报的过程。军事情报研究也是一项服务性工作。军事情报是为各级首长和部门使用的决策依据，是为决策服务的，无论哪一级军事情报机构，都必须根据上级和首长的情报需求，制定搜集计划，开展情报研究工作。军事战略情报是为战略决策服务的；战役情报是为战役行动服务的；战术情报是为战术行动服务的。军事情报研究是通过对情报资料的分析研究，以研究成果来为有关部门、首长服务的，是一种难度大、要求高的服务工作。

军事情报研究既有情报服务工作的性质，也有科学研究工作的性质。事实上，军事情报研究可以作这样的表述，军事情报研究是为保障战争情报需要而进行的一项科学研究活动。

（四）军事情报研究的理论

军事情报研究的理论，包括认识论、基础理论和方法论三个方面。

1. 军事情报研究的认识论

军事情报研究的认识论原理是指对研究对象基本规律及因素间相关性的认识，具体可归纳为以下几点：（1）可知性：辩证唯物主义认为，事物发展是有规律的，这种规律是可以通过人们的实践活动而认识的；（2）联系性：事物发展的各个阶段，各种状态及事物之间都有其独立的、按本身固有规律的发展的一面，又有相互依赖、相互依存、相互转化的联系的一面；（3）能动性：认识事物的发展规律，是为了指导人们的实践，军事情报研究就是揭示情报对象的发展状态，了解其发展的可能性，找出相应的对策，为首长决策服务；（4）循序性：认识事物的过程是一个循序渐进、逐步深入的过程，事物的发展是有一定规律可循的。情报研究也是一个逐步对情报对象加以认识的过程。

2. 军事情报研究的基础理论

军事情报研究的基础理论包含:

(1) 信息论基础:军事情报研究是以信息论中的信息传输和处理为基础,研究现有事物及其相关联系,探索事物潜在的发展过程和结果。

(2) 控制论基础:控制论为军事情报研究提供了研究事物的思维方法和最优控制原理及反馈控制理论。军事情报研究就是要解决在一定条件约束下,利用最优控制理论,使被控制对象向决策者所希望的状态方向发展。

(3) 系统论基础:系统论强调事物是一个完整的相互联系的体系,强调各要素之间的相互作用和影响,强调对事物各个方面进行综合考虑和分析。为军事情报综合研究提供了理论依据。

(4) 耗散结构理论基础:它说明系统从混乱无序状态通过自行产生的组织性和相关性,向稳定有序状态演化的机理、条件和规律,为军事情报研究过程中整理杂乱无序的情报资料提供了可循的规律。事物整体属性和功能大于各要素属性和功能的总和这一规律,是军事情报研究中分析最优总体方案,为领导决策服务的基本原则,使研究对象可运用计算机进行系统定量化、模型化、有序化和最优化的现代化研究。

(5) 协同论基础:协同论的要点,在于系统内各个系统之间通过非线性协同效应,使系统从混乱向有序、从低级有序走向高级有序。军事情报研究是一个多层次、多因素、多功能的系统,系统内的各要素的功能不同,只有相互配合,发挥协同效应,才能维持整体的情报研究功能。各级情报研究机构也要相互协同。

(6) 突变论基础:突变论是一种新的数学理论,它为各种不连续的形态和结构的突然变化,提供了数学模型。运用突变模型可以计算出对象的行动决策概率,预测在特殊情况下选择什么行为。与军事情报研究有关的突变现象，是人脑在接收情报以后产生灵感思维，产生联想或顿悟，明确事物的联系，明确研究对象的企图、目的等。

(7) 科学理论基础：军事情报研究是建立在基础理论之上的应用性研究，与其他科学理论的发展关系密切，如未来学的理论，指导了情报研究对事物未来发展的探讨，提高了军事情报研究的科学性和预见性等。

3. 军事情报研究的方法论

军事情报研究方法体系在形成和发展之中，具有自己的特征：

(1) 渗透性：军事情报研究方法多是移植社会科学、自然科学方法，随着科学技术的发展，新的科学方法也不断引入军事情报研究领域；

(2) 综合性：从各个角度剖析研究对象，定性与定量相结合。军事情报研究是以思维活动为基础进行的。军事情报研究有定性与定量的特点；

(3) 独特性：军事情报研究吸收了其他学科的方法，同时也形成了自己的方法特点。主要方法有：A. 逻辑思维方式的拓展。除利用传统的比较、综合、分析、推理、论证等逻辑方法外，正向下列思维方式拓展：a. 多联系思维。把事物看作一个相互联系的多要素构成的、具有一定时空效应的整体，情报研究的系统性、战略性、全局性，体现了多联系思维方式的巨大作用；b. 全方位思维。从各个侧面、各个角度，全面考虑对象及其外部的联系，着重于系统外部联系的综合考虑。它的根据是研究对象具有多侧面和事物间联系的多角度；c. 多空间思维。协同论创始人哈肯认为，系统随时间的变化代表着系统的状态的点在相应空间随时间转移。这为军事情报研究认识和描述复杂系统的瞬息状态提供了新思维方式。通过思维在多维极空间中得以精确理解和描述。B. 现代预测方法的深化。情报研究的预见性决定了它可以运用现代预测方法进行科学预测，但预测的前提是必须获得情报对象的有关数据，有关情报模型。C. 系统方法、专家系统的运用。通过系统分析、系统辨认、系统仿真等对情报研究对象进行目的性、整体性、相关性的分析和环境、功能分析，从时间和空间方面了解研究对象的状态和层次，可以揭示情报研究对象的关系和规律性。系统方法是军事情报研究科学化、定量化、模式化的途径。随着人工智能的开发，利用计算机进行情报研究正逐步深入。各种专家系统也在探索应用之中，情报研究专家系统的应用，将冲击传统的研究方法，有助于军事情报研究的自动化、现代化。

二、军事情报研究的特征

军事情报研究有下述几个明显的特性。只有把握了它的特点，才能更好地组织和开展军事情报研究工作。

（一）政治倾向性

军事情报研究的目的是为军事斗争服务。军事情报研究的过程也就是研究人员思维活动的过程，是人们对情报对象的反映，受着一定社会的各种因素的强烈影响和制约。军事情报研究既反映了研究人员客观的推理研究过程，也明显地反映了研究人员的世界观。因为，研究人员生活在一定的阶级社会和阶级关系中，具有一定的政治倾向性。各种军事现象、军事观念和人们的精神活动，是一定社会形态的经济关系在军事上的反映。马克思主义军事情报研究的政治性主要体现在以下三个方面：第一，必须以马列主义、毛泽东思想作为情报研究的指导思想，以马克思列宁主义的科学态度作为军事情报研究的指导原则；第二，必须为无产阶级的军事思想发展，为党和国家利益服务，具体讲，目前就是要为保卫社会主义现代化建设服务。第三，军事情报研究人员，不仅要具有一般的情报意义，而且要有政治上的敏感性，以党和国家的利益为最高利益。

（二）科学性

军事情报研究是一项科学研究活动。主要体现在：(1) 方法科学。军事情报研究所采用的方法一般有两大类即传统的逻辑方法和现代的系统方法。在研究过程中运用这些方法，对搜集来的情报资料进行分析研究，提炼出有价值的情报；(2) 反映内容客观。军事情报研究中所采用的情报素材，是运用科学技术等各种手段获得的，来源可靠，所反映内容大部分都是第一手资料。各种渠道获得的情报资料，可加以比较鉴别补充，是在占有大量的原始情报素材的基础上进行分析研究的，一般论据充分，结构严密、准确可靠；(3) 客观依据事实准确。所用材料是经过实地侦察获得的，有的是经科学分析获得的。军事情报直接影响着军事行动，事实依据必须准确无误。

（三）综合性

军事情报研究的对象是军事情报，而军事情报反映的内容是多种多样的，军事领域与各科学领域，随着科学的发展，相互渗透，相互交叉，高度综合，这使军事情报研究明显带有各种科学知识综合的特征。军事情报研究不仅要研究军事情况，还要对影响军事行动的政治、外交、经济等领域的问题进行综合研究，这样才能满足现代战争条件下的军事情报需求。军事情报研究是要研究现状，联系过去，预测未来，这需要综合各种资料来进行，才能得出科学的结论。

（四）适应性

军事情报研究是为适应军事斗争的需要而进行的，它与军事战略、作战、国防建设、军队等特定的问题有紧密的联系。军事情报的适应性，也就是它的目的性、针对性，主要包括三个方面：(1) 适应特定的需要。就是为国家有关军事部门、首长决策和有关行动提供军事情报服务。战略情报研究是为适应统帅部决策需要的，战役、战术情报研究是为适应战役军兵种、集团军作战行动需要的；(2) 适应特定的时间。一般来说，军事情报研究有明显的时效性。为决策首长提供军事情报的最好时机，是在行动之前，作战中提供作战方面情报，便于控制指挥行动。时效不急，存有疑点的情报，应在查明疑点，弄清情况后，适时通报给有关部门或首长;(3)适应特定战区、部门的需求。海上、空中、陆地上的作战，需要的军事情报不同。陆上的山地、平原、丘陵等地形上的作战情报需求，也不相同。现代战争是协同作战，但具体实施行动所需的情报也是各不相同的，战略导弹部队、空军、海军、炮兵等军兵种所需的情报各不相同。要满足各军兵种的情报需求，就必须进行与之相适应的军事情报研究，最大限度地满足各种条件下的军事情报需求，保障作战的胜利。

（五）系统性

军事情报研究的系统性主要表现在以下几个方面：使分散无

序的情报素材有序化。军事情报本身是一个完整的体系，但反映在获取情报素材上，都是零星、分散、片断和不完整的。即使是同一情报素材，也因获取的手段不一、来源不同、情报侦察人员的水平和素质及观察的角度不同，而导致情报素材在内容和认识上的差距。军事情报研究必须对军事情报素材进行系统化加工，使内容有序化，通过分析研究判断，揭示情报素材的价值，成为完整有用的情报。使不同层次和类别的情报整体化。军事斗争的每一行动，都是相互联系的，都反映着作战行动的企图和目的，战略思想、政策、方针，必然体现在战役、战术行动上，战役、战术行动也能反映出战略发展动向。使不同时间出现的同一内容的情报连续化。军事情报研究是一项长期的工作，要对事物的产生、发展有一个明确的认识，必须进行长期跟踪研究。只有不断地研究，才能了解事物的全貌，准确掌握发展动态和趋势，才能了解事物的过去、现在，预测它的将来，使情报更系统、全面、完整。

（六）预见性

军事情报研究不仅要总结历史经验，掌握现实动态，重要的是预见发展趋势及将要采取的行动。研究人员要依据掌握材料，运用自己的知识、经验和智慧，采用科学的研究方法，揭示出情报反映的真实内容。如根据武器装备和科学技术的发展，预测未来战争的形式、进程以及对战役、战术的影响等。作战中也可根据敌方的兵力部署、武器装备等研究出敌方的战略意图，重要进攻、防御方向等。

总之，军事情报研究既有一般研究的属性，也有它的特殊属性，只有充分掌握了军事情报研究的特殊性，才会使情报研究目的明确，效率提高，为军事斗争提供质量高、价值大的研究成果。

三、军事情报研究的作用

军事情报研究是一项科学研究活动，同任何科学研究一样，军事情报研究最本质的特征也是它的创造性，其作用突出表现为两个方面，即发掘情报价值和增加情报价值。

发掘情报价值。发掘情报价值是一种创造性的思维活动，包括四个认识过程：(1) 研究清楚情报本身的价值，即情报的现实作用和潜在作用；(2) 研究清楚情报本身对情报使用者的实际行动产生影响的程度，即情报的针对性和目的性；(3) 研究清楚情报被情报使用者采用的时机及效率，即情报的时效性；(4) 研究清楚情报本身对情报搜集者连续搜集的价值，即情报的连续性。以上四个认识过程统一起来看，情报的价值就已揭示出来。发掘情报价值必须以情报研究人员良好的情报意识、广博的专业知识、科学的思维和研究方法、专门的技能为前提。怎样从看似平凡的事物现象中，看出它的真正价值，是情报研究的主要作用。

增加情报价值。搜集到的军事情报素材，一般都是零散片断和不完整的。情报人员要根据使用者的需要，将大量的情报素材按一定的主题，进行整序、浓缩、升华、系统化，使零散片断的情报变成一个有机的整体，由分散到集中，由无序到有序，由低层到高层。在发挥情报的基本效益基础上，再发挥情报的整体效益、系统效益，增加情报的适用范围和使用价值，如在进攻作战中，情报分析人员可根据各种侦察手段获取的零星片断的情况，通过科学分析研究，判断出敌方部署的弱强点、主要防御方向，进而可以判断出敌人的战役企图、战略企图等重要情报，军事情报研究通过对过去、现在的研究，还可以结合其他情况，在全面、准确、系统认识的基础上，预测出未来的发展趋势以及可能采取的行动方案等。现代科学技术的应用，还可在此基础上建立起系统的网络模型，为实现自动化奠定基础。增加情报价值比发掘情报价值，要求更高、作用更大。

除此之外，军事情报研究的作用还表现在：

军事决策依据。制定军事战略、军事行动方案，都需要在获取情报的基础上，进行深入细致全面的科学分析，了解情况，确定目标，制定相应对策，还可启迪决策者的思维，提供借鉴经验等。

军事行动的先导。军事作战中采用何种作战手段、方式都需要掌握可靠的军事情报，而军事情报研究，则是对症下药的良医，选择最佳方案以及指挥员指挥控制战场，都需要有研究判断的军事情报。

提高军事行动效益的途径。现代战争可以说是技术战也是消耗战，如何能以最小的代价赢得最大的胜利，在一定意义上情报是决定因素之一。

军事胜利的保障。只有经过长期、深入全面的研究，才能准确掌握对手的动向和可能采取的作战方式方法，找出对手的弱点，出奇制胜。

军事情报研究是随着战争和军事的发展而产生的，军事情报研究的作用，也是随着战争和军事的发展，不断发挥着越来越重要的作用。

四、军事情报研究的原则

军事情报研究是一项特殊的科学研究，要搞好这项科学研究，必须坚持以下几项原则：

（一）坚持侦察与研究相结合的原则

军事情报研究是在军事情报侦察基础上进行的。军事情报研究的内容是否准确、判断是否正确，都取决于军事情报侦察获得第一手材料是否全面、准确、细致。军事情报侦察相对于军事情报研究而言，就是侦察了解情况，摸清对方的行动、意图。军事情报研究则是对侦察得到的素材进行加工，包括分析研究判断等，寻找各种情况间的相互关系和作用，掌握影响作战行动的规律性的因素，作出正确的判断和结论，为制定对策提供依据。

军事情报侦察与研究，都是有目的、有步骤地通过一定的人员、机构和方法来进行的。在侦察过程中，情报搜集人员必须在对有关军事斗争的各个方面广泛了解的基础上，具备对事物发展的敏感性，善于从杂乱无章的客观现象中，抓住线索和苗头，掌握关键的动向，深入、细致、全面侦察，这样才能真正了解敌人的一举一动。军事情报研究要富于创造性和想像力，牢记要以侦察获得的素材为依据，运用科学方法，从现象之间的联系分析出其本质的内容。军事情报侦察与军事情报研究两者关系极为密切，军事情报侦察是基础，军事情报研究是中心，在实际工作中两者是相互结合，相互促进的。侦察需要研究，研究离不开侦察。充分的侦察使研究不断完善深入，全面的研究又能促进侦察的成果进一步扩大。

（二）坚持从实际出发，实事求是的原则

军事情报所反映的内容，如敌情、地形、气候和社情等都是客观存在的，军事情报部门和人员所搜集的情报资料，就是对这些客观事物的正确反映。军事情报研究的目的，就是要通过现象

揭示出事物的本质，求得对这些事物的正确认识。军事情报研究在一定意义上就是对这些客观事物的理性认识，并用以指导或影响军事行动。为此，充分占有数量充足、内容丰富的情报资料，从实际情况出发，实事求是地进行客观分析，是军事情报研究必须遵循的基本原则。军事情报研究的成果将直接影响军事作战的行动，任何不合实际的主观臆断或想像、盲目的估计，将导致得出错误的结论，给军事行动带来严重的后果，这一点必须有清醒的认识，这是情报分析研究人员最基本也是最重要的素质要求之一。

（三）坚持相互联系全面分析的原则

军事斗争是十分复杂的，现代战争更是瞬息万变，合成军队作战使各军兵种的联系更加密切。军事情报研究要对所获的情报资料进行全面考虑，综合分析，相互联系，纵横比较。既要看到局部、现象，又要看到全局、本质；既要看到这一情况，又要联想到另一情况；既要看情况的这个方面，又要看情况的另一个方面，既要看情况本身的情况，又要与周围情况相联系；既要分别搞清每一份情报反映的实际内容并作出正确的判断，又要将有关情况综合起来作出全面的分析，以得出全面系统完整的认识。军事情报研究在运用相互联系、全面分析的原则研究敌方情况时，要联系我方的情况，因为敌我情况是相互影响、相互制约的。分析敌情时，也要考虑地形和其他条件。分析敌方的兵力部署、番号等情况时，要通过各种具体琐碎的情况或行动，分析出敌方的态势和企图等。要将各个局部、各个侧面和全局的情况正确地综合分析研究。局部是全局的一个部分，全局影响局部，局部是全局的具体体现。军事情报研究要全面联系地分析，防止片面孤立地研究问题，防止以偏概全，主次不分，面面俱到，抓不住重点等倾向。

（四）坚持发展变化辩证分析的原则

事物是运动的，事物是发展变化、相互联系、相互影响的，特别是军事斗争，决定的因素是人，是敌我双方活动在战场上的由人组成的集团，各自的行动都在不断地发展变化。作战行动中、作战结束后，军队的行动部署都各不相同。不同的地形，不同的作战方式，不同规模的作战行动，不同的指挥员、战斗员，都是在不断发展变化之中。情报研究的目的，就是要随时掌握发展变化中的情况，作出正确的反映。因此，研究情况时，特别是在研究动向情况时，要把客观情况和对情况认识都看成是经常发展变化的，树立辩证发展的意识。要根据时间、地点和条件具体情况具体分析。分析研究情况，就是要在判明此时此地敌情的基础上，预测分析出以后敌情的可能变化，向何方向发展。虽然作战行动变化无常，但也是有规律可循的，如兵力兵器限制着作战规模，作战思想直接反映在军事行动中，火力准备之后将要发动进攻等。军事行动是互相联系的，也是发展变化的，这一战斗的结束，可能意味着另一战斗的开始。这就要求在研究情况时，善于根据敌人过去和现在的行动，把握敌人的作战特点，结合新获取的情报，推断出敌方可能采取的行动和发生的变化。军事情报研究切忌将一时一地的情况看成是一成不变的。

（五）坚持把握本质深入透彻的原则

现代战争中，科学技术的广泛运用，战争的突然性加大，时空概念大大缩小，作战双方都极力采取各种措施隐蔽真实情况和企图。在这种情况下，研究情况时要始终把握住敌方的战略企图，作战目的的本质，针对当前敌情、地形和各方面情况，深入透彻地分析研究，善于通过情况反映的各种复杂现象，揭示出敌方的真实意图，特别是揭露敌人行动的企图。把握了本质，便能在各种现象中不会失去方向，了解了现象，通过分析研究，证实和了解敌人行动的本质。本质和现象既相互联系，又相互区别。本质是事物的根本特性，是组成事物基本要素的内在联系。现象则是事物外部联系和表面特征，是事物的外在表现。要善于通过现象把握本质，深入透彻地分析各种情况，揭示敌人事实的行动企图，为军事斗争提供可靠的决策依据，这才是军事情报研究的实质所在。

五、军事情报研究的步骤

军事情报研究与其他一切科学研究活动一样，也具有特定的科学规律和一定的客观活动过程。遵循这些规律和程序，步步深入地开展研究活动，才能收到良好的效果。各级情报部门在从事情报研究时，尽管因单位的性质和条件及人员素质的差异，所采用的形式和组织方式可能会有所不同，但是在进行研究活动时，还是有规律可循的，大体可划分为六个步骤，即情报课题的提出、情报素材的搜集、情报素材的鉴别、情报素材的整理、情报资料分析研究、情报编写和修改。这里我们重点讨论四个方面的内容：情报课题的提出、情报素材的搜集、情报素材的鉴别、情报素材的整理。另外两个问题将在以后章节中加以论述。

（一）军事情报研究课题的选择

课题就是军事情报研究所涉及问题的范围，决定着情报研究的方向、价值和作用等，是进行情报研究的基础，具有重要的意义。选定课题是情报研究的关键因素之一，课题选择得是否恰当，定得是否准确，关系到情报研究的价值大小，研究工作的成败。从某个角度说，课题选准了就等于任务完成了一半，这并非夸张。科学的选题本身就是一个复杂的思维过程，一个富有建设性的课题的提出，不仅需要对情报研究工作熟悉、有深厚的专业基础，而且要经过艰苦的思索和创造性劳动。选择的过程越是周密和细致，最终完成的研究成果的应用价值就越大，决策效果就越好。因此，必须慎重对待课题的选择。为此，情报研究人员必须熟悉课题的选择原则、提出课题的来源、提出课题的依据、课题计划的制定、课题计划的组织实施等。

（1）军事情报研究课题的选择原则。确定军事情报研究课题是军事情报研究的第一步，是搞好军事情报研究工作的重要环节。课题选择直接影响到研究的成果，因此，必须掌握军事情报研究的几个原则：

针对性原则。所谓针对性原则，就是指提出课题必须有明确的目的。就军事情报研究工作而言，主要包括四个方面：A. 要选择各级首长进行决策需要的课题；B. 要选择有关部队作战、国防建设和有关军事部门需要的课题；C. 要选择对本国军事、政治、经济发生重大影响的课题；D. 要选择对情报部门自身有重大影响的课题，如情报手段变化的规律等课题。

可能性原则。所谓可能性原则，是指军事情报研究必须具备一定的客观和主观条件。选择课题要从客观实际出发，要充分考虑完成课题的条件和实际可能性。其中特别要考虑从事研究人员的业务水平与资料储备和搜集的情况，也要考虑情报单位的任务、性质、专长等因素，对于一些关系重大的课题，要与其他情报机构和部门协作攻关，以发挥各自的特长和优势，从而顺利地完成情报研究工作。在研究同时也要注意尽力创造条件，充分发挥主观能动性，调动一切积极因素，利用一切有利的条件，想方设法，努力完成研究任务。决不能一味等待，贻误时机。

适应性原则。各级情报部门，都是适应本部门、本系统的情报需要而建立的，都有其特定的情报服务对象，因此，选择课题，应根据本情报部门性质和所担负的任务出发，把本部门、本系统的研究项目作为重点，这样更有利于发挥本单位和研究人员的特长，提高整个军事情报研究水平。

另外还有一些原则也须遵循，如综合性原则，即选题要从综合、整体的观点出发，看全局、看发展、看相互间的影响等。快速性原则，军事情报研究都有一定的时效性，时间就是胜利，选择课题要有敏锐的眼光，行动要快，要有预见性，要掌握一定的时机，要注意长期跟踪积累材料，勤于思考，在关键的时刻能够提出高水平、影响大的课题。在一定意义上讲，这是衡量军事情报研究人员水平的标志之一。

(2) 军事情报研究课题选择途径。军事情报研究课题选择一般来自三个方面：A. 上级首长和部门定题。上级领导和部门根据某一时期形势的需要，向情报研究部门提出情报研究的具体要求和课题，情报研究部门以此为依据，确定研究课题。这种课题层次高、时效快、要求严，不仅要求有事实有观点还要提出建议或看法；B. 有关部门提出课题。有关部门为制定某项计划或为解决某项现实问题而主动向情报部门提出课题，要求协助研究。情报部门根据自己特长和资料积累情况，具体定题研究；C. 情报部门提出课题。情报部门都具有特定的任务，可以说，大部分研究课题是情报部门提出的，每年都制定研究计划和重点。情报部门提出课题是以党和国家的有关方针政策为指导，紧紧围绕军事斗争和国防建设需要解决的重大问题来选题；D. 研究人员自选课题。研究人员根据有关政策和需要，在自己丰富的积累基础上，根据形势需要和现有可能，自己提出一些研究课题。这也可以说是情报部门提出课题的一部分。

(3) 军事情报研究课题提出的依据。情报部门选择研究课题，一般是依据其性质和任务来定的。以下几种情况可作为提出课题的依据：A. 上级首长部门的指示精神。一般情况是通过文件、讲话等形式表现其对某事物的关心、对某种情报的需求，情报研究人员必须深刻领会国家有关方针政策、首长讲话或下发文件的精神，主动地以此为依据，提出课题；B. 国家重大的政治、军事、外交、经济活动。这些活动急需大量的现实情报，也需要背景情报和预测情报。在这样的时机，情报部门应主动地提出课题予以配合行动；C. 国际形势的变化。国际形势的变化对国家的政治、军事、外交都有较大的影响，包括各国之间的军事情况，外交情况的变化，战争的爆发、升级，重要条约的签订或废除等。在这个时机，情报部门应以此为依据，主动提出课题；D. 情报资料的占有状况。军事情报素材积累到一定阶段，往往能说明一定的问题，研究人员要熟悉资料状况，结合形势需要，主动提出课题；E. 受有关研究成果的启发。友邻协作单位的情报研究成果，往往能启发研究人员的思路，联系掌握的情况资料，适时提出课题。研究人员在获取情报资料的过程中，对情报材料思考的过程中，受到某种偶然因素的启发想到的研究课题，这种带有偶然机遇性质的课题选择，也可以作为依据之一。以上的五种课题选择依据，在实际工作中都常常相互结合在一起，相互影响，无法严格地区别。这五种依据中，最重要的是要以上级首长和部门的需要为根本依据，形势需要也应该为重要依据。一般情况，上级首长关心的，也就是形势急需的。

(二) 军事情报研究的材料搜集

材料和选题一样，是军事情报研究的基础，情报材料则为基础的基础。（情报材料，亦称情报资料或情报素材，三者含义相同）就一般情况而言，情报机构提出课题时，都占有一定的材料，上级首长选的题，也都是针对情报部门的任务分工和情报搜集能力而提出的，所以说，材料既是提出课题的基础，也是完成研究任务的基本保证。材料搜集的状况如何，直接关系到研究课题的成败，发挥作用的大小。离开必要的数量和质量的资料，情报研究就无从展开。大量的内容丰富的材料是研究工作的基础和发挥作用的保证，也只有在占有大量内容丰富的材料的情况下，研究出的成果才能质量高、效益大。情报材料搜集对研究工作具有重要的意义。

（1）情报材料搜集的原则。现代条件下，军事情报材料的产生，数量大、种类多，对纷繁复杂的情报材料进行有效的搜集，必须遵循两条最基本的原则：A. 围绕课题，突出重点。在大量的情报材料面前，要搜集到最有价值的材料，就需在围绕课题的基础上，突出搜集的重点，对搜集材料，大体划出一个范围，如从内容的取舍、材料来源、材料起止时间等，这样搜集起来才能目的明确，效率提高，不至于盲目乱搜，影响效率；B. 全面占有，有所侧重。情报研究材料有时散落在各种材料之中，搜集材料就是要将与课题有关的材料尽可能地搜集全面，掌握起来，这样分析研究时，才能心中有数，详细周到，全面系统。由于材料的数量大，人力有限，不可能有文必搜，需要该取则取，该舍则舍，对骨干材料要搜全搜细，不厌其精，对有关材料也要有所侧重地加以掌握。现代科学发展，出现了交叉渗透的情况，在抓重点的同时，也要注意搜集范围不可太窄，以免影响思路。

（2）情报材料搜集来源。情报资料的搜集来源，一般有两个途径：A. 情报文献检索。根据本情报单位和个人长期不间断的材料搜集积累和储备；B. 实施侦察。事物是不断发展变化的，实施各种手段的侦察可及时掌握最新的情况和变化，特别是战略性新式武器的装备与布署等情况，应及时实施侦察，获取可靠准确的情况材料，加以分析研究。

（3）情报材料搜集方法。搜集材料的具体方法很多。一般情况下，大致可以从以下几个方面着手：首先，要掌握与课题有关的概念，只有明确了概念，才能相应搜集有关资料。有关军事概念、术语都有特定的含义，各国部队都有统一规范的军语。这是军事情报研究必须明确的一点。其次，要搜集与课题直接有关的材料，重点是原文、原话、原报。另外，搜集材料要手脑并用。搜集过程也是一个分析研究鉴别的过程，带着明确的目的搜集，掌握最直接最重要的情报材料。这样可以在搜集过程中，对课题有更加明确的认识，初步形成一个轮廓，从而扩大和缩小搜集范围，提高情报材料质量，充分发挥研究成果价值。同时，在搜集情报材料时，应注意几种倾向，如带着条条框框，束手束脚，容易造成主观片面的观点，以免造成不必要的损失。贪多求全也是应该避免的，盲目的贪多求全会造成主次不分，重点不明，直接影响了分析的时效和质量。还要注意的是，情报材料不可能都是完整全面的，不可能一下子都搜全搜齐。应设法搜到有关课题框架素材，这些素材往往很少，但却可以此为线索，然后逐步扩大搜集，一般情况下是：先查个人和本单位的资料储备，再扩大到外单位。还应及时把材料按一定规范加以记录。

（三）军事情报研究材料的鉴别

进行情报材料鉴别的目的，是针对课题的需要，从搜集到的大量文献、资料及各种来源的情报材料中，经过比较鉴别，判断分析，去粗取精，去伪存真，选择课题所需的情报材料，为情报分析研究打下可靠的基础。军事情报研究材料的鉴别主要从以下三个方面考虑：

(1) 情报材料的可靠性。情报的可靠性是情报的生命。情报素材的可靠程度，应作为情报鉴别的第一要求来考虑。对搜集到的情报材料要依据一定的标准、进行鉴别，以确定情报是否可靠真实，主要包括事实是否可靠、概念是否清楚、数据是否准确、推理是否合乎逻辑、判断是否恰当、材料是否充分、观点是否有说服力等等。判断鉴别一份材料的价值，具体可从以下四个方面进行分析鉴定：A. 材料搜集来源。一般讲秘密来源比公开来源可靠；B. 材料反映状况。是直接反映还是间接反映，是权威人物还是一般人物。一般来讲，直接反映的可靠程度高，权威人物反映的可靠程度也高；C. 材料本身是否合乎逻辑。情报材料是客观事实的反映，材料、事实、观点、结论应形成有机的整体。如果不符合常规和常理，矛盾很多，脱离现实可能等，则说明可靠性不大；D. 根据材料结合已掌握的有关情况。一般情况下，军事情报研究的内容都是长期积累的材料，有专门机构和人员进行，对情报研究对象相对说来是比较熟悉的，材料反映的情况也是相互联系的，而且受一定的政策思想的影响，不可能是孤立的，所以，联系情况也是鉴别真伪正误的重要方法。

(2) 情报材料的先进性。情报材料的先进性，指情报材料反映的内容包含了新的观点、新的方案、新的结论、新的发展、新的应用领域，或适用新的形势要求和新的情况需要。鉴定情报的先进性，要对情报材料内容进行全面了解，具体分析。一般讲，新获取的材料，新发表的讲话、文章，某一方面先进的国家、机构反映的材料比较先进。情报的先进性可从以下几方面判断：A. 材料搜集的时间越近可能反映的事物发展愈新，先进性愈大；B. 权威国家和部门、人物反映的可能是最新的材料和最新的内容。一般说来，由于某些条件和地位及各种原因，他们的情况来源多，传递速度快；C. 评论反映好、新情况的发现和新观点的提出，这是各情报侦察部门十分欢迎的，这些成果能帮助解决问题，启发思路，作为制定对策依据，能发挥很大的情报效益。

(3) 情报材料的适用性。它就是情报材料反映一定的情报需求状况。军事行动和决策需要可靠、准确、及时的情报。战略情报是为战略决策服务的，战役情报为战役决策服务，专业性情报只有对有关部门才有用。明确情报需求状况也是鉴定情报材料的一个方面。情报材料的适应性一般可根据以下几点判断：A. 客观条件。事物的发展总是相互联系的，客观条件愈好，搜集能力强，可靠程度高，适用范围广。客观条件包括情报搜集能力、研究水平、相应的技术、社会条件等。一般地讲，统帅部的侦察手段多，研究力量强，专业部门都有它的特长；B. 情报需求者。首长和部门需要的，也是情报研究所搜集的。军事情报研究成果一般是为军队首长和部门使用的。对军队建设发挥作用大，效益高的成果，说明价值越大，这方面的材料是重点搜集的对象。相对来讲，各级首长、部门的需要是广泛的，但也是有重点有所侧重的。

(四) 军事情报研究材料的整理

所需的情报材料搜集到手之后，还需要在分析鉴别的基础上，根据情报研究课题的内容进行分类，使之系统化、条理化，以便研究使用。同时，通过阅读整理整材料，注意材料的取舍更新，使情报材料保持先进性，对于一些分散在材料中的有关数据，应分别加以统计计算，便于分析研究。一般的顺序是筛选、分类、吸收消化、加工整理。在整体研究过程中，往往是结合进行的。整理方法是：(1) 筛选分类。根据课题内容，剔除无关的、无价值的、重复的材料，将有用的研究材料分类；(2) 吸收消化。把搜集到的材料进行阅读，了解材料内容，掌握基本观点，统计出有关数据，做好摘录；(3) 加工整理。经过筛选分类，吸收消化的情报材料，按研究需要整理成目录，摘录、汇编成系统的材料汇编，以便开展研究。

经过以上四个程序，就可以开始正式研究了。对整理好的资料，运用科学的研究方法，进行分析研究，形成比较完整的概念，进行正确的判断、推理，再根据现有的条件和可能，提出切实可行的对策，最后编写出一份有事实、有分析、有对比、有观点、有对策建议的军事情报研究报告。至此情报研究课题完成，研究步骤也告一段落。

六、军事情报研究的分类

军事情报研究的分类，就是根据研究对象的属性或明显特征，把对象划分为若干类型，使每一类型的研究都有其相对独立的地位。军事情报研究分类因标准不同而有多种多样的分法，即使同一研究也可从不同角度去划分为不同类型，所以说分类是相对的，没有绝对严格的界线。在研究活动中，常从以下几个角度来划分：

(1) 按情报研究的性质划分。可以分为：A. 鉴别、评价性情报研究，就是对情报材料的主次急缓、真假正误进行鉴别、评价，具有情报分析鉴别的性质；B. 归纳、综合性情报研究，就是对情报材料进行整理和浓缩，用归纳或综合的方法，揭示出情报的本质及其相应的观点、看法，并以观点统帅材料，以材料说明观点。观点与材料相互印证，得出正确的结论；C. 预测、推测性情报研究，就是在对情报材料得出全面、系统、正确认识的基础上，运用科学预测方法，着眼未来和发展，对所反映的事物的发展趋势进行预测，或对情报材料的实质进行推理判断。

(2) 按情报研究的内容划分。可划分为：A. 战略、战役、战术情报研究，就是对包括国防政策如建军方针、战略理论和策略、战役、战术理论和原则，进攻或防御计划、作战预案和作战命令、军事训练和演习以及其他有关情报的研究；B. 武装力量建设情报研究，就是对军队的编制、部署、兵种配备、武器装备、战斗员、作战纪律、官兵士气和素质、预备役和民防建设等情况的研究；C. 国防科学技术情报研究，就是对各种先进的武器，特别是尖端武器装备的研究、试制情况以及设计、试验的武器装备的型号、性能和有关数据等情况的研究。军事情报的内容非常丰富，因而从内容方面的划分也是多种多样的，如：军事战略情报研究、军事战役情报研究、军事战术情报研究、战前准备情报研究、战况情报研究、作战特点研究、战术运用研究、作战指挥研究、后勤保障研究以及与军事情报研究紧密相关的政治、外交、经济情报研究等。各类内容的研究都是相互联系、渗透，不能截然分开的，只是为了使用或研究方便，才进行相对必要的划分。

(3) 按情报研究情况的运动状态划分。可分为动向情报研究、基本情况研究。一般来讲，凡是依据政策和计划采取的各种行动的情况，可归属为动向情报，这种情况随时随地都可能在变化，如作战、战役进攻、防御等情况。基本情况，就是相对比较稳定，变化相对比较慢的情况，如部队编制、武器装备、政策法令、军事基地等。动向情况和基本情况是相互联系的，从动向情况中可以研究出基本情况，从基本情况变化里也可发现某些动向情况。

(4) 按情报研究服务对象划分。可分为决策情报研究、运用情报研究。决策情报研究，就是为各级军事首长和决策部门提供制定方针、政策、计划、方案所需情报而进行的研究。运用情报研究，就是各情报使用单位可以直接使用的情报研究，如先进武器的性能、数据或作战过程中攻击的目标等。还可根据为不同军兵种服务而划分为不同的研究，如空军情报研究、海军情报研究等。

(5) 按情报研究材料来源划分。可分为武装侦察情报研究、技术侦察情报研究、公开情报研究、综合情报研究。武装侦察情报研究，就是通过对部队各种武装侦察获取情报的研究。技术侦察情报研究，就是对通过技术手段获取情报进行的研究。公开情报研究，就是对国内外公开发表出版的各种材料进行研究，从中分析出对军事行动有价值的情报。综合情报研究，就是运用各种来源的有价值情报进行的研究。来源是多种多样的，划分也是多种多样的，如公开情报研究还可根据载体不同，划分为公开报刊情报研究、公开广播电视情报研究等。

七、军事情报研究的任务和内容

(一) 军事情报研究的任务

军事情报研究是对搜集到的与军事有关的情报材料所进行的分析、综合、判断、推理的思维过程，是发掘和增加情报价值的科学研究活动。军事情报研究的对象是搜集到的军事情报材料，一般讲，搜集到的情报材料有精有粗，有真有假，有的零散片断，有的彼此矛盾。情报研究就是要通过深入的分析研究，揭示其内在的联系、规律性和本质，从而作出正确的判断。军事情报研究的任务包括三个方面：(1) 研究掌握动态，参与决策判断；(2) 提供系统资料，保障作战需要；(3) 进行情报咨询服务，回答上级和部队提出的问题，查询印证有关情况。

(1) 研究掌握动态，参与决策判断。军事情报研究是一项长期连续的活动，要了解和掌握对手的军事发展状况，制定相应的对策，就必须不断地跟踪掌握对手国家的政治、经济、外交等领域的最新动态。如：国家战略、军事战略、战争潜力、武器装备、战前形势、战场准备等，对这些军事情报不但要深入研究，还要对有关内容和重大问题，提出判断分析意见。如：战争爆发的可能性；战争区域、过程、打法、特点和前景等，这类情报是决策中的重要依据。

(2) 提供系统资料，保障作战需要。军事情报研究以保障军事行动情报需要为主要任务。只有长期、系统地进行研究，才能真正掌握对方的各方面情况，也才能在发生战争时沉着应付。部队作战需要大量的情报，因而军事情报研究的范围也是很广泛的，除对战略进行研究外，还需要对一系列情况进行研究。如：军事基本情况、军事演习情况、军事地形情况、军事指挥情况，以及战役战术特点、电子战、化学战以及诸兵种协同作战情况的研究。这类情报是军事情报研究中的大部分，是军事情报研究机构和人员对有关国家的基本情况和某项专门问题进行跟踪、积累、全面侦察系统整理而成的，而且大部分是针对使用部门需要而进行研究的，针对性强、系统性强、实用价值大。

(3) 进行情报咨询，回答有关问题。军事情报研究不仅有满足比较固定的情报保障的任务，而且也负有对首长和有关部门随时提出的有关军事问题作出答复的任务。具体事项有：查明情况，印证事实，答复质疑，提供背景、细节等具体材料，对有关情况的发展提出看法等。

（二）军事情报研究的内容

军事情报研究是为保障军事行动而进行的一项活动，针对性强、实用性大，是直接为战争、军事而服务的，因而是一项应用性极强的工作。军事情报研究不仅有很强的政治性，而且更加具有现实性，因而军事情报研究的内容十分广泛。由于军事情报研究的内容是多种多样的，涉及各个方面，因而军事情报应用研究也是十分丰富的，这里只能具体地讲几类问题的研究。

1. 对战争的研究

(1) 对战争危险的研究。军事情报部门的职责之一，就是要及时地根据搜集到的各种情报材料，对战争爆发的可能性作出分析判断，为国家及军事统帅机关和有关部门提供预警情报和决策依据。战争是一种社会现象，它的发生和发展是有规律的，由和平状态转入战争状态是一种量变到质变的过程。虽然战争发起国总是极力隐蔽企图，秘密地进行战争准备，使防御一方难以准确判断情况，但处在转变中的许多因素和征候是客观存在的。历史上遭到突然袭击的一些国家，战前或多或少都得到一些情报，只是在战争危险的分析判断上出现了失误，如德国突然袭击苏联前，斯大林获得过德国袭击苏联的情报，但斯大林判断失误，以致战争初期丧师失地，陷于不利境地。事实证明，只要组织战争侦察得力，并能对所获的情报进行科学深入细致地分析研究，战争危险是能够正确判断的。但战争爆发也有它的特殊性，每次战争的爆发都有它的特殊情形，都有各自特殊的规律，而且还可能被复杂的情况所迷惑，因而更需要进行深入的分析研究。通常情况下分析战争的危险性，要从世界形势着眼，综合分析对立各国的主要国家军事、政治、经济、民族、宗教、领土纠纷和意识形态等方面的矛盾，从整体上弄清世界基本矛盾的内在联系，把握其总的发展趋势，看清战争危险的本质，观察可能成为战争策源地的社会内部变化，看制约战争的因素是否打破，当权者的个性等一系列现象。要特别注意研究和发现发动战争的各种具体征候，如制造入侵舆论，进行外交欺骗，军政头目活动异常，扩大征兵员范围，加强情报侦察，频繁发射侦察卫星，进行边境封锁，组建新的指挥机构，提高战备等级，战略兵器进一步展开，增加战区实力，战略集团秘密开进和集结，通讯联络异常频繁，扩大军工生产等等，这都是战争的征候情况，需深入细致地研究，才能准确判断战争危险。

（2）对战争潜力的研究。潜力，是一种存在于事物内部尚未表现出来的力量。战争潜力表现为军事经济潜力，是指存在于军事经济基础中可以转化为现实军事经济力量的那部分经济能力。所谓军事经济基础，是指军事经济赖以建立和发展的社会经济条件——国家经济即一个国家范围内物质生产部门和非物质生产部门经济活动的总体。但起决定作用的是物质资料的生产。一国的军事经济潜力，是该国能用于军事目的的最大经济财力，它反映该国军事实力可能达到的最大限量，标志着一国能够用来巩固国防和进行战争的实际能力。战争潜力可从四个方面分析：

军事生产水平，即供给军队武器、弹药、运输工具和军队其他各种补给的生产能力和状况，这是战争潜力的重要方面，另外生产军事品需要的机床、设备、交通运输工具等劳动资料的生产水平也是军事生产的重要方面。

物质资源状况，即生产军事装备和弹药所需的原材料状况，如钢、锌、铝、铜等金属，包括铀、铍、钽等稀有金属，还有电力、石油、煤炭和其他矿物质原料。物质资源的开掘生产水平也是战争潜力的重要方面。

人力资源状况。人是生产的决定力量，人力资源是军事战争潜力的决定因素之一，包括人口的总数、文化水平、劳动素质、对国家政策和军队的态度、精神意志等，这些因素对战争潜力的影响也是很大的。

经济政治体制情况。一个国家是否能迅速而全面地动员一切经济资源，取决于国家的经济制度，取决于社会经济结构和国家的政治制度。战时经济动员能力和经济转轨速度是战争潜力的质量标志。

劳动生产率，这是战争潜力的主要标志，它取决于国家的经济制度，生产过程的机械化，自动化程度，生产管理水平以及劳动者的态度等。

总而言之，战争潜力主要取决于社会经济制度的性质、国家经济生产总量、战时经济生存能力、生产增长率等。战争潜力的具体内容应包括以下几个方面：劳动力及其科学文化水平和思想政治状况；经济制度以及与之有关的经济管理能力；工业，特别是对保障战争需要具有重大意义的重工业部门的能力；各种交通线的密度、分布和交通运输状况；军事工业的生产能力以及军民结合的状况和程度；农业的发展水平及其专业化程度；现有矿藏的数量及开采能力；国民经济依赖对外贸易的程度及战时所使用的对外交通线的可靠程度；动员国民经济各部门可能需要的时间；经济资源的利用程度；劳动生产率及其提高的趋势；国家的物资储备状况。

对敌国的战争潜力进行深入研究，并以判断可能发生战争的性质、规模、战争目的、军事行动展开时限，这是情报研究部门的职责，事关重大。作为进行决策的重要依据，只有作出正确的判断，才能制定出相应对策，以求取得战争的胜利。

(3) 对战争形势研究。战争爆发后，军事情报部门主要责任就是在整个战争中，严密地关注战局的发展，及时正确地对战争形势作出判断，为指挥员实施正确指挥提供情报保障。认清战争的形势，必须系统周密地组织侦察，熟知敌军各方面的情况，掌握战场情况，做到知彼知己，心中有数。战争期间，必须全力查明敌方一切情况，最重要的是当前战局中关键、急需的情况，如敌方的武装力量的数量、质量、战略部署、战略指导思想、当前作战企图等，还要注重查明敌战役兵团集结地区，主要作战方向以及核、化学、生物武器配置，作战时间、方式、步骤等。对战争形势要作出正确的分析判断，就必须运用各种侦察手段，构成全面而有重点的多方位多层次的战争情报侦察系统，充分发挥各种侦察力量的作用，保证及时、准确、连续地获得有关敌方各种情况的材料，为战争形势分析打下基础。

正确地分析战争形势，需运用马克思主义的思想方法，对客观情况进行全面联系和本质的分析。从复杂纷繁的现象中找出那些反映敌我双方相互对立的基本方面，抓住对战争全局有决定影响的基本因素，达到对战争形势的基本认识。在此基础上，应时刻跟踪情况发展，不断地进行分析研究，随着客观情况的变化和认识的提高，适时对战争形势作出正确的判断。进行战争形势的研究，切记要抓住战争过程中最直接、最重要的一些问题，进行分析研究，如战略形势，现实和潜在的主要作战对象，敌发动战争的企图，进攻的主要方向，可能投入的兵力，采取作战的形式，使用核、生、化武器的可能，战争的大约进程及结局，战时经济的发展及支持战争的能力，各自的盟国态度和可能得到的援助等，如能对这些问题作出客观的判断，就能正确认识战争形势，为国家决策提供可靠的依据。

2. 对军事战略的研究

军事战略是对战争全局的筹划和指导，反映了人们对战争规律的认识。一国的军事战略，是根据对战争规律的认识和敌对双方的军事、政治、经济、地理等因素确定的，它预示着战争的进行，规定着对战争力量的准备和运用。密切关注，深入研究对立国的军事战略动向，是情报部门的重要职责，也是为战略决策提供情报保障和战略预警的重要内容。战争不是孤立的现象，它是与周围各种事物相互联系相互制约的，如政治、经济、科技、精神、地理等，而这些因素也必然对军事战略产生一定的影响或制约作用，因而研究军事战略，也需要从这些因素着手。

(1) 政治因素。战争是政治的继续，作为对战争全局进行筹划和指导的军事战略，必须服从于政治，服务于政治，这就决定了政治必然是制定军事战略的前提，对军事战略有多方面的影响。政治直接影响着军事战略。政治可以通过国家机器，运用一切手段，最大限度地使用人力、财力、物力支援战争；可以通过外交斗争，争取同盟者和国际社会援助等。政治因素是研究军事战略必须首先考虑的问题。

(2) 经济因素。经济是战争物质基础，军事战略必然受经济因素的限制，物质力量和技术力量是制定战略企图和计划的基础，同时军事战略的变化完全以经济条件和生产力发展水平为转移，生产技术的进步、新式武器和新的作战手段的出现，必然引起作战样式、方法的改变，从而产生新的军事战略。

(3) 精神因素。战争中的精神因素主要指人心和士气，即国内人民的人心向背和军队士气的高低以及民族、宗教和意识形态等因素。精神因素在任何战争中都是起重要作用的因素之一。毛泽东认为，力量对比不仅是军事和经济力的对比，而且是人力和人心的对比。精神因素作为决定战争胜负的重要因素之一，因而直接影响到战略企图和战略行动的最终结果。因此，研究军事战略时要充分注意分析精神因素。

(4) 地理因素。地理因素指一国的自然环境和社会经济因素，包括山地、平原、江河、气象等自然环境，与自然环境有直接联系的物产、交通、居民等社会经济因素。地理因素是进行战争的客观条件之一，它的状况对军事战略发生直接的影响，主要表现在一个国家处于不同的地理位置，就会产生不同的军事战略，如四面临海的岛国就必须重视发展海军和空军，确立以海、空军为主的军事战略，英国就是如此；而内陆国家，一般只发展陆军和空军，如蒙古；沿海国家，通常要建立陆海空三军，如美国。同时，一国的地形对军事战略也产生影响，各国可根据不同险要地形地势，制定相应的军事战略。制定军事战略必须考虑地理因素，地理因素直接影响到军事战略的施行，所以说，地理因素也是研究军事战略应重视的因素之一。

奉行霸权主义、殖民主义的大国采用进攻性战略，是未来战争的根源，它们的军事战略直接影响到世界其他国家的战略，因而研究世界军事战略，首先要研究大国的军事战略，同时也要注意其他国家和周边国家的军事战略，这样才能时刻把握世界军事战略大局，真正做到常备不懈，进行有针对性的国防建设战争准备。

3. 对军事演习的研究

军事演习是战争准备期间为锻炼、提高、检验部队战斗力和各级司令部指挥水平的最重要的手段，也是研究一国军事战略思想、作战预案和战役战术特点的重要途径。深入研究敌国的军事演习情况，可以从中提取相当广泛和有价值的情报。军事演习研究的内容一般包括六个方面：

演习性质和规模、时间、地点；想定立案背景、作战对象和作战企图；主要突击（或防御）方向；兵力部署、阵地编成；兵力、兵器（特别是核、生、化武器）配系和使用；战役战术特点。

另外，其他各类演习还需要搞清一些具体问题，如登陆演习还需研究分析上载港口和速度，航渡编组和队形、防潜防空保障；登陆模式、换乘区位置、换乘开始时间，抢滩的组织实施情况、换乘区和登陆滩头的防潜、防空保障；火力准备开始时间、持续时间和轰击目标等问题。空军远程奔袭演习还要研究起飞基地、航线、加油空域、突击方向、突击兵力、突击时间、突击式样和战术特点、伪装措施等问题。

军事演习是在其军事战略方针的指导下进行的，反映着一国军事战略方针、政策，通过分析军事演习能掌握对手的军事战略方针的发展变化。同时，通过对参加演习部队行动的研究，还可以看出参加演习的司令部机关和各军兵种部队的训练水平和作战能力，分析出参演部队作战指挥、协同作战、勤务保障、攻防作战能力等方面的情况。各国的军事演习都是结合其作战预案进行的，因此，通过对其演习想定的研究，可以把握其战区或某一战略、战役方向未来作战的大体设想。总之，演习能最直接、最生动、最具体地反映出一国部队的战役战术上的各种发展变化，进而掌握一国的军事战略和有关问题。

研究军事演习一般从以下几个方面考虑：(1) 详尽搜集占有素材、积累广泛的资料。研究军事演习同研究其他情况一样，材料搜集得越多，要素越全，分析研究的准确性就越大。在敌军演习前，要搜集有关情况，事前尽量掌握基本的情况，演习中，要尽量详细掌握演习的各种情况，要搜全搜细，加以认真登记、整理、科学分类，为研究打下基础；(2) 纵横联系对比分析，突出重点进行研究。对反映军事战略变化、作战方法变革、作战能力水平等情况要深入细致研究，在研究中采取纵横联系对比分析的方法，在对比联系中发现新情况，发现新变化。如近期演习与以往演习相对比，各类参演部队主攻和辅助方向的对比，当面演习与非当面演习的对比，作战条件与作战活动的对比；(3)抓特点、抓实质、抓变化。军事演习的情况多种多样，纷繁复杂，在平淡无奇、杂乱无章的军事演习材料中，包含着某些新的特点，有的是明显的，有的不明显，但反映着新的动向、变化。要深入研究，通过表面现象，发现其实质，不仅要研究清现状，还要了解其历史，重要的是要搞清其发展趋势、战略企图。事物是发展的，现代科学技术的发展，引起作战方式方法的变革，新的作战理论和武器装备的变化，必然引起或影响到军事演习情况的变化。情报研究人员就是要在复杂混乱的材料中，抓住其本质特点，作出正确的分析判断。

军事情报研究的内容十分广泛，上述三类研究只是其中的一部分，在实际研究中，还有许多重要的研究内容，如军事指挥现代化研究，武器装备研究，未来战争研究，空中、海上战场研究，地理地形研究，电子对抗研究，化学战研究，核战争研究，局部战争研究以及战役战术方面的研究等。这些研究内容将在以后的各章节中，进一步研究探讨。

八、军事情报研究的方法

军事情报研究所采取的方法，是从社会科学、自然科学和思维科学中直接援引或借鉴而来的，并通过情报研究人员结合军事情报实践，创造、发挥、总结和提高，逐步形成了独特的方法，而且随着科学技术和军事情报研究的深入，而不断完善丰富。在军事情报研究实际工作中，常用的方法可大致归纳为三大类：传统的逻辑方法、现代的科学方法和创造性思维方法。

（一）传统的逻辑方法

逻辑方法是借助于思维对获得的军事情报材料进行分析、比较、综合、判断、推理，从而得出符合客观实际情况的结论的一种研究方法。逻辑方法具有直感性强、推理严密、定性分析等特点。

直感性强：逻辑方法是军事情报研究最基本的方法之一。推理严密：根据情报所反映事物间的相关性、条件的必要性和充分性进行推理，从而获得理由充分的可靠结论。定性分析：分析情报所反映事物的前因后果、上归下属、内涵外延、好坏强弱等逻辑方法可单独使用，也可以与其他方法结合使用。但逻辑方法也有不适之处，它研究问题虽具有很强的说理性，但并不具体，推理严密但不精确，有定性但无定量说明。因而，军事情报研究还需要运用现代的科学方法和创造性思维方法等。常用的传统的逻辑方法有以下三种：

1. 比较、抽象和概括方法

(1) 比较法

比较法是确定事物之间同异关系的一种简单的思维方法，也是一种最基本的思维方法。比较法是矛盾同一性与对立性的直观运用。客观世界的事物，不论是高级的还是低级的，不论是简单的还是复杂的，都有相同点和相异点。矛盾的同一性是人们进行比较的基础，矛盾的对立性，是人们进行比较的内容。比较法也就是要在同一中求差异，在差异中求同一。通过比较，才能把杂乱的情报材料分门别类，区分其真假、正误、精粗、彼此、表里，这样才能找到事物中比较稳定的联系，为进一步的研究奠定基础。比较是多种多样的，常用的有：外形比较、结构比较、功能比较、数量比较、质量比较、层次比较、原因比较、系统比较、纵向比较、横向比较、历史比较等。具体从什么角度比较，取决于军事情报研究实践的需要。比较的目的是为达到区别，寻找事物之间的相同点和相异点，但比较法还没有深入到事物本质和规律中去，要真正认识事物的本质还需要结合其他方法进行深入研究。

(2) 抽象和概括方法

抽象和概括是在比较的基础上展开的，是对事物认识逐渐深化的思维方法。所谓抽象，就是通过对事物整体的各方面联系进行分解，把事物的若干本质属性和主要方面单独地提取，抽取出来，而暂时不考虑事物的非本质的属性和非主要方面的思维方法。抽象分为直接抽象和间接抽象。直接抽象是对事物的直观感性的抽象。它通过人的感觉器官把事物各种不同的特性抽出来，强化了人的感觉能力。间接抽象是对事物间接的理性的抽象，是把事物的本质属性、关系、主要方面抽象出来的思维方法。客观事物只有经过抽象才能形成各种各样的类型和概念。抽象方法必须上升到概括方法。概括就是把抽象出来的事物属性，推广到具有这些相同属性的一切事物上，从而形成关于这一类事物的完整普遍概念。抽象是概括的基础、内容，概括是抽象的成果、方向。只有从抽象上升到概括，才能对事物有普遍性的本质的和整体性的认识。

一切事物都是通过比较而区分，通过区分而抽象，通过抽象而把事物本质的属性和主要的方面提取出来，通过概括赋于这方面以普遍性的含义。比较、抽象、概括是人们认识事物的一般过程。它使人们对事物的认识从直观性、个别性、表面性而深入到间接性、普遍性、本质性之中，这是人类辩证的理性思维的开始，是人类获取知识和科学成果，使人类认识不断深化的最基本的辩证思维方法，也是军事情报研究最基本的方法。

(3) 比较、抽象、概括在军事情报研究中的运用

军事情报研究是对敌国一切有关战争的事物进行的研究。比较、抽象、概括是常用的方法之一。一国的战争理论思想观点直接关系到一国的军事战略、国防建设，如对战争本质的认识，战争是政治的继续，这是公认的，但在现代核战争条件下，战争还是不是政治的继续呢？美国战略家基辛格认为在核时代，把战争看作是政治通过另一种手段的继续，这种对军事的传统分析已经过时了。这个观点是否符合客观事实？我们先进行比较，纵观历史和横观现代的战争，从冷兵器到热兵器，从常规兵器到核兵器，每次新兵器一出现，都只会引起战争方式方法的变化，从中我们可以抽象出这样的观点，新兵器的出现并不能改变战争与政

治关系，战争的本质没有变，只是进行战争使用的工具不同而已。所以可以概括出这样的结论：核战争仍然也是政治的继续，只不过手段不同而已。

2. 归纳和演绎方法

归纳和演绎是立足于个别与一般的辩证关系上的思维方法和逻辑方法。归纳和演绎的方向是相反的，归纳由个别到一般，演绎由一般到个别。人们对世界的认识通常是由个别到一般，再由一般来更深刻地把握个别。客观世界中的个别和一般是辩证统一的，归纳法与演绎法也是对立统一、相辅相成的。归纳为演绎提供正确的前提，演绎为归纳提供指导。

(1) 归纳法

归纳法是从个别，经过分析、比较上升到一般的思维方法和逻辑方法。归纳法使人的认识超出个别性而进入到一般性，从现象进入到本质，从对事物的初级认识深入到更深刻的本质中。所谓个别是指具有独立的规定性而相互区别开来的单个现象、事物和过程。所谓一般，则是表示个别事物之间的共同性，即这类事物、现象和过程的共同规律。任何事物、现象、过程都是个别属性与一般属性的统一体。一般存在于个别之中，个别包含了一般。在研究问题时，在比较、观察、实验和实践的基础上，通过大量的原材料，采用归纳逻辑方法，从个别中上升到一般。归纳法也就是从个别中寻找一般，从个别中寻找共性的思维方法。

归纳法表现在逻辑上就是归纳推理。归纳法可分为完全归纳法和不完全归纳法，不完全归纳法又分为简单枚举归纳法和科学归纳法。完全归纳法是归纳的前提，包含着该类对象的全体，从而对该类对象作出的一般性结论的方法。完全归纳推理的前提包含着该类对象的全体，因此所作出的结论也就带有必然性、确定性。完全归纳法适应于对比较简单的对象范围作归纳，当被研究的对象范围大，数量多时，就要运用不完全归纳推理。不完全归纳推理通过考察某类对象的一部分，从而作出关于该事物的一般性结论。不完全归纳法分为简单枚举法和科学归纳法。简单枚举归纳法，是通过观察和研究，发现某类事物中固有某种属性，并且不断重复而没遇到相反的事例，从而判断该类对象都有这一属性的推理过程。简单枚举归纳法的结论带有偶然性，要提高结论的可靠性，在运用简单枚举归纳法时，就要尽可能地多搜集研究对象的材料，避免依据一两个例子作出普遍性结论的错误。科学归纳法，是依据对象及属性之间的因果联系或其他必然性联系的认识，然后总结出一般性结论的归纳方法。一定的原因，在一定的条件下，必然会产生某种一定的结果，这样的结果就带有必然性、重复性、稳定性，也就成为规律。科学归纳法依据事物的因果联系、必然性联系对事物进行考察。

归纳法为军事情报研究人员从现象到本质，从局部到全局认识事物，提供了科学的思维方法。

（2）演绎法

演绎法是依据事物都具有的一般属性、关系来推断该类事物中个别事物所具有的属性、关系的思维方法。演绎法是一种逻辑推理，可划分为直接推理和间接推理。直接推理是由一个前提推导结论的推理。间接推理是从两个前提求得一个新的判断的推理形式。演绎法从一般原理出发，因而，具有极强的严密性、逻辑性。

3. 分析和综合法

分析与综合作为一种逻辑方法，是人类认识事物的基本方法。所谓分析，就是在思维过程中，把认识对象分解为各个方面、部分、要素、环节和层次来加以研究的方法。所谓综合，就是在思维过程中，将已有的关于认识对象的各个方面、部分、要素、环节和层次联结起来，形成对认识对象统一整体性认识的研究方法。

在思维过程中，分析与综合在不同认识层次上的含义是不同的，主要有三个层次：（1）感性认识中的分析与综合。感性认识的分析，是通过感官接触外界事物，对客观事物的外部情况进行的直接分析。感性认识的综合，则是在大脑中把事物的各种分析所得的结论组合、集中起来，形成该事物外部各方面特征的整体性感觉映象；（2）抽象思维的分析与综合。人们在认识事物过程中，借助概念、判断、推理等思维形式，把握客观事物的共有属性时，使用的是抽象思维的分析与综合的方法。抽象思维的分析是在思维中把反映不同类事物的属性、要素区分开来。抽象思维的综合是根据事物的相同的属性，在思维中将具有相同属性的事物统一起来，形成一类。抽象思维的分析与综合方法是以客观事物的个别与一般等关系为基础的；（3）辩证思维的分析与综合。辩证思维的分析与综合是客观事物整体与部分辩证关系在思维过程中的反映。辩证思维分析的实质在于揭示客观事物各种矛盾及矛盾的各个方面的特殊性，并对其进行深入、细致、周密的研究，以便把握事物的本质，揭示事物具有普遍意义的规律。辩证思维综合的实质是在分析的基础上，将客观对象的深刻本质及其联系贯穿在一起，形成统一的整体，在思维中再现出来。

分析与综合是同一思维过程中两个矛盾着的侧面，它们相互依赖，相互渗透，又相互转化。客观事物是具有多样性和对立规律的辩证统一体。思维在反映客观对象时，既要运用分析的方法，又要采用综合的方法。综合以分析为基础，分析以综合为指导，分析过程中有综合，综合过程中也有分析。

分析与综合的方法随着实践的发展而发展，实践条件的不同，直接影响到分析与综合所能达到的程度。现代科学技术的高度发展，军事情报侦察运用了雷达、声纳、卫星、飞机等手段来侦察，同时，电子计算机等高新技术在军事上的广泛运用，为军事情报研究的分析与综合提供了新的内容，从而对事物的认识达到一个新的高度。

（二）现代的科学方法

现代科学技术的飞速发展，引起了人们的生产方式、生活方式和思维方式的巨大变革，这必然也影响到了军事情报研究方式、方法的变化。要适应现代条件下军事情报研究的需要，我们不但要掌握一般的思维方法，而且更要进一步掌握现代科学思维的基本方法。

1. 系统方法

所谓系统，就是由相互作用和相互依赖的若干要素组成的具有一定结构和应用功能的有机整体。系统论是一门研究系统的模式、原则和规律，并对其功能进行科学描述的学科，包括系统理论、系统工程、系统方法三个组成部分，系统方法是系统理论在方法上的应用。系统论是适应 20 世纪以来人类实践活动的高度网络性，现代管理的高度组织性以及现代科学的高度分化为基础的整体化趋势而产生的。特别是第二次世界大战建立新型武器系统的需要和科学方法的重大变革，为系统论的产生提供了必要性和可能性。在过去的几十年中，一般系统论得到很大的发展，系统理论、系统方法、系统工程得到了广泛的研究和迅速的应用。

所谓系统方法，就是把对象放在系统的形式中加以考察的科学方法，它是从系统特性出发，着重从整体和部分、整体和层次、整体和结构、整体和功能、整体和环境的相互联系和相互作用中综合地、精确地考察对象以求得优化的整体目标效应的综合方法。系统方法表现为一系列系统性原则，系统方法的内容也就是系统的系统性原则。运用系统方法就是运用系统性原则。具体说，运用系统方法要遵循以下原则：

(1) 整体性原则。这是系统方法的核心。这一原则认为，任何系统都是由部分组成的，但整体不等于部分的机械相加，整体大于孤立部分相加之总和。整体性原则要求我们无论干什么事性，都要立足整体，统筹全局，如实地把整体当作系统来处理，从整体与部分，整体与环境的相互作用过程来认识整体和把握整体。

(2) 相关性原则。这是系统方法中的基本原则。相关性原则认为，系统的部分与部分之间存在着各种各样的相关性。不仅有传统的因果联系，必然与偶然联系，还有系统联系、结构联系、功能联系、起源联系、系统与环境联系等。系统的相关性是多质、多变量、多层次、多向性的联系。相关性原则要求我们从传统的思维方法进入到更高级的思维方法，从对事物的单向研究进入到多向研究，以线型研究进入到非线型研究，从结构的研究进一步上升到对系统的多方面的综合研究。

(3) 有序性原则。是系统方法中的重要原则。有序性原则认为，系统的联系和关系是按照一定的规则和先后程序展开的，如果我们掌握了系统联系的程序，就可以更自觉地对事物进行管理，并达到预期的目的。对事物的分析研究必须遵循必要的程序和步骤，即要符合有序性原则。

(4) 动态性原则，这也是系统论中的一个重要原则。动态性原则要求我们从动态中，从事物发展的可能性中来把握事物，使事物向着比较理想的方向发展。现实的系统都是动态系统，在动态系统中，状态特征决定于随时变化的量，随着时间的推移，系统的结构、功能都会发生变化，达到一定的程度，使发生旧的系统的解体和新的系统的产生。动态性原则要求我们研究系统的发展变化时，就要考察一切系统自己产生、发展、控制、调节的功能，从动态中，从事物发展的可能性中把握事物。

(5) 择优化原则。这是系统方法的归宿，最优化是运用系统方法所要达到的目标。最优化原则告诉我们，各种系统由于其内部根据和外部条件相互作用，总可以在特定条件下，使该系统的某个方面或整体方面最大程度或最小程度地接近，符合特定标准，从而要求我们从具有多种可能性的途径中，选择最佳的系统方案，使系统处于最优的状态，达到最好的效果。

2. 控制方法

(1) 什么是控制论

控制论是研究各类系统控制规律的科学。它以各类系统所共有的通讯和控制方面的特征为研究对象，探讨不同物质基础的系统所具有的信息交换、反馈、调节、自组织、自适应等方面的共性，对这些共性问题进行新的概括和总结，以形成一整套适用于各门科学的共同语言、概念、模型和方法。控制论的重点是控制方法。

(2) 什么是控制方法

控制方法是施控系统如何实现对被控系统的控制，如何使被控系统按照施控系统的目的和要求来发展的方法。它是指按照控制论的原理，在一个控制系统中通过信息变换和反馈作用，使被控对象按照人的预定目的运行，实现最优控制目标的一种方法。任何控制系统都是由施控系统和被控系统两大系统构成的。施控系统是具有目的、行为、反馈、调节功能的系统，被控系统是施控系统的行为对象。施控系统通过自己的行为、反馈、不断实现对被控系统的控制。具体来说，当系统在运行中由于新信息不断输入施控系统时，感受机构接收信息后便传给中枢控制机构，经过加工处理，由执行机构输出控制信息给被控系统，被控系统作出反应后又继续发出新信息再送给施控系统，这样控制、反馈、再控制，循环往复，使系统运行保持既定目标。因此，所谓控制就是施控系统不断根据内部和外部条件而对被控系统进行调节，达到施控系统的目的的过程。

(3) 控制方法的内容

A. 功能模拟方法

功能模拟方法是控制方法的最基本的方法。

所谓功能模拟方法，就是根据各种系统在行为和功能上的相似性，用某种模型去模仿其原型的某种功能和行为的方法。功能模拟方法是基于生物、机器以至社会生活等各种系统在对环境影响作出的反应方式普遍存在着的相似性而确立的。我们知道，宇宙间纷繁复杂的物质形态和千差万别的运动形式都存在着统一性、相似性，只要两个事物之间存在着某种相似性，我们就可以把这两个事物看作原型和模型的关系。如果把其中的一个看作原型，另一个就是它的模型。它们之间的相似性，既可以是纯粹的外部形态相似，也可以是单纯的内部结构相似，还可以是它们的外部形态和内部结构都无共同之处，只是某些行为和功能相似。这种不同的相似性对于不同的研究目标具有不同的意义和作用。控制方法的研究目标是建立运动或变化的模型，即建立行为或功能模型，以揭示出“机器和生命机体之间在行为方面有某些相似之处”，所以，它注意的是不同性质的系统之间行为方式的等效性和相似性，而撇开了不同系统之间的具体形态、内部结构和具体运动形式。它是着重深究“它作什么用”，而不是细察“这是什么东西”。其目的在于，通过模拟来研制某些技术装置，用来代替自然原型去执行某些功能，甚至通过模拟来探求某些比自然原型更好、更快、更准确地履行相应功能的技术装置。

B. 黑箱方法

黑箱，作为一个科学的概念，并不是指黑色的箱子，而是指那些内部结构和机理还不清楚，又不能打开也不能从外部直接观察其内部状况的系统。这种黑箱在宇宙中是普遍地存在着的，如研究人脑功能，虽然大脑可以解剖，但大脑结构一解体，其功能也就丧失，所研究的问题便无从谈起，大脑即是一个黑箱。所谓黑箱方法，就是不打开和不损害系统的内在结构，而仅仅通过输入—输出的整体转换功能来把握系统的方法。

黑箱方法是基于施控系统和黑箱客体（被控系统）的相互作用以及各种系统的行为、功能具有相似性而确立的。具体来说，施控系统首先对黑箱客体输入各种信息，这些输入信息是施控系统的有目的的行为过程，因而可以谓之施控系统的可控制量。而黑箱客体在接受输入信息之后，本身要产生各种状态变化，施控系统尽管不知道黑箱的内部状态，但却可以观察、测量到作为黑箱的被控客体的反应，这是一个可观察量。这样，可控制量和可观察量之间形成了一个因果链条。我们可以根据系统的输出信息来推导其内部结构和运动状态，以达到对黑箱客体的认识，从而也就实现了对黑箱的某种控制。例如，作战时采取火力侦察的办法了解敌方兵力部署、武器火力配系等，就可以说是典型的黑箱方法。同时，由于各种系统对于环境的影响也具有相似的反应形式，人们便可以通过对黑箱输入和输出的分析，推断黑箱的行为和功能，然后通过模仿黑箱，建立模型来阐明黑箱，逐步解开黑箱之谜。

C. 反馈方法

反馈方法是控制方法的核心方法。

所谓反馈，是指施控系统输送出去的信息作用于受控系统后所产生的结果再输送回来，并对施控系统的信息再输出发生影响的过程。反馈方法实质是一种用系统活动的结果来调整系统活动，达到控制目的的方法。反馈可以分为正反馈和负反馈两种类型。所谓正反馈是系统的输出值反馈到输入端后，使输入对输出的影响增加，即输出时对输入的变化与输出的变化是同方向的，类似于滚雪球效应。在正反馈的控制系统中，由于反馈信息使系统的输出偏离给定值，因而一般说来正反馈能使系统发生偏离目标的运动，使系统趋向不稳定状态，这种变化达到一定程度，系统便会发生质变而解体，导致新系统的产生。因而可以说，正反馈是使系统发生质变、解体和进化的因素。所谓负反馈是系统的输出值反馈到输入端后，输入对输出的影响减少。在负反馈控制系统中，由于反馈信息是受控制系统的经过各种干扰因素作用的真实信息，施控系统就可以根据被控制量的实际值与期望值之间的偏差来实施控制，使得由于干扰而引起的偏差能及时地得到纠正，保证系统的目标与输出信息相一致，从而使得系统趋向稳定状态。在现实生活中，正反馈和负反馈并不是截然分开的，而是相互结合使用的。例如，发扬成绩是正反馈，修正错误是负反馈。而且在一定条件下，二者是相互转化的。

(4) 控制方法的军事应用与情报研究

A. 在军队指挥中的运用

当我们运用控制方法研究军事情况时，不难发现，军队指挥系统实际就是一个控制系统。指挥机构（首长和司令部）是施控系统，指挥对象（所属部队、兵器、下级指挥机构）是受控系统，把这两个系统联系起来的是正馈和反馈信道。所谓军队的作战实际上就是通过信道传输的情报对部队和作战行动进行有目的的控制，使战斗行动朝着有利于己方而不利于敌方的方向发展，最后取得彻底胜利。在战争史上，军队的战斗指挥即控制，经历了一个由简单到复杂的过程。在最原始的战争中，统帅在战场上进行的是直接的简单控制。随着时代的发展，军队人数的增多，战争规模的扩大，统帅已经无法进行直接指挥，需要建立参谋机构和各级指挥机构，因而出现了较为复杂的集中控制和分散控制的问题，也就是集中指挥和分散指挥的问题。集中控制的优点是战略目标统一，便于整体协调；缺点是因层次多而信息传输效率低，适应性比较差。分散控制的优点是信息传输率高，适应性强；缺点是难以进行整体协调，缺乏统一的战略目标。

现代战争的特点使现代作战指挥出现了既要求高度集中又要求高度分散的趋势，因而对保障实施正确指挥的情报提出了更新更高的要求。为了实施正确的指挥，一般说来，指挥员要做到根据作战的具体情况，把握好集中指挥和分散指挥的尺度：一是把握集中指挥与分散指挥的内在的辩证关系，即任何集中指挥都必须通过程度不同和层次不同的多个分散指挥来完成，而任何程度不同和层次不同的分散指挥都必须在统一的指挥下进行。二是要根据条件的不同和变化，如时间、空间、作战形式、指挥对象、目的、性质等，来正确地把握二者的界线、地位、层次、程度以及结合方式。

在宏观指挥上适当集中，在微观指挥上适当分散。为了适应现代战争要求目的更明确、行动更坚决、时间更短促的特点，应当在战争的全局和较高层次上坚决实施集中指挥，而在战争进行的各个局部和较低层次上进行适当的分散指挥。即使在战役战术指挥上，也应做到这一点。如关于作战任务，对部署所要完成和达到的目标实施集中指挥，对完成任务的具体办法采用分散指挥；关于时间，对作战行动的时段，（行动的起点至终点）实施集中指挥，对部署具体行动的时点（在限定时间内的任意一点）采用分散指挥。

在情报的掌握上应尽量集中，在指挥权限上应尽量分散。作战指挥的实质是通过情报对军队和战斗行动实施有目的的控制。指挥员应当尽可能地随时掌握各方面的情况，以协调作战部队的整体行动。同时，应该尽一切可能将各方面的对指挥对象起指导作用的情报传递给指挥对象，供他们了解全局和各方面的情况，了解他们自己在整体中的地位和作用，据此采用最优的作战行动。

根据作战情况的变化及时变换指挥方式。例如，作战准备阶段以集中指挥为主，作战实施阶段以分散指挥为主；作战时限紧时以分散指挥为主，作战时限松时以集中指挥为主；遭遇战的突发阶段以分散指挥为主；组织反攻阶段以集中指挥为主等。此外，地形、目标及任务性质的变化也是促成集中指挥与分散指挥相互转化的因素。只有掌握好转化的条件，正确而适时地变换指挥方式，才能处理好集中指挥和分散指挥的关系。第四次中东战争中的指挥，在方向上和地点上都是集中的。但在侵黎战争中，则根据地形和目标的实际情况，兵分三路，高级将领分赴各路指挥。两次作战的指挥形式不同，但都不失为正确使用指挥形式的成功战例。认识和掌握控制方法，是现代军事对情报研究人员提出的新要求。控制论进入军事领域，自然在情报研究中也要反映出来。

B. 进行现代化军事情报分析

功能模拟方法在军事情报研究中的应用主要表现在运用电子计算机模拟人的多种智能活动和行为，采用与人脑功能相似的部件组成了电脑，即用输入装置模拟人的感受器，来接受外来情报信息；用存贮器模拟人脑的记忆功能，将外来情报信息记存下来，并可随时提取；用运算器模拟人脑的判断、选择、计算功能；用控制器模拟人脑在整个思维活动过程中有条不紊地指挥各部件协调一致地工作；用输出设备模拟人对外界环境的反应，并能输出计算结果，模拟人类的高级智能活动。即进行军事情报分析。

3. 突变方法

突变论是研究自然界的各种形态、结构和社会经济活动的非连续性的突然变化现象，考察某种过程从一种稳定状态到另一种稳定状态的变迁。可以说，突变论是系统学发展过程中的重要的新学科。

(1) 突变方法的特征

突变方法是一种数学模型方法，是用以定量研究自然和社会经济的非连续性突变现象及其过程的方法。其主要特征是：

A. 通过形象而精确的数学模型，把握事物的质量互变过程。突变方法吸取了传统数学方法的长处，着重用以考察某种过程从一种稳定态到另一种稳定态的变迁。突变方法是基于这样的看法，即系统所处的状态可以用一种参数描述。当系统处于稳定状态时，标志该系统状态的某个函数就取惟一的极值。当参数在某个范围内变化，该函数有不止一个极值时，那么系统就必然处于不稳定状态。因为如果系统状态可使函数取极值甲，又可能取极值乙，究竟取哪个值则不能判定，系统当然处于不稳定状态。现在设想，系统从一种稳定状态进入某种不稳定状态，而且参数再稍作变化，将使处于不稳定状态的系统进入另一种稳定状态，那么可以想见，在这一刹那间，状态发生了突变。由此可见，突变方法的突出特点就是用数学工具描述和分析系统状态的变迁，得出系统处于稳定状态的参数区域以及系统处于不稳定状态时的参数区域，从而证明参数变化时，系统状态也随着变化；当参数通过某些特定位置时，系统状态就发生突变。

B. 通过系统结构稳定状态及其发展的研究，揭示突变的关节点是一个过渡区。突变论认为，事物质变的关节点是一个过渡区，不仅仅只是一个点。它把事物变化过程中不会受外力微小干扰而自动改变的状态叫作结构稳定态。而把物体由竖置到卧放之间的位移空间范围叫作从一种结构稳定态到另一种结构稳定态的过渡区。认为事物在一种结构稳定态中的变化是量变；事物在两个结构稳定态之间的变化或在结构稳定态与不稳定态之间的变化则是质变。因此，事物的突变和飞跃是在过渡区中发生和进行的。量变是个过程，质态的突变也是一个过程，突变方法正是基于这种理论发挥自己的方法论功能的。

C. 通过稳定性理论的应用，阐明飞跃的渐变方式。突变理论从稳定性理论出发，将质变区分为突变和渐变两种形式。突变模型提示：一个质态转化过程如果控制曲线穿过折迭区，就会发生飞跃，如果绕过折迭区，变化就是渐进的。在社会领域，资本主义经济危机在爆发时常常是一种突变，在复苏时却往往要经历一个缓慢回升的过程，这表示相应的经济模型有个折迭区，危机爆发时各种控制因素将经济行为推入了这个折迭区，复苏时各种因素又使行为绕开折迭区，沿着曲面的连续部分回升，又是一个渐变过程。这些情况表明，折迭区的存在与否是区分两种质变形成的根本界限。在特定情况下，只要改变控制条件，飞跃和渐变两种质变形式之间是可以相互转化的。例如，拆毁一堵墙，如果从上而下逐块地把砖头拆掉，整个过程就是稳定的渐变。如果从基部开始拆砖，这个行动就会破坏余墙的稳定性而发生倒塌，造成飞跃。由此可见，突变理论揭示了质变不等于飞跃，渐变也是事物质态转化的一种形式。突变方法正是建立在这种理论基础之上的。

(2) 突变方法的军事应用

突变方法作为现代科学方法，不仅在自然科学和社会科学领域有广泛的用途，而且在军事科学领域里也有广泛的用途。

在现代和未来的战场上，两军对战，血肉相搏，形势瞬间万变，为了掌握战争的主动权，必须研究战场上敌我双方力量的对比状况，研究我方取胜、敌方崩溃的突变条件，以此来安排火力、人力、组织战斗队形，制定周密的作战计划，科学地组织作战行动。在国外，运用突变模型来分析敌对双方的作战态势怎样发生突变已成为一种新潮流。他们运用突变方法研究攻方取胜、守方崩溃的突变条件，研究攻方如何行动才能歼灭守方；为了预防崩溃，守方怎样部署方可增强生存力等。在军事对抗领域，突变模型能借助不同的参数和变量分别代表蓝军兵力、红军兵力、火力平衡、指挥控制和双方生存力等，一旦由于红军、蓝军兵力增减等诸因素的影响而造成一方生存力突然降低时，则会发生突变情况。突变模型在作战模拟中的优越性，为作战态势的分析提供了科学的量化依据。根据战争史中发生突变的事例，运用定性方法加以试验的突变模型可分为：兵力型突变、火力型突变、空间型突变、时间型突变、方式型突变等。

A. 兵力型突变

兵力型突变是指在一定作战时空中由于敌对双方兵力数量的悬殊而发生的一方取胜、一方失败的突变形态。兵力数量的对比是战争中诸种对比要素中的最基本的对比要素。在敌对双方的武器相当或相差不多、士气相左、战术相持的情况下，决定战斗胜负的关键就在于兵力的对比了。不论是古代的还是现代的军事家，都十分重视每次战斗中双方兵力数量的对比。《孙子兵法》就强调指出："故用兵之法，十则围之，五则攻之，倍则分之，敌多则能战之，少则能逃之，不若则能避之。"孙子告诫军事决策者，要根据敌对双方的兵力对比状况来决定战法。如果有十倍于敌以上的优势兵力，即绝对优势兵力，就可以用全面包围的战法全歼敌人；如果有五倍于敌的兵力就可以向敌方发动进攻，消灭敌人，使战场发生有利于己方的突变；如果有一倍以上的对敌的优势兵力，还不足以战胜敌人，使战场形势发生有利己方的突变，只能采取分而歼之的战法，集中相对优势的兵力，去消灭敌人；如果敌对双方兵力相等，在两军遭遇战中，"狭路相逢勇者胜"，不得已而拼命猛攻敌方，使敌人在没有清醒过来之时就击溃它，或者争取到有利于己方的战争优势，使战场态势发生有利己方的突变；如果兵力数量少于敌人，就要设法和敌人绕圈子，伺机打击敌人；如果敌强我弱，敌我兵力数量悬殊太大，就要避免和敌人决战，要和敌人打游击战。孙子认为，兵法要讲"数"，要在战争中取胜，就要在兵力数量上占有绝对优势。孙子的这个思想，朴素地表达了兵力数量的变化会导致战场情况突变的规律。克劳塞维茨也指出："数量上的优势不论在战术上还是在战略上都是最普遍的致胜因素。"在现代化武器大量装备部队的情况下，集中优势兵力以达到全歼敌人的战场突变的方法并未过时。第四次中东战争初期，埃军在苏伊士运河两岸秘密集结了12万人的优势兵力，一举突破了以军严密设防的巴列夫防线就是明证。这种以数量上的优势夺取战争胜利的突变模型是古今中外战争史的基本模型，在未来的战争中，它仍将是基本模型之一。

B. 火力型突变

火力型突变是指在一定的作战时空中作战双方虽然兵员数量、士气、战法差不多，但由于火力相差太远，导致战场态势发生突变的类型。火力型突变的关键因素是武器装备的质量与数量的对比差。敌对双方由于其中一方的武器的装备在质量和数量上大大优于对方，便造成强烈的火力对比反差，战场态势就会发生有利于一方而不利于另一方的突变。在古代军事体裁小说中，总是说一方在要打败仗时，突然拿出一种法宝，一下子打败了对方。不论是《封神演义》还是《西游记》，描写的敌对双方最后都是以法宝取胜。这是战场上火力型突变的神话描写。在历次战争中，除了人的因素外，武器装备的因素是克敌制胜的重要条件，在一定的战场空间内，则会成为决定性的突变因素。第二次世界大战初期，德军之所以能称雄西欧，其重要的原因就在于德军的武器装备特别是飞机和坦克先进、火力强大，西欧各国一时难以招架。在现代和未来战争中，火力因素越来越重要，这是因为武器装备的威力大大增加了，如一枚千吨级核弹对掩体内人员杀伤面积，约等于两个203毫米和五个155毫米炮20至30次齐射。如果一方拥有并使用这些特种武器，而另一方不具备，没有的一方就会受到对方毁灭性的打击，战争形势就会急剧突变。正由于如此，各发达国家都非常重视发展现代化、智能化武器，以期夺得军备优势，为夺取未来战争的胜利打下坚实的基础。

火力型突变不仅在于一方拥有新式武器而另一方没有，还在于作战指挥员要善于把现有的兵器在作战中加以集中使用，使其在数量上占有优势，以强于敌方几倍的火力进行打击。火力型突变是战争突变的基本模型之一，集中优势兵力的重要内容之一就是集中优势火力。

C. 空间型突变

空间型突变是指作战双方在战斗中由于互钻对方的空子在对方意想不到或想到了但来不及补救的战场空间，利用有利条件（包括有利地形）突然发动进攻或转入防御，从而一举战胜对方使战场形势发生突变的类型。例如在第二世界大战中，法军不惜巨资建立了马奇诺防线，以防止德军进攻，但德军却闪电般地绕过马奇诺防线，在法军认为不可能通过的阿登山区发起进攻，使马奇诺防线不值一文。德军长驱直入巴黎，法军一败涂地，招致了著名的敦刻尔克大撤退，战场形势发生了有利德军的突变。这里讲的是防御空间。在战场上，还有一种结构空间，如兵力部署中的结合部往往有空隙点，攻方便可以抓住结合部分割敌人，守方则可以抓住对方结合部发起反击和突围，从而一举扭转战场态势。在第四次中东战争中，以色列军队正是利用了埃及军队的第二、三军团之间的空隙分割了埃军，扭转了战局。此外，还有一种战场空间，也叫实体空间，即敌对一方实体中的薄弱部分，军队总是有强有弱的，攻方就要避实就虚，挑弱的打，这样也能达到克敌制胜的目的。在利用战场的空间结构问题上，重要的一种形式是占据有利地形，进可攻，退可守，从而立于不败之地，使战局发生有利于自己的突变。利用有利地形已成为古今中外军事斗争的常识。

特别值得指出的是，现代和未来战争的立体化赋予了战争的空间型突变以新的含义。也就是说，现代化立体战争的空间结构是多层次的，敌对双方必然在战场空间的层次上动脑筋、想办法，找出使战场态势发生有利于自己的突变的办法和计策来。现代海战除了水面空间外，还出现了水下空间和水上空间。各发达国家不仅大力争夺水面空间优势，而且大力争夺水下空间和水上空间优势；不仅大力发展水面舰船力量，而且大力发展导弹核潜艇和航空母舰，力图夺取制海权。在现代海战中，如果没有水下优势和海空优势，就没有海上优势。如果一方具有海上立体空间优势，而另一方不具备，后者就会一败涂地。陆军也是如此，如果只有陆上优势而没有空中优势，陆上优势也会丧失，有利的战场态势就会发生向有空中优势的一方倾斜。可以想定，如果红、蓝两军交战不分胜负之时，红军突然派出强大的空降部队垂直越过蓝军阵地，从蓝军背后发起攻击，这样就会使蓝军腹背受敌而马上溃败。可以看出，战场空间结构型突变是现代和未来战争中需要考虑的重要因素。

D. 时间型突变

时间型突变是指作战双方虽然在兵力、兵器对比上相差不大，但一方由于充分运用时间因素，在对方意想不到或即使想到也来不及采取措施的时间内发起进攻，造成对方措手不及，导致战场态势发生急剧突变，达到歼灭敌人或打败敌人的目的的作战类型。恩格斯说过，对军队作战来说“时间就是胜利”。战争时期，敌对的双方都会在时间问题上大作文章，力图通过时间达到战争的突然性，一举击败对方。在第二次世界大战中，德国法西斯最初都是利用节假日、星期天发动突然袭击，取得了成功。日军突袭珍珠港，也是这一模式。即使在现代战争中，在对方意料不到的时间内发动突然袭击，仍是达到战场态势突变的基本模式。第三次中东战争中，以色列打破以往在节假日、星期天发动突袭的惯例，选择上午埃及雷达兵交接班时间发动突然袭击，一举使埃及空军瘫痪，损失了60%的飞机，使战场态势发生了有利于以色列的突变。在现代的战场交战中，交战双方仍可利用时间型突变把敌人打个措手不及。由于武器装备的现代化，快速反应兵器大量装备部队，部队的机动速度大大提高，机动时间大大缩短，战机转瞬即逝，时间因素更加重要。突击的一方可以凭藉自己的快速反应力量在短时间内袭击对方，使对方来不及反应时已撤出战场，抓一把就走。如果胜利的一方不快速转移阵地或隐蔽起来，就会遭到另一方快速反应兵器的毁灭性打击。比如，对方可以用原子化学武器、轰炸机或远程炮兵进行毁灭性反击，重新夺取阵地，反败为胜。即使仅用炮兵反击，也能达到快速反应的要求。过去一门炮射击准备需要5—8分钟，现在只需要5秒钟左右。在装备了弹测雷达的条件下，当对方炮弹一出膛时就可抓住对方的炮位座标，马上实施快速反击，使对方遭到毁灭性打击。可见，时间型突变已是战争选择的主要模型之一。

E. 方式型突变

方式型突变是指作战双方为了更有效地打击敌人，保存自己，根据实际情况，灵活变换作战方式，通过方式转换达到使战场态势发生有利于己方突变目的的战斗类型。古今中外的战争都没有固定不变的模式，历代的军事家都强调灵活机动的战略战术，不拘一格地弛骋于战场。古代的《孙子兵法》非常强调用兵作战要“奇正相生”，变幻无穷，使敌人捉摸不定，促使战场态势发生有利于己方的突变。像调虎离山、声东击西、暗渡陈仓、借刀杀人、瞒天过海、走为上计等计谋和样式，都是作战双方在各种情况下运用的不同作战样式。在战场上，“道高一尺，魔高一丈”，通过作战方式的变换，强方可以更强，弱方可以转弱为强。在军事斗争中既有集中绝对优势兵力的战略大决战，以此达到消灭敌人的军事突变；也有弱小军队为了对付强大敌人所采取的化整为零、广泛袭击、积小胜为大胜的渐变式的斗争形式。就是敌败我胜的突变，其形式也是多种多样的，既有血与火的激烈军事斗争，也有通过宣传摧毁敌军意志或分化、瓦解、策反敌军的攻心战、心理战。在现代和未来战争中，随着现代化高技术兵器的投入，战争的残酷性空前增加，为了以小的代价换取更大的胜利，更需要不断变换作战方式，使敌人摸不着头脑，从而战胜敌人，例如在以色列飞机袭击叙利亚军队贝卡谷地导弹阵地的过程中，以军改变了以往的作战样式，不是直接轰炸，而是先派出诱饵飞机，诱使叙军雷达开机，从而暴露了导弹阵地，以军继而实施电子干扰，派出强大阵容的轰炸机，发射反辐射导弹，一举摧毁了叙军在贝卡谷地的导弹阵地。这次战斗双方都使用了最先进的武器，以军由于改变了作战样式，就达到了战场态势突变的目的。

在研究战争突变模型的同时，还要正确认识军事斗争形势突变关节点的过渡区，应付复杂局面，稳住战场形势，使斗争朝着有利于己的方面转化。军事斗争是一个复杂过程，突变也是一个过程，不能试图通过一两个战役或战斗就能取得战争的胜利。在军事斗争的突变过程中，战争的形势会出现不稳定现象，有些局部战场主动权可能落在敌方手中。这就要求战争的指挥员要及时获取准确情报，了解和掌握战场态势，在激烈复杂的军事斗争中保持清醒的头脑，及时采取有力措施，灵活运用战争突变模式，积极稳住战场态势，顶住敌人的反扑，渡过军事斗争突变过程的过渡区，取得战争的最后胜利。

4. 预测方法

预测方法是科学的预测学所包含和使用的方法的总称。科学的预测学是一门以科学预测活动为研究对象，揭示如何科学地说明、推断未来，并且把未来事件集缩到一定程度的方法和规律的学科。它的研究范围包括自然科学、社会科学和工程技术等广泛的领域，并且涉及政治、经济、军事、社会、教育、文化和心理等许多方面。科学的预测学可以分为社会预测学、科学预测学、技术预测学、经济预测学、军事预测学等学科。科学的预测学作为一门综合性的学科，它本身是一门具有方法论性质的学科。它的内容大致包括了150多种具体的预测方法和技术，反映了具有不同特点的认识论和方法论。

(1) 预测方法的特征

所谓预测方法，即人们以过去或现在的情势的事实资料为前提，根据反映这种情势的发展趋势的科学理论或假说，逻辑地推断未来，将未来事件集中或将其可能性空间缩小到一定程度的科学方法。一般来说，作为科学的预测方法具有以下特征：

A. 历史感

预测方法是建立在事物发展的连续性和因果性原理基础上的，它认为任何事物的存在过程，都能区分为过去、现在和未来三个时段，而客观事物的过去、现在和未来又都是连续发展的统一过程，客观事物的每一发展阶段和形态都是这个总的、不可分割的链条上的一个必要环节。因此，客观事物要连续发展，就要保持连续性的本质，遵循相同的规律。认识了过去和现实的本质和规律，也就等于相似地认识了未来的本质和规律，也就使我们把对现实的认识转化为对未来的认识。同时，它认为连续发展的客观事物又是严格遵循因果联系规律的。任何事物的生成和发展，总有一定的原因所引起，而这种引起一定结果的原因，又总是为更早的其他原因所引起。每一事物都具有前后相继性。因此，只要把握了现实原因，在其他条件相对稳定的情况下，就可推知相应的未来结果。我们可以根据现实事物的矛盾运动规律推断其未来的趋势和结果；根据现实事物的量变状态推断其未来的质变过程；根据现实事物的肯定形式推断其未来的否定形式。从而，把我们对现实事物的原因的认识转化为对其未来结果的认识。总之，它是立足于过去和现在来展望未来，因而具有历史感。

B. 现实感

预测方法也是建立在事物发展的客观性和相似性原理基础上的，它承认外部世界的客观实在性和外部自然界的规律，并且认为人完全可以认识这个世界和这些规律。即使外部世界，特别是未来的外部世界充满着偶然性和不确定性，而且这种可知性在现阶段只是以迹象形态来表露的，但这种模糊朦胧、时隐时现的迹象总是包含着某些客观因素，只要实事求是地对待这些迹象，加以能动地思考，就不难达到窥一斑而见全豹、凭一叶而知秋的境界。同时，它承认客观事物都具有统一性。认为无论多么不同的事物，只要其内外条件相似、因果联系相似、发展程度相似、那么其未来的发展状态也就相似。不同的两个事物，只要具备了这种相似性，就可以根据其中一个已知过程及其相应变化结果，预测另一未知过程及其相应的变化或结果，因此，从根本上说，预测方法的实施是依据已知的客观规律来探索能够代表和说明未来的预测规律，进而运用预测规律来进行科学预测。换言之，它是根据观察到的客观样本，对预测事物的关系结构变化提出固定模型；应用样本，估计整体模型，从而对事物的未来进行预测。在整个预测过程中，任何一步都离不开客观现实，都离不开实践检验。不仅预测的产生要依赖于当前的现实，要借助于以往的经验和资料，而且预测的形成和发展，也要依据客观事实来鉴定资料，区别真伪，随时校正误差。由于预测是建立在客观基础上的，因而预测的结果也具有客观的可能性，是会出现或发生的事件和状态。总之，它不是以主观代替客观，用想像代替现实，而是以现实规律作为推断未来的根据，从事物的相似中寻求可靠的答案，因而具有现实感。

C. 能动感

预测方法还是建立在意识超前性原理基础上的，它承认客观存在与人们思维的非同步性，认为人们的认识可以超越客观事物发展的一定阶段，跨跃性地提前或预先知道其未来的发展状态。因此，人们称预测方法是“时间上的望远镜”。预测方法的这种“超前反映”的功能特性，表现在许多方面。首先，人们运用预测方法不仅能够预见未来，而且能够转化为决策手段，通过对系统进行操纵和控制，而主动地去争取预测结果的实现。可见，预测方法本身也能成为争取预测结果实现的手段。其次，预测方法不仅体现了定性分析方法和定量分析方法的统一，而且它也是辩证逻辑的思维方法，人们恰当地运用这些方法，就能从宏观和微观的结合上精确地思考预测对象，就能够采用求新求异、微妙变通的方法来思考现实，从中发现未来。最后，运用预测方法还能够产生大量的创造性思维。人们对未来对象系统的预测要经历一个由朦胧到清晰的过程。运用预测方法，凭借大量的感性材料，经过头脑的加工、排列、组合，就能形成新的想像，即预测对象的未来状态的构想和模式。毛泽东就非常推崇用合理想像来描绘未来战争的形态、样式、进程等，以填补预测中难尽如人意而又符合常理的部分。因此，预测方法给人以强烈的主体能动性的感觉。

(2) 预测方法的内容

预测方法可以概括为以下三种：

A. 直观预测方法

直观预测方法是一种定性预测方法，即主要是依靠人的经验、知识和分析判断能力进行预测的方法。

B. 统计预测方法

统计预测方法是定量预测方法。这是根据对现实和历史的大量现象进行统一概率研究而作出的关于未来事件的科学推测。它是凭借一定数量的历史资料和数据，通过数学计算来取得预测结果的方法。

C. 历史推测方法

历史推测方法也称回测方法，是科学预测方法的另一个重要类型。这种方法是采取与历史时间顺序相反的方向进行推断，是从事物发展的现实、事物发展的未来、事物的流向、事物的结果“倒过来”对事物的原状进行考察和推测。其必要性在于：回测和预测是相辅相成的。为了理解现状，必须了解它的由来；为了预测未来，必须获得有关历史的全部信息。从未来说明了过去，从现状说明了原状，从结果说明了原因，也就等于从过去说明了未来，从原状说明了现状，从原因说明了结果。对于预测人员来说，这只不过是把预测行程的起点和终点换了位置而已。历史推测方法又可分为严格的和不严格的两类。严格的回测方法是完全根据科学定律和科学资料进行。严格的回测方法要基于两个必要的条件才能进行：一是演化的规律已知；二是回测对象的过去和现在状况之间有一个对应关系。显然，要同时满足这两个条件的场合是很有限的。在不具备这两种条件的场合下，就需要运用不严格的回测方法。不严格的回测方法区别于严格的回测方法之处，就在于它是除了根据科学理论和资料外，还要借助于关于趋势的假说，回测方法也是进行预测活动的一个必不可少的方法。

(3) 预测方法的军事应用

科学预测方法在军事领域中的应用，形成了军事科学的独立分支——军事预测学。它对于把握和处理未来可能出现的危险和机遇，制定正确的战略决策和军事发展规划，加强国防建设，具有重要的意义。对军事情报研究的意义更为明显。

要能科学地进行军事预测，就必须熟练地掌握和运用军事预测方法。常用的军事预测方法主要有智囊团法、数学法、综合法三种。智囊团法即组织大量专家让其根据自己的经验、知识、智慧，对军事预测对象进行预测。数学法即运用数学工具对各种信息进行分析计算，在占有大量统计资料的基础上，通过大量的图表、模型、计算机仿真等进行预测，定量地判断未来军事问题。综合法即综合地运用以上两种方法，把二者的优点恰当地结合起来进行军事预测。

A. 立足于对军事问题的历史和现实的认识，逻辑地推断未来

立足于对军事问题的历史和现实认识，详尽地了解预测对象的历史状况和现实表现，筛选反映事物本质的相似点和参照物，是军事预测的前提。军事领域同其他社会领域一样，都存在着大量的历史痕迹，也产生着未来状态的某些萌芽，将这些痕迹放在较长的历史运动中加以考察，通过理性思维，就可以发现它们之间所固有的某种本质的、必然的、稳定的联系，即战争规律。尽管战争规律依时间、区域、条件的不同，可以分为一般规律、特殊规律、个别规律，它们各自具有不同的性质和特征，但从有文字记载的战争史来看，这些规律都是客观存在的，都是可以被人们所认识的。在当代，新技术革命浪潮冲击着包括军事领域在内的一切领域，使军事过程的规模不断扩大，战争的动态性和偶然性急剧增加，出现了许多不同于以往的新情况、新问题、新特点，但是，这并不意味着它完全割断了同过去战争状况的联系，因而是完全不同于过去的全新的“突发”和“跳跃”，恰恰相反，这些新东西是过去的旧东西发展的必然结果。因此，要认识和把握未来战争的规律和特点，就离不开对以往战争史的研究和对以往战争状态的考察。在军事历史上，很多军事家都非常重视通过研究历史来揭示未来。

对我们来说，军事情报研究必须注意两方面的情况：一是外军现实情况，包括外军的军事战略、战术动向和军队编制、构成、调动和趋势以及它们相互争夺的重点等。预测学专家说，预

测未来最可靠的方法就是了解现在。二是国际环境，它包括政治、经济、外交、军事、文化、自然等各个方面。总之，对历史和现实问题研究的内容越全面，掌握的情况和资料越可靠，我们对未来战争状态预测的准确度就越高。同时，为了尽可能准确地预测未来的战争状态，我们还应该在认识历史和现实的基础上，把远期预测和近期预测结合起来，即把远期预测分为若干阶段进行逐级预测，把前一阶段预测的结果作为后一阶段预测的基础，在符合规律性的动态的预测过程中来把握未来的预测对象，实现远期军事预测的目标。

B. 依据战争本质的层次分析，把握军事预测的特定方向

从对战争本质的理解出发，来考察引起战争的相关因素，找出规定和影响战争进程和结局的各种原因，是军事预测的客观基础。关于战争本质，人们长期以来是囿于列宁和毛泽东关于“战争是政治的继续”和“战争——从私有财产和有阶级以来就开始了的，用以解决阶级和阶级、民族和民族、国家和国家、政治集团和政治集团之间，在一定发展阶段上的矛盾的一种最高斗争形式”的两个经典定义加以认识，这固然是正确的。然而，我们还应该在此基础上进一步研究原始社会的战争本质和当今社会主义国家之间的战争的本质问题。这样，才能圆满地解释原始社会的战争现象和当今社会主义国家之间的战争现象。根据战争形态的发展和对列宁、毛泽东经典定义的学习，我们试图对战争本质作出具有三个层次的具体规定：

第一，战争的普遍本质，它是社会集团基于利益矛盾而展开的消灭敌人、保存自己的暴力冲突。这是人类社会任何战争现象所共有的本质。它有三个特征：a. 利益驱动，即战争的爆发都是受不同社会集团的各自特殊利益驱动而引起的；b. 存己灭敌，即战争的直接目的都是保存自己，消灭敌人；c. 武装冲突，即战争都是用暴力手段解决问题。

第二，战争的特殊本质，它是阶级社会中不同阶级用以解决阶级矛盾的最高斗争形式，是政治的继续。这是一切阶级社会中战争形态的共同本质，是战争普遍本质在阶级社会中的特殊表现。

第三，战争的个别本质，它是阶级社会中特定国度的不同阶级所进行的正义的或非正义的暴力冲突。它一般表现为四种情形：一是当一国或一民族内部阶级矛盾激化，正在酝酿新的革命时，外族武装力量的进袭，成为本民族被压迫阶级推翻本民族统治者的动力。这时，如果是外族和本民族被压迫阶级联合推翻国内反动统治者，这种战争的性质是正义的。如果外族是疯狂掠夺的武装集团，其入侵延缓了本民族内部革命爆发，这种战争的性质是非常正义的。二是当一个民族或国家遭到外族入侵时，本民族被压迫阶级为了抵抗这个比本民族统治者晚为残暴的集团，可能和本民族统治者联合起来共同反击，而本民族统治者出于自身利益需要，也利用民众力量维持其统治，这时战争性质仍然是进步的。三是当本民族或本国统治阶级实行对外扩张和侵略，本民族的被压迫人民有可能受统治阶级的强迫和欺骗而参加战争，这时，尽管有众多被压迫群众参加了战争，但战争的性质仍然是非正义的。四是压迫阶级镇压被压迫阶级的战争属于非正义战争，而被压迫阶级推翻压迫阶级所进行的战争属于正义的战争。

总之，具有不同本质的不同类型的战争具有不同的战争规律和战争结局。它是战争预测的客观基础和主导线索。要预测战争的过程和结局，就要预先认识战争的本质和起因，把超前认识的提前量对准这些问题。在军事史上，一切高明的军理理论家、战争预言者都是从分析战争本质入手来进行战争预测的。

C. 发挥主观能动性，创造性地推断未来

人们为了预测未来战争而掌握了大量的历史的和现实的资

料，就需要运用科学的思维方法去处理和筛选这些资料，从中抽象和归纳出正确的结论。要做到这一点，就要求军事情报研究人员具备一种特殊的科学创造精神。具体来说，就是要发挥主观能动性，创造性地推断未来，这需要处理好以下两个关系：一是依据事实和超越事实的关系，即进行军事预测，既要忠实地根据事实，又要敢于超越有限的事实，敢于突破事实材料的种种局限性，充分发挥理性思维的作用。因为预测要依据事实，但事实是无法穷尽的，“如果要等待构成定律的材料纯粹化起来，那么这就是在此以前要把运用思维的研究停下来”。所以，军事史上许多成功的预测和预见都是依据事实而充分发挥主观能动性的结果。二是尊重已有理论而又不受已有理论束缚的关系，即进行军事预测，既要严格接受已有的正确理论的指导，又要敢于超越已有的理论，根据新的情况提出新的论断。因为任何真理的真理性都是不完全的，世界上不存在所谓一成不变的“军事规则”，战争实践的发展总会提出一些原有军事理论解释不了的新现象、新问题、新趋势，所以，只有勇于提出适合于未来状况新见解、新判断，才能解决这些问题。在军事史上，那种对旧理论抱残守缺而被动挨打的事例是不胜枚举的。例如，在第二次世界大战中，法军死抱住过时的阵地战理论，把重兵一线配置在马奇诺防线上，结果不出三天，德国的机械化部队就轻松地绕过了守军防线，攻入法国腹地。苏德战争初期，苏军因战略指导思想保守，仅 18 天，战略防线就被德军突破。因此，既要接受已有理论指导，又要敢于突破过时的理论的束缚，是进行科学的军事预测的重要条件。处理好这两个方面的关系，则是正确地发挥主观能动性而搞好军事预测的关键。

(三) 创造性思维方法

1. 创造性思维的含义

创造性思维，是一种具有开创意义的思维活动，是开拓人类认识新领域、开创人类认识新成果的思维活动，比如发明新技术、形成新观念、创建新理论这样一些探索未知领域的认识过程中的思维活动就是创造性思维。包括那些在思考的方法和技巧上，或某些局部的结论和见解上具有新奇独到之处的思维活动也是创造性思维。在科学研究中，在人们的政治、经济、军事决策中，在生产、教育、艺术活动中，都存在着创造性思维。所有在原有的结论和方法上作出了新的独创，即用新的方法分析和解决了新的问题，都属于创造性思维的范畴。

创造性思维的结果实现了知识即信息量的增殖：一是以新的知识（如观点、理论、发现）来增加知识的积累，从而增加了知识的数量即信息量；二是在方法上的突破，对已有知识进行新的分解与组合，实现了知识即信息的新的功能，由此便实现了知识即信息的结构量增加。所以从信息论的角度来看，创造性思维是一种实现了知识即信息量增殖的思维活动。

创造性思维需要人们付出艰苦的脑力劳动。一项创造性思维成果的取得，往往要经过长期的探索、刻苦的钻研，甚至多次的挫折之后才能取得，而创造性思维能力也要经过长期的知识积累、智能训练、素质磨砺才能具备，至于创造性思维过程中，则离不开繁多的推理、想像、联想、直觉等思维活动。所以从主体活动的角度来看，创造性思维又是一种需要人们付出较大代价、运用高超能力的一种思维活动。

2. 创造性思维的特征

创造性思维与习惯性思维比较，具有明显特征：

(1) 创造性思维具有新颖性。它贵在创新，在思路的选择上、在思考的技巧上、在思维的结论上，具有独到之处，在前人、常人的基础上有新的见解、新的发现、新的突破，从而具有着一定范围内的首创性、开拓性。习惯性思维则属于常规的信息处理活动，它遵循现成的思维程序和方法进行思维，重复地进行过去已经进行过的思维活动过程，思维的结论也没有超出已有知识的范围。

(2) 创造性思维具有极大的灵活性。由于创造性思维并无现成的思维方法和程序可循，所以它的方式、方法、程序、途径等都没有固定的框框。进行创造性思维活动的人可以在知识的海洋里纵横驰骋，可以在想像的天空中自由翱翔，可以迅速地从一个思路跳到另一个思路、从一种意境进入另一种意境，多方位地试探解决问题的办法，并需要随着情况的变化而改变和修正所探究的课题或目标。习惯性思维一般都是遵循某一固定的思路和方法所进行的认识活动。它给人们的自由度和灵活性不大，往往带有“例行公事”的特点。

(3) 创造性思维具有艺术性和非拟化的特点。由于创造性思维是一种开创性的、灵活多变的思维活动，并且伴随着“想像”、“直觉”、“灵感”之类的非逻辑、非规范思维活动，所以这类思维活动具有极大的特殊性、随机性和技巧性，它们往往因人而异、因时而异、因问题和对象而异，不存在普遍适用的、固定而规范化的方法和程序，因而也不存在完全可以模仿、模拟就能取得成功的途径。创造性活动的领域就像艺术活动的领域一样，是发挥每个人独特的才智能力的场所，在这个场所里，每个人的创造活动呈现出千姿百态、千差万别、千变万化的丰富图景，由此而具有了艺术的丰富性和非拟化性的特点，因而创造性思维被称为是一种高超的艺术思维。

（4）创造性思维的对象多属于未知事物。由于创造性思维大多是对未知事物的探索，是尚未被人们所认识的客体，或认识尚不完全，还需从深度和广度上加以进一步认识。创造性思维之对象的这一特点，说明了它所要解决的是实践中不断出现的新情况和新问题。习惯性思维的对象则是常规事物，所要解决的是实践中反复出现的常规性事件和问题。

（5）创造性思维的结果存在着两种可能性。由于创造性思维是一种探索未知的活动，因此要受着多种因素的限制和影响，如客观对象发展及其本质暴露的程度、实践的条件与水平、认识的水平与能力等，这就决定了创造性思维并不能每次都能取得成功，甚至有可能毫无成效或者作出错误的结论，但创造性思维无论取得了什么样的结果，都是具有认识论意义的，因为即使是不成功的创造性思维，也向人们指明了那种思维方法和探索道路是达不到目标的，从而是不可行的，这样就避免了别人再走弯路，从而缩小了选择范围，增加了成功的可能性。习惯性思维由于有确定的程度可循，一般不存在多种可能性的选择问题，只要遵循着确定的思维程序，不出现意外的情况，并且在主观上不犯推理性的错误，那么它总是能够达到预期的目标并获得成功的。

3. 创造性思维的作用

由于创造性思维具有着上述特征，所以使得它在人类活动和社会发展中具有十分重要的作用。

首先，创造性思维可以不断增加人类知识的总量，不断推进人类认识世界的水平。创造性思维，由于它不断向着未知的领域进军，不断扩展着人们的认识范围，不断地把未知事物转化为常规事物，这就使人们认识的事物越来越多、获得的知识也越来越丰富，从而不断地增加着人类的知识总量。科学上一次又一次的发现和创造，都不断为人类的知识进行着量的积累，并一次又一次地导致了质的突破，使人类对世界的认识一次又一次地发生飞跃，为人类从必然王国进入自由王国不断地创造着条件。

其次，创造性思维可以不断提高人类的认识能力。创造性思维的过程，也是一个锻炼思维能力的过程，人们为了获取对未知事物的认识，总要不断地探索前人没有采用过的思维方法、思考路线去进行思维，总要独创性地寻求没有先例的办法和途径去正确而有效地分析新事物、解决新问题，人们也可以从中获得新的认识和思维方法，从而极大地提高自己认识未知事物的能力。人类正是通过不断进行的创造性活动，去不断提高着认识世界及其改造世界的能力。

再次，创造性思维可以为实践活动开辟新的局面。与创造性思维相伴随的是勇于探索和创新的精神，在这种精神支配下，人们往往不满足于现状，不满足于已有的知识和经验，总是力求探索客观世界中还未被认识的本质和规律，并用以指导开拓性的实践。从而不断开辟出改造世界的新领域、不断开创出人类征服世界新局面。特别需要指出的是，创造性思维在军事情报研究中具有更为重要的意义，因为军事情报研究领域本身就是具有创造性的探索未知领域的工作。这就尤其需要创造性思维。目前正在世界范围内进行的新技术革命，一方面因其会带来生产的高度、全面的自动化，把劳动者从机器的束缚中解放出来，转入从事控制信息、编制程序等脑力劳动，从而使劳动者完全摆脱繁重的体力劳动；另一方面，由电子计算机即人工智能技术的推广和运用，人所从事的许多单调、重复、简单的有一定逻辑规则可循的思维活动，也将被电子计算机所代替。军事情报研究也一样，随着自动化程度的提高，情报人员将主要把自己的知识、智力等用于创造性的思维活动，军事情报研究的效率也将大大提高。

4. 创造性思维的激发因素

创造性思维活动总是由一定的客观因素和主观因素所引起、推动和维持的。这些因素包括目标、意志、兴趣、情感等，深入地把握和恰当地利用这些因素，有助于激发我们的创造性思维。

(1) 目标

目标是激发创造性思维的首要因素，任何有所创造的人，总是和目标分不开的，任何创造性活动都是追求一定目标的行动。对于创造者来说，往往有长远目标和近期目标之分。长远目标往往是一个人终身追求的东西，在观念形态上就表现为雄心大志、远大理想等，它们可以构成为一个人经久不衰的动机和动力，激发他不断地创造和探索。

近期目标是人们近期内所探究的课题和要解决的问题。如果说长期目标能够激发起人们恒久的创造性活动的话，那么近期目标则能激发起人们进行冲刺性的创造活动，把人们所储备的知识、所潜藏的能力充分调动起来，投入高效率的使用过程之中，进而达到近期的奋斗目标，作出创造性的成果来。目标，特别是近期目标，还可以对人们的思维活动产生聚焦的作用，也就是把人们多种多样的知识、能力、精力、注意力等集中起来，对某一问题的深钻细究，形成一种突破性的力量，这样才能搞出创造性的成果来。当然，目标也只有适度，才能为创造性思维起到动力和聚焦的最佳效果。目标如果确立得不适当，成为主客观条件所允许的范围内无法实现的东西，那么这样的目标就会如同空想一样，决不能调动起人们的创造性和积极性。至于过低的目标，由于其价值不大，也不能激发起人们为之奋斗的热情。所以，恰当地选择目标是正确而有效地激发起人们创造性的重要条件。

(2) 意志

意志是创造性思维的又一个重要激发因素，它表现为人为了达到一定的目标，自觉地运用自己的智力和体力进行活动，自觉地同困难作斗争，自觉地节制自己的行为。意志对人的行为起着调节作用。情报研究人员的一切有目的的研究活动和行为都是意志活动，艰巨的创造性活动往往需要坚强的意志。创造性思维活动可以说是一种复杂的意志活动。

意志活动可以分作五个层次：意向、需要、愿望、目标、行动。意向是人的生理性和社会性的本能，如吃饭、生存、有目的的社会活动、与同类交往等。需要是在意向的基础上产生的，反映了随着社会发展而来的人在物质和精神方面的需求，随着需要的增长，意向就变成了愿望，愿望是需要的思想或观念形态，在意志中有明显的反映。从愿望再进一步就产生了动机，而且常常产生若干个动机。意志活动在这个阶段能够对这些动机作出抉择，从而把愿望变成目标。为实现目标而进行的活动就是行动。在创造性思维活动中，意志表现为自觉性、顽强性、果断性和自制性这几个方面，认识这些特征，就可以从它们着手来培养和锻炼自己的意志，造就出优良的意志品质。

自觉性是意志的最重要的特征，它标志着人对自己的行动目的、行为目标有着正确而充分的认识，从而不畏艰险、毫不动摇地朝着目标始终如一地奋进。

顽强性是指坚韧的毅力。凡是有所建树的人几乎都具有百折不回的精神，因为凡是要进行开创性的事业，做出有独创意义的成就，总会碰到重重的难关，种种的挫折，甚至多次的失败，如果没有坚韧的毅力、顽强的意志，就不可能克服这些困难、挫折和失败，也就不可能取得创造性成就。

果断性表现在善于明辩是非、能够当机立断、迅速而不失时机地进行选择、作出决定。在创造性活动中，如果长期优柔寡断，犹豫不决，当断不断，当决不决，就会失去一次又一次的时机，这是情报研究中的大忌。

自制性是指一个人在意志行动中善于控制自己的情绪，能够排除一切干扰，对付任何打击，身处逆境而巍然不动。良好的意志品质是激发创造性思维的重要因素，是维持创造性行为的精神能源，是任何有志于创造的人所必须具备的心理素质。

(3) 兴趣

兴趣是人们力求认识某种事物或爱好某种活动的倾向，它也能对人们的创造性思维起激发因素和推动作用。强烈而高尚的兴趣，往往会使人在研究和探索中达到一种乐而忘返、如痴如迷乃至废寝忘食的状态，即使十分疲倦和劳苦，也总是兴致勃勃、心情愉快，尽管困难重重也不会灰心丧气，而能够千方百计、百折不挠地去克服它。兴趣能培养和增强人的主动性和顽强性，能强烈地吸引人去不断地开拓和创造，正如中国圣哲孔子所说“知之者不如好之者，好之者不如乐之者”，就是这个道理。爱因斯坦也说，“有许多人所以爱好科学，是因为科学给他们以超乎常人的智力上的快感，科学是他们自己的特殊的娱乐，他们在这种娱乐中寻求生动活泼的经验和雄心壮志的满足”。

创造性思维所需要的兴趣一般有以下三个特征：第一，兴趣的广泛性。广泛的兴趣能够使人接触和注意多方面的事物，获得广博的知识，具有开阔的视野和眼界，并使人的智力获得多方面的发展，能够从多方面得到启发，从而促使创造性思维的成功。第二，兴趣的收敛性。一定的时期，创造者必须围绕所要解决的问题，排除一些关系不大的事情，形成某一中心兴趣，从而使自己的知识、智能、精力和时间都聚合起来、收敛起来，形成一种强大的、具有突破性的创造力量。第三，兴趣的持久性。这是指兴趣稳定持续的时间，某一兴趣，特别是中心兴趣，只有在持续相当的时间后，才可能水滴石穿，在某一方面有所突破。

兴趣的表现就是求知欲和好奇心，它们往往能引导和促进人们走上创造性的道路。兴趣、求知欲和好奇心往往能使人迷恋于自己的工作，使人总是处于一种高度的积极性、主动性的状态之中，这样就可以调动和激发起他们创造能力来。

(4) 情绪、情感及其他因素

积极而健康的情绪和情感对于激发创造性思维也起着重要的作用，它们包括心境、激情、热情、友谊、信任等。

心境是一种比较微弱而持久的情绪状态，它往往能比较持久地影响人的生活、学习和工作。良好的心境，比如心情舒畅、乐观镇定，可以提高学习和工作的效率，促使人的积极性、主动性、创造性的发挥。影响人的心境的因素分为基本因素和偶发因素。基本因素包括人的理想、意志、性格、气质等；偶发因素则包含事业的成败、人际关系的情况、健康状况、周围环境等。一个人如果具有远大的理想、坚强的意志、良好的气质和性格，就可以使他克服偶发因素对心境带来的消极效应，始终保持乐观、镇定、豁达、开朗、充满希望的心境，从而能够积极进取、不断创新。

激情是一种强烈的短促的情绪状态，积极而健康的激情特别能够使人产生创造性的冲动，能够调动起身心的巨大潜力，形成为进行创造性思维和威力无比巨大的动力，并激励人去克服艰险、攻克难关，在积极健康的激情的作用下，往往使人还可以一鼓作气，借助脑力和体力极度兴奋、极高效率的状态，使对某一问题的探索和解决发生激剧的、质的变化，完成突破性的飞跃。热情是强有力、稳定而深刻的情感，是一种具有巨大推动力的情感。表现在工作中就是对事业的热爱，古今中外一切有所成就的人，可以说都具有热爱事业，爱之入迷的特点。

友谊作为一种高尚的道德情感，也是一种催人奋进、鼓舞创造的精神力量。除了目标、意志、情感等能够激发创造性思维以外，竞争或竞赛也能够激发创造性思维。竞争和竞赛能使双方处于临战状态，使创造的活力得到极大的调动，刺激人的思维能力高效率运转。竞争和竞赛还有助于培养人的个性心理品质，能够促使人精神焕发、情绪饱满，产生激情和进取心，考验和锻炼人的意志，并能增强人的智力效能，促使人的注意力集中，想像力丰富、思维敏捷灵活等，这些都是极为有利于创造性思维的。竞争和竞赛是创造性思维的催化剂、加油站和压力器。

5. 创造性思维的能力

创造性思维以及进行创造性行为的过程，也就是发挥创造性思维能力的过程，这些能力包括逻辑思维能力、联想与想像能力以及直觉与灵敏感的能力等。

(1) 逻辑思维与创造

一般来说，逻辑思维在于将观察、实践中获得的感性材料进行分析、抽象、概括、类比、演绎等，使认识上发生一个飞跃，得出初步的结论，形成科学上或理论上的假说，并有待于进一步的检验和论证，以达到向科学真理的逼近。

逻辑思维通常区分为形式逻辑和辩证逻辑这两种思维方式。

形式逻辑包括演绎推理、归纳推理、类比推理等思维形式。

演绎推理一般被认为是不能有所创新、不能推出新知识的思维形式，或者说它的创造性功能很小，因为演绎推理是从一般原理推出特殊结论，结论的知识并不超出前提中已有的一般知识的范围，但是，也不能完全否认演绎推理的作用，因为演绎推理可以将前提中所包含的较为模糊的知识得以展开和明晰，使一些尽管理所当然但还不为人们所认识的道理被揭示出来，从而用正确的道理克服错误的观点，这也是一种创造性行为。此外，演绎推理对于科学理论的叙述、表达也具有不可缺少的作用。所以，创造性思维是不能缺少演绎推理的思维能力的。

归纳推理是从许多特殊的东西推论出一般的结论。科学归纳法中总有一些特殊的对象没有包括在前提之内，所以由此得到的一般结论有一定程度的不可靠性；但由于归纳推理不是以现有的一般结论作为自己的前提，所以它能够概括新的事实，形成新的一般知识，因此具有较大的创造性。归纳和概括的能力，也是进行创造性思维的一种重要的能力。

类比推理在于把不同的两类对象进行比较，根据已知的相似属性，来推断其他属性的相似，而独创性常常在于发现两个或两个以上研究对象或设想之间的联系或相似之点，而原来以为这些对象或设想彼此没有关系。类比推理使人们触类旁通，从已知事物的特征看到未知事物的特征，把未知变为已知，从中获得新的知识。

辩证逻辑是将辩证法应用于思维活动之中，从而揭示了思维运动发展的辩证规律，由此构成了一种比形式逻辑更高级的思维方式。它能够用辩证的方法指导人们把认识不断推向前进，获得新的规律性或本质性的认识，锻炼辩证思维的能力有助于提高创造性思维的能力。

(2) 联想、想像与创造

联想是创造性思维的又一种重要的能力及其行为。联想和类比有相似的地方，但又不完全相同于类比，它是类比的进一步扩展，是由一事物想到另一事物的思维活动过程。联想能够克服两个事物及概念在意义上的差距，把它们联系起来。联想的生理机制是暂时的神经联系，也就是神经元模型之间的暂时联系。人对事物的理解、知识的获得和经验的积累，都是暂时联系或联想而形成。联想作为一种创造能力，依赖于人们在后天的实践中加以锻炼和培养；这种能力越强，人们就越能进行联想，就越能把在意义差距很大的两个概念联结起来，从中产生新知识、新见解。联想作为探索未知的一种创造性思维活动，它是唯物辩证法普遍联系观点的具体体现和实际运用。客观事物之间是相互联系和相互过渡的，因而反映事物的概念之间也是相互联系和相互过渡的。联想这种思维方法能够开阔人们的思路、找出事物的内在联系及发展线索并从中作出新的创见来。要提高联想的能力，获取丰富的联想，就需要广见博识，把许多实际经验、知识信息储存在大脑里，使大脑建立起许多暂时性的联系，一旦需要联想时，就可以把各种信息单元动员起来，不断进行各种不同的排列组合，建立起各种方式的联系，由此而产生丰富的联想。所以，具有丰富知识和经验的人，比只有一种知识的人更容易产生新的联想和独到的见解。

在联想中往往伴有想像这种思维活动，想像是一种更为重要的创造性思维能力，它是对记忆中的表象进行加工改造以后得到的一种形象思维，也就是在人的头脑中把过去感知过的形象进行加工所产生的一种新的形象。这是人所特有的一种对客观世界的反映形式。想像能够冲破时间和空间的限制而思接千载和视通万里。

创造性思维离不开想像，因为人们要揭示事物的本质，不仅要把握那些能被直接感知的经验材料，更重要的是透过这些经验材料把握住那些不能为人们直接感知的事物的隐蔽的基础，去设想、构思其内部过程相互联系、相互作用的图景，也就是要借助想像去探求事物运动的内部机制。所以，人们常常把想像比作飞鸟的翅膀，只有借助想像力，思维之鸟才能飞得高、飞得快、飞得远。

想像和客观实际之间是一种辩证的关系。首先，想像是以客观实际为依据、为人们的实践所制约的。巴甫洛夫说，无论鸟翼多么完美，但如果不凭借空气，它是永远不会飞翔高空的。事实就是科学家的空气。如果你们不凭借事实，就永远不能飞腾起来。但另一方面，想像又不拘泥于现有的实际材料，而是一种对实际材料的超越、突破，人们凭借想像可以猜测未知对象的性质及其未来。正因如此，列宁曾高度评价过想像在科学创造中的重要作用。他认为幻想是极其可贵的品质。爱因斯坦也认为想像力比知识更重要，因为知识是有限的，而想像力概括着世界上的一切，推动着进步，并且是知识进化的源泉。严格地说，想像力是科学研究中的实在因素。想像在创造性思维中是很重要的，只要尊重实践、占有大量材料、具有广博的知识并善于从事物的普遍联系及运动发展中去考察事物，就可以获得一个想像和创造的广阔天地。

(3) 直觉、灵感与创造

直觉和灵感，是创造性思维中的又一种作用巨大的能力与行为。人们对创造性知识的获得，往往需要经过曲折的过程，其中既有长期的准备和积累，又有短时间的攻关和突破；既有经久的沉思，又有一时的顿悟。这种一下子使问题得到澄清的顿悟，就是所谓的直觉与灵感。直觉和灵感在创造性思维中具有多方面的作用。

首先，直觉可以使人们敏锐地发现问题，从而为创造性地解决问题打开突破口。人们往往说发现问题是解决问题的一半，也就是说发现问题并不是一件容易的事情，而直觉有时候却能帮助人们在平常觉察不出问题的地方发现问题。

其次，人们往往依靠直觉进行选择，包括在众多的问题中选择突破的目标，在解决问题的多种思路中选择正确的思路以及从许多可能的方案中选出最佳的方案，特别是在各种可能性及各种方案很难分清优劣的情况下作出抉择，就更取决于直觉能力的高低。

最后，直觉还能帮助人们进行预见，把握事物未来发展的方向，从而顺应客观规律进行探索，正确地洞察客观的趋势及事物的本质。

当然，直觉和灵感也并不总是正确的，错误的直觉和灵感也是会经常产生的，因此，对直觉和灵感绝不能盲目崇拜，而应当用实践来检验它们的正误。要提高创造性思维能力，有效地进行创造性行为，就必须着力培养逻辑思维能力、联想与想像能力以及直觉顿悟能力。

6. 知识、经验与创造性思维

知识和经验与创造性思维具有不可分割的关系。人要进行创造性思维，必须具备一定的知识和经验，而且知识和经验越丰富，往往越能够进行创造性思维。经验是一种知识，是一种还没有形成理论形态的知识，其中有的是个人在实践中积累起来的精辟见地和高超艺术，往往有理论知识所取代不了的作用。经验对于创造性思维也具有十分重要的作用。知识和经验越丰富，就越能进行创造性思维，这是因为：

第一，知识和经验越丰富，就越能观察和发现新情况、新问题，也就越能开辟出进行创造活动的新领域来。军事情报研究的内容是一个五光十色的世界，我们能够接受到什么信息，能够观察和发现什么问题，取决于我们所具备的知识和经验。

第二，知识和经验越丰富，就越能有效地选择适合于自己进行创造性活动的学科或领域。人要有效而成功地进行创造性思维，必须从自己的智力、才能和素质等实际情况出发，才能设计出走向成功的道路。

第三，知识和经验越丰富，就越能开阔人们的视野，使人思路宽广、思如泉涌，从而越能找到解决问题的办法。

第四，知识和经验越丰富，还越能使科学发现得以深化、使创造性成果得到升华。一定广度的知识面是把创造性思维及其成果进一步推向前进，使之系统化、理论化、更加完善化的重要条件。

第五，丰富的知识还可以使人不断得到修养和熏陶，逐步培养起适合于进行创造活动的素质。

知识和经验既然在创造性思维中有如此重要的作用，因此我们必须尊重知识、尊重经验，不断地学习知识和积累经验，为从事创造性的军事情报研究活动打下坚实的基础。

第六章　军事情报编写

一、概述

（一）什么是军事情报编写

军事情报编写是在情报分析研究的基础上，根据不同需求和方法，把情报内容编写成文的过程。军事情报编写的任务就是把情报研究判断的成果准确表达出来。军事情报编写质量的高低与好坏，直接影响到情报的使用。军事情报编写要求高、难度大、专业性强，是军事情报机构和人员水平高低的一种标志。要搞好情报编写，情报人员必须具有扎实的军事知识，广泛的政治、经济、国际知识，专门的编写知识，只有掌握了情报编写的要求和方法，才能把情报编写好，及时准确地为上级部门和首长提供服务。

（二）军事情报编写的特征

与一般文章编写相比，军事情报编写具有不同的特征：

（1）编写的严肃性。军事情报编写与新闻报道、宣传材料、工作通讯、简报等一般材料相比，具有编写的严肃性。军中无戏言，更不能有虚言、假言、错言。军事情报编写成文后，是提供给上级首长和部门使用的，直接影响军事决策和行动，责任重大，后果严重，因此，在情报编写过程中，必须保持严肃认真的态度，认真细致地按要求规定编写。

(2) 编写的专业性。军事情报编写是一项专业技术性很强的工作，不同的上级首长和部门，不同的作战部队，不同的作战行动，需要不同的情报。由于情报使用者的不同和复杂，因而决定了军事情报编写有自己的一系列特点规律和方法，要根据不同的情报内容和使用者的不同需要，采用适当的形式，进行编写通报，最大限度发挥情报的作用。

(三) 军事情报编写的要求

军事情报编写的要求是由军事情报的特点决定的。在情报编写过程中，要求做到迅速及时，准确无误，简明扼要。

(1) 迅速及时。军事情报编写速度的快慢，是直接影响情报时效的重要因素之一，迅速及时地把获得的情报编写成文，就可以及时地把情报传递给使用者，发挥情报的最大作用。军事情报人员要做到迅速及时地把情报编写成文，就要具备一定的写作能力和表达能力，要有广博的现代科学知识和专业知识，及时了解掌握各种问题，预先占有掌握资料，及时跟踪研究分析，对一些重要的和常用的资料、数据要熟练掌握记忆，这样才能做到及时迅速地进行编写，这是做到迅速及时的基础。在时效紧急的情况下，还可采用边拟稿边审阅边发送的方式，以确保情报及时迅速地传递，这样才不会出现因情报编写而迟缓或贻误战机，而影响部队的行动。

(2) 准确无误。编写的情报要在战争中直接使用，事关战争胜负和军队生死存亡，因此每字每句都必须准确无误，不允许有丝毫的疏忽和差错。要做到准确无误，需注意以下几个问题：情报要素要准确。在编写过程中，一定要把时间、地点、座标、内容等要素编写齐全，使用数据要准确。情报数据要在战斗中直接使用，必须准确可靠。情报编写人员要从大量的材料中，选用最新最可靠的数据，并要求进行核实调查，才能采用。文字表达要准确，语词必须具体贴切、明确实在，要一清二楚，选用恰当的语词，准确地表达情报内容。切不可模棱两可，含糊不清，以致产生歧义和误解，造成军事上的被动和失利。文字表达要准确，这是军事情报编写对情报人员文字表达能力提出的起码要求，要予以充分的重视。

(3) 简明扼要。在激烈的战斗中，时间就是胜利，用最短的时间，掌握最多的情报内容，是军事斗争对军事情报编写提出的要求。编写军事情报时要用最简明的文字表达最大量的内容，简单明了，使情报使用者一看就清楚，不需要对文字琢磨思考。战争中各种各样的情报复杂多样，内容十分繁杂。所以在编写情报时，在内容上一定要力求简明，层次分明，线索清晰，写出最重要，最急需的内容。在文字表达用语上，要精粹，开门见山、言简意赅、通俗易懂，要做到表述要准确，使用语言要规范。

二、军事情报材料的选择

军事情报材料是军事情报编写的素材和先决条件，是形成观点、反映内容、表明看法的物质基础。从大量搜集到的情报材料中，选择有用的、真实的材料，是编写情报的一个重要方面。情报材料的选择，就是根据情报编写的意图，对占有的情报材料进行鉴别、剪裁、舍取的过程。选择材料，是编写情报的具体准备，必须根据一定的意图，表达一定的思想内容。选材适当，可深化编写意图。在选材的过程中进一步明确所表达的情报内容，在选材过程中形成最佳表达内容的思路，把情报内容准确表达出来。

（一）军事情报材料选择原则

军事情报编写是为军事斗争服务的，必须围绕为上级首长和部队使用这个中心任务和最终目的进行，军事情报材料的选择，必须遵循以下两个原则：

第一，围绕编写意图选材。不同的军事情报有不同的使用对象，因而有不同的要求和方式，要从大量的情报材料中选出那些最能表达编写意图的材料，不仅要选择那些直接的、正面的表达编写意图的材料，而且对那些间接的、反面的起烘托、反衬、强化对比作用的材料，也要适当选取，紧紧围绕编写意图，把有价值的材料选择出来。

第二，选择新颖、生动典型的材料。在选材过程中，要注意选取那些最新的，最能反映当前发展变化状况的新材料、新观点、新发现、新情况，这样才能及时准确地反映客观现实，编写出的情报价值才大。同时在具体内容材料的选择上，还应选择那些生动的最能表达说明内容的有代表性的典型材料，使情报有观点有事实。

（二）军事情报材料选择方法

(1) 军事情报材料的鉴别。不同来源的情报材料，有真有假，有正有误。因而情报材料要正确地选择，首先必须正确的鉴别。鉴别材料主要应注意两点：一是真伪正误的鉴别。材料的真实是情报的生命，关系到情报编写质量的高低。选择材料要选择那些最能反映客观事实的材料，这样才能保证情报编写的质量。二是程度的鉴别。在搜集到的材料中，有的完全符合客观实际，有的大体符合，存在着真实性高低、反映事实深浅的程度上有所差别。要鉴别出材料程度上的差别，才能确切地使用，避免造成情报使用者在理解和使用上的差误。

（2）军事情报材料的剪裁取舍。剪裁取舍就是在情报选材过程中，剪裁舍弃那些次要的、非本质的、与编写意图无关的材料，保留取用本质的、主要的、与写作意图联系密切的材料。剪裁取舍是在鉴别的基础上进行的，在剪裁取舍过程中，要对材料价值进行一般性的分析，也要对材料在情报编写中可能处于的位置进行全面考虑。从一般意义上讲，核心重要的材料要注意详细；过渡背景材料要简略；重复、次要的要尽量剪裁舍弃。剪裁取舍一般包括三个方面：A. 截取，就是从某个情报材料中截取有用的、与写作意图关联密切的材料或材料的局部。要注意在截取材料中把握实质，注意理解，不可断章取义；B. 详略，在选材时，为突出重点、明确主题，而对那些重点材料要尽量取全取细，对那些次要的补充说明性材料要尽量简略。要把握反映事物发展的重点、转折、变化等关键材料；C. 侧重，就是要在情报材料处理上，侧重选择突出写作意图的材料，对情报材料内在的意义加以强调和突出。侧重就是要按编写意图把情报材料所反映的重点内容在情报文书中突出表现出来。侧重要注意的是实事求是，不可夸张，更不能牵强附会。

三、军事情报主题的确定

每一份军事情报如同其他文章一样，都有一个明确的主题。所谓主题，就是情报编写人员通过情报材料说明事物情况时所表现出来的基本思想，即对问题的看法、态度等。主题是经过情报人员观察、分析、研究，并通过具体材料的提炼而得出的思想认识，体现着情报编写人员的意图。

军事情报主题在情报中起着统帅的作用，主题使材料、结构、语言等因素有机和谐地组成统一体，说明一定的问题，表达一定的思想。军事情报主题是在材料的基础上形成的，然后再以主题为中心，取舍材料，说明问题。情报材料在情报编写中的安排、详略、结构等都受主题的支配。主题可使散乱零碎的材料，有机地统一起来，对材料起统帅作用。情报编写的结构形式、表现方法和语言的运用，都必须根据表现主题的需要来决定。

（一）军事情报主题的提炼

情报人员要对大量的情报材料，进行深入细致的分析研究，抓住事物发展变化的本质，即提炼出正确的主题。任何材料，本身都包含一定的思想，情报人员要努力从材料本身抽象出一定的认识和判断，深入挖掘主题，为情报编写确立主题打下基础。提炼主题是一项认真细致的思考过程，主题的正确与否，直接影响到情报编写的水平质量，所以在提炼主题时要求做到：（1）正确，就是提炼出来的主题要符合客观实际，正确地揭示客观事物的本质；（2）鲜明，提炼出来的主题，要观点明确，是非分明，所取材料和主题思想要正确一致。不能含糊不清，似是而非；(3）深刻，就是情报主题要全面透彻完整地揭示出事物的本质，使编写的情报表现出材料和思想的高度统一；（4）集中，就是每份编写的情报，只能有一个主题，只能集中突出一个中心，不论材料多少，篇幅长短，都必须统一在一个主题之下。每份材料必须紧扣主题，为突出主题服务。脱离主题的材料和主题的混乱，都直接影响到情报的质量。

(二) 军事情报主题的表现方法

军事情报主题确定之后，还需要用一定的方法和技巧将其完整准确地表现出来。情报主题的表现方法通常有两种方式：(1) 开门见山，开宗明义。就是把情报主题直接扼要、明确醒目，直接把情报人员从事物的发展变化中提炼出来的主题表现出来；(2) 依源扣题，以一贯之。所有材料要围绕主题选择安排，主题要贯穿全篇的每一章节，主题与材料要紧密结合，自始至终以一个明确的主题贯穿全文，使情报材料要表达的主题明确简练突出。

四、军事情报的结构

军事情报的编写在选取材料，确定主题之后，就要考虑谋篇布局，即如何安排使用材料的问题。结构是一种排列组合的艺术，也是情报编写人员思路的具体表现。先写什么，后写什么，如何开头、过渡、承接、详略等，不仅要在形式上和谐统一，而且要表现出情报整体与部分、部分与部分的有机联系与变化。反映出内容与主题的内在联系。

(一) 军事情报结构的要求

(1) 脉络清晰。编写情报材料要有一条贯穿全文的线索，把零散的材料系统化，使所反映的事物有次序、有条理地呈现出来，不能前后矛盾，或者发生偏激；(2) 层次分明。编写情报材料的每一段、每一层，都要符合逻辑。既要有独立性，又要有整体上的联系。军事情报结构要体现出情报人员对事物认识和思考的发展步骤和阶段；（3）周全缜密。情报材料的各个环节要完整周密，材料安排紧密周全，使材料的内容得以充分地表现出来；（4）自然和谐。情报材料的内容要通过各个结构环节自然流畅地表现出来，顺理成章，朴实自然。

（二）军事情报结构的基本内容

军事情报结构的基本内容一般包括：标题、导语、来源、开头、结尾、层次、段落、过渡、照应、详写、略写等几个方面。

1. 标题

情报标题就是情报题目。是情报结构的重要组成部分。情报标题作为情报内容的集中和概括，有提示情报内容的作用。一方面可为情报使用者提供选择查阅索引；另一方面具体使用者浏览一下标题也可知道大致内容。另外，情报标题还有解释情报内容、分析情报内容、组织情报内容的作用。一般情况下，情报标题要符合以下要求：（1）紧紧围绕情报内容来命题；（2）必须包含必要的情报要素；（3）情报标题的拟写还须用立场鲜明的语言表达。

2. 情报来源

情报来源，就是情报的获取渠道。情报要注明来源，目的是让指挥员判断情报的可靠程度，与不同来源对照分析，以便使用。一般军事情报都要交待来源。研究性综合情报，可不交待来源，但重点内容、观点、事实需个别交待来源。

3. 开头

编写情报的开头，常采用直叙式，开门见山，直接叙述反映的内容。这是为了情报使用者能够直观把握全文要领。开头是情报人员给情报材料定下的基调，对情报的内容和形式起着领帅作用。体现着情报编写人员的意图。开头要落笔入题，与内容息息相通，一贯到底。

4. 结尾

情报结尾是情报编写的结束，是情报编写的最后一步。它的作用是归纳、总结和深化情报的思想内容。结尾要自然，要合乎文理，恰到好处。结尾要尽量将情报内容升华到新的高度，结尾判断要留有余地，不要把话说得太绝对。

5. 结构层次

结构层次是情报内容表现的次序，它体现着情报编写人员思路展开的步骤，反映和表现客观事物发展的各个侧面，是事物发展的阶段性和认识事物的程度性在情报中的反映。层次也叫部分、段落、意义段。划分层次要注意以下三个问题：一要合理。所谓合理，就是要体现出事物的发生、发展和结束的自然过程，体现思维发展过程及阐述问题的逻辑顺序。二是要合体，就是要考虑各种情报体裁的特点。三是联系。层次只是情报内容相对独立的部分，层次与层次的组合，才构成情报。因此，层次之间必须显示出某种结构关系。

划分结构层次的方式主要有以下几类：

（1）议论类情报结构划分层次的方式为：

并列式：这种方式是从事物或问题的各个侧面去论证论点，各个层次间内容相对独立。

递进式：这种方式注重思维的逻辑顺序，即按照现象到本质，因到果或果到因的关系，对问题做纵深剖析。

分总、总分式：即各层的意思有分述有总述，或先分后总，或先总后分。实际上它是并列式、递进式结合运用的方式。

(2) 记叙类情报结构划分层次的方式为：

按时间的推移或事件发展的先后顺序安排层次。这种安排层次的方式清楚明白，易为人所接受，但要注意克服平板、呆滞。

按空间和场面位置、角度的变换顺序安排层次。运用这种方式，要特别注意叙事头绪。头绪分明，内容才能结成一体。

按总分、分合的逻辑顺序安排层次。这种方式，可以使纷繁的头绪，复杂的内容条理化，给人印象明晰。

6. 段落

段落是构成情报的基本单位，换行另起形式是它的明显标志。段落又叫自然段，段落是构成层次的基础。分段，能帮助读者领会内容，划分段落要求注意四点：

一要注意内容的单一性，即一个段落要重点说清一个意思，不要贪多。

二要注意内容的完整性，即一个意思要在一个段落里讲述完整，给人以比较完整的印象。如果一个意思所含方面较多，在一个段落中说不完，就应另行分段。

三要注意段落之间的连贯性。段落内容的单一完整，是相对而言的，上下段之间在内容上要有逻辑联系，体现出下一段是上一段意思必然的发展。

四要注意形式上的匀称和谐，既不要把通篇的段落划分得过于零碎，又不要划分得过宽、过长。

7. 过渡

所谓过渡，是指上下段落之间的衔接、转换。它起着联系或揭示情报内容的作用。常见的过渡方式有三种：

一是用词语过渡，表示上下段落是因果关系或意思发生转折，常用的词语中有：因为、所以、那么、虽然、但是、然而等。表示行文次序、方位，常用的词语有：首先、其次、最后、以上、以下、此外、综上所述等。

二是用句子过渡，即在层次或段落之间，用前一个层次的后一句话，或用后个层次的前一句话，将行文联系起来。

三是用自然段过渡。文章上下文层次内容较多，间隔较大时，常用一两个自然段总结上文，引出下文。

一般情况下，情报编写需要的过渡有几种情况：一是论述问题由总到分或由分到总时应过渡；二是由一层意思转到另一层意思时需要过渡；三是行文中由叙述转为议论，或由议论转为叙述时需要过渡；四是倒叙与顺序、顺序与插叙相转接的地方，一般要用过渡。

8. 照应

所谓照应，是指情报编写中前后内容上的关照呼应。照应能使情报线索清楚、结构完整、重点突出，有助于主题的表达。

需要照应的几种情况：一是开头与结尾照应；二是论点或表现主题的关键词语或意思与标题照应；三是行文中的词语或意思与标题照应。

9. 详写和略写

所谓详写，是指对那些最能说明问题的地方用较多的笔墨和篇幅，表达得充分详尽。所谓略写，是指对那些间接说明问题、表达主题的地方，采取简短精要的处理办法。文章无详无略，一概而论，事理就不容易表达清楚。

如何做到详略得当，要依据三条原则：

一是要根据主题的需要。与主题关系小的材料，要略写，占较少篇幅；与主题关系大的材料，要详写，占较多的篇幅。

二是要根据内容需要。叙事的文章重在揭示事件的意义，对其有特色的重点之处宜详写，而事件发展一般过程宜略写；论理的文章应注重说理，因此，说理部分要详，引证事例的叙述要略。

三是要根据情报使用者理解程度的需要，对熟知、易知的要略，反之应详。

（三）提高情报结构能力

提高结构能力，可以通过学习、借鉴别人的经验，但最重要的是锻炼提高思维能力，加强思维活动条理性训练。为此，应做到以下几点：

首先，要使自己思考问题有顺序，符合对客观事物的一般认识规律。对一个问题、一个事物的分析，或者由开端说到结局，由原因说到结果；或者由正面到反面，由局部到整体。总之，按照一定的顺序描述，这样才能将问题或事情说清楚。

其次，要锻炼思维的连贯性。客观事物彼此间总是存在着某种内在的联系。我们在安排结构时，就要着力找出材料之间的联系，把材料的前后之间，论点和论据之间，一个意思与另一个意思之间的关系说明白。

再次，要锻炼和提高分析、综合的能力。安排结构时离不开对材料的分门别类。要注意把不同的意思区分开来，相同的意思加以集中，相近的意思加以辨析，才能体现出思维的内在逻辑性，更好地把握主体内容。

另外，要锻炼思维的周密性。具体说来，就是看问题要全面，分析问题要中肯，回答问题要确切。一篇情报结构上的疏漏，往往是因为思考问题不够严密严谨造成的。

最后，要养成编写提纲的习惯。编写提纲像建筑师手中的蓝图一样重要，如造高楼大厦，情报编写人员心中笔下无提纲，结构也难以搭配好。按提纲编写情报：第一，可以帮助你组织材料，使整个编写过程有章可循；第二，可以使你想问题更周到、有条理；第三，免得一面写一面想，造成遗漏。提纲有粗细之分：粗纲，只显示内容的层次、主要论点、论据或脉络，描画出结构的大体轮廓。细纲，则连段落意思和过渡形式都要写进去。有的细纲就是情报编写的雏形。

五、情报材料语言

语言是人类最重要的交际工具。语言有口头语言和书面语言两种形式。编写情报所用的是书面语言。我们所说的情报材料的语言，主要指的是推敲、锤炼、运用字、词、句的能力。其基本要求是：

1. 准确

准确，主要指用词造句要准确。就是说要用最确切、最恰当的词和句子，表述概念和判断，使之准确无误地反映客观事物的实际以及情报人员的认识和理解。要做到准确，需注意这样一些问题：

(1) 认真辨析词义

所谓辨析词义，就是选择出关键性词语，用来状物、叙事、达意。辨析词义时一是看词义的范围大小。汉语中的每个词，都有一定的使用范围，比如“事件”、“事故”这一组同义词。如果运用不当，就容易犯大词小用或小词大用的毛病；二是看词义的轻重。有些同义词，需从含义的程度上加以区分，如“依赖”、“信任”、“相信”都是确信不疑的，但“信赖”比“信任”语意重，“信任”比“相信”语意重。这类词分寸感很强，只有细加区分，准确使用，才能经得住推敲；三是要注意词的搭配。词只有准确地搭配起来，才能充分表达出一个完整的意思，也才能充分显露出内在含义。

(2) 要合乎词语规范

语法，是人们在长期语言实践中所形成的固定法则。它包括用词、词序、句子成分等方面的内容。要合乎语法规范，必须做到：

一是用词要规范。首先，不生造词。生造词会造成表达上的不确切甚至逻辑混乱。其次，不要滥用简缩词语。有些词，如“人民代表大会”简缩为“人大”，约定俗成，人人知晓，不影响意思的表达。而有些词就不能任意简缩。

二是语序要顺畅。语序的安排要反映事物的先后程序、因果关系、层次和条件等方面的情况。有些句子，用词和句法没啥问题，但词序紊乱，意思也不能表达清楚。

三是句子成分要完整。句子结构合理，才能表示一个相对完整的意思。一般情况是，一个句子里缺少了不能省略的成分（主语、谓语、宾语等），便不容易把意思表达得完整、清晰。

2. 鲜明

语言要鲜明，就是说话语言的表达要清楚明白，让人看了能够理解。鲜明，内容表达才能确切有力，才能更好地体现情报编写意图。

3. 简练

简练，就是用最少的字、词、句表现最大容量的内容。要使语言简练，首先，应该在认识客观事物上下功夫。其次，要在语言的概括提炼上下功夫。要精雕细琢，选择出内涵丰富的语言，准确精炼地表达客观事物。再次，要在删繁就简上下功夫。“竭力将可有可无的字、句、段删去，毫不可惜”。去掉繁琐冗长的句子，是语言简练的重要内容。

六、情报材料修改

修改，一般是指初稿写出之后到定稿之前对情报编写技巧方面的加工过程。修改，是情报编写的最后环节，也是决定质量的重要环节。修改，一般从四个方面着手：

1. 修改主题

主题是情报材料的灵魂与统帅，修改情报材料，首先应考虑主题的修改。主题的修改有两种情况：

一是变动主题，即指情报人员在深化认识的基础上，对原来不够确切或狭窄的主题所作的较大的更改，加宽主题的覆盖面，或者重新确定主题。

二是深化主题，是指原来的主题基本正确，但还不够深刻有力，需要进一步挖掘，加深主题的内涵。

2. 修改材料

一般来讲，材料方面的修改有三种情况：

(1) 删繁就简。材料堆砌过多，主题和观点埋没在“浩如烟海”的材料之中，就要删繁就简。剔除不典型、无价值的材料；割去从局部看很精彩，但与主题无关的材料。

(2) 充实补充。有的文章叙事不具体，说理不充分，这是材料贫乏所致。修改时，就要增添新材料。

(3) 材料不仅要取舍适度，而且要准确翔实。不确切的材料，用在议论类情报中会损害情报的价值，削弱材料的可信性。修改中，要注意核实材料，凡不准确翔实的都应立即更正。

3. 修改结构

结构的修改，包括情报材料总体线索的修正、起承转合的调整、衔接过渡的通畅、层次的迁挪、位置的改变、详略的适当等，其目的在于使情报材料严谨、畅达、匀称、完整。

结构修改有两种情形：一是全篇结构欠妥，这需拆散架子，重新组合；一是部分结构欠妥，这要作局部调整。

4. 修改语言

修改语言，可从这几个方面进行：一是把不够确切的改为准确。准确是基础。要把语言修改准确的，就要更换那些歪曲意义的词句和不达意义的词句，改写不规范、不合语法的词句等；二是把罗嗦冗繁的改为简洁的。凡冗长、繁杂的语言都应改得简洁明了；三是把行文平庸的改为生动的，将语言修改得更富有表现力。另外，修改，还要注意对标点符号的更正。

综上所述，主题、观点、材料的改动属于内容方面的修改；结构、语言的锤炼属于形式方面的修改。但这种划分并非绝对。事实上，这两个方面是相互依存，互为制约的。为突出主题对材料的取舍，会导致结构的变动；锤炼一个言简意赅的字句，又会起到强化内容的作用。具体修改中，应先从大处着手，把思想内容修改完善，然后再进行形式方面的精雕细刻。否则，个别字句修改好了，而从全局看又需去掉，这就白费了精力。要搞好修改，最根本的是要有一个严肃认真的科学态度。一是要有高度的责任心，坚持实事求是；二是不怕麻烦，精益求精。这样，就能在不断的修改中，使情报材料不断完善，情报编写能力也将由此得到提高。

第七章 军事情报人员

军事情报人员是指在军队部门直接从事情报活动的人员。必须具有一定的专业知识和较高的专业能力，能以自己创造性的劳动胜任所担负的军事情报工作。现代战争是人才智慧的角逐，对人的智力和才能提出了更高的要求，对军事情报人员的要求更是如此，各国军队都十分重视军事情报人员的培养。

一、军事情报人员的基本素质

所谓素质，是指人们在行为作风上所表现出来的思想认识和品质风格。情报人员的基本素质是情报人员在军事情报活动中的本质表现。它的养成受政治思想、科学文化水平及社会环境、心理因素的制约和影响，还与军事科学理论和军事生活环境有密切的联系。情报人员的基本素质是履行其职责的必备条件。在现代条件下，情报人员要胜任其本职工作，适应现代及未来战争的需要，必须加强各方面素质的培养。大概可归纳为以下几个方面：

（一）正确的战争观

正确的战争观。战争观即对战争的看法和抱有的态度。正确的战争观，即马克思主义对战争的看法和观点。它科学地揭示了战争的起源，正确地阐述了战争的性质，规定了无产阶级对待战争的态度和进行战争的根本目的等。

毛泽东军事思想充分体现了马克思主义的战争观，对战争的起源、性质，战争同政治、经济、文化、外交的关系，无产阶级对待战争的态度、研究和指导战争的方法等，都有完整深刻而又生动的论述，为我们认识战争，端正战争态度，正确地研究和指导战争提供了科学的理论基础，也为军事情报活动指明了方向。马克思主义认为，战争是人类以暴力形式来进行阶级斗争的一种特殊社会现象，毛泽东指出："战争——从有私有财产和有阶级以来就开始了的，用以解决阶级和阶级、民族和民族、国家和国家、政治集团和政治集团之间，在一定发展阶段上的矛盾的一种最高的斗争形式。"在阶级社会中，当各阶级、各民族、各国家、各政治集团之间，政治上的矛盾发展到不能用和平的手段解决时，就用战争这个最高斗争形式来解决，以扫除政治发展道路上的障碍。任何战争都是为一定的政治目的而进行的。战争是流血的政治，是政治特殊手段的继续。革命的、进步的战争是正义战争，一切阻碍人类社会发展的反革命战争都是非正义战争。无产阶级进行战争的最终目的，是用革命战争去消灭反革命战争。

无产阶级革命家关于战争的论述，是我们确立正确战争观的理论依据。作为军队情报人员，只有在认清战争目的、性质的前提下，才能坚定自己的意志和信念，并为之而忠贞不渝地奋斗。在目前情况下，随着世界战略格局的变化，局部战争将作为一种主要作战形式活跃在当今世界舞台上，而且它起因复杂、目的各异，诸如有为领土、边界、海岸争议引起的争端；有超级大国争斗诱发的局部冲突；有地区霸权主义与反霸权之间的武力较量；有为政治、经济利益而对特定的目标诉诸武力；有为炫耀武力达到恫吓目的的报复等。局部战争的起因及其达到目的的多元性，为我们弄清其性质涂上了迷彩。在这种情况下，着眼于世界战略格局特点，运用无产阶级战争观去认识和分析战争的性质对于情报人员来说具有十分重要的现实意义。

（二）很强的智力

智力对于军队情报人员来说，是至关重要的素质。任何优良的品质和非凡的能力，都是来自感情和智力的体现。它决定着情报人员的水平、分析判断能力，影响和规定着情报人员的心理活动。所谓智力，通常是指人认识理解客观事物并运用知识解决问题的能力。它由注意力、观察力、记忆力、思考力、判断力及想像力等基本要素构成。主要由以下几种要素构成：

1. 敏锐的观察力

观察是一种有目的、有计划、有意识的感知活动。观察是思维的触角，善于深入、全面、正确地察看客观事物和现象的能力，称为观察力。敏锐的观察力表现在三个方面：一是观察迅速，能在较短的时间内捕捉到事物的主要特征；二是观察准确，善于辨别事物之间的微小差别；三是观察全面，能全面仔细地进行观察，善于发现不易看到的事物特征和形态上的变化。情报人员的观察力，不仅是衡量其智力强弱的重要标志，而且对正确地作出判断有着至关重要的作用。要从纷繁复杂的现象中及时准确地抓住其本质的东西，最重要的就是要有敏锐的观察力。敏锐的观察力，首先要求情报人员做到细致入微，能够从战场中蛛丝马迹的变化中发现敌人可能的行动。其次是抓住本质，不为敌人制造的各种假象所迷惑。再次是不失时机，通过对各种迹象的分析，能及时迅速地作出正确的判断为部队发现和捕捉战机。

2. 很强的记忆力

记忆是人脑对过去的经验的反映。记忆力是指对过去经验的认知、保持和再识的能力。俄国著名生理学家谢切诺夫曾说过，一切智慧的根源都在于记忆，记忆是整个心理生活的基本条件。因此，任何人都需要有良好的记忆力。军事职业要求情报人员不仅要有比一般人更高的智慧，而且要有良好的记忆力。

3. 准确的判断力

判断力是指人脑对客观事物的认识及其结果的判别能力。准确的判断力是情报人员智力构成的重要内容，是作出正确判断结论的关键，如在第一次世界大战期间，德军在同法军的一次交战中，法军的一个旅突然去向不明，这时德军从伪装的法军阵地上发现一只名贵的金丝猫，他们根据自己的生活知识判断，该处可能藏有法军的高级指挥所，随即实施炮火准备。果不出所料，法军一个旅指军所被摧毁。在现代条件下作战，由于伪装手段日益现代化，敌人常常采取有形的或无形的手段来隐真示假，以假乱真，这就给情报人员正确判断各种复杂情况增加了极大的困难。因此，提高情报人员的判断能力显得更为重要。

4. 科学的预见力

科学的预见力是情报人员在纵观作战的全局基础上，客观准确地预测战场可能出现的情况的能力。科学的预见力来源于情报人员对敌军的作战思想、武器装备、作战特点、指挥官的个性、现代战斗规律的透彻了解和对战场情况的全面掌握及谙熟预测方法。现代作战中，情报人员提供及时、正确的情报，往往不是等到情况完全明了以后再做出抉择，而是从预测情况的可能变化中，充分发挥主观上的先见之明，作出科学的预测，使部队先敌采取有力措施。未来作战，敌人将依赖其装备上的优势，发挥其快速机动的特长，不断地变更部署和转换战斗样式，情报人员如果缺乏科学的预见能力，将无法卓有成效地完成情报保障任务。

5. 丰富的想像力

想像力是人脑在过去感知的基础上，对旧表象进行加工和改造重新组合新形象的一种能力。想像作为人脑的一种机能，可分为无意想像和有意想像。情报人员所需要的想像是有意想像，或者称再造想像和创造想像，它对于情报人员有着特殊的意义。想像力是情报人员认识活动和实践活动必不可少的因素。比如，没有丰富的想像力，就没有准确的判断力和科学的预见性；没有丰富的想像力，就不会产生比较符合客观实际的情报判断；没有丰富的想像力，就不会提出新观点、新看法。可以这样说，如果说艺术家是凭想像把概念溶化在形象里，科学家是凭想像把形象溶化在概念里的话，那么情报人员则是艺术家和科学家两者的高度统一。这就是说，一个高明的情报人员，看上去既像艺术家，又像科学家。因为，情报人员的想像犹如载体，它满载着情报，飞越知识和经验的领地，去捕捉寻找战争中的主要联系。而这种现象是经过加工为我所有的。情报人员的想像犹如多棱镜，把对各种情况、现象予以重新加工和创造，而不是机械、被动的录相与复写。情报人员想像是以直接或间接经验进行思维完成创造性认识的。一个情报人员没有丰富的想像力，也就没有创造力。此外，军队情报人员智力的要素，还有注意力、思维力等。这些智力要素是相互联系，互为作用的，是一个多维的动态综合体。

（三）合理的知识结构

知识通常可理解为人们在改造世界的实践中所获得的认识和经验的总和。知识是情报人员在获取知识和运用知识解决问题等方面不可缺少的素质。毛泽东曾指出：“没有文化的军队是愚蠢的军队，而愚蠢的军队是不能战胜敌人的。”这里所指的“文化”，与知识是同一涵义。

作为军队情报人员，要有丰富的知识，这是不言而喻的。军队情报人员建立一个合理的知识结构，一般说来，应主要把握以下三个方面；

1. 构成知识体系的一般原则

军队情报人员的知识结构应当遵循以下原则：

（1）整体原则。整体原则，要求情报人员必须把广博的多学科知识构成一个有机的整体。在整体结构中，依据各学科知识的不同功能，使其形成相互联系、相互渗透，能发挥最佳综合效能的整体。因此，情报人员在确立知识结构时，应以实现自己的基本职能需要为出发点，并考虑到综合效能的发挥及每一门知识的地位和作用，科学地确定各门知识的合理比例。

（2）比例原则。情报人员建立合理的知识结构，应使各门学科知识保持相应的比例，这也是一个重要原则。要正确认识和处理好专与博的辩证关系。只专不博或只博不专，都是不可取的，只有以专为基础，向博的方向拓展，才能达到专而不单，博而不浅。

（3）层次原则。这里所讲的层次性，一是指军队情报人员的服务层次不同，如统帅部、战区、作战队的情报人员，因其担负的情报任务不同，知识结构应有不同的要求；二是指知识结构自身的知识系列，也是分层次的。层次原则要求情报人员的知识结构应区分不同情况，依照不同层次之间的相互联系和影响，合理地建立。

(4) 联系原则。世界上一切事物都处在相互联系之中。知识结构的诸门知识既有区别又有联系，它们是相互依存、相互影响、相互促进，结为一个有机的整体。联系原则要求情报人员确立知识结构时，要科学地考虑到各门知识的联系性，触类旁通，举一反三。

(5) 动态原则。动态原则是指军事情报人员的知识结构不是一成不变的，而是发展变化的。这一变化是随着科学技术的发展和客观形势的变化而不断变化的。

2. 对军队情报人员知识结构的要求

首先，当今时代科学技术发展日新月异，世界知识总量成倍增长，知识更新的周期已由 20 世纪初的 30 年缩短为现在的 5 至 10 年。加之系统科学及计算机技术、人工智能、生物工程等科学在军事领域广泛的运用，使军事科学涉及的范围更为广泛。因此，要求情报人员的知识面比以住更广、更宽，并且要求知识不断更新。

其次，现代科学技术的发展，一个突出的特点就是新兴的学科越来越多，分工越来越细，各专业内部研究的问题越来越深。

再次，现代科学技术在高度分化的同时，又呈现出高度综合的趋势，并出现了许多横向学科。如军事数学、系统科学等。在这种情况下，要求情报人员的知识结构在“广”、“深”、“专”的基础上，还要掌握横向、交叉和综合性理论及知识。

适应本职工作的需要。情报人员掌握系统、全面的理论及知识，其根本目的是做好本职工作。因此，在考虑知识结构时，必须从这一根本目的出发。一是紧紧围绕军队情报活动的需要，以情报专业知识为轴心去构建合理的知识体系；二是情报人员根据所处的服务层次去考虑自己的知识结构。

以上讲的只是情报人员在确立合理的知识结构时的三个主要着眼点。总体来讲，适于军队一般的情报人员知识构成的大体轮廓应该是：在科学文化基础上，形成以马克思主义理论和军事科学为主体，并与其他社会科学、自然科学相结合的知识体系。

(1) 文化知识。包括文、史、哲、地、数、理、化、外语等。因为牢固、厚实的文化基础知识，是掌握、理解和认识马列主义理论知识、军事知识及其他知识的基础。

马列主义基本理论。作为军队情报人员，要掌握马克思主义哲学及政治经济学、科学社会主义等基本原理，这是军事情报人员的理论基础，还有政治知识，包括党的路线方针政策、国际政治、世界经济等。

(2) 军事科学知识。这是军队情报人员知识结构的主体知识。主要包括：马克思主义军事思想、军事辩证法、古今中外军事理论和名著、军队历史及军事地理、战略学、战役学、战术学、军队政治工作学、军制学、军队后勤学、战争动员学、军事运筹学、军队指挥学、军事心理学、军事逻辑学、军事工程学、军事教育学、军事系统科学等。其中核心知识有：战略学、战役学、战术学、军队指挥学、军事运筹学、军事地理学、军事辩证法等，这是军队情报人员必备的知识，要力求达到精深的程度。

此外，对于某些社会科学及自然科学的知识，也应有一定程度的了解和掌握。

上述是军队情报人员知识框架的基本构成，这仅是从总体上讲的一个范围。每一个情报人员可根据自己的不同情况，着眼现代战争的要求，设计出适合自己需要的知识结构的蓝图，并以此进行自我培养和锻炼。

二、职业性的军事情报意识

军事情报人员从事的是特殊活动，因而军事情报人员的意识具有职业性的特点。军事情报意识对从事军事情报工作的人员来说，是必须具备的基本素质之一。

（一）军事情报意识内容结构

马克思主义认为，意识是人脑对客观现实的反映。军事情报意识就是军事情报人员对军事情报特有的职业反映。军事情报意识含有：军事情报认知、军事情报情感、军事情报行为倾向三个层面。军事情报认知是指对军事情报和军事情报活动的认知、了解和看法，其中最重要的是评价性的认知；军事情报情感是指军事情报人员多次从多方面感受军事情报的过程中，逐渐形成的某种职业的持久的、稳定的反映本质关系的内心体验，但不是那种不稳定的情绪；军事情报行为倾向是指军事情报人员在军事情报活动中欲表现出来的行为倾向，是军事情报行为的心理准备状态，而不是军事情报行为。这三个层面组成了完整的军事情报意识系统。

军事情报意识的内容结构是由军事情报心理状态和军事情报素养组成的。对军事情报意识的控制，实际上就是对军事情报意识的操作，也是就通过学习、教育、训练等手段来完善军事情报人员的军事情报意识的内容结构，并进而控制情报意识的层次结构。

（二）军事情报意识形式结构

军事情报意识的形式结构有两种：一是被动接受状态；二是自觉活跃状态。被动接受状态是指军事情报人员在军事情报环境中被动地接受事先没有预见到的军事情报；自觉活跃状态是军事情报意识的觉醒状态，它促使军事情报人员制定各种军事情报活动计划，对军事情报环境中可能出现的军事情报，作出科学的预见，作出正确的选择。

（三）军事情报意识的主要体现

军事情报意识主要表现在以下几个方面：

（1）军事情报的参与意识，表现为提出军事情报需求，参加军事情报活动，生产军事情报行为。

（2）军事情报的时间意识，表现为以最少的时间，获取最“新”和“深”的军事情报。

（3）军事情报的空间意识，表现为利用各种手段，在最小的空间，获取大量分散的军事情报。

（4）军事情报的敏感意识，表现为善于从多种军事情报的动态环境中，获取趋势性、预见性的军事情报。

（5）军事情报的关联意识，表现为从一些现象上无关的行为活动中，发现有价值的军事情报。

（6）军事情报的开拓意识，表现为运用创造性思维，在常人看来司空见惯，平淡无奇的活动和行动中，挖掘出价值的军事情报。“见人之所皆见，而思人之所未思”。

（7）军事情报的推导意识，表现为从已获取的军事情报中，综合分析研究出新的军事情报。

(8) 军事情报的夹缝意识，表现为从被遗忘的或废弃的军事情报素材中“人弃我取”，通过分析研究，发现新的军事情报。

(四) 如何提高军事情报意识

军事情报意识是高素质军事情报人员的必备条件，是通过长期的军事情报实践经验积累和学习而培养提高的。培养和增强军事情报意识，最主要的措施有两条：一是知识的积累；二是军事情报实践。严格地讲，军事情报的搜集、整理、研究过程，也就是军事情报意识的培养和提高过程，也就是知识积累和军事情报的实践过程。

军事情报意识是军事情报人员必备的素质之一，是检验合格军事情报人员的标志之一。

三、未来军事情报人才的发展趋势

未来的军事情报人才虽然与古代、现代军事情报人才有许多相同之处，但由于未来战争的特征，使得未来的军事情报人才也必然有许多新的特点。国外有见地的政治家、军事家们一致认为，未来战场上的竞争是高技术的竞争，而归根到底又是军事人才的竞争。未来军事情报人才的素质，将对未来战争的进程起重大影响。谁拥有优秀的、适应未来战争需要的军事情报人才，谁就拥有未来战争的主动权。与之相应，国外许多国家把培养与训练未来军事情报人才摆在十分重要的地位。更新人才观念、充实培训内容、改进训练方法等，成为这些国家军事改革的主要内容之一。

现在我们就根据未来武器装备发展的趋势以及未来战争的特

点，对未来的军事情报人才素质要求作一分析。概括地讲，未来的军事情报人才需要具备以下素质：

（一）T型的知识结构

未来的战争将是高层次的军事思想和军事技术的较量。这些高层次的军事思想和军事技术的产生来自于军事科学的发展。从今天的情况来看，军事科学的发展日新月异，新的学科、分支不断增多，像现在人们常提到的：军事信息论、军事运筹学、军事领导科学、军事管理学、军事社会学、军事经济学、军事心理学、军事未来学以及科学技术知识、军事地理知识等。不久前，人们对其还是很陌生的，而今已随着时代的发展应运而生并不断完善。未来的军事情报人才如果没有精深的军事知识和广博的社会知识，那是很难胜任情报工作的。未来军事情报人才的知识结构应向密集型方向发展。博学方能足智，足智方能多谋，多谋方能善断。未来战争条件下的军事情报人才除了要具有丰富的军事知识以外，还必须学习、掌握国际政治、经济、历史、地理、外语等社会科学知识和科学技术知识。这种知识的广博与专深相得益彰的知识结构人才、研究人才结构的专家们常称之为T型知识结构人才。

（二）多维的智能结构

知识虽然重要，但是未来军事情报人才只掌握知识显然是不够的。这是因为，有了知识并不等于就有了相应的能力和卓越的智慧。正如日本长冈科技大学校长川上正光、德国著名军事理论家克劳塞维茨分别指出的那样："知识，百科全书可以代替，可是由于创造性的智力而考虑出的新思想、新方案，却是任何东西也代替不了的”，“不具备卓越智力的人，在军事行动中是不可能有卓越成就的”。一个开拓型、创造型、未来型的军事情报人才，除了学习掌握必要的知识以外，还应具备一个合理的智能结构。只有这样，才能正确分析判断复杂的情况和问题。

未来军事情报人才的智能结构将是一个多维的动态综合体。集中表现在：

(1) 学习能力，包括阅读各种政治、军事著作，查找各种资料以及汲取各种先进战略战术思想的能力。

(2) 研究能力，包括对客观事物及其各种资料的观察能力和分析能力。

(3) 思维能力，包括创造能力、想像能力以及综合概括能力。

(4) 判断能力，包括决策能力和逻辑推理能力。

(5) 管理能力，包括筹划能力（计划能力、协调力、控制力）以及指导管理能力。

(6) 应变能力，主要指应付突然发生的情况的能力，能在复杂的情况面前，科学地运用所掌握的专业技术知识，对事物作出正确的、符合实际的分析判断，及时、准确给有关首长和部门提供情报的能力。

(7) 表达能力，包括文字表达能力、口头表达能力、图形表达能力以及电子计算机语言表达能力。

（三）超越型的思维方式

思维方式属于智能结构的一部分，它是未来军事情报人才的综合素质中十分重要的一部分。

战争要求军事情报人才能够了解过去，认识现在，预测未来。也就是说，要在历史和现实的研究中发现新情况、新问题、新事物的发展变化，预见事物发展的方向。因此，未来军事情报人才的思维方式必须是超越型、创造型的。即必须对敌我双方武器装备发展的速度、数量、质量及各种战争因素等，有超前的估计与了解，并根据这种估计与了解提出各种相应的对策方案。这样才能在突发事件发生的时候，成竹在胸，具有应变能力。

（四）健全的心理素质

据军事心理学家研究，未来战争要求人们的感觉器官在感觉方面保持高度的灵敏，能在夜间、高温、低温和噪音等条件下迅速适应工作。在知觉方面，要求能迅速而准确地认识战斗的空间和时间等特性，具有很强的观察能力。在注意力方面，要求能在复杂情况下，做到保持、集中、分配和转移。在想像方面，要求具有创新和预见自己行为结果的能力。在记忆方面，要求能在紧张、疲劳作战情况下保持记忆力，迅速而准确地回忆和使用自己的知识。在思维方面，要求保持多维、多向、多因素、多层次的立体网络结构的思维，深刻地分析作战情况，迅速准确地创造性地分析各种复杂情况。在意志方面，要求表现勇敢、坚定、顽强、果断、冷静，能在高度紧张、危险、复杂的情况下，保持稳定的情绪，能忍受连续作战情况下的疲劳和体力消耗，表现出体力和心理的顽强耐力。以上这些分析是有一定的道理的。未来战争突然性增大，给参战人员心理带来激情和压力。未来战争的巨大的物资补给流和与之相伴的巨大知识信息流，都要求未来的军事情报人才应充分调动自己的心理机能适应战争的节拍高速运转。未来军事情报人才的这种健全心理素质是适应未来高技术、高强度战争条件下情报斗争的先决条件之一。

(五) 协调的综合研究本领

未来战争，从参战人员编成来看，它将是诸军兵种、部队之间的密切协同；从战场特点看，它将是包括地面、地下、水上、水下、空中甚至外层空间在内的多维战场；从应变的程度来看，它将是急剧变化、“闪电式”的。因而，它具有统一性、严密性、准确性、立体性、应变性。因此，未来的军事情报人才必须具备整体协调的综合研究本领。这样才能在各种复杂的情况面前，找出问题的关键，抓住情况实质，推断出战争的发展进程和把握发展的趋势。在情报处理过程中，得心应手，忙而不乱，及时、准确地报送有价值的情报。

四、关于军事情报人才管理制度化问题

为了保证未来军事情报人才顺利成长，必须有一套科学的人才管理制度。1980 年 12 月，邓小平在《贯彻调整方针，保证安定团结》的讲话中说：“要在坚持社会主义道路前提下，使我们的干部队伍年轻化、知识化、专业化，并且要逐步制定完善的干部制度来加以保证。”这一论断对军事情报人才管理的科学化、制度化具有重要的指导意义。在实现军事情报人才管理制度化问题上，应该解决好六个问题：

1. 制度要有法制做保证

我军的情报人才管理制度是在革命战争年代形成和发展起来的，有许多优良传统。但是，随着社会经济、政治体制的改革，

随着军队现代化建设的新发展，也要求军事情报人员管理制度有新的补充、完善和发展。要求制定相应的法规，建立健全有关制度，适应新形势的需要。

2. 要完善人才队伍建设法规体系

军队情报人才队伍建设应当有自己的法规体系，只有形成体系才能使法规系统化、完善化；只有形成体系，也才能有利于法规的稳定性，提高法规的适应性，才有利于情报队伍的建设、稳定和发展，保持连续性与稳定性。

3. 人才制度要相对稳定

一个情报人才培养到成熟并做出贡献，需要一定的周期。没有完善而又相对稳定的制度，对情报人才的造就是十分不利的。人才制度不稳定，变化频率过快，必然影响情报人才队伍的稳定。

4. 完善人才的选拔制度

我军情报人才绝大多数集中在干部队伍中。因此，选拔干部是选拔情报人才的一个重要方面。随着形势的变化，对军事情报人才的素质提出更高的要求，因此，改进完善情报人才的选拔途径、条件和方法，以适应军队建设的需要，这是历史发展的必然趋势。

5. 理顺人才需要和培训的关系

情报人才培训是否能够满足军队情报工作需要，是衡量培训效益的根本标志。如果培训了为数不少的人才，但与军事情报工作的需要不吻合，这种效果就不是最好的。所以，情报人才队伍建设涉及到需要、培训、使用三个环节，这三环构成了一个情报人才培训的循环圈。在新的历史条件下，我们需要的未来军事情报人才第一是政治素质，第二是智能素质，第三是身体素质。这三点缺一不可，否则就会影响到情报人才队伍的质量。现代形势下，对情报人才队伍的结构合理化也提出了更高的要求。所谓结构，就是指人才的专业比例、层次比例以及年龄的结构比例等等，这些比例结构是否合理，直接影响情报人才队伍的合理与否，关系到情报工作的发展。

6. 建立严格而科学的考核制度

考核制度是一项十分重要的工作。严格地实行考核，是提高情报人才素质，加强情报人才建设的一项重要措施。所谓考核，就是对情报人才的德、识、才、学、体等几方面进行全面的公正的考察与评价。通过考核，可以鼓励人才发挥最大限度的积极性，奋发上进，努力提高工作效率。可以合理地使用干部，使之各得其所，各尽其才，各显其能。可以发现与选拔优秀人才，为人才的成长创造理想的环境。

总而言之，只有建立和完善军事情报人才管理制度，使情报人才的培养与选拔制度化、现代化、正规化，才能培养出一大批符合军事情报队伍革命化、知识化、专业化要求的，并适应军队情报建设需要的和经得起21世纪战争考验的优秀情报人才。

第八章 军事情报工作

一、概 述

军事情报是为了保障军事斗争的需要而搜集的有关国家、集团和战区的各种情况，经过分析判断、研究整理得到的成果。军事情报工作就是搜集、分析和研究等一系列有组织、有计划的活动。有了军事情报工作，才有军事情报这个成果。

军事情报工作在整个国家、集团的政治、军事斗争中占有极其重要的地位。

毛泽东同志对军事情报工作的地位和作用也有过极为精辟的论述：“指挥员的正确的部署来源于正确的决心，正确的决心来源于正确的判断，正确的判断来源于周到的和必要的侦察，和对于各种侦察材料的联贯起来的思索。”恩格斯在《攻击》一文中曾指出：“指挥员首要的职责，就是通过间谍或侦察获得尽可能完整的关于工事的性质、它的守军、防御兵器和各种物质的情报。”第二次世界大战中，斯大林曾对苏联红军指挥员说：“要记住，没有侦察工作，就不能准确地打击敌人。”无产阶级的革命导师历来重视军事情报工作。历代资产阶级军事家们也是十分重视军事情报工作的。19 世纪的资产阶级军事理论家克劳塞维茨在他的名著《战争论》中就说过：“情报是指我们对敌人和敌国所了解的全材料，是我们一切想法和行动的基础。”20世纪的许多西方国家的资产阶级军事家更是强调军事情报工作的地位和作用。美国前陆军参谋长李奇微说过：“鉴于当前的国际形势，掌握完整的情报，比任何时期都更为重要，它使我们可以用最经济的军力部署来配合军事形势，使敌人进行突然袭击的可能性与有利条件减少到最低限度，并保证在紧急时刻内能有效地动员必要的力量。”法国一位情报专家梅尔尼曾说：“一个新国家一旦在世界上出现，不论是在非洲，在亚洲，还是在美洲，也不管它是什么制度，这个国家的领导人要做的第一件事就是建立一个情报机构。因为在当今世界上，这种机构为一个国家的独立性及它的政策都是一种必不可少的工具。”所有这些论述虽然立场不同，但都道出了军事情报工作对一个国家从事政治、军事斗争的重要作用。

二、军事情报工作的主要内容和特点

军事情报工作，从产生军事情报的过程来看，一般有情报的获取、情报的研究整理、情报的传递等几个环节。这些环节，既各成系统，又互相联系。从军事情报工作的整体来看，还有军事情报工作的组织建设、情报专业人员的培训、侦察情报器材的研制和配备等。军事情报工作的主要内容应包括：

1. 组织建设

开展军事情报工作，首先要建立相应的机构和队伍。军队上下，从统帅部到各级司令部都有侦察情报部门，它们负责组建和加强军事情报工作的队伍，指导和组织实施侦察，进行搜集和研究整理情报，为统帅部和各级首长制定决策、指挥作战提供依据。

2. 情报的获取

军事情报工作中主要的和大量的工作是获取情报。只有通过各种渠道、各种手段和方法，及时了解到与军事斗争有关的各种情况，搜集到丰富有用的情报资料，才能进行加工整理，分析判断，产生军事情报。

3. 情报的研究整理和处理

这是军事情报工作的重要组成部分。以各种手段获取的原始情报或情报资料，真伪混杂，要经过筛选、鉴定、分析、研究、整理并作出判断，才能使用。情报产生以后，要及时上报或通报。同时，还要对情报搜集进行指导。

4. 情报的传递和通信联络

搜集到的情况和情报资料必须迅速、安全地传送到情报机关，对各种侦察力量的指导和要求必须及时发出，情报成果必须在一定范围内上报、通报，这一系列工作要建立起顺畅的通信联络。

5. 情报专业人员的培训

军事情报工作对从事这项工作的人员要求很高。现代军事情报工作的专业性、技术性更强，组织实施更加艰巨复杂，斗争也更为尖锐激烈，对情报人员的要求自然也就更高。造就一支具有现代化水平的军事情报专业队伍是一项重要的根本性的措施。

6. 侦察情报器材的研究

军事情报工作离不开器材设备。为适应现代军事斗争的需要，必须以先进的技术装备军事情报系统，要重视研制各种应用于侦察情报工作的新技术、新器材，广泛采取现代科学技术，提高获取、传输和分析处理情报的能力。

军事情报工作最终目的是提供军事情报。军事情报工作与军事情报是紧密相联的。军事情报的属性规定了军事情报工作的特点。如军事情报要求有及时性、准确性，军事情报工作各个环节也必须具有迅速、准确的特点；由于军事情报有一定的内幕性，军事情报工作就有了隐蔽、保密的特点。从整体上讲，军事情报工作最大的特点是自始至终贯穿着斗争。军事情报工作是在斗争中开展的，可以说每一步都经历着斗争，而且基本是属于进攻性的斗争。有价值的军事情报都是经过军事情报工作中一系列艰辛的斗争才得到的。在军事情报斗争中，双方为了保护自己的秘密，会采取各种各样保密、防范措施，而军事情报工作则是千方百计要取得对方的秘密，这样，双方的斗争是很激烈的。这种斗争在军队侦察中，侦察人员要冒着枪林弹雨，十分艰险；谍报人员要深入虎穴，机智灵活地对付敌人；技术侦察要面对对方的各种干扰和破坏。所以说，军事情报工作是极为尖锐的比智慧、比勇气、比技术的斗争。随着科技的发展，军事情报工作中的斗争将更为艰巨复杂。

三、军事情报工作的组织系统

要及时向统帅部提供战略决策所需要的情报，及时向部队提供战备和作战指挥所需要的情报，必须在组织上有一个有效的、完整的军事情报工作系统。因世界各国军队体制不同，它的军事情报工作系统也有所不同，但大体是一致的，一般包括军事情报机构和侦察部队两大部分。

(一) 军事情报机构

军事情报机构一般包括三类:

(1) 统帅部的情报机构,它负责整个军事情报工作的建设、规划、部署、组织、协调和工作经验的总结、推广等;它对各级情报机构获取的重要情报进行集中掌握和处理,它还直接派出所属侦察力量在空间、边境和其他有关地区以及国外搜集情报。它是军事情报工作的最高组织者,也是向国家最高当局和统帅部提供军事情报的机关。

(2) 执行专门军事情报任务的情报机构,如专门从事截收和破译密码的机构、专门从事谍报活动的机构、专门进行反情报活动的机构、专门进行情报研究的机构、专门使用某技术侦察器材进行侦察的机构以及情报机关的外围组织等。这些机构多数直属统帅部的情报机关,有的属于各军兵种和各战区的情报机关。

(3) 各级军队司令部的情报部门和侦察部门。这些部门各自根据上级赋予的情报任务来组织自己的侦察力量,在一定范围内搜集情报,进行分析研究,供本级军队使用,并报上级情报部门,直至统帅部情报机关。同时也接收上级传来的情报,由本级军队使用。

此外,还有专门培养情报专业人才的院校和从事研究侦察情报器材的研究机构也是军事情报工作系统中不可缺少的部分。

(二) 侦察部队

侦察部队是军事情报工作中获取情报的主要侦察力量,大体分为四类:

(1) 野战侦察部队。在陆军中通常隶属于集团军、军、师、团或是专门担任侦察任务的部队或分队。其任务、编制和装备等因时代不同和各国军队的体制不同而有所不同。它们一般进行战场侦察，也可深入到敌区侦察，有时还兼任战斗警戒，袭击敌人要害，破坏敌人交通，夺占战役、战术要点等任务。海军和空军也有与其任务相适应的侦察部队。

(2) 野战技术侦察部队。主要是无线电技术侦察部（分）队，以截收敌方通信信号来获取情报。

(3) 敌后侦察部队。有的国家又称之为特种作战部队、特种侦察部队或特工队。主要是用渗透、偷越、偷袭、空降等方法深入敌后进行侦察或执行战斗任务。

(4) 军兵种所属的专业性侦察部队。如空军和防空军所属的雷达侦察、电子对抗和预警部队，海军的水文侦测船和电子侦察船，炮兵的测地和目标侦察部队，工程兵的工程侦察部队，防化兵的化学辐射侦察部队等。

四、军事情报工作的布局

军事情报工作的布局是一个带战略性的问题。所谓布局，就是从总体上规划并实施对侦察情报力量的组建、部署和配置，军事情报工作的领导者和组织者应以战略眼光根据国家所处的地理位置和国际环境，根据敌国以及国家和军队对军事情报的需求，全盘考虑，长期打算，立足于战时和最困难的条件来研究布局问题，并逐步将规划付诸实施。

军事情报工作各方面的建设，在规划和实施时，既要狠抓主要方面，又要照顾次要方面；既要谨慎稳妥，扎扎实实，又要敢于开辟新途径，采取新手段；既要珍惜传统的好方法，又要吸收外国的新经验；对有些侦察对象国，既要有直接的、针对性的部署，又要有间接的、迂回的部署。由于现代战争具有很多以前没有的特点，给军事情报工作提出了新的课题，在布局时，更要考虑如何运用多种侦察力量和多种侦察手段进行多层次的、立体的部署和配置，这样才能适应现代战争对军事情报的需要。

军事情报工作的布局要处理好以下几种关系：

第一，和平时期和战争时期的关系。在战争时期，军事情报工作可以大显身手，同时又是对它在和平时期工作的考验。要想战时能按照需要提供情报，就必须在和平时期打下扎实的基础，长期积累，连续不断，随时作好转入战时的准备。

第二，近期需要和长远需要的关系。对军事情报的需要，有的是近期的，有的是长远的。近期需要是当务之急。如为某项对外斗争所需的情报，某一边境冲突的情报，某些急需的科技情报等。长远需要的，如为可能发生的未来战争作准备所需要的情报，为国防建设、为制定国家战略、军事战略需要的情报等，长远需要固然关系到国家的长远利益，是大事，但满足国家和军队的近期需要也十分重要。在布局上、在工作安排上可以根据情况分先后缓急，加以考虑。

第三，整体需要和局部需要的关系。整体和局部是相对的，如集团军（军），对下属的师而言，是整体，但对全国、全战区军队来说，则是局部。一般来说，整体需要是主要的，局部需要是次要的。全国全军，在一个国家里是大的全局，所以全国全军所需要的情报是最主要的。但是，整体由局部组成，忽视局部所需要的情报，也会影响整体。

第四，搜集敌性国家的情报和搜集非敌性国家的情报的关系。时刻注意搜集敌性国家的情报是军事情报工作的重点，但也要看到国际形势复杂多变，今天是和平中立的国家、友好的国家，后来可能变成好战的国家、敌性国家。所以，要根据国家的长远利益以及形势的可能发展趋势，深谋远虑，在军事情报工作中作好必要的准备。

总之，军事情报工作，凡国家的利益和安全所需要的情报，就要想方设法克服困难，组织安排搜集。

五、军事情报工作组织实施的基本原则和要求

军事情报工作的关键是组织实施问题，这直接关系到能否提供情报、情报数量和质量，是否满足军事斗争的需要。军事情报工作组织实施要遵循以下几点基本原则和要求：

（1）深刻理解国家的大政方针，领会上级和首长的意图。对于国家的总目标、总任务、总方针应该深刻理解，对于统帅部、上级和首长的意图和决策需要应充分领会，这是军事情报工作总的依据。各级侦察情报部门都必须明确上级所赋予的任务和提出的要求，在此基础上，结合国际斗争形势和本级的具体情况，积极主动地有目的、有计划地进行军事情报工作。

（2）不分平时战时。军事情报工作的战时固然十分紧张，分秒必争，在和平时期，也不能有任何松懈。军事情报工作，最重要的就是在尚未发起战争的情况下，预先察觉敌人战略突袭的征候。必须日日夜夜严密监视，密切注视各方面情况的发展变化。

（3）全面而有重点地部署。军事情报工作在部署上，应该根据国家总的方针政策和世界的战略格局，确定工作的重点对象、重点地区、重点方向，及时准确全面地掌握有关情报 。

（4）广开情报来源。军事情报来自多种渠道，多种来源，对同一情报，可以互相印证，彼此补充，辨别真伪，防止错漏。

（5）周密计划，密切协同。每一项具体工作，一定要有周密的计划；在实施时要严密组织，有关各方应密切协同。

（6）对情况的掌握应贯穿于军事情报工作始终，特别是在战争时期。对于战争和军事情报工作必须从战争的酝酿准备，一直到战争的终结，时刻紧紧掌握住敌情的发展变化。在战略范围内，军事情报工作要在战争的全过程，即从和平到战争，战争的各个阶段以及从战争再转向和平的全过程，密切注视敌人动向，并预见情况可能的变化；在战役战术范围里，则要在战局开始前、战局开始后以及向下阶段推移时，都及时了解敌人的企图和行动，并看到战局的发展趋势。

（7）逐级认真研究所获情报并及时处理。各级侦察情报部门对本级获取的情报，都应该及时进行鉴别、分析、研究，并作出判断，然后根据情报的价值、作用和缓急轻重，分别上报或通报。如果所得情报十分重要紧急，而又无法判断其准确程度的情报，要尽快作出初步分析，一面上报一面继续查证。

（8）注意隐蔽保密。军事情报工作的斗争性很强，敌对双方的军事情报工作，都十分注意保密，同时还在进行反情报工作，以破坏对方的军事情报活动。如果一方了解到另一方情报工作的行动和企图，那么就会对其人员、组织和工作造成损失，还可能会影响其军事行动。因此，采取必要的隐蔽、保密、保卫措施，是十分重要的。

第九章　战略情报

一、概　述

（一）战略的概念

《中国大百科全书·军事卷》对战略的解释是，战略是“指导战争全局的方略，即战争指导者为达成战争的政治目的，依据战争规律所制定和采取的准备和实施战争的方针、策略和方法”。《中国人民解放军军语》作的解释是：“指导战争全局的方法。即军事战略。”美国参谋长联席会议给战略下的定义是：“运用一国武装力量，通过使用武力或以武力相威胁，达成国家政策的各项目标的一门学术和科学。”前苏联《军事百科全书》给战略下的定义是：“军事学的组成部分和最高领域，它包括国家和武装力量准备战争、计划与进行战争和战略性战役的理论与实践。”《简明不列颠百科全书》给战略下的定义是：“在战争中利用军事手段达到战争目的的科学和艺术。”《战略学》给战略下的定义是：“战略是指导战争全局的方略。它是战争指导者运用战争力量和手段达成战争目的的一种艺术。”

现代关于战略的概念，各国表述不尽一致，但基本含义大体相同。以上介绍了几种有代表性的看法，我们认为《中国大百科全书·军事卷》给战略下的定义比较符合我国实际情况，所以本书采用此种观点，对有关战略问题展开论述。

（二）战略的分类

只要有战争，就是战争的全局。世界可以是战争的一全局，一国可以是战争的一全局，一个大的独立的战区也可以是战争的一全局。因此，按照不同的范围，战争的全局可以分为不同战略类型。世界战争有世界战略。联盟战争有联盟战略。国家之间的战争有国家战略。一国之内、一个大的战区或独立的作战方面，一个独立游击区，虽然是全部战争中的一个局部，但因其是一个带全局性的局部，有其要照顾全面的问题，所以，也有自己的战区战略。革命的阶级或民族起义，从其发动之始，虽然它还没有一个固定的地区，但有自己的革命战争战略。确定战争目的、作战目标以及主动权、灵活性、统一指挥、集中兵力和节约兵力，机动、空袭和快速反应等是战略的一般原则。因而，战略按其遵循的原则又可划分为：进攻战略和防御战略。随着战争工具的发展，战争从陆地扩大到海洋和天空，于是有了海战战略、空战战略和天战战略，原来的陆战也就成了陆战战略。随着对战争全局有着重大影响的核武器的出现，又有了核战略。随着战争工具和手段的发展，战略的概念日益扩大和复杂化。同时，战略从其作为指导全局的方略的意义上，也被广泛引申使用到非战争领域。非战争领域的战略概念及其分类不是本书讨论的内容，这里就不涉及了。

（三）制定战略的客观依据

战略是同一定历史时期的社会生产方式相联系的。它依赖于社会物质生产、科学技术的发展水平和人的觉悟程度，为国家或政治集体所规定的基本政策服务。国家的社会制度、政治、经济和军事实力以及主观指导，对战略的制定和实施起着决定作用。同时与一国的自然条件、地理位置、面积、人口、资源、交通运输以及作战地区的地形、水文、天候等，有密切的关系。

战略的基本特点是全局性和实战性。战略是领导和指挥战争的人们的主观指导活动。战争的主观指导是受战争客观物质条件所制约的。战争是在一定社会历史时期的一定社会生产方式的基础上产生的，受社会的政治、经济、军事、科学技术、自然地理、国际关系等客观条件所制约。战争的客观物质条件决定战争的规律。正确的战争指导只能是在认识战争规律的基础上产生。因而，我们在介绍战略的同时，有必要对制定战略的客观依据作一下论述。一般情况下，制定战略的客观依据主要有：

(1) 政治条件：战争是政治的继续，是达成政治目的的特殊手段。战争的发生、发展和结束，都离不开政治。政治规定着战争的最终目的，决定战争的性质，决定着制定的战争政策。战略是指导战争的方略，是为战争的政治目的服务的，它不仅要服从政治的要求，千方百计地去完成政治赋予战略的任务，而且要依赖政治斗争手段（如外交、谈判、统战工作等），去配合和支持军事斗争。战争指导者在确定采取什么战略时，必须首先考虑敌我政治情况、战争的政治目的和政策要求，并利用政治为战略创造的条件。

(2) 经济条件：任何战争，都离不开经济。“暴力的胜利是以武器的生产为基础的，而武器的生产又是以整个生产为基础，因而是以经济力量，以经济情况，以暴力所拥有的物质资料为基础的”。战争对经济的依赖，反映在战略上就是受经济的制约。战略的制定和作战方法的选择，都必须考虑敌我双方的经济情况，当时的生产力水平和交通状况。新的战略观点的产生，离不开生产力和交通运输能力的发展。第一次世界大战时期，由于火车、汽车、轮船、飞机等快速运输工具的发展，铁路、公路、机场、港口的兴建，提高了军队集中、展开、调整部署的速度，使战略获得了迅速集中大量军队和及时供应作战物资的能力。生产力和交通运输能力的发展，为产生新的作战方法提供了可能性。第二次世界大战中，德国所采用的闪电战略，一方面是法西斯侵略本质所决定的；另一方面也是生产力—交通运输发展的结果。二战以后的战略理论、霸权主义实际上奉行的也是闪击战略理论，只是名称不同罢了。我们可以这样讲，战略的发展、新的战略观念的产生，是由生产力和交通运输发展决定的，这是经济条件决定的，不以人的意志为转移的客观规律。

(3) 科学技术条件：一定的战略是与一定的科学技术相适应的。恩格斯指出："一旦技术上的进步可以用于军事目的并且已经用于军事目的，它们便立刻几乎强制地，而且往往违反指挥官的意志而引起作战方式上的改变甚至变革。"一战和二战，战争各阶段的战略任务基本上是通过各个战役、战局逐次实现的，战略上用于直接影响战争进程的手段不多。二战以来，科学技术的高速发展为生产技术的进步开辟了道路，而且对军事影响的范围已明显地扩大。由于洲际弹道导弹、远程航空兵、导弹核潜艇、远程巡航导弹和以反导弹、反卫星为主要目的的强激光、粒子束、微波射束等定向能战略兵器的出现以及侦察、通信、导航、气象等军事卫星、自动化指挥系统的发展，为战争指导者和战略指挥员提供了能直接完成一定战略任务的物质手段，使战争指导者在考察战略的客观物质条件时不能不把它作为一个重大的、独立的因素加以研究。科学技术越发展，它与战略的关系也就越密切。当今，新的技术革命，以电子技术、生物技术、新材料技术和新能源技术、激光技术等为其基本内容的，以微电子学的发展和普遍运用为主要标志，正在发生日新月异的变化，这也必然对世界各国的战略产生重大影响。科学技术已经成为直接影响战略的重要因素。

(4) 军事条件：战争是敌对双方“以军力财力等项物质基础作地盘，互争优势和主观能力的竞赛”。军事力量是进行战争的主要物质基础，军事力量的强弱，对战争规模的大小、持续时间的长短、战争形势的转变以至战争的胜负，有着决定性的影响。军事力量是决定采取何种战略的主要物质因素，制定战略必须考虑敌我军事力量的情况。

(5) 自然条件：客观自然条件对战争有很大影响。在制定战略方针、战略计划，进行国防建设，准备和实施战争时必须认真考虑国家、战区和战略方向的军事地理等自然因素。国家的地理位置和与邻国的接壤情况，是国家安全的一个重要因素，对战略有着直接的影响。在分析国家疆域形势时，不仅要考虑到周边国家的政治、军事、经济、外交政策，也要重视分析地理情况。一国的幅员、人口、资源等情况对战争有重大关系。大国一般土地辽阔、人口众多、资源丰富，与小国相比，具有生存能力强、战争潜力雄厚、回旋余地大等有利条件，有利于支持长期战争。另外，一国边界线的形状对战争初期作战有重要影响。比如边界的突出部，防御时容易遭到对方的包围攻击，进攻时则可以作为有利的出发基地。随着人类对海洋资源开发利用的扩大，对海上交通要道的控制，已成为濒海国家战略的重要内容。

(6) 国际条件：战争作为一种社会现象，随着社会历史的发展，它的发生、发展越来越受到国际关系的影响。战略的制定和改变，也越来越离不开各种国际因素。战略指导必须客观地估量世界形势，考察国际关系可能的发展趋势以及它们对战争的影响。现代局部战争，一方面由于霸权主义国家的直接插手或参战；另一方面，由于世界各国人民的和平愿望与相互支持，使得国际条件对战略的影响越来越大。

每一场战争的双方力量对比和环境条件都是各不相同的。要想在各种不同的条件下，最好地使用武力进行作战以及最大限度地运用各种非武力手段，达到战争目的，这就必须有一个符合客观实际的正确战略，就要认真地考虑各种客观条件，并根据实际情况加以灵活运用，最终达到战争目的。

（四）战略的发展简史

（1）古代战略。中国古代奴隶社会前后，战争谋略的运用已略具雏形。诸如乘势待时、合众击寡、伺隙击弱、机动进退等，在《尚书》、《周易》及其他不少中国古籍的记述中多有反映。春秋战国时期，战争日趋频繁，规模不断扩大。同武器、战阵、兵制等方面的改革相适应，各种作战方略应运而生。晋楚城濮之战中晋军的"退避三舍"、后发制人；齐魏桂陵之战的围魏救赵；六国战争的"合纵"与"连横"、远交近攻等，都是显例。战争实践促进了军事思想、战略理论的发展和成熟。《孙子兵法》就是这个时期的一部杰出的代表作。孙武把道、天、地、将、法等五事、七计，列为战争制胜的根本；强调伐谋、伐交、不战而屈人之兵以及庙算、先知，知彼知已，审己量敌，以策先胜；首倡"兵者，诡道"、"攻其无备、出其不意"，论证了因敌制胜、因利制权、示形、任势以及机变、用间等一系列用兵之法；对利害、巧拙、众寡、虚实、劳逸、勇怯以及奇正、迂直等的相生相克的辩证关系，作了精辟的阐述。

自秦汉至清代，在战略的运用上，强调军事和政治并用，实施远距离的迂回，奇袭和分进合击，曾取得过重大成就。两千多年间，战略运用在战争中不断获得继承和发展。在这期间的兵书，如：《三略》、《将苑》、《李卫公问对》、《武径总要》等众多的史书和专集中，对战略的运用，均有丰富的记述。世代相传的以安邦定国、富国强兵为谋，而广揽人才，筹耕教战；重视战争准备，注重军工军技；讲究出奇制胜，敢于经弱敌强；审时度势，因势利导；运筹帷幄，决胜千里等。这些都具有中国古代战略运用的一些传统特色。

在外国，如埃及、波斯以及希腊、罗马等奴隶制国家，在战略运用上也各有特点。当时战略所解决的问题主要是训练和装备军队，组织远征，组织协同，规定作战线、实施机动，争夺交通线以及筹集人力、物力，以支持旷日持久的战争。

欧洲从公元5世纪进入封建社会之后，战争长期在骑士制度支配下进行，战略的发展缓慢。15至16世纪，一些中央集权国家开始形成。由中国传去的火药，逐渐广泛地运用于军事，战争进入了火器时代，战争形式和战略战术也发生变革。意大利政治理论家N. 马基雅维利对军制改革和战略上的“权变”、“智勇”以及对会战的注重；瑞典国王古斯塔夫二世，对炮兵和机动作战的成功运用，通常都被看作是西方近代战略理论和实践的重要开端。

(2) 近代战略。由于工业革命导致生产力的迅速发展，资本主义生产方式在欧洲一些国家确立，国际争端空前加剧。从18世纪到20世纪初，对战争和战略的科学认识和系统研究，有了明显的进展。普鲁士国王弗里德里希二世在一系列被迫处于内线的战争中，善于有节制地使用兵力，频繁地动用机动和翼侧攻击的战法。英国军事理论家劳埃德论证了基地、作战线、地形、战场面积、军队数量等的相互关系及其在战略上的运用。普鲁士军事理论家比洛区分了战略和战术，认为战略是“关于目力和火炮射程以外进行军事行动的科学”，并阐述了战略从属于政治的观点。

拿破仑一世是资产阶级出众的军事人物。他一贯实行的战略是：集中优势兵力，选定进攻方向，突然、猛烈地实施进攻，给敌军以致命的打击。他认为统帅的艺术就是永远做到在必要的时间和地点上比敌人强大。克劳塞维茨的《战争论》，论述了战争的性质、战略的要素、战斗的目的以及防御和进攻的原理原则等，认为战略是“为了达到战争的目的而对战斗的运用”。

19世纪后半叶，资本主义加快了发展步伐，科学技术突飞猛进。铁路和电报线路的修建，大大方便了军队的动员、集中、后勤供应和战略机动，并为依靠司令部进行的作战指挥提供了有利条件。海军在这个时期有了相应的发展：具有强大舰炮火力和机动能力的蒸汽装甲舰队，不仅能在海洋上独立作战，而且能在濒海方向配合陆军作战，保障了战略性远征的实施。随着历史的发展和战争的演进，出现了一些新的战略理论。例如：德国军事家毛奇强调速战速决的进攻战略；德国军事家施利芬提倡歼灭战略，制定了有名的“施利芬计划”；美国海军理论家马汉提出以“海权论”为中心的海军战略。他们是帝国主义早期战略理论的代表。20世纪初，帝国主义国家把重新瓜分世界作为战略目标，爆发了第一次世界大战。初期，交战双方都信奉速决进攻战略，企图通过强大兵团的机动作战，迅速结束战争；然而在战略的通盘计划和统一指挥以及战争的经济、人力后备和战略资源的策划等方面，都显得缺乏远见。战争陷入绵亘的阵地攻防，长期僵持，互拼消耗。战略指导落后于战争现实的情况至为明显。

马克思主义诞生后，人民革命运动和民族解放斗争蓬勃兴起。马克思和恩格斯运用辩证唯物主义和历史唯物主义，揭示了社会生产力的发展和生产关系的变革对战争和战略的决定作用。他们着眼于无产阶级为挣脱资本枷锁而进行的暴力革命，深刻地总结了革命武装斗争实践的经验，提出打碎资产阶级国家机器，建立无产阶级专政的理论和战略，特别是有关人民战争、游击战争等的指导思想。战略的发展进入一个新的时期。

（3）现代战略。第一次世界大战以后，帝国主义国家军备竞赛步步加剧。资产阶级的各种战略理论应时而生：意大利杜黑的

“制空权论”、英国富勒的“机械化战争论”等，对不少国家都发生过影响。1933 年希特勒在德国上台，承袭了施利芬、鲁登道夫等人歼灭战、总体战的战略思想，形成了以闪击战为核心的进攻战略。法国仍然沿用第一次世界大战中的阵地战经验，认为防御比进攻有效。英、美继续实施其“海权论”的战略。

第二次世界大战是一次由德、意、日等轴心国发动的规模空前的世界战争。侵华日军猖狂进攻，中国大片国土沦陷；德国法西斯军队接二连三的战略闪击，席卷了除英伦三岛以外的整个中、西欧国家。1941 年，希特勒发动了侵苏战争，日本军国主义发动了太平洋战争。苏联在以斯大林为首的共产党中央的领导下，实施积极防御，扭转了初期的被动局面，并进而组织战略反攻和进攻，逐次围歼了德军的重兵集团。美国正式参战后，坚持了“先欧后亚”的战略方针，整个反法西斯同盟国的联合作战，迫使德国法西斯处于两面作战中，陷入战略上的绝境。德国无条件投降后，使美英军队能够在太平洋战场发动强大攻势，苏联乘时出兵，加速了日本军国主义的灭亡。

第二次世界大战是一场现代化的战争。战场辽阔，各主要交战国都大量使用飞机、坦克、火炮、新型舰艇和各种先进技术装备。战略面临着许多复杂而困难的课题，诸如，在最高领导层对同盟战略以及军事、经济和政治战略的总体谋划；陆、海、空军的作战协同和不同战略方向联合军事行动的组织配合；对战争的转折和结局，以至战后的军事政治格局等问题的探讨和研究等。这些问题的解决，使现代战略理论有了很大发展。空军、海军和许多技术兵种在现代战争中的战略运用显得更突出。战争末期，原子武器开始使用，也给战略注入了新的因素。与此同时，战争前、战争中尤其是战后亚洲、非洲、拉丁美洲民族解放运动蓬勃兴起，中国、朝鲜、印度支那等一系列国家和地区人民革命战争的实践，创造了异常丰富的经验，使现代革命战争战略得到巨大发展。在中国人民对国内外敌人的长期斗争中，毛泽东等老一辈无产阶级革命家，以马列主义为指导，不断总结战争的丰富经验，并吸取古今中外战略的理论成果，创造了符合中国国情的战略体系——中国革命战略，并伴随着中国革命战争的历史进程，得到了丰富和发展。

第二次世界大战后，国际形势发生了巨大的变化，逐步形成了三个世界。超级大国为第一世界，它们为争夺世界霸权，不断加紧军备竞赛，成立条约组织，缔结军事同盟，激烈争夺战略要地、战略通道和战略资源。受它们操纵以至直接参与的一些局部战争不断发生；第二世界的许多国家，为着维护本身利益与安全，谋求摆脱控制、独立于超级大国的倾向在持续发展；第三世界国家这一广大新兴力量日益壮大，成为反帝、反霸、反殖民主义斗争的主力军，有力地影响着世界历史的进程。

随着各种大规模毁灭性武器的发明和不断更新，现代战争将具有更大的突然性和破坏性。许多国家正在改变着原有的战争和战略的概念。超级大国由于掌握和积聚了大量的毁灭性武器，因而设想在未来全球性战争中实施先发制人的打击，求得初期决胜，成为它们战略思想的核心。核攻击、核反击和核防护的战略研究，对化学战、生物战、环境战，特别是天战、电子战等领域的战略研究，都备受重视。由于核垄断的被打破，核僵持局面的形成，也促使他们在注重核战争的同时，对常规战争越来越重视。未来战争可能是常规战争，也可能是核战争，或由常规战争发展为核战争。既准备打核战争，又准备打常规战争，已成为一些国家军事战略发展的一般趋势。

二、战略情报

（一）概 述

战略情报是指导战争全局所需要的情报。主要包括：敌方军事思想、战略方针、军备、战备措施、战争潜力以及政治、经济、地理等情况。

战略情报，是制定和实行国家战略及其军事战略、指导战争的依据。战略情报通常由军队最高统帅机关组织搜集和处理（包括鉴别、分析研究、判断、提供等）。战略情报与战役、战术情报相比，有明显的区别与特点：

（1）全局性。战略情报涉及与战争相关的各个方面，战略情报内容包括与军事相关的政治、经济、科学技术等各个方面，还涉及国际政治、经济形势的发展变化等。战略情报并不是纯军事的，在世界军事史和战争史上从来也没有过纯军事的战略情报。一方面战略情报应包括与军事密切相关的政治、经济、科学技术等情况；另一方面战略情报也不是包罗万象，什么都搜集分析，而是紧紧围绕军事这个核心，为军事所用，是有军事价值的政治、经济、科学技术情报。

（2）复杂性。战略情报涉及各个方面，而且都是发展变化的。从和平时期到战时，从战争的一个阶段到另一个阶段，要掌握其发展和变化是十分困难复杂的，要善于从复杂的事物现象中发现事物的本质。

（3）长期性。战争是人类发展到一定历史阶段的产物。一方面战争的存在是长期的。只要战争、军事存在，战略情报就有长期存在的必要性，就必须引起人们的高度重视。人类历史的发展，从和平到战争，再从战争到和平，战争将长期存在于阶级社会中。另一方面战略情报是经过长期积累在大量情报材料中提炼出来的。

战略情报是获取有关国家安全和战争全局所需的情报。战略情报必须以不断查明敌方的一般情况及当前战局最关键、最急需的情况为基本任务。诸如，敌方武装力量的数量、质量及其战略部署；敌方的战略作战指导思想及其当前的战略企图；其战备措施、战争潜力、军政人物、社会情况和地理情况等。在掌握一般情况的基础上，特别要重点查明敌方战争的直接准备程度；重兵集团的集结地区；主要作战方向；核、化学、生物武器的配备；作战行动开始的时间、方式等。

为了及时、准确、不间断地获取战略情报，应综合运用多种侦察手段，构成全面而有重点的多方位、远距离、严密的战略侦察系统。在现代战争中，为能有效地对抗敌人的突然袭击，要建立灵敏的战略预警系统，要利用新的技术和手段，包括卫星侦察、电子侦察、海洋监视、核爆炸探测等，加强对海上、空中和外层空间的侦察。战略侦察涉及范围广、内容多，应明确区分最高统帅部直辖情报机构、国家有关部门、各战略区、各军兵种的侦察任务，充分发挥各种侦察力量的作用。对各种渠道各种手段获取的战略情报，应在集中的基础上快速和准确地处理。

（二）战略情报的作用

战略情报是反映世界和周边国家局势以及进行战争决策、指导实施为中心任务的。制定军事战略要依据战略情报对战争形势作出的基本判断；执行军事战略，要依据准确的战略情报来处理各种军事斗争，保卫国家的安全；战争时期，战略情报是指导战争，达成战争目的的决策基础。

战略情报是国家制定战争政策，指导战争准备和实施及处理一切重大军事问题的重要依据，在军事情报中占有特别重要的地位：

（1）战略情报是制定军事战略的依据。制定战略，要正确评估国际局势，特别是正确估计战争与和平问题，掌握和了解战争因素与和平因素及各种国际政治、经济等错综复杂的形势变化，这就必须有内容广泛充实的战略情报作为前提和基础。推行战略，制定各项具体的政策，在不同时期，根据形势的变化，对不同的对手、不同的事件、不同的问题，制定对策，也必须有及时准确的战略情报做保障。

（2）战略情报是掌握局势变化的重要途径。战略情报反映的是形势重大变化的情况。只有掌握了解重大形势变化，才能作出相应的对策，取得战争的胜利。

（3）战略情报是掌握和平与战争相互转化的手段。紧密监视由和平时期向战争时期的转化和变更，是战略情报的重要任务之一，战略情报负有战略预警的任务。

（4）战略情报是进行军事斗争决策的依据。战略情报要从战略高度全面、系统而有远见地反映世界军事斗争的现状，反映世界战略格局，反映世界的或地区的军事集团的状况和他们的战略意图，反映正在进行的国际军事斗争的状况，从而判断其发展趋势，直接为军事斗争提供决策依据。

战略情报在世界军事斗争和战争史上，没有纯军事的战略情报，它包括政治、经济、科技等内容；但战略情报必须以军事为核心，其他相关情报要紧紧围绕军事这个核心，为军事斗争所用。从使用意义上讲，已不是原来意义上的政治、经济、科技情报，而是带有直接的军事意义。

（5）战略情报还是政治斗争和经济斗争的支援力量。政治斗争、经济斗争与军事斗争有着密不可分的联系。政治斗争、经济斗争，可以导致军事斗争，军事斗争同时是为政治斗争、经济斗争服务的。战略情报为国家进行政治斗争、经济斗争提供正确的决策与参考依据。

(6) 战略情报是进行战争准备的重要保障之一。只要战争存在，就要准备战争。准备战争，就必须有情报，尤其是有关重大事件的战略情报。只有对战争有了充分准备，才能遏制战争，推迟战争和取得战争的胜利。当前世界上局部战争、军事冲突连续不断。只有掌握了全局的形势，才能正确估计局部形势，作出正确的决策。一旦战争爆发，才能做到心中有数、沉着应战。

(三) 战略情报的任务

战略情报为指导战争所必须的决策提供依据，是决定战争进程的重要因素之一。准确及时的战略情报，能保障军队用最有效的手段、最快的速度，打败对手，取得胜利。战略情报，是各国长期的任务，无论在平时，还是在战时，都需要尽力搜集，深入细致地研究。战略情报的主要任务，可以概括为六个方面：

1. 发现敌方发动战争，进行突然袭击的征候，担负战略预警任务

在现代条件下，发动战争的一方，为了达成战争的突然性，总是千方百计地采取伪装措施，以政治、外交、舆论等活动，进行欺骗、迷惑、造成假象，甚至实施谋略情报和假情报，掩盖其真实的目的。如第二次世界大战中，德国突然袭击苏联前竭力麻痹苏联，以签订互不侵犯条约的外交手段，达成了突然袭击的目的，使苏军在战争的初期处于被动状态。1984 年，美军入侵格林纳达时以演习为名调动军队，发动突然袭击，达到了预想目

的。发动突然袭击并不是没有任何征候，只要情报机构和人员密切注意情况的变化，认真分析，还是可以发现征候的。德国突然袭击苏联、美军入侵格林纳达，都有征候。这说明只要认真细致地长期侦察研究，战略预警的目的是可以达到的。

2. 查明敌方战略意图和作战企图

战争是为了达到政治或经济目的。各国都制定有军事战略和作战预案，目的是力求适应战争爆发时的实际情况。为此，敌对双方总是想方设法查明敌方战略意图和作战企图，制定相应的对策，谋求取得战争的胜利。而战略意图和作战企图在战争实施过程中是有变化的，这就需要查明战略意图和作战企图的战略情报来保障决策的正确性。发动战争的一方的战略意图和作战企图有多种情况：一是以彻底击败对方，取得彻底胜利为目的；二是实施有限打击，取得一定的胜利成果便适可而止；三是战争初期取得意外成果而改变原意图；四是遭到意外的挫折而改变原意图。这就要求战略情报部门在战争爆发前或初期以尽快的速度，查明敌方的战略部署，搜集敌方投入的兵力、进攻目标、作战方式以及在政治、经济、外交等方面采取的行动情况，认真分析，提出判断，为最高统帅部进行指导战争，调整、修改、补充军事战略和作战方案提供可靠的依据。无论是战略防御，还是战略进攻，都必须有准确可靠的战略情报作保障。

3. 注视战局变化，发现敌方重大战略行动

在战争进行中，战略情报的重点应是：密切注视战争全局的发展变化。在战争的不同阶段，战争双方都有不同的战略目的，分别采取不同的战略行动，这是掌握战争动向的具体方法。战略阶段的变化，是双方战略意图的变化，也是双方力量消长的表现以及战争潜力的发挥，民心士气的变化，国内国际条件的影响的

结果。战争中的战略进攻与战略防御之间的转折，是战略情报重点中的重点。及时发现转折迹象，抓住时机，采取有效措施，最大限度地取得战争的胜利。

4. 从战争全局着眼，研究发现敌方在战略上的长处与弱点

战前对敌方的军事情况的侦察了解，是战时发现敌方长处与弱点的基础。找出敌方的长处与弱点，就可以扬长避短，避实就虚，有效地打击敌人。战役、战术上的长处与弱点是可以弥补的，但战略上的弱点几乎是无法弥补的，如美军战线太长、补给线太长是其弱点；原苏军在东西两线作战是其弱点。这都是无法弥补的，只能是想法设法减少到最小限度。

5. 注意敌方民心士气及其内部矛盾的变化

民心士气直接关系到战争力量的强弱，而其内部矛盾的变化，也是关系到对战争的态度、认识及决策的。政党之争、不同派系之争、政见之争，都直接影响到战争发生、发展和结局。正义战争，为国际社会支持和本国人民拥护，只要力量不过分悬殊，在战略、战役上没有重大失误，终究能取得胜利。侵略战争是非正义的战争，虽然可能欺骗国内人民一时，但终究会遭到国际社会和国内人民的反对，如美国侵越战争，由于遭到了深重的打击，加上国际社会的反对，国内反战情绪增长，国内矛盾激化，迫使美国当局不得不停战、撤军。

6. 密切注意国际形势的变化及其对战争的影响

当今世界任何一场战争的发生、发展和结局，都会引起整个世界的重视。霸权主义国家是以本身利害关系确定其对战争的态

度的，除危及到本身利益外，大部分是采取唆使、挑拨、纵容、支持的政策，既不希望战争打大，烧到自己的头上，也不希望战争很快结束，失去讨价还价，捞取好处的机会。这使许多局部战争形成停停打打、不战不和、僵持对峙、久拖不决的局面，如：中东战争、两伊战争、阿富汗战争、柬埔寨战争等，都是和整个国际局势及其变化密切相关的。战争各方和战争本身都受到各种国际因素的影响。

战争中，各国对战争的态度是随着国际形势的变化和各自的利害关系而不断变化。同盟因局势变化可瓦解，中立国因局势变化可能参战，敌对双方可以化敌为友，也可变友为敌。因而国际局势成为影响战争的重大因素，分析国际局势，获取国际形势的变化情报，是战略情报的重要内容。只有着眼于国际形势全局，密切联系战局发展，才能发现战争中的新情况、新问题，为战略决策者提供准确的情报。

（四）战略情报的内容

1. 各方的战略意图

战略意图是国家战略的核心，也是军事战略的核心。当前威胁世界和平的是那些推行世界霸权和地区霸权的国家，是那些企图侵略、控制、压迫、掠夺别国的国家，研究它们的战略意图是战略情报的重点。大霸权主义的战略意图就是压倒一切对手，取得世界霸权地位；小霸权主义的战略意图是胁迫邻近弱小国家，取得一个地区的霸权地位。霸权主义者为达到其战略企图，不惜采用各种方式、手段。战略情报的任务就是要从它们的言论、行动、实力以及各种关系中，找出霸权主义者的真实的战略意图，并随时掌握其变化，及时准确地作出反映。

2. 各种力量的对比

国际斗争是综合国力的竞争。战争是实力的竞争。战略意图是根据实力来确定的，没有足够的实力就不能实现各自的战略意图。

力量对比就是各个国家的国力对比。国力是一个国家的政治、经济、军事、精神、科技水平以及各种力量的凝聚和综合。进行详尽准确的国力分析，是战略情报的任务。从军事情报斗争的角度讲，对战争有最直接影响的是：战争潜力、军事实力和战争准备。

(1) 战争潜力。战争潜力是一国的人力、物力、财力、生产力、运输力以及科学技术水平等。在战争中，这些经济和科技力量将转化为现实的军事力量支持战争的进行。

(2) 军事实力。各国的武装部队的兵力、兵器数量和质量，指挥、通讯和后勤保障能力，是最基本的军事实力。现代条件下，作为战略武器的核武器，也是军事实力的重要组成部分。

(3) 战争准备。战争准备的程度，决定着从和平到战争转变的速度和能量，是进行战争和应付战争的基本条件。战争准备包括军队的组建、部署和训练，武器装备的现代化程度、军事基地建设、战略物质储备、交通运输能力、军事工程的建设，以及作战计划、动员计划的制定等。

3. 自然地理因素

世界的地理状况，对世界的战略形势、战区划分有很大的关系。一国的地理位置、自然条件、资源状况，对其军事战略也有直接的影响。与其军事力量的建设，作战方向、方法也直接有关。如濒海的英国，具有向海外扩张的条件，易于防守，但也有来自海上的威胁；内陆的蒙古则没有海上来敌的顾虑。地处中心地带的国家易四面受敌；两国的接壤构成不同的作战条件。新城市的建设、新资源的开发、新交通线的开辟，都会影响到世界或地区的战略格局。海洋、江河、沙漠、气象、水文等对军事行动有重大影响，特别是对海空军和核武器的使用影响更大。因此，各种地图、海图、航空图、卫星照片、气象、水文资料等，各种海空军基地、战略物资、核武基地都属于战略情报搜集研究的重要内容，占有重要的地位。

4. 国际条件

世界局势是国际斗争中各方战略意图、力量对比、地理条件、政治、经济、军事联盟等综合因素相互作用而形成的相对稳定的态势。在一定的国际条件下，局势紧张、矛盾激化、发生冲突、爆发战争。但在另一些条件下，斗争双方形成对峙，或矛盾得到缓和，或找到解决的新途径，战争得到制止或推迟。国际条件是国际各种政治、经济、军事关系的产物，必须加以深入研究。战争都是有目的进行的，分析战争形势，要从国际条件、军事实力、战争潜力、自然因素等方面来考虑，战略情报就是要对战争的这些问题进行分析研究，作出准确的判断，为决策服务。

战略情报除应注意以上几点外，对日常国际斗争中的事件、问题，也必须加以分析研究，可以简要归纳为三个方面：

（1）政治方面：反外国侵略、掠夺、控制的政府行动；群众运动、革命运动以及和平反战运动；大规模持续性的工人运动、学生运动、反政府运动、政治动乱；某些国家的对外扩张、渗透，相互间的争夺；影响大的社会思潮、政治思潮、国际共产主义运动中的重大事件；民族问题，种族问题，宗教、教派斗争以及由此而引起的国家的分裂和合并；重要国家的党派、政治集团、社会势力、阶层与阶层之间的斗争、妥协和联合；重要国家的国策变化、政权交替；主要政党的政策变化；内部重大问题；

领土、领海、领空、边界争端、纠纷；重要国际会议、谈判、访问、国家间的重要条约、结盟，国家集团的组成或分化。

(2) 经济和科学技术方面：有关能源、战略物资、重要资源的争执与争夺；国际间的贸易战、金融战；世界粮食问题、债务问题；大陆架、海底资源，海洋经济区的争执；世界及主要国家、第三世界国家的经济发展情况，控制反控制、掠夺反掠夺斗争；经济援助、主要国家的对外经济政策；经济危机、经济动乱；科学技术重大突破、技术转让。

(3) 军事方面：军事冲突、边界冲突、边界战争；游击战争、革命战争、国内战争；入侵、局部战争；军事援助、军火贸易；主要国家的对外军事政策、对军事基地的占有和争夺、对主要海峡、通道的争夺；扩军、备战活动与裁军活动；军事条约、军事结盟。

战略情报的内容是十分广泛的，还有许多重要的内容，如军事思想、军事战略、武装力量状况、国防建设新动向、国防科技的新发展、作战能力、战略要地、战略打击目标等以及具有战略意义的战役、战术也是战略情报应充分注意的。

(五) 战略情报研究要点

1. 把握时代特点和国际局势的发展趋势

第二次世界大战后，世界形成了资本主义与社会主义并存的局面，至今已有五十多年。这是社会主义与资本主义力量激烈斗争的五十多年，是争取民族解放、国家独立的力量与新老殖民主义、霸权主义力量激烈斗争的五十多年。虽然世界全局基本处于和平状态，但局部战争、民族解放战争、国内战争连绵不断，此起彼伏，动荡不安。期间，各种力量的消长、联合、分化、纵横捭阖、错综复杂。当前，世界和平因素大于战争因素，世界大战一时还打不起来，但资本主义、霸权主义仍然是战争爆发的根源。各种民族问题、边界纠纷、经济利益争端、贸易摩擦等矛盾都可能随时激化，导致战争。战略情报研究，必须认清时代特点，把握国际形势发展趋势，在纷繁复杂的现象中，抓住时代本质主流，为战略决策提供有价值的情报研究成果。

2. 具体情况，具体分析，抓住影响世界局势的大事

世界局势，瞬息万变。战略情报要抓住影响世界局势的大事，抓住与本国利害关系密切相关的大事。国际争端与纠纷的表现形式是多样的，但核心的只能是政治事件、经济事件、军事事件、外交事件等几类。有的影响到世界全局，有的影响到一个地区，有的影响一国或几国。要抓住影响世界全局的大事，战略情报研究才能揭示其实质和主要矛盾，反映其真实的情况。

3. 要弄清事件和问题的根源、背景

国际重大事件，都有其发生、发展的过程，都有其根源、背景。国际争端的根源大致为两类：

一类是历史造成的国际悬案。如有关种族、民族、宗教、领土、边界等争端和各种利益争端，要搞清这些问题，就得了解其历史根源和背景。而这些问题又是与现实斗争紧密联系的，搞清历史背景，才能找到产生争端的原因。

另一类是时代发展出现的新问题。由于科学技术的发展和社会生产力的进步，出现了能源、海底资源、宇宙空间等新的问题，这些问题，没有成文的规定或惯例，也是引起争端的根源和背景。

4. 要弄清事件和问题同有关各方面的利害关系

国际争端都是利害冲突。国际间的政治、经济、军事联盟，都是为维护共同的利益而联合起来的。而各国间的纠纷、争端、冲突、战争也都是为了取得或维护某种利益而引起的。当前国际关系中，呈现出错综复杂的局面，国际间的关系以利益关系而组成。在这个问题上，几国可以合作、联盟，而在另一个问题上，则竞争、争夺。各国对国际问题的态度，也是如此。抓住了利害关系的所在，就能看清问题的实质，从而判明其发展趋势。

5. 要特别重视世界范围内的军事斗争

世界范围内的重大政治、经济、军事、外交、科技等事件和发展动态，是战略情报的重要内容，而军事斗争是战略情报最重要的内容。军事斗争存在于世界各地，新的在产生，旧的在持续或转化为政治斗争、经济斗争。一场战争的形成，从其逐步形成、爆发、持续到结束以及战后的余波要影响几年，十几年，甚至几十年。要弄清在世界局势中影响大的事件，搞清它的发展趋势。同时也要注意在军事上有重要价值的战争，如海湾战争，在作战方式与武器运用上，引起了全球军事界的反响。

6. 对直接涉及本国的事件要特别重视

战略情报是为推行本国军事战略服务的，为本国的安全、利益和发展服务的。世界各国在国际斗争中也都是以本国的利益为最高利益的。涉及本国领土、主权、政治、经济利益和国际权利的国际斗争，特别是军事斗争，要全力以赴地搜集情报、提供情报。在涉及边界、领海、公海、大陆架以及宇宙空间等国家权益问题上，情报要十分准确，十分具体，不能有任何错误，否则就会造成斗争的被动。抓住与本国安全、利益和发展有重大影响的大事，抓住可能引起世界局势变化的大事，抓住影响和平的大事，及时搜集和提供情报。

（六）战略情报的四个相关因素

(1) 国际政治局势。战争是政治的继续，政治斗争有时表现为和平形式，有时表现为战争形式。国家之间关于领土、主权、民族、宗教的纠纷，侵略与反侵略、控制与反控制的斗争，可以以和平方式解决，也可以导致冲突，甚至战争。这些纷争都会或大或小地影响到世界的局势。经济联盟、军事联盟的建立，使国际斗争更加复杂。国际社会的干预、盟国的援助等，都影响着战争形势的发展。一国的内战、一个地区的局部战争，都可以影响到世界的和平与稳定，都可能成为战争的因素。当代世界政治是一个大的格局，一国的大事或两国或几国的争端，就成为世界大事，影响到世界格局，就会直接影响到一些国家的战略决策，影响到它们的军事战略。因此，离开国际政治斗争的现实情况，就无法了解掌握战争的发生、发展和结局，也就不会研究出有价值的战略情报。

(2) 经济形势状况。经济是政治的基础，也是军事的基础。一个国家的军事力量，是由其综合国力决定的。其对外政策及军事战略，归根到底要由经济实力决定。政治斗争、军事斗争，都是有其经济根源，经济斗争表现为社会集团之间的政治斗争。当代霸权主义发动的战争都是为了争夺资源、市场，转嫁经济危机的斗争，抓住经济问题，才能抓住战争与和平的根源，这是战略情报最重要的任务和内容之一。

(3) 科学技术状况。科学技术的发展，提高了社会生产力，推动了世界经济的发展，对世界政治有深刻的影响，对世界军事的影响更大。核武器的出现，使战争形势变得更加复杂，对各国的军事战略、国防建设、战争准备、战略、战役、战术都产生了巨大的影响。科学技术对战争、政治、经济、军事的影响如此巨大，因而，科学技术也就直接影响到战略情报。在这种情况下，科学技术对战略情报就显得更加突出和重要。

（4）战略区域。一些大国和军事联盟，把世界划分为若干战略区域，一个战略区域所包括的地域，小到一国或几国，大到十几国、几十国，跨洲跨洋。一些国家把本国也划分为若干战略区域。这些战略区域负有相对独立的战略任务，拥有相当的面积，众多的人口、资源和经济力量，拥有本战区的战略部队、指挥机关、供应系统以及庞大的军事力量。这些战略区域可以有两个至几个战略方向，可以执行地面、海上、空中战略任务。这些战略区域直接影响着战争、军事，也直接关系到战略情报的内容与价值的大小，是影响战略情报的重要因素之一。

（七）战略情报的搜集和处理

战略情报要根据国家和军队的需要和形势的发展变化，制定计划，组织搜集，及时处理。

1．战略情报的搜集和积累

一般情况下，各国战略情报的搜集主要有三条渠道：

（1）军队情报系统。这是战略情报最主要的来源渠道。战略情报一般是由统帅部的情报机关，根据不同的任务与分工，组织搜集，负责处理的。各军兵种、各战区的情报机构，也负有一定的战略情报搜集任务。

（2）地方政府机构。这是战略情报的重要来源渠道。地方政府机关，如公安、外交、安全、外贸、新闻等涉外单位和情报机构。这些机构和单位有的负有战略情报搜集的任务，有的在搜集各自需要的情报和材料中，包含着有价值的战略情报因素，这些都应在战略情报搜集中引起重视。

(3) 专业研究机构。专业研究机构包括军队和地方的社会科学研究机构和自然科学研究机构。这些机构，积累有大量的资料，研究人员专业知识水平高，人才多，这些机构的研究成果和资料，是战略情报和情报材料的重要来源。世界上许多研究机构，本身就负有战略情报搜集、研究的任务。

2. 战略情报的处理

战略情报是从大量的情报材料中加工提炼出来的，因而需要多方面的资料，包括直接的、间接的、现实的、历史的，但都需要加以分析研究。对于各种侦察渠道搜集到的材料，都要高度重视。战略情报的处理，主要是分析研究和报送两个环节。

为便于研究，我们把战略情报概括为两类，即战略基本情况和战略动向情况。这是战略情报的基本类型。

(1) 战略基本情况。包括自然因素，社会制度、政治、文化、历史、民族、经济、军事状况等以及国际上的政治、经济、军事联盟等情况，这些都是相对稳定，变化不太大的情况。掌握基本情况，是战略情报机关的一项基本建设。掌握了基本情况，分析国际形势、战争形势、各国的利益关系就有了可靠的基础。这也是战略情报分析研究的基础内容。

(2) 战略动向情况。这是在基本情况的基础上产生变化的情况，是在一定条件下发生的国际事件、争端、冲突、军事斗争、战争等，必须加以重视，观察其发展变化、预测其发展趋势，为制定对策提供战略情报保障。这是战略情报分析研究的重要内容。

战略情报的分析研究，可具体从三点着眼：

(1) 全局分析，就是对国际形势、世界战略格局、战争形势判断、战争时期对战局的判断，进行全局分析。要熟悉世界的基本情况，靠长期的资料积累，认真地分析研究。这样才能把握时代的特点和时局的发展趋势，根据实际情况，反复思考，充分论证，作出科学正确的判断。战略情报可以说是对大量客观事实进行分析研究的成果。

(2) 地区分析，就是对区域性的局势的分析判断。地区是根据地理、政治、历史为依据划分的地域，如：中东、中美洲、非洲、欧洲等。各个地区有各个地区的特点，因而有不同的问题、争端。在国际局势中的地位也各有不同。如中东问题，因丰富的石油资源，使其成为国际局势中的热点。只有进行地区分析，才能深刻了解一个地区的情况，认清该地区的问题，明确该地区在国际局势中的地位，分析世界全局时，才能更全面准确。地区分析，不是所有地区的分析，而是有重点的、对利害关系大的地区进行的分析。应全面掌握，重点分析。

(3) 问题与事件分析。世界局势的变化，是由一些具体的问题和事件组成的，要了解世界局势，就需要从具体的问题和事件着手。问题和事件，是世界局势发展变化的反映，是各国推行其政策的具体行动，是各国利害冲突表现。对问题和事件，要搞清它的根源、现状及趋势。要联系政治、经济、军事与事件的关系联系，要找出其真实的目的。

战略情报原则上是为最高领导层服务的。具体来讲，就是为党、国家、军队最高领导层服务的。战略情报内容要经过认真选择鉴别，分析研究，作出判断，及时上报。战略情报的上报，一般都要统一归口报送。对于负有战略任务的军兵种和战区，一方面要承担搜集研究战略情报的任务，另一方面也要接受上级情报机关提供的必要的战略情报，以便了解全局形势。对于有关的地方政府，必要时也可通报一些战略情报。

第十章　战役情报

一、概　述

（一）战役的概念

战役，是战役兵团和战区内的各种武装力量，在统一指挥下，为达成一定的战略、战役目的，按照总的作战企图和统一计划，在一定的作战方向和一定的时间内，所进行的一系列协调一致的战斗的总和。构成战役的基本要素包括：战役兵团规模以上的兵力；战略、战役目的；一定的战役地幅和空间；一定的持续时间；统一指挥和计划下的一系列战斗行动。

战役，通常是由战役兵团规模以上的兵力进行的。战役兵团是指能遂行战役和战略任务的作战集团，如陆军的集团军、方面军、海军舰队、空军的集团军等。一般情况下，集团军是基本的战役单位。也就是说，只有集团军或集团军以上的作战集团，才能遂行战役任务。根据不同层次的战役兵团所实施的战役，大致可分为：集团军战役、方面军战役、方面军群战役。

确定战役的指标大体可归纳为五条：（1）战役兵团规模以上的兵力；（2）必须能达成战略、战役目的；（3）在一定的作战地幅和空间上进行；（4）有一定的持续时间；（5）在统一计划、指挥下的一系列战斗。

（二）战役的特点

战役是战争的一个局部，是达成战争目的的主要武装斗争手段，是战争与战斗的中间环节。战役有自身特有的属性和规律，与战斗相比，具有不同的特征：

(1) 参战力量众多。战役作战一般参战兵力有几万到几十万，陆海空等各种战役力量，在统一计划指挥下，在战场的各个方向，各个地区展开作战行动。

(2) 战场空间广阔。战役作战是在一定的广阔战场空间进行的。随着军事技术的发展，作战机动能力的提高，作战地幅空间将更加广阔。

(3) 作战持续时间较长。战役作战，时间跨度大，一般少则几天，多则几十天，甚至上百天。

(4) 战役机动广泛。作战空间的扩大，作战机动能力的增强，使战役机动越来越广泛。从兵力到火力，从地面到空中、水上，从战前、战中到战后，战役机动日趋频繁。广泛的机动，才能迅速地前进与后退，适时地集中与分散，及时调整部署，夺取和保持主动性。广泛的机动还是创造战机和实现战役目的的重要手段。

(5) 作战方式多样。战役作战一般由多种不同类型的作战行动组成。在同一战役中，有进攻、有防御；有地面作战，也有空中、海上作战；有阵地战、运动战；还可能有电子战、心理战、游击战等。未来的战役将不断有新的作战方式出现。

（三）战役的分类

战役作为战争的客观现象有其自身的特殊规律。敌我双方基本情况和战略方针的不同，战役目的、性质和任务的不同，要求采取不同的作战方式和作战手段。这就决定了战役作战类型的多样性。根据战役目的、性质、战法，参战兵力的大小以及军队行动的特点和地形条件，战役分为若干不同的类型：

1. 按作战目的和性质可分为：进攻战役、防御战役

进攻战役：是战役兵团为了实现一定的战略或战役目的，按照统一的计划，在一定的方向和时间内进行的以进攻为主的一系列战斗的总和。从战争总体和全过程来看，进攻战役是达成战争目的的主要作战类型，是消灭敌人的主要手段。

防御战役：是战役兵团为达到一定的战略或战役目的，按照统一的计划，在一定时间、一定作战方向或地区内进行的一系列坚守和攻势作战的总和。它是达成战争目的的基本作战类型之一。当保存军力或坚守重要目标成为影响战争胜负的关键时，防御战役也将起决定性的作用。防御战役不是单纯的据守，是积极的防御，是为了转入进攻和辅助进攻的作战行动。

2. 按作战规模可分为：战区战役、方面军战役、集团军战役

战区战役：是使用战区的主要作战力量，在战区指挥机构统一计划和指挥下，为达成重要的战略目的，于一定的地区和时间内实施的大规模战役。战区内实行统一指挥、统一领导、统一使用，协调战区内各种人力、物力和作战潜力。它直接受统帅部指导（或指挥），完成战略任务。其目的不仅在于直接改变战区的军事形势，而且对整个战争的进程和结局发生重大影响。

方面军战役：通常是战略性战役的组成部分。它是在一个战略方向上，由方面军（海军舰队、战区空军）在战区编成内或独立实施的战役。通常在其他军种战役兵团协同下，根据统一企图和计划，实施一系列的战役。

集团军战役：通常是方面军战役的组成部分。它是在一个战役方向上，由合成集团军（海军战役编队、空军集团军、空降军）在方面军（海军舰队、战区空军）编成内或独立实施的战役。通常在其他军种战术兵团的协同下，根据统一的意图和计划，实施一系列的战斗。

3. 按参战军种可分为：合同战役、海军战役、空军战役

合同战役：是以陆军战役兵团为主，海军、空军等战役军团（兵团）参加，在合成军队指挥员统一组织指挥下，为完成战役或战略任务而实施的战役。合同战役按作战形式，又可分为阵地战战役、运动战战役以及几种形式相结合的战役等。从广义上讲，现代条件下实施的所有战役都将具有合同作战的性质，但这里所说的合同战役，是指以陆军为主、其他军种参加的诸军兵种合同战役。

海军战役：是海军战役兵团为达成一定的战略或战役目的，按照统一的企图和计划，在一定时间和海战场的一定空间内所进行的一系列战斗的总和。海军战役又分为合同战役中的海上战役和海军独立战役或以海军为主进行的战役。海军参加的合同战役样式主要有：登陆战役、抗登陆战役、濒海地区攻防战役和海军基本防御战役。海军独立或以海军为主进行的战役样式主要有：保卫海上交通线战役、破坏敌海上交通线战役、袭击敌基地港口战役、消灭敌海上兵力集团战役和封锁海区战役。

空军战役：是空军战役兵团为达成一定的战略或战役目的，按照统一的企图和计划，在一定时间和空间内进行的一系列战斗及突击的总和。空军战役主要包括：防空战役、空中进攻战役和空降战役。

4. 按参战军种的多少可分为：联合战役和独立战役

联合战役：是由两个以上军种参加的，在合成军队指挥员或战役中遂行主要任务的军种指挥员的组织指挥下，为实现统一的战略或战役企图，按照统一的计划而联合实施的战役。通常由一系列的陆上、海上和空中战役所组成。属于联合战役的一般有登陆战役、抗登陆战役、防空战役、空降战役。

独立战役：由某一军种的军团在本军团指挥员的组织指挥下，为完成战役任务而独立实施的战役。独立战役通常是合同战役、联合战役的组成部分。如某些空中战役、海上战役等。

5. 按作战地区地形和气候条件可分为：平原地攻防战役、丘陵地攻防战役、山地攻防战役、江河水网地区攻防战役、荒漠草原地区攻防战役、城市攻防战役、登陆战役、抗登陆战役、热带丛林地区攻防战役、高寒地区攻防战役等

此外，按战役实施的时间顺序可分为首次战役和后续战役。

各种类型的战役，因作战条件不同而各有特点，认识这些特点和各种战役类型划分及相互关系，才能掌握其规律，使情报研究分析符合战役客观实际。

二、战役情报

(一) 概　述

战役情报就是组织实施战役所需的情报。战役情报是战役指挥员了解战区环境、判断敌情、定下决心、把握战场态势、组织各种支援的保障条件。战役情报是通过战役侦察而获得的。战役侦察一般由战役兵团指挥员及其司令部组织实施。战役侦察的基本任务是及时、准确地获取战役作战所需的情报，包括作战区域内敌军的兵力、编成、番号、部署、装备、战斗力、行动企图、指挥官特点、后勤补给以及作战地形、气象（水文)、政治、经济、社会等方面的情况。

现代条件下的战役使情报保障难度加大，任务更繁重。及时、准确地掌握战役情况变化将比以往任何时候更加重要。

(二) 战役情报的特点

当代科学技术的飞速发展，并不断运用于军事领域，使现代战役发生了巨大变化，产生了许多新的特点：

1. 对情报的时效性要求更高

现代作战，由于作战手段的更新，核武器及火箭技术的发展，电子技术和自动化武器的使用以及武器的巨大破坏力，指挥控制的灵敏，军队战斗行动的快速、情况变化急剧等，从而使战役行动的突然性增大，战役节奏加快，打击目标出现、移动、消失迅速。战机稍纵即逝，意外情况随时发生，临界时间急剧缩短。这些均大大增强了时间因素的作用，明显地提高了对情报时效性的要求，尤其要在极短的时间内抓住与战役行动密切相关的有价值的重大情报更为重要。情报的时效性已成为缩短指挥周期、提高指挥效率的关键。情报愈是及时，实用价值愈大。只有获得及时准确的情报，才能实施正确指挥，军队才能作出快速反应。未来的战役情报工作，必须分秒必争、高速进行。高科技在情报领域的运用也使之成为可能。

2. 战役情报侦察任务繁重而艰巨

战役情报侦察是在不同作战样式、不同环境下进行的。未来作战将是合同作战，将可能在空中、地面和海上，前方和后方同时或交叉进行，双方将投入大量兵力、兵器。因而情报侦察的范围和内容广泛，目标增多，情报量急剧增加。为保障合同战役的情报需要，要组织对地面侦察，空中和海上（水下）侦察；要组织对正面侦察，还要组织对翼侧和敌我纵深的侦察；要组织对一般目标的侦察，还要组织对高技术武器装备和设施的侦察等。这些将在时间紧迫、环境恶劣、组织复杂的情况下进行。因此，战役情报侦察任务极其繁重而艰苦。

3. 技术侦察成为主要手段

未来战争中，敌对双方将大量使用现代化的武器装备，其通信设备的保密性、侦察手段的远程性、军队伪装的严密性、机动的快速性等，都将有极大的改进和提高，加之战场情况瞬息万变，情况处置时间紧迫，在如此复杂的情况下进行侦察，仅仅依靠传统的侦察手段远远不能适应作战的需要。无线电、光学、雷达、航空、卫星等各种技术侦察，将充分发挥其侦察距离远、速度快、分辨力高、覆盖面积大等特长，成为获取战役情报的主要手段。

4. 战役情报侦察反侦察斗争更加尖锐

由于现代侦察技术和精确制导武器的发展，特别是大规模杀伤兵器的出现，发现目标就意味着消灭，野战生存能力受到严重威胁。作战双方为争夺主动权，进而战胜对方，围绕侦察与反侦察必将展开激烈的斗争。一方为了破坏另一方的侦察，将广泛采取反侦察措施，诸如散布假情报，设置假目标、假阵地，加强通信保密、佯动等一系列伪装和欺骗手段，规避侦察；发射全频段电磁信号，阻塞、压制对方电磁侦察；以强大、密集的火力摧毁对方侦察设备、杀伤人员、破坏其侦察。而且随着跳频通信、猝发快速通信技术的发展，大功率、远距离、多功能电子设备的广泛应用，定向能武器、粒子束武器、隐形兵器、智能武器以及高性能电子化作战指挥系统、目标搜索、战场监视系统的大量投入战场，加密与解密、窃听与反窃听、干扰与反干扰、伪装与反伪装、摧毁反摧毁的情报与反情报斗争必将更加广泛深入、尖锐复杂。

（三）战役情报的原则要求

及时获取准确情报，保障指挥员定下决心和指挥作战，是战役情报总的任务和目的。情报的及时性是指情报的获取、传递和处理要快，分秒必争不失时机；情报的准确性是指情报内容真实可靠，两者对作战指挥具有同等重要的意义。现代战役，对情报的及时性和准确性要求更高。情报是否及时准确，是衡量情报侦察工作是否适应作战需要的主要标志。为此，战役情报需遵循以下原则要求：

(1) 全面而有重点地部署侦察力量，构成严密的情报侦察配系现代战场具有多维性，为保障战役作战，必须实施全方位立体而有重点的侦察。战役指挥员应根据上级的意图、本军团的任务和实际情况，将各军兵种侦察力量，周密计划、全面安排，组成远、中、近、高、中、低，全方位的地面、空中、海上（水下），包括敌我双方纵深的多方向、多领域、多层次的立体侦察配系；并要突出重点，将主要的侦察力量及预备队，可靠的侦察手段，高效能的侦察器材，用于战役的主要方向，重要时节和主要目标，应及时查明影响战役进程的主要情况；在计划战役全过程的侦察工作时，应预测作战过程中可能发生的情况，考虑多种预案。如果作战任务和情况发生了重大变化，应适时下达新的侦察指示，调整侦察部署，转移侦察重点。一切侦察部署均应注意隐蔽己方战役企图，加强侦察配系的安全防护措施。

(2) 综合运用各种侦察手段，准确而不间断地获取情报

现代战役侦察是多种侦察力量参加、使用多种手段的侦察。综合运用多种侦察力量和手段，是全面获取及时、准确情报的重要保障。现代战役侦察保障任务繁重而艰巨，单靠某一种侦察力量或手段难以完成。每一种侦察力量和手段都有其特长和局限性，只有综合运用，才能取长补短，相互补充，构成严密而完整的侦察配系，发挥整体力量的作用。因此，战役指挥员和司令部，必须熟悉各军兵种和民兵、人民群众各种侦察力量和手段的特点及其完成任务的能力，恰当区分侦察任务，根据作战对象和具体情况，灵活运用各种侦察力量和手段，特别是充分发挥技术侦察的作用，实现近实时、实时侦察。战役指挥员和司令部在组织情报保障时，要充分发挥先进侦察手段的作用，因地制宜地运用电子侦察、航空侦察、卫星侦察、谍报侦察、人民群众侦察和搜集研究敌军文件以及研究兵要地志等手段，广泛获取情报。要充分利用上级和友邻部队提供的情报。组织实施侦察，应统一计划，明确要求，密切协同，建立顺畅保密的通信联络，确保情报

的及时性、准确性和连续性。对重要侦察任务应以多种手段实施综合侦察，多种情报互相补充和验证，以保证情报的准确性。由于战场情况变化快，情报的时效性强，必须实施连续不间断地侦察。随着情况的变化，适时修改侦察计划，调整侦察部署，转移侦察重点，及时给侦察分队下达新的任务，补充兵力和器材，以保障连续不间断地获取情报。

积极主动和不间断地实施侦察，是开展侦察活动的基本要求。由于现代战役复杂多变，掌握敌情的难度就大。只有充分发挥积极性、主动性，才能千方百计地克服困难，广泛搜集情报，随时掌握敌情的发展变化。因此，战役指挥员必须具有强烈的情报意识，及早组织实施侦察，把了解敌情的工作做在部队行动的前面；要采取多种有效措施，主动寻找、跟踪、监视敌人，力求与敌保持接触，连续不断地对敌实施侦察；要灵活使用各种技术的侦察力量，提高侦察效能，及时获取准确的战役情报。

为保障战役侦察的不间断，除加强组织计划和合理使用侦察力量外，还应加强侦察配系的稳定性，电子侦察要有抗干扰措施，机动侦察力量要提高机动能力。当己方侦察配系遭到破坏时，要迅速调整补充，及时恢复。侦察预备队一经使用，应迅速重建预备队。

(3) 集中掌握，认真分析研究，快速处理情报

现代战役，情报来源广，信息量大，真假难分，必须集中掌握、认真分析研究和快速处理情报，才能保障战役作战指挥的需要。集中掌握情报是分析判断情况的客观基础，只有将各种来源的情报集中掌握，才便于综合分析，互相印证，提高情报的准确性。认真分析研究是将获取情报中的相互矛盾、不连贯或不确实的情况，进行反复对照，多方印证，认真分析综合，去伪存真，作出正确判断。快速处理情报，是决定情报能否发挥作用的重要步骤，只有将情报不失时机地及时上报和通报，充分为指挥员和

部队所利用，才能最大限度地发挥情报的效用。集中掌握和快速处理情报，还可避免由于向指挥员多头报告和多头通报，而造成的不必要的混乱和重复，有利于指挥员集中精力指挥作战。认真分析研究则增加了情报的准确性。为正确、及时地处理情报，战役军团司令部应建立情报处理中心或相应的情报处理机构，将各种渠道的情报统一归口，集中处理，以提高情报的时效性、准确性和利用率。

（四）战役情报的基本任务

战役情报的基本任务是及时查明和掌握敌军情况及其发展变化，为指挥员研究敌军活动规律，定下决心、作战指挥提供依据。

战役情报侦察的范围，应根据战役的任务、类型、规模以及侦察力量而定。一般情况下，战役情报侦察范围应适当大于作战范围，以便指挥员全面掌握情况，整体考虑各种因素。

作为战役情报的基本任务，首先要查明敌方基本情况：

编成、企图、作战能力、作战特点及原则；战役布势；防守集团、机动集团、一线突击集团、火力突击集团、空中突击集团、快速机动集群、各种预备队、特种部队和指挥系统的位置及其薄弱环节。

反空降作战时，应查明待运、空运和临空之敌的数量；可能空降的地域、规模、实施火力打击的情况；影响战役进程的技术兵器，如新型飞机、舰艇、电子器材，核、化学、生物武器，精确制导武器、激光等兵器；兵力、兵器的损耗、补充以及后方补给、交通运输、重要仓库位置和物资储备情况；军事基地、各种前进基地、港口、机场的位置、容量、设施、各种飞机、舰艇的类型、数量及驻屯部署；指挥官特点、官兵的政治倾向、内部矛盾、派系斗争等情况；侦察活动的特点和反侦察措施。

其次要查明战区的自然环境：作战地区的自然环境，是敌我双方作战的共同基础，不同的自然环境，对作战行动有着不同的影响。不论实施任何战役，都必须侦察和研究战区的自然环境，分析它们对战役行动的影响。

陆地战场自然环境情报的一般内容是：

地貌特点，山地、谷地的走向，高地名称、制高点、植被情况；道路的数量、种类、性质、隘路、关口、桥梁、隧道及其通行能力；江河的数量、宽度、流速、渡口、徒涉场以及湖泊、沼泽地、水库情况；居民地的分布情况，建筑物的性质，街道数量、宽度、制高点，水源、电厂、洞库以及地下建筑设施；海岸、滩头便于登陆的地段、码头、潮汐、滩头地形等情况。

海上战区自然环境情报的一般内容是：海区水文（潮汐、海流、海浪）、海区地理（水深、岛礁、海滩）。

作战空域自然环境情报的一般内容是：空域的地理位置、空域覆盖地区的地形、主要山峰高度以及敌机来袭方向的地貌特点等。

战区的自然环境除以上内容外，还有时令、雨季、旱季、结冰、解冻期、天亮天黑时间、温度、湿度、能见度以及风、云、雨、雾、雪、霜、雹等天候和气象情况。

还要查明战区社会情况，主要是查明作战地区居民的政治态度、经济状况、民兵组织、卫生疫情、文教科学、居民生活、民族分布、风俗习惯、思想情绪及其对军队行动的影响。

战役情报的内容很多，对于基本情况，如敌编制装备、军事基地、军队历史沿革、作战特点以及战区自然环境、社会情况，平时就应搜集、研究和掌握，战时再予修正和补充；对于动向情况，如敌之企图、部署、兵力机动、核、化、生物武器的使用等，是战时掌握的重点。

(五) 战役情报侦察力量及其运用

战役情报侦察力量，是指参加战役情报侦察的人员和装备。战役情报侦察力量由陆军、海军、空军和人民群众的侦察力量所组成。

1. 陆军侦察力量及运用

陆军侦察力量包括合成战役军团直属的和兵种专业的以及部队的侦察力量。合成战役军团直属侦察力量有无线电技术侦察部(分)队、谍报站、武装侦察分队、雷达侦察部（分）队、无人驾驶机和直升机侦察队。主要遂行战役情报侦察任务，获取战役指挥所需的各种情报。步兵、炮兵、装甲兵、工程兵、防化兵和电子对抗部队等专业侦察力量，主要保障本兵种作战所需的情报，同时完成战役军团所赋予的侦察任务。作战部队在遂行作战任务时，都必须积极查明当面和行动地域内的情况。必要时还可指派一定的部（分）队专门执行侦察任务。

陆军侦察力量在地面作战中担负着主要的侦察任务。战役指挥员及司令部应根据各种侦察力量的特点和能力，正确赋予任务，及时协调行动，用以构成严密的侦察配系。各兵种侦察力量必须树立全局观念，主动配合，积极完成战役军团所赋予的侦察任务。

2. 海军侦察力量及运用

海军的专业侦察力量主要有无线电技术侦察部队、航空侦察部（分）队、侦察船大队、两栖侦察队、海岸观察部队。此外，海军战斗序列内各兵力群（潜艇和水面舰艇）在执行任务中，应同时遂行侦察任务。海军侦察力量是海军作战的重要保障，主要获取海军作战所需的情报，同时也完成战役军团所赋予的侦察任务。它可以在濒海、近海、中远海执行侦察任务，并可分别在空中、水面、水下和海岸进行。海军参加合同战役时，在反空袭、抗登陆、登陆、支援和协同岛屿、要塞作战以及扼守海峡、水道作战中，协同陆军、空军组织海上方向的侦察，主要查明敌海上舰艇活动情况。

海军侦察由参加合同战役的海军指挥员及司令部组织实施。海军执行侦察任务的潜艇，主要担负远程战略、战役侦察任务，使用时应由合成战役军团指挥员决定派遣。

3. 空军侦察力量及运用

空军侦察力量主要有航空侦察部（分）队、无线电技术侦察部队、雷达部队、空降兵侦察分队。此外，所有飞行人员在战斗飞行中，都负有侦察任务。空军侦察力量是空军作战的重要保障，主要获取空军作战所需的情报，并担负合成战役军团所赋予的侦察任务。在合同战役中，空军担负的主要侦察任务是：在反空袭和争夺制空权的斗争中组织对敌纵深地区和空中目标的侦察；为保障陆、海军作战，组织对地面和水面目标实施侦察；并负责检查我军伪装和对敌实施突击的效果。

空军侦察由参加合同战役的空军指挥员及司令部组织实施，空军的航空侦察是战役侦察的主要手段之一，在战役过程中应充分发挥其作用，为地面军队提供作战所需的情报。

4. 人民群众侦察力量及运用

人民群众侦察，是以民兵为骨干的人民群众进行的侦察。其主要组织形式是以民兵组织为基础编组的侦察分队、观察所（哨）、侦察船（队）、情报站等。人民群众侦察，在战区统一组织计划下，由以军团所在地的省军区、军分区，会同地方有关部门具体组织实施。在未来作战中，民兵、人民群众可配合正规兵团在正面和纵深实施侦察，广泛实施敌后侦察，协同部队遂行反空降侦察等，是一种重要的侦察力量。

（六）战役情报侦察手段

侦察手段是获取战役情报的具体方法。现代战役情报侦察任务繁重，必须充分发挥多种侦察方式和手段的效能，从不同领域、不同方向、不同渠道获取各种情报，才能适应战役的需要。各种侦察手段都有其特长，战役指挥员和司令部必须根据其特点、侦察任务和侦察对象的实施情况，灵活运用。

1. 无线电技术侦察

无线电技术侦察是现代战争中广泛使用的一种重要侦察手段。主要通过无线电侦听、侦收、测向和雷达侦测等方式截收无线电设备发射的电波，从中获取敌情资料。其特点是侦察距离远，范围广，受天候、地形和战局的影响较小，不易中断，获取情报比较准确及时，但因受电波传播条件限制，比较被动，易受敌无线电静默、佯动欺骗、施放干扰的影响。实施无线电技术侦察时，应做到侦听、侦收和测向相结合，全面搜集和重点侦控相结合，并应经常研究敌台通联规律和密码使用特点，切实做好技术保障工作。

2. 谍报侦察

谍报侦察又称秘密侦察，它是向敌占区或敌人内部秘密派出或就地发展情报人员，以合法身份做掩护，对敌人进行的侦察。可获取敌人内部和纵深的重要情报，有时甚至是敌人核心机密情报，是平时和战时都可使用的一种侦察手段。主要用于战略和战役侦察，一般由方面军组织实施，集团军可利用就近有条件的人员组织战场派遣，查明敌区情况。战场派遣特点是：临时物色派遣对象，活动时间短、距离近、任务具体、目的有限。战场派遣视情况可由作战部队直接组织，或由作战部队提出要求，由地方有关部门组织实施。

3. 卫星侦察

卫星侦察是用卫星装载侦察设备进行的侦察，是一种现代化侦察手段。卫星运行速度快，侦察不受国界及地理条件的限制。侦察面积大、范围广、效果好，可定时或连续对一个地区进行侦察和监视。照相侦察卫星能及时准确地获取广大地域内敌人各种目标的情况，其红外照相和多光谱照相还具有夜间侦察和识别伪装的能力。电子侦察卫星可以探测敌无线电台和雷达的位置，录取和转发电磁信号，但气象条件和反侦察措施会对其侦察效果产生一定的影响。

卫星侦察主要用于战略侦察，也可用于战役侦察，由统帅部统一组织、管理和使用。根据需要，战役军团可向统帅部提出使用申请。

4. 雷达侦察

雷达侦察系指利用雷达发现并测定地面、水面和空中目标位置的侦察。雷达是利用无线电波发现目标的设备。

雷达可在地面侦察，也可安装在卫星、飞机、舰艇上和联装在火炮上进行侦察。战役军团常用的雷达有：

警戒雷达：用来发现远距离的敌机、导弹和舰艇，并测定其位置，从而实现对空或对海的侦察与监视，以便敌机、导弹、舰艇临近防区之前，有一定时间做好临战准备。

侦察活动目标雷达：主要用于侦察敌地面或海上运动目标

(人员、坦克、车辆、舰艇)的运动方向和速度，监视敌低空飞行的飞机。

炮位侦察校射雷达：侦察敌炮兵发射位置和校正己方火炮射击的雷达。通过探测射弹某一段弹道，可由计算机推算出敌炮兵阵地位置和对己方火炮射击进行校正。

雷达侦察搜索范围广，探测距离远，发现目标快，精度高，作业简便迅速，不受昼夜限制，能够实现全天候侦察；但受地形影响大，在非通视区及雷达顶部有一定盲区；雷达侦察靠发射无线电波探测目标，属主动式侦察器材，易被反雷达兵器、器材发现，易被摧毁、干扰和欺骗。组织实施侦察时，应力求消灭盲区，注意隐蔽和伪装，并应不断提高雷达抗干扰能力。

5. 航空侦察

航空侦察运用广泛，能在短时间里获取宽大正面、大纵深内的敌情，侦察效果便于分析研究，准确性高，是获取战役情报的重要手段，但受气象条件影响和防空火力的威胁。战役军团常用的航空侦察飞机有远程侦察机、反潜巡逻机、战术侦察机、电子侦察机、无人驾驶侦察机和直升侦察机等。采取目视、照相、电视、无线电技术、音响和非音响探测等手段实施侦察。

目视观察：目视观察简便易行，视野开阔，适于观察活动目标和监视战场情况，但飞行高度、速度、气象和敌人实施伪装使观察受到一定限制。为此，应与技术侦察紧密结合。

照相侦察：侦察飞机上安装照相机，可实施可见光照相、红外照相、多光谱照相和微波成相。机载侧视雷达可在我区上空对敌方阵地实施大面积照相，红外、多光谱照相还具有揭露伪装的能力。

电视侦察：侦察飞机上安装电视摄像机，可将地面目标的真实情况边拍摄边传输，直接反映在地面的接收屏幕上，图像清晰，便于直接判读目标性质和位置，同时装有磁记录设备，可将图像录到磁带上供反复判读使用。

无线电技术侦察：电子侦察机上机载无线电技术设备，可接收敌各种无线电台和各种雷达的无线电信号，从中判明和获取敌有关情况。

音响和非音响探测侦察：反潜巡逻机安装有各种音响和非音响探测设备，用于对水下航行的潜艇进行侦察。

6. 舰艇侦察

舰艇侦察是海上侦察的重要手段，分为水面舰艇侦察和潜艇侦察两种。

水面舰艇：续航力大，自卫能力强，能对海上目标实施较长时间的侦察与监视，以观察、雷达、声纳和无线电技术侦察等手段，可查明敌水面和水下舰艇位置、运动要素、兵力编成、行动企图等情报。但舰艇目标易暴露，易遭敌抗击。

潜艇：具有良好的隐蔽性，较大的续航力、自给力和较强的突击威力。艇上的侦察器材主要有潜望镜、雷达和各种声纳，它能远离基地深入到海上战略、战役纵深实施侦察。核动力潜艇续航力更强，能实施环球侦察。但因水下速度慢，通信联络困难，执行侦察任务也有一定的局限性。潜艇主要用于查明敌海上和水下舰艇的活动情况，可潜伏在敌人港口、基地或敌舰经常活动的海区，进行侦察监视与跟踪，还可输送侦察人员到敌岸、敌岛进行侦察。

7. 战场观察

战场观察系用目力或借助于光学器材对一定区域、目标进行的监视和察看，是诸军兵种各部队普遍采用的一种侦察手段。通过观察和监视，可掌握敌地面、空中和海上的活动情况。观察简便易行，不受国界、语言和空间限制，所获情况实时准确，但易受地形、气象和敌伪装的影响。战场观察所（哨）的位置应选在视界开阔、便于观察、隐蔽和构筑工事的地点。

8. 战斗侦察

战斗侦察是以进攻或佯攻行动进行的侦察。现代战役由于伪装技术广泛运用，战场情况容易出现假象。当采取其他手段不能获取敌真实情报时，根据战役指挥员指示，可组织实施战斗侦察。以进攻战斗的行动，查明敌人阵地虚实、兵力部署、火力配系、工事构筑和障碍设备等情况。战斗侦察的任务通常由作战部（分）队担任。其兵力视侦察目的、时机、敌情等情况确定。实施战斗侦察时必须明确任务，周密协同，积极行动。战役过程中，战术指挥员需要采取战斗侦察时，应预先报告并经上级批准后方可进行，不得影响战役全局。

9. 火力侦察

以火力袭击的方法迫敌或诱敌还击，使其暴露火力配系，从而查明其兵力部署、阵地编成、目标位置等情况。通常经上级批准后实施。执行独立任务的兵团、部队，可按当时情况灵活进行；实施火力侦察时，火器应占领临时发射阵地，并组织严密的观察。

10. 敌后侦察

敌后侦察是派出侦察分队在敌人后方进行的侦察。主要任务是查明敌纵深和后方的部队集结、调动，指挥所、通信枢纽、电子战部队和核、化学、生物武器的配置位置以及油料弹药供应补给交通运输等情况，派出的方法有预先留置、空降或从地面、海上渗入等。敌后侦察分队编组要精干，任务要具体，装备要轻便，配备小型远距离无线电通信工具。进入敌后与当地民兵、游击队取得联系，采取各种手段积极开展侦察活动，及时查明和上报所获情况。

11. 搜集敌军文件

敌军文件资料是重要的情报来源，广泛搜集敌军作战文书、档案资料、地图、密码、表册、军事图书、内部报刊、书信日记证件和新式兵器、技术器材的资料等，可从中获取敌之作战企图、战斗编成、后勤补给、兵要地志和政治士气等重要情报。这些资料，有的是敌情的直接记录或反映，内容准确具体，可为研究敌情提供依据。凡与当前战役任务有关的应及时利用和上报，对本次战役无直接价值的应提供有关部门研究处理。搜集敌军文件资料的工作在战役过程中除指定专人负责外，各部队均应注意搜集。

上述各种侦察手段必须根据当时情况，灵活运用，切忌呆板单一。未来战争中，其他侦察手段和方法，如捕俘、窃听、潜听、搜索、调查询问和地面照相等，也应根据作战需要，广泛运用。

（七）战役情报侦察的组织实施

迅速而周密地组织与实施战役情报侦察，是确保有效获取战役情报的重要措施。

战役情报侦察的组织与实施，应根据战役的具体情况而定。当在预设战场作战时，通常是在掌握某些情况的基础上，迅速组织侦察新的情况，如在新的战场上作战，应很快组织查明作战所需的全部情况。无论进行何种战役，为了有效地保障指挥员定下决心和指挥作战，情报工作都必须先行于部队的作战行动。这既是一切军队作战行动的基本经验，又是战役情报保障的重要要求。特别是在现代条件下，战场情况变化迅速，作战节奏急剧加快，要求军队随时作出快速反应。情报侦察先行的作用就显得更加重要。因此，战役的组织与实施，自始至终必须贯彻情报侦察先行的原则。战役情报侦察可分为四个阶段：

1. 组织先期情报侦察

任何战役作战都要组织先期情报侦察。其目的是为指挥员定下战役决心，计划战役和全面展开情报侦察打下基础。战役指挥员接到作战的预先号令后，要立即向司令部发出组织先期情报侦察的指示，明确当面敌情、本军团可能担负的战役任务、情报侦察的任务和范围、先遣侦察机构的编成、出发时间、报告情况的时间和方法。先期情报侦察通常以本级和下级直属的各兵种的侦察力量的一种分兵力编成先遣侦察支队，迅速出发到预定作战地区，积极开展情报侦察活动。根据情况和任务，还可派出少量架次的侦察飞机、舰船对敌实施先期航空侦察和海上侦察。

先遣侦察支队的主要任务是：在平时所掌握情况的基础上，迅速展开无线电技术侦察和地面观察，监视敌地面（水面）和空中的活动情况；并主动与当地部队和地方有关部门取得联系，搜集了解他们已掌握的敌情、地形等情况；掌握敌主力所在位置、部署和行动企图；派出若干调查组，查明己方从集结地域向前开进地段的地形、道路等情况。各侦察机构应临时区分侦察区域，熟悉当面敌情、地形和民情，为全面展开侦察作好准备。实施先期侦察，要特别注意隐蔽己方作战企图，通常不向敌纵深派出侦察机构。

2. 保障指挥员定下决心的情报侦察

指挥员受领作战任务后，应在先期侦察的基础上，立即组织开展全面的战役情报侦察，以获取保障定下决心所需的具体情报。

(1) 明确作战意图，规定情报侦察任务

战役指挥员应根据受领的作战任务，及早向情报侦察部门下达侦察指示，其内容主要包括：作战任务和作战意图、侦察任务及其重点、应采取的主要侦察手段、完成侦察任务和提出敌情综合报告的时间、主要的保障措施和要求等。对完成任务起决定作用的侦察机构和人员，必要时指挥员应亲自交待侦察任务，提出要求，并及时了解和掌握其活动情况。

为保障指挥员定下决心，需要全面查明当面的情况，主要包括：敌人兵力、番号、作战布势、指挥系统和行动企图；战役预备队的编成、集结位置；核、化学、生物武器的种类数量、配置位置和准备使用情况；电子技术部队的数量、性能和配置地域；后方运输补给以及作战地区的地形、道路、天候和社会情况等。当在濒海地区作战时，还应掌握敌海上活动情况。

(2) 审批情报侦察计划和指示，督促检查情报侦察工作

情报侦察计划是组织实施的情报侦察基本文书，由情报侦察部门根据作战任务、指挥员和上级司令部的侦察指示，结合本军队的实际情况拟制，经本级主管首长批准后作为组织实施侦察的依据。侦察计划的内容通常包括：战役各阶段、各兵团、各军兵种以及直属侦察部（分）队的侦察任务及要求，侦察力量的编成及部署，拟派出的侦察机构，侦察协同的组织，完成任务的时限，报告情况的方法，物资、器材的保障，需要向上级提出侦察申请的事项等。其表达形式可采取表格式、地图（要图）注记式和文字记述式。对当前侦察活动应具体计划，对尔后侦察活动可概略计划，对重要侦察行动还可单独拟制计划。在审批计划时主要应考虑：符合作战意图和上级侦察指示；侦察配系严密；侦察重点突出；任务区分恰当，力量和手段使用正确；控制预备力

量。

侦察指示是战役司令部向所属各兵团、各军兵种司令部赋予侦察任务的文书，由战役侦察部门根据侦察计划拟制，由主管首长审批后下发。其内容包括：简要敌情、侦察任务、侦察措施和要求、报告情况的时间、方法和其他有关事项。一般用文字、电报、电话或口头等形式下达。主管首长审批侦察指示时应考虑：任务恰当、措施具体、要求合理等。

为保障侦察工作按计划组织实施，指挥员应进行督促检查，以便发现问题及时解决。其方法可采取指派专人了解情况，听取有关人员汇报，查阅侦察文书和情况报告，利用通信工具询问，必要时亲临侦察部队具体检查指导。

(3) 建立严密完整的情报侦察体系

正确部署侦察，形成严密完整的情报侦察体系，是及时掌握敌情、争取战役主动的前提。现代战役情报侦察工作，没有在地面、海上（水下)、空中，甚至外层空间的严密协调的各种侦察监视系统，就不可能全面掌握宽大正面和深远纵深的大面积和大批量的情报信息。因此，战役指挥员及其司令部，必须根据作战任务和侦察力量的性质、特点和能力，建立起适合各种作战行动的多层次、全空间、重叠覆盖、控制战役全过程的完善的情报侦察体系。

对地面侦察体系：主要侦察和掌握敌地面活动的各种情况，所获情报按指挥系统集中上报战役军团司令部情报处理中心。

对正面战场的侦察：由战役军团、第一线攻击集团或防守集团的各种侦察力量担负，侦察掌握敌进攻、防御集团的兵力部署、行动企图和发展变化等情况。

对敌后战场的侦察：主要由战役军团的航空侦察部队（或战役预备队)、无线电技术侦察部队、敌后侦察分队和在敌后活动的作战部队、民兵、游击队担任，侦察掌握敌指挥通信系统、高技术武器系统、后续梯队和后勤补给系统等情况。

对己方纵深的侦察：主要由担负纵深作战任务的部队、无线电技术侦察部队、地面侦察分队以及民兵、人民群众侦察力量担任，侦察掌握敌对己方纵深空袭、空降和地面部队突入己方纵深的情况。

对翼侧和接合部的侦察：战役军团应向受威胁的翼侧派出地面和航空侦察力量，监视敌人的行动。所属部队应派出一定的侦察力量，对接合部进行侦察警戒，防敌突入。

对空侦察体系：以空军的对空警戒雷达和无线电技术侦察部队为主，结合军团编成的对空警戒雷达、高炮雷达以及各部队和民兵派出的对空观察哨，形成全纵深、全方位严密的对空侦察体系，侦察掌握敌对己方实施空袭、空降的情况，以有效地保障己方反空袭和反空降作战的需要。空军对空警戒雷达获取的敌空中情报，由空军集中通报，战役军团所属师以上各级司令部的情报处理中心进行接收处理。

对海侦察体系：战役军团在濒海地区作战时，对海上（水下）的侦察应以海军侦察力量为主，包括对海警戒雷达部队、无线电技术侦察部队、航空侦察部队、专业侦察部队、水面舰艇和潜艇部队以及海上民兵和渔民等，形成对海上（水下）远、中、近距离的侦察体系，严密掌握敌海军舰艇的集结和活动情况。海军对海警戒雷达所获取的敌海上情报，由海军集中通报，战役军团所属师以上各级司令部的情报处理中心进行接收处理。

组织侦察协同和通信保障：侦察协同主要指各军兵种情报侦察部门之间、情报侦察机构与有关战斗、支援、掩护部（分）队之间的相互配合的行动。

现代战役，侦察任务量大面广，参加的兵力、手段多，组织侦察复杂。为了使各种侦察力量密切配合，协调一致地行动，共同完成侦察任务，各军兵种侦察部门之间，专业侦察机构与配合侦察行动的作战部队之间、无线电技术侦察部队与电子干扰部队之间、军队侦察和人民群众侦察之间，应周密地组织侦察协同。战役侦察协同由战役侦察部门根据侦察计划和指挥员关于组织侦察协同的指示具体组织，涉及到与作战部队有关的侦察协同和执行特殊任务机构的侦察协同，指挥员应亲自组织。通过组织侦察协同，使有关单位之间互相了解情况，明确相互支持、配合的方案，互相之间协调行动的方法，联络信（记）号的规定等。组织侦察协同的时机通常在下达侦察指示和下级侦察部门基本完成计划侦察工作之后进行。组织侦察协同的方法应根据具体情况而定，可以召开会议，个别协商或下达书面指示等形式，也可在沙盘或地图上进行。

为保障及时指挥侦察行动，迅速地传递情报信息，必须建立顺畅的通信联络，侦察部门与直接派出的侦察机构之间以及与主要方向上兵团侦察部门之间应建立专门通信。力求使侦察情报通信形成独立的通信网络。重要情报应采取多种通信手段传递。各军兵种、各部队的通信网络，均应优先保障情报的迅速传递。侦察的通信联络，通常由侦察部门会同通信部门，根据侦察任务的需要共同研究提出方案，经主管首长批准后贯彻执行。

3. 保障实现指挥员决心的情报侦察

保障实现指挥员决心的情报侦察，是指战役指挥员定下决心后，各种情报侦察力量和机构对战场可能出现的新情况进行的侦察控制和监视。战役过程中，战场情况千变万化，指挥员要把握战场主动权，实现既定决心，正确指导作战，就必须组织不间断的侦察，随时掌握战场的新动态。为此，指挥员定下决心后，应指示侦察部门对原已查明的情况进行详细对照、核实，并掌握其变化；对原来没有查清的重要情况，应进一步组织力量尽快查清；要特别注意侦察和掌握主要方向上的敌情及其变化。指挥员应指示情报侦察部门充实和修改原来的侦察计划，草拟和下达补充侦察指示，调整侦察部署，派出新的侦察机构，严密监视敌人的动向。

战役开始后，应及时掌握当面之敌遭己方打击的程度，敌当前的作战行动和企图以及兵力变化情况，主要由与敌交战的第一线兵团、部队负责查明。战役军团应加强航空侦察、敌兵侦察、无线电技术侦察和民兵、人民群众侦察等有效方法，重点侦察监视敌人纵深和后续梯队的行动，对己方纵深实施地面突击、空降以及在己方翼侧可能采取的行动。在濒海地区作战时，还应侦察掌握敌海上的活动情况，包括敌舰艇编队、出航时间、航行方向、速度、换乘海域，空中和舰炮火力向己方海岸突击的时间、规模、登陆兵上陆的地区、空降地域和兵力以及后续梯队的行动。

战役过程中，指挥员应密切注视战场情况的发展变化，及时提出新的侦察任务和要求。指示侦察部门周密组织各种侦察力量，连续实施不间断的侦察，及时提供最新情报，以实施正确的作战指挥。

4. 保障战役转换的情报侦察

未来战役，将是多种作战形式同时展开的，一次战役中可能有进攻有防御、有追击有阻击、有空袭反空袭、空降反空降，在濒海地区作战时还有海上作战。在上级编成的战役军团，为了达成整个战役目的，有时可能担负多种作战任务。战役过程中可能会由防御转为进攻或追击，可能会由进攻转为防御或阻击，可能歼敌一路后转移兵力歼敌另一路（一部）或歼敌空降。战役指挥员应根据战局的发展，预见战役可能的转换时机，及时指示侦察部门作好战役转换的侦察保障。除严密监视被己方直接打击之敌的情况外，还应通过上级和友邻及时了解整个战场的情况，并注意研究掌握其他方向的敌情发展对当前战役的影响。当任务需要进行战役转换时，应迅速向新的作战地区转移侦察力量，建立新的侦察部署，形成新的侦察重点，采取最有效的侦察手段和措施，尽快获取作战所需的情报。

当战役军团由防御转为进攻时，主要应查明敌主力集团所在位置，兵力部署，防御措施及其强弱点；当由进攻转为防御时，主要应查明进攻己方之敌的兵力编成，进攻方向和企图，可能发起攻击的时间等；当己方部队撤离战场时，应监视敌方航空兵、炮兵、导弹部队可能采取的报复行动及可能对己方尾追之敌的动向，同时应查明己方机动方向的敌情、地形、道路等情况。

战役任务转换后，新战役的准备时间可能极为短暂，也可能是边行动边组织侦察。因此，应充分发挥航空侦察、快速机动侦察分队以及无线电技术侦察部队的作用，抓住重点，查明最急需的情况，并应注意利用在预定作战地区已经展开的侦察机构和与敌方直接接触的作战部队以及广大人民群众广泛搜集的情报。为确保战役转换过程中不间断地实施侦察、尽快掌握战役任务转换后的敌情，应有计划地转移侦察力量。其顺序是首先转移侦察预备队，尔后转移第一线侦察力量；先转移战役军团侦察力量，后转移各军兵种侦察力量。

(八) 战役情报处理、决断与运用

1. 战役情报处理

战役情报处理，是将各种来源的情报，从集中综合、分析研究、加工处理，到提供指挥员使用和情报决断的全部工作过程。对其基本要求是集中、快速、准确，并贯彻于战役全过程。

集中处理情报，就是将各军兵种部队、各种侦察力量所获取的情报，由战役军团司令部的情报侦察部门统一归口、集中搜集、集中整理、集中报告和通报。集中处理情报，有利于对情报的综合分析研究、互相印证；有利于避免由于多头向指挥员报告和向部队通报而造成不必要的重复和混乱；有利于指挥员综合分析、集中使用，充分发挥情报在作战中的效用。快速处理情报是提高情报使用效率的一个根本措施。现代战役，战场广阔，情报信息量大，情况变化快，情报的处理必须高速度进行。情报的贮存、分析、整理、处理，单靠手工作业的方法和人工的思维判断，难以达到情报快速反应的要求，必须采用先进的情报辅助处理系统，才能从根本上提高情报处理的速度。

为集中、快速、准确地处理情报，战役军团应以情报侦察部门为基础建立情报处理中心。情报处理中心是战役指挥机构的重要组成部分。战役指挥员应注意建立和健全情报处理中心的组织；明确情报处理中心的主要任务；根据作战的需要适时提出搜集情报的要求；与情报处理中心共同研究情报；经常督促、检查和指导情报处理中心的工作。情报处理中心的任务是：

搜集情报：为了占有充分的情报资料，应根据战役指挥的需要，广泛搜集各种来源的情报，进行点滴积累，认真登记，以作为认识客观情况的基础。战役军团直接派出的、各军兵种部队和人民群众的侦察力量获取的情报，均应根据战役指挥的需要向情报处理中心报告。同时情报处理中心对各单位搜集情报的工作要进行指导。

整理情报：就是在充分占有情报资料的基础上，对情报进行科学的综合分析研究，作出结论，整理成文。分析研究是整理情报的关键，应采取实事求是的态度和科学的方法，抓住敌情的本质，得出正确的看法。

提供使用：就是将整理好的情报，及时提供指挥员使用并报告上级司令部，通报所属部队和友邻。为使情报充分发挥效用，应根据作战需要和情报性质，按照轻重缓急，及时处理，不得延缓时间，影响情报的时效性。

建立档案：就是将已处理过的情报分门别类，建立档案，以便于总结情报使用的经验教训和系统研究敌情。这是情报处理中心一项经常性工作。

2. 战役情报决断及运用

情报决断，是对战役重大情报使用所作的决定。它是战役指挥员最主要的任务之一。情报决断的正确与否对战役行动有重要的影响。

战役指挥机关通过各种渠道搜集到的大量情报，是指挥员“知彼知己”、统观全局、审时度势、把握战机、灵活运用战法的必要条件。指挥员要对情报运用得正确和恰当，必须对拟使用的情报进行“去粗取精，去伪存真，由此及彼，由表及里”的分析研究，得出正确结论，才能作出正确的决断。在情报决断时，主要应掌握以下几点：

(1) 客观地分析情报：就是从客观存在的事实出发，以实事求是的态度去分析认识敌情，从而判明敌人的真实企图。作战中，要事先将敌情的全部或大部看到、听到是不可能的，但敌人的活动是客观存在的，不论其如何隐蔽保密，总会有征兆可寻、有端倪可察。搜集的情报资料尽管较零碎，但它们却是客观事实的反映，通过对点滴资料的分析判断，总可以看出敌方情况的大概轮廓。可以从敌俘虏口供的有关情况，判断敌之番号、兵力；从敌作战思想、地形特点，可判断敌之防御部署；从敌电台的配置和通信联络情况，可判断敌之指挥系统；从物资输送情况，可判断敌之作战规模；从缴获的敌军的信件、日记、照片，可判断其士气等等。只有以客观事实作为基础，科学地进行分析判断，才能找出敌人的行动规律，全面地掌握敌情并预测其以后的发展。

(2) 深入地研究敌情：现代作战，敌方为达成战役的突然性，将采取各种措施，以制造假象进行迷惑和欺骗，以隐蔽其真实行动企图，加之己方在侦察、搜集、传递和报告情况的过程中可能出现的失误，往往使敌情真伪交织、虚实混杂，真实性和可靠性难以断定。因此，指挥员应深入地进行研究，将情报来源可靠程度大，情报要素全，内容具体明确，符合敌人行动规律和特点，与已掌握的真实敌情相吻合，并能得到其他来源印证的情报，作为自己进行情报决断的基础。对那些真实性比较小，与其他可靠来源的情报相矛盾，与敌行动特点规律明显不符，疑点较多的情报，不能作为情报决断的依据，应继续查证待判明后再作取舍。战场上敌情的真假、虚实是常有的，指挥员必须善于识破敌人的假象，判明敌人的真实情况，这是情报决断的核心问题。要防止误假为真，或误真为假，或虚实不分，才能准确鉴别，恰当选择，作出正确的情报决断。

(3) 综合地判断敌情：就是指挥员对各种情况进行综合分析，判明情况性质及其在决断中所占的地位和作用。因为事物之间常常是相互联系、相互制约的，敌人的各种活动也不是孤立的，判断情况必须善于联系，将局部情况与全部情况相联系；动向情况与基本情况相联系；机密情况与公开资料相联系；敌情动态与自然环境相联系。综合判断敌情要着眼于从战役和战略全局出发，抓住主要矛盾，从总体上分析和把握敌人的态势。因为在一定的时间和情况下，为某种作战目的而形成的态势，反映着敌人总的作战企图，从总体出发分析敌人在战场上的具体态势，对于敌人行动的本质和企图，就可以看得比较清楚。还要从数量与质量上分析考察敌之作战能力，计算敌我兵力对比，根据己方态势，判断敌人可能采取的行动，从战术上分析敌人的作战特点，敌将运用何种战法，从而预见战场可能出现的新形势，作好敌变我变、先变于敌的准备。

(4) 及时地使用情报：战役作战对情报的及时性要求极高。一份情报，从搜集到决断的时间与决断后军队行动的时间之和，必须少于情报具有价值的时间；否则，情报就会失去价值。因此，战役作战要求指挥员在情报决断时，必须思维敏捷，毫不迟疑，切忌多疑不决，优柔寡断，以免在战场情况急剧变化时贻误战机。

为了正确地做出情报决断，指挥员除掌握正确的决断方法外，还必须具备优良的决断素质。决断素质包括品质修养和知识修养两方面。品质修养，主要要求指挥员有决断魄力和应变能力，在瞬息万变的情况下，必须坚定沉着、机敏、果断。决断就是要不怕担风险，形势看准了，就要当机立断，以特有的敏感作出快速反应。指挥员进行情报决断时，还要善于发挥决策机关的整体效应，善于倾听各方面的意见。知识修养，主要要求指挥员要有丰富渊博的科学文化知识，除精通军事理论外，还应当以辩证唯物主义的认识论、方法论作指导，广泛涉猎社会学、经济学、情报学、运筹学、信息论、控制论、系统论等现代科学知识，并充分利用电子计算机现代化的指挥、控制、通信、情报系统，运用科学决断方法，人、机结合，提高决断水平，快速、准确地进行情报决断，使情报发挥最大的效益。

三、战役战场情报

(一) 概　述

战役战场是战役敌对双方进行较量的场所。了解战役战场与战役作战的联系和影响，准确掌握其发展变化规律，是正确选择战场，利用战场和有效地进行战场准备的前提条件。战场作为一种制胜的因素，历来为兵家所重视。现代条件下，技术装备的发展，战场对作战的影响仍然很大，必须认真研究掌握，加以利用。

战役战场由多种因素构成，主要有自然环境、社会环境、经济环境、交通、通讯和人为环境等。战役战场情报，就是要获取这些方面的情报，为战役指挥员选择战场，制定计划，实施战场控制提供保障。

（二）战役战场情报的搜集要素

1. 自然环境

自然环境是影响战役最重要的因素，是战役情报要搜集的重要内容之一。自然环境主要是地形、水文和气象。

地形包括山地、丘陵地、平原、岛屿和海岸以及草原、荒漠、水网地等。不同的地形，对战役行动产生不同的影响。

山地：地形复杂，道路、居民稀少，物资缺乏，军队行动受限制，尤其是不便于重装备部队行动。山地是进攻者的天然障碍，易守难攻。防御时，便于构筑阵地，凭险据守，卡口制谷，节省兵力。山地能够分割进攻者的作战队形，迫使进攻一方沿有限的通道进攻，便于防者进行重点设防、重点守备。山地进攻时便于隐蔽集结和接敌，便于伏击，便于实施穿插、迂回和进行侧后攻击，但不便于协同和指挥。在现代条件下，由于空降兵和直升机的广泛使用，使进攻者垂直突击能力日益增强，给山地防御造成严重威胁。

丘陵地：北方丘陵地多为旱田，树木较少，对部队行动影响较小；南方丘陵地多幼树林和灌木丛，谷内多小溪，军队行动受到一定限制。丘陵地能构成较坚固的防御阵地，可成为防御的有效依托，但由于地形相对均衡，防御翼侧往往缺少有利地形作掩护。在这种地形上组织防御，机动作战显得极为重要。在丘陵地实施进攻，便于进行多路多方向的攻击和迂回，便于选择防御的薄弱部位实施集中突击，迅速对敌达成合围。丘陵地进攻还有利于及早发现防御者的攻势行动，便于从行进间粉碎对方企图，但进攻行动容易暴露。

平原：平坦开阔，展望良好，交通发达，便于机械化部队行动，但大部队行动容易暴露。夏秋季节，树木和高苗枝叶繁茂，便于隐蔽伪装。居民地多，人口稠密，补给方便。平原地防御，难以寻找可资坚守的有利地形，不易选择和构筑各种阵地。城镇、居民地、突出的山丘在整个防御体系中具有重要作用。平原地防御，通常要加大纵深，进行大规模、大面积的地形改造，形成彼此联系，又具有独立作战能力的环形防御体系。防坦克、防火力袭击问题突出。平原地进攻，便于迅速集中兵力，实施多路、多方向、多梯次的连续突击，便于广泛实施迂回包围，使战役在正面、翼侧和后方同时展开，还便于协同和指挥。平原地利于机械化部队实施追击作战。夏秋季节，平原是实施游击战的良好场所。

岛屿与海岸：我国有6000多个岛屿，海岸线长1.8万余公里，海上历来是敌人入侵我国的重要方向。我国沿海岛屿，多数为列岛或群岛，少数为孤岛。岛屿四面环水，地幅狭小，岸线弯曲。岸陡滩狭，地形起伏复杂，物产、淡水缺乏。岛屿作战，在战役范围内，一般成为登陆战役或抗登陆战役的组成部分。有的大岛作战，本身可构成一次战役。岛屿是大陆的天然屏障，依托岛屿可以控制一定海域、空域，削弱和破坏敌人的进攻，迫敌过早展开。岛屿也是海军作战的依托和进攻敌人的前进基地，对于部队休整和屯集物资有重要作用。岛屿作战，一般利于防御不利于进攻。岛上多山，地形险要，登陆地段少，便于依托有利地形，构筑坚固阵地，但防御纵深有限，回旋余地小，补给困难，岛屿之间通信、协同和指挥不便，易四面受敌。对岛屿进攻时，队形暴露于海面，易遭受来自空中、海上和岛上的袭击，岛岸多险峻地段，登陆不便，气候、海浪和潮汐对战役行动影响很大。

海岸，依其性质可分为泥岸、岩岸和沙岸。泥岸多与平原连接，岸滩多淤泥，岸线直，岸坡缓，涨落潮界线距离远，不便于军队登陆，但也不便于构筑阵地。岩岸多为山地漫延入海，岸高耸陡峭，岸线曲折，近岸多岛屿、礁石，滨海地形起伏大，港湾多。岩岸登陆地段少而小，不便展开与靠岸，向纵深发展困难，但便于构筑坚固阵地，依托要点组成大纵深的防御。沙岸多由丘陵地入海而成，岸线曲折，港湾较多，岸坡短平，地形隐蔽，便于登陆地段多。舰船易靠岸，便于向纵深发展。防御时，海岸突出部、沿海高地和近岸岛屿通常是敌我双方争夺的焦点。

水文包括江河、湖泊及海洋水文等。

江河水文：它对战役行动影响很大。水浅、流缓、底质坚硬的江河，部队可以徒涉，反之，则要架桥或开设渡场和准备渡河工具。雨季水位猛涨，易形成障碍。冬季严寒地区江河封冻，不成障碍，重装备亦通行无阻。与作战方向垂直的江河是防御者的天然屏障，是进攻者的障碍。与作战方向一致的纵向江河，便于机动部队输送物资，但它易分割作战队形，相互协调困难。平原地作战，江河被认为是最有利的自然防线。航空兵的大量使用和两栖登陆工具的出现，会降低江河对作战的影响。

海洋水文：它对战役行动的影响是：水深决定着各种舰艇活动的区域和范围。登陆作战必须掌握潮汐规律，根据潮汐特点选择登陆地段、工具和时间。潮差、潮流对布雷影响也很大，使水雷产生偏降、位移以及断索漂雷或暴露水面等。波浪不仅直接影响舰船航行，而且对射击影响很大。近岸海流和拍岸浪的缓急和大小，直接决定着登陆兵能否顺利上岸。海水透明度对潜艇下潜深度和实施隐蔽攻击也有影响。分析海洋水文，应把各种因素联系起来综合考虑，并着重掌握其变化的规律。

气象主要指战场空间的气温、云雾、降水和风。

气温：严寒、酷热会使军队非战斗减员，对作战行动影响很大。严寒，使人员负荷加重，车辆机动和武器射击都受影响，但河流、沼泽冰冻又有利于部队机动。气温越高，化学毒剂汽化越快，对人伤害越大。气温异常对炮兵射击也有影响。

云雾：云对航空兵的影响最大，对目视飞行、搜索敌机和精确轰炸造成困难，也不利于空中照相和侦察。但飞机可以利用云层隐蔽飞行。可以利用浓雾实施侦察、突袭、进攻、防御和转移。海雾使水面舰艇定位、目视、通信都极为困难，舰炮射击和布雷等任务也难以完成。但海雾有利于舰艇突然袭击和摆脱敌人追击。雾对飞机的起、降和飞行安全影响极大。

降水：大雨或暴雨对大兵团机动，特别是机械化部队行动造成困难，尤其影响后方保障。但若善于利用，也可出奇制胜。降雨影响飞机的空中飞行、安全起飞和着陆。

风：风暴对野战影响大，使军队机动受限制，并容易造成武器和机械故障，但可利用风实施火攻、航渡和施放气球炸弹等，在风暴掩护下，利于军队突袭、转移和撤退。航空兵的起飞、会合、飞向目标，选择飞行高度、轰炸、射击、照相、空降和着陆，都必须考虑风的影响。恶劣的大风气象，飞机不能起飞，更无法支援地面作战。台风和风暴是海上最大的灾害性天气。它对于水面舰艇，特别是轻型舰艇影响最大。风决定着核烟云和化学毒剂的传播方向。

此外，气压、日照、空气湿度等对人员、装备和通信都有一定影响。

2. 社会环境

社会环境主要包括：人口数量、素质、分布及社会组织结构等。战役战场的人口资源是影响战役胜负的重要因素。充足的兵源和雄厚的劳力资源，是实施战役的有利条件。人口分布密度大，可资利用的力量大；密度小，可资利用的力量就有限。战场人口对战役的影响，还取决于人口的素质，其中包括政治素质和专业技术水平等。人的政治觉悟、爱国精神和顽强意志，人口的科学文化水平、专业技术水平，人口的军事素质、健康状况等，都对战役作战有重大影响。

3. 经济潜力

战场经济潜力主要指可供作战利用的自然资源、工农业生产能力、作战物资储备等。

经济潜力是战役作战的物质基础。战役作战物资需求量大，充分发掘利用经济潜力，不仅能增强自己的作战能力，而且可以减轻后方运输。当战役军团在独立方向上作战，特别是依托城市进行长期坚守时，很可能要自筹一切军需物资和武器装备。战役任务能否完成，取决于战场经济环境的好坏。在现代条件下作战，经济目标已成为重要的军事打击对象之一。摧毁和破坏敌人的经济潜力，就可动摇敌人作战力量的基础。

自然资源中的木材和燃料是军队作战和生活的重要必需品。工业生产可以为军队提供诸如飞机、坦克、火炮、车辆、船舶、通信器材和服装等武器及军需物资。农业为军事工业提供原料和为军队提供给养。物资储备状况直接决定着战役的持续能力。

4. 交通运输和通信

交通运输包括铁路、公路、水路和管道的分布及运输能力，交通枢纽、桥梁、渡口、港湾、码头和机场的设施分布及可供利用的程度等。战场交通条件对于战役机动和后勤保障有极为重要的作用。

铁路运输量大、速度快，是战前输送部队和物资的主要手段。战役中，铁路往往成为敌对双方航空兵和导弹袭击的重要目标。

公路运输，在现代战役中的地位作用日益提高。火炮及其他许多运输工具都离不开公路，坦克和履带车辆通过公路机动可以提高速度。后方运输的好坏也主要取决于公路。

水路运输，包括内河及海上运输。内河航运既可运输物资，又可输送部队，江河渡运是保障军队克服障碍，取得水上行动自由的重要手段。海上交通运输可以有力支援濒海的陆上战役，是夺取海上战役胜利的重要条件。

空中运输，在现代战役中有特殊作用，速度快、灵活，不受地形障碍影响，便于实施远距离快速机动，便于对敌实施突然袭击，还能实施远程运输。在陆上交通遭破坏情况下，往往成为输送物资和军队的重要手段。

管道输送具有效率高、经济、隐蔽和不易破坏等特点，有效地利用战场上各种既设管道，是战役后方输送的重要发展方向。

战场通信主要包括：各种通信枢纽、通信台站、主要通信设备的布局、数量和质量状况；有线电和无线电通信网的安全保障性能及在战时的生存能力和恢复能力；能生产通信器材的工厂及其生产能力等。战役通信仅靠军团自身的装备是不够的，应充分运用战场既设的各种通信设施。这不仅可以增加通信渠道和手段，而且具有隐蔽、稳定等特点。

5. 人为环境

人为环境，包括以生产生活为目的所进行的建设和直接服务于作战所进行的战场建设以及人为的气象环境等。人类改造自然的能力越来越强，水利和农田的基本建设、居民地的建设，特别是城市的建设，规模日益增大，极大地改变了自然环境的面貌，对战役作战的影响巨大。

自然环境、社会环境、经济潜力、交通运输和通信、人为环境这五种因素，直接影响着战役作战，因而也是情报侦察部门搜集的重要内容，必须及早全面了解掌握熟悉，这样才能在战役作战指挥需要时，提供及时、准确的战役战场情报。

四、战役力量情报

（一）概 述

战役力量是参加战役作战武装力量的统称。战役力量是取得战役胜利的物质基础和先决条件。指挥员要使自己的胜利建立在可靠的客观基础之上，不仅要了解己方战役力量的情况，还必须准确掌握敌方的战役力量情况。只有掌握了双方的战役力量情报，才能正确定下决心，制定正确作战方案，发挥己方战役力量整体威力，最后取得胜利。战役力量情报一般包括战役军团编成情报和作战能力情报。

（二）战役兵团编成情报

战役兵团编成情报是获取对方战役军团组织系统及其人员、装备数质量编成的情报。属于情报侦察部门平时就应该掌握的基本情报。战役兵团编成是根据不同作战对象和地理环境组编的，规模可大可小，装备可轻可重。战役兵团编成是战役作战制胜的重要因素，只有掌握敌方的编成情报，才能相应作出灵活多样的编成，以小的代价，取得大的胜利。战役兵团编成一般分为：陆军战役兵团、海军战役兵团和空军战役兵团。

陆军战役兵团一般由步兵、装甲兵、炮兵、防空兵、空降兵、陆军航空兵、电子对抗兵、工程兵、通信兵、防化兵等兵种的兵团和专业部（分）队组成。其编成通常由统帅部根据战役任务、性质、作战地区地理环境、敌军编成及行动特点等确定。陆军战役军团编成包括：方面军、合成集团军和空降军（师）。

海军战役兵团一般由潜艇、水面舰艇、海军航空兵、海军岸防兵、海军陆战队等兵种的编队、兵团和部（分）队组成。编成通常根据任务、敌情、作战方向的重要程度以及技术装备的能力等灵活确定。主要包括：海军舰队、海军战役编队和海军基地。

空军战役兵团一般由航空兵、地空导弹兵、高射炮兵、雷达兵、电子对抗兵、通信兵等兵团和专业部（分）队组成。编成根据作战任务、敌情及技术装备水平等情况而定。包括战区空军和空军集团军。

（三）作战能力情报

战役兵团作战能力是多种因素的综合，主要是人和装备及其结构形式，还有训练水平的高低和作战对象的差异等。现代条件下，战役军团作战能力主要包括侦察能力、火力、机动能力、指挥控制能力、综合作战能力。此外还有突击力、电子战能力、核反击能力、各种作战保障能力、后勤保障能力等。

1. 侦察能力

情报是定下决心的重要依据，而侦察又是获取情报最重要的手段，没有可靠的侦察能力，战役指挥员就无法实施战场指挥。

武器射程再远、再准确，没有侦察提供目标，就不能发挥其威力。侦察的基本要求是：探测范围要广，侦察距离要远，发现目标要准，传递速度要快。战役军团的侦察，不仅要能监视整个战役的全纵深，而且要涉及整个战役作战的相邻地域。在时间上，要能实施24小时全天候侦察并贯穿于整个战役始终。

评估战役军团侦察能力主要包括：侦察兵力建制单位数量，侦察工具种类及数量，有效侦察范围，发现目标概率，情报处理效率。

2. **火力**

火力是直接消灭敌人有生力量，摧毁其武器装备，使敌丧失作战能力的重要手段，是战役军团作战能力的重要标志。战役军团的火力，包括各战术兵团所拥有的火力和战役指挥员直接掌握的远程火力，如远程火炮、战役战术导弹和航空兵（包括直升机）火力等。现代条件下，战斗、战役各自都拥有相对独立的火力系统。战役指挥员在运用战斗取胜的同时，可以通过手中强有力的远程火力直接影响战役进程。

战役军团火力强弱基本的评估主要包括：兵力、兵器的编成及数量，压制或掩护的范围、在各种不同类型战役中能够毁伤敌兵力、兵器的概率及数量等。

3. **机动能力**

机动已成为现代战役的重要内容之一。战役军团机动能力的强弱是影响战役胜利的重要因素。时间就是军队，机动力越强就越能争取时间。机动是一种力量，速度越快，所获得的力量越大。快速的机动能力，能出敌不意，打敌措手不及；能迅速实施集中或转移，造成优势，摆脱不利；能及时充分地利用火力突击或核突击的效果，迅速发展胜利。现代战役对战役军团机动能力的基本要求是：机动速度快、距离远、受地形天候影响小、反应灵敏。现代条件下，战役军团应具备多方面的机动能力：一是要有快速的地面（海上）机动能力，并应尽可能通过军团自身的建制装备提高机械化机动能力。二是要有一定的空中机动能力，以适应纵深打击、立体突击的需要。三是要加强各种机动能力的密切配合。战役军团总体机动能力强弱不仅取决于相互之间的联系，也就是同步关系，而且地面（海上）机动与空中机动相适应，地面各部队间的机动（如坦克与步兵）、各作战部队与保障部（分）队的机动也必须相适应。

战役军团机动能力的分析评估，主要包括：机动工具的种类、数量、在各种地形气象条件下的机动速度、越野能力、机动的最大距离及受领任务或遇到情况后作出反应的时间。

4. 指挥控制能力

现代战役对指挥的正确性、时效性、隐蔽性、可靠性和持续性等提出了很高的要求，而这些又与战役的指挥控制能力紧密联系。战役军团指挥控制能力的高低主要取决于三个方面：第一，指挥员的素质。指挥员要具有较高的科学文化和军事理论水平，要努力提高预见能力、决断能力、计划协调能力、组织管理能力、灵活应变能力，养成坚韧、英勇、刚毅、镇定、稳重的气质和作风。第二，指挥机关的效能。军队现代化程度越高，指挥机关的地位作用越突出。战役军团的指挥与控制，主要是通过指挥机关具体组织实施。因此，指挥机关要有精干的人员、合理的结构、科学的分工和科学高效的工作秩序，真正形成具有头脑作用、反应快、效率高的指挥控制系统。第三，指挥工具。现代战役指挥对指挥工具的要求越来越高。采用自动化指挥系统，是提高指挥效率的重要途径。

评估指挥控制能力，主要包括：指挥控制系统作战反应时间、指挥控制的准确程度、指挥控制的范围。

5. **综合作战能力**

综合作战能力是战役军团所具有的整体能力，是各种作战能力的综合反映，是确定战役军团能否完成某项战役任务的重要依据。它是通过多项具体指标反映的。主要是：进攻战役可能歼灭敌人的数量，进攻可能担负的正面、纵深、进攻速度及其持续时间；防御战役可能抗击敌人的数量、防御正面、纵深和持续时间等。

五、进攻战役情报

（一）概　述

进攻，是军队主动进击敌人的作战，是作战的基本类型之一。进攻的目的是消灭敌人有生力量，攻占重要地区或目标。对防御之敌、进攻之敌或退却之敌都可实施进攻。战略防御中的反攻、防御战役中的反突击、战术范围内的反冲击，均属进攻行动。

进攻战役，是战役军团为了实现一定的战略或战役目的，按照统一的计划，在一定的方向和时间内进行的以进攻为主的一系列战斗的总和。其目的是消灭敌人的战役集团，夺取战略、战役要地或重要目标。进攻战役的主要作战样式是：阵地进攻战役、运动进攻战役、登陆战役和战役追击。此外还有空降战役、反空降战役等。

进攻战役情报是指战役军团实施进攻作战时所需的情报。进攻战役情报是所有进攻作战的重要保障。由战役军团的情报侦察机构实施保障。本节主要讨论阵地进攻战役情报、运动进攻战役情报和登陆战役情报。

（二）阵地进攻战役情报

阵地进攻战役是战役军团对阵地防御之敌实施进攻的战役。目的是歼灭固守阵地的敌防御集团，夺取战略、战役要地或重要目标。

阵地进攻战役，根据敌人防御性质，可能是对一般阵地（野战阵地）防御之敌进攻，也可能是对坚固阵地（筑垒地域、要塞或城市）防御的敌人进攻或者对机动防御的敌人进攻。

先研究对一般阵地（野战阵地）防御之敌进攻的情报侦察。

部队可能在各种条件下转入阵地进攻，不管在何种条件下转入进攻，对于侦察来说，基本要求都是一致的：必须主动、积极不间断地组织和实施侦察，力求预先获取预定作战地域和作战对象的情报，提供指挥员作为拟定初步作战方案、正确地部署与指挥军队行动的依据。当部队进行休整、集结或某次战役将要结束时，都必须对下一步的战役行动有所准备。在部队了解上级的作战意图，预定的作战地域和作战对象时，即应迅速积极地组织侦察。战前侦察，可能是在上级司令部的统一组织下与友邻协同进行；也可能由某一部队单独进行。

在组织情报侦察时应注意以下几点：

(1) 确定情报侦察任务应从战略、战役的整体利益出发。当部队的具体任务还不明确、敌人的防御体系可能还未最后形成时，侦察任务应着重察明与战略、战役全局有关的情报。当部队战役任务逐渐明确后即应迅速察明那些具体的、与本部队当前战役有关的情报。

(2) 强调预见性和计划性。部队受领具体战役任务前的侦察工作是根据上级首长预定作战方案进行的。由于情况不断的变化(预定作战地域的广阔和作战对象的不固定等)，首长的作战方案也可能有所改变。因此，部队首长和侦察机关在侦察工作上应具有更大的预见性和计划性，随时适应新的敌情变化与上级改变作战意图的情况，预见到情况的发展变化的几种可能性，规定出几个不同的情报侦察方案，为受领战役任务后及战役过程中的侦察打下基础。

部队受领任务前组织和准备侦察的时间通常是较充裕的，情报侦察机关应在部队主管首长以及上级情报机关的领导下，细密地研究当前敌情、地形，并充分领会上级首长的作战意图，尔后召集有各军（兵）种、专业兵、下级侦察机关及其他相关的部门参加的会议，进行充分的讨论研究，以确定最有效的侦察方案，拟制切合实际的侦察计划。最初的侦察计划只能根据现有情况，明确侦察方向、对象，侦察任务，确定完成任务的方法和步骤。在实际行动中则应根据情况的发展变化，不断地进行修正补充。

(3) 根据部队的大小、需要与可能，灵活地采用各种侦察手段进行侦察。通常可采用技术侦察（雷达、无线电、电视和红外线等)，空中侦察、谍报侦察、地面观察、搜捕、伏击、火力侦察、询问居民、测绘、研究文件、资料等手段获取情报以及从上级、友邻及地方部队和民兵中获取有关情报。如有与敌直接接触的部队时，应与其保持密切联系。为了广泛而及时地搜集情报，应与各个情报来源保持顺畅的通信联络。派出侦察机构应具有一定的战斗能力，并配备性能较好的通信器材和快速的交通工具。此外，司令部应有计划地使下级指挥员亲赴战场进行观察，以便熟悉地形，了解敌情。司令部应将所获得的情报随时进行分析研究，得出结论，进行报告和通报。

(4) 加强保密和反侦察措施。一切侦察工作的进行均应严格保密。尤其当部队尚未行动以前更应加强保密措施，以隐蔽己方的行动企图。为此，部队首长和侦察机关不应使无关人员预先了解上级首长的作战意图和本部队预定的行动方向。侦察机构在侦察活动中应加强伪装措施，除察明敌主力情况外，应随时准备打击敌人的侦察活动，阻止敌人对己方进行侦察。

接着，研究进攻战役准备时节的侦察。

对一般阵地防御之敌进攻时，可能是与敌直接接触的情况下实施，也可能是不与敌直接接触的情况下实施。在后一种情况下，对敌人的掩护地带、警戒阵地必须首先派出先遣部队夺取之，以保持与敌人主力接触，而部队则通常在集结地域完成进攻战役准备，尔后从开进中发起进攻。

先遣部队克服敌掩护地带和警戒阵地的战斗行动成功与否，对主力的进攻影响甚大。为了保障战役胜利，在先遣部队行动之前，第一梯队军、师应获得敌掩护地带和警戒阵地必要的情报，提供给先遣部队的首长。这时应察明：

敌人掩护地带、警戒阵地的阵地编成、工事构筑、障碍设施；敌兵力编成、部署和番号；地形道路状况、敌人可能的破坏措施；敌人可能的抵抗措施和撤退的程序与路线等。

为获得上述情报，应展开观察、搜捕和伏击等侦察活动。侦察机关应与先遣部队取得密切联系，以便搜集敌情。

对一般阵地防御之敌进攻应完成下列情报侦察任务：

首先判明敌人的防御性质和企图。

为了判明敌人的防御性质和企图及其防御的强弱点应察明：当面敌军、师、营和连的番号、战斗编成、防御地域、各部队间的接合部，间隙和暴露的翼侧和位置；敌人第一梯队师防御地带前沿的真实位置，各阵地的编成，第一线排、连支撑点的数量、位置、间隙及其暴露的翼侧；敌人有无袋形阵地，其正面和纵深，工事构筑及占领的兵力，“口袋”阵地临近的预备队的兵力编成，配置地域及其可能的行动；敌人第二、三防御地带及其各阵地前沿的轮廓，工事构筑和障碍物设施的情形，敌人各防御地带和各阵地之间有无斜切阵地；敌人炮兵的数量、口径、主要部署，火箭、导弹以及其他发射兵器的数量、类型和配置地域；敌人工程障碍设施（尤其是防原子的工程设施）防步兵、防坦克障碍物的种类、设置地域。

与此同时，要判明敌人使用核、生、化武器的情报；及时发现敌人实施火力反准备的征候；判明敌人各级指挥机关、观察所、通信枢纽部和雷达站、电视、红外线等配置的位置；搞清敌纵深内的地形、道路的状况及其交通运输情况，判明对我方进攻军队影响的程度；判明敌人后方补给情形，军队的士气，战斗力以及战地居民情况；掌握敌空军活动的规律、飞机场的位置、飞机的类型和数量。

以上所述系一般的侦察任务，在实战中应根据部队的任务、首长的实际需要以及上级司令部的要求和对敌情掌握的多少，规定出切合实际的侦察任务。

情报侦察的组织工作与战役其他组织工作并不是整齐划一的，侦察应提早和不间断地进行，侦察的组织与实施，又是互相穿插进行的。为了保障不间断地实施侦察，侦察工作应力求迅速准确：

(1) 传达与了解任务

指挥员受领战役任务后，应立即将战役的行动方向、战役任务的有关事项告知情报侦察机构，并下达情报侦察指示，提出要求。同时，情报侦察机构也应主动请示首长，了解任务和请求指示。

(2) 准备与提出敌情报告

在整个战役中情报侦察机构应随时将当面最新的敌情材料加以整理研究，得出结论，应首长的要求或主动地向其提出报告，因此，敌情报告是不拘形式的，有什么报告什么，也不受时间的限制。方法应灵活，但必须有主次与缓急之分，应简明扼要，避免重复。

在报告之前，条件允许时应准备报告提纲，绘制敌兵力部署、阵地、火力和障碍配系要图，统计表等参考材料，并附以缴获之重要文件，以备首长判明敌情时参考。

当首长定下进攻战役决心前，情报侦察机构应进行综合性的敌情报告，其内容应力求全面系统，通常应包括以下内容：当面敌人的防御性质和防御企图；关于敌人使用核、生、化武器的情报；当面敌人的防御体系、各防御地带的阵地编成、主要防御地带前沿的真实轮廓；第一梯队军、师的防御地域，各级预备队阵地的位置，各防御地带及阵地间的工程构筑和障碍加强的程度；当面敌人的番号、战役战斗编成、部署、防御地域、支撑点间隙和接合部的位置，尤其是敌军、师各级预备队的兵力编成、配置地域；敌人炮兵、火箭炮、防坦克炮、坦克自行火炮的数量、主要部署及其火力配系；敌人空军活动情况；敌军物质保障、政治情况以及战斗力的状况；敌人各级指挥所、观察所、通信枢纽部、雷达站的位置；敌军指挥官的作战素质，部队的作战特点；战斗地域内居民、政治、经济和气候等情况；敌方地形、道路状况。

要做出如下判断结论：

(1) 敌人的行动的性质和企图；

(2) 敌人使用核、生、化武器的可能性；

(3) 当面敌人防御的强弱点；

(4) 从敌情、地形的情况判断粉碎敌人最有利的方向；

(5) 推断敌情可能的变化，应继续监视和察明的事项以及组织侦察的建议。

组织侦察的基本内容就是正确地确定侦察任务，计算侦察的兵力器材并恰当地分配他们侦察任务以及组织侦察的协同动作等。这些基本工作内容，都集中地体现在侦察计划上，所以说侦察计划是组织侦察、搜集情报和检查工作的依据，是侦察的基本战斗文书。部队侦察工作做的好坏，在很大程度上决定于是否有周密而有预见性的侦察计划。因此，拟制侦察计划是部队每次战役中必不可少的、具有创造性的组织工作。

侦察机关在拟制侦察计划时，应首先对于部队首长的决心、意图、指示、战役各阶段的任务和上级司令部的侦察指示以及现有的敌情，可能运用的侦察兵力、器材等，进行全面认真地分析研究，尔后以此为基础明确下列事项：

进攻战役各阶段的侦察任务，完成的步骤和方法；可运用的侦察兵力、器材，主要侦察力量应使用的方向；根据需要给属下司令部以及配属和支援的军（兵）种、专业兵以何种侦察任务；哪些侦察任务由本部队完成，哪些任务由友邻、地方武装或申请上级完成；为何种侦察任务应派出哪些侦察机构，以何种手段并于何时完成；如何组织侦察的协同动作；战役各阶段的侦察预备队的编成；保障侦察不间断的措施。

为使计划切合实际，必须对战役过程中可能出现的情况有所预见，考虑到战役进展会对侦察工作提出什么新的要求而预先采取措施。

在考虑侦察力量的使用和情报来源时，应注意发挥各军（兵）种、专业兵的侦察能力，使各种侦察兵力、器材密切地协同动作，取长补短，互相弥补不足，重要而复杂的侦察任务，必须用几种侦察手段由几个情报来源共同去完成。

派遣侦察部队时（尤其实施敌后侦察时），不仅考虑到需要和可能，而且还应照顾到战役发展的需要，避免侦察机构在执行任务中做过多的机动。

上述事项是拟制侦察计划的基础。情报侦察机构在上述事项考虑成熟后，即应开始拟制侦察计划。侦察计划的形式，基本上可以分为三种：即地图注记式、表格式和文字记述式。三种形式各有优缺点，究竟采用何种形式，应根据组织侦察的时间长短和当时的具体情况灵活决定。现代条件下组织战役侦察的时间极为短促，为简化文书，通常绘制地图注记式的侦察计划，如组织侦察的时间极为短促时，情报侦察人员可以简要地在自己的工作图上加以文字注记，甚至只要能根据自己的腹案组织侦察时，还可事先不拟制书面的侦察计划，尔后再行补制。

侦察计划不论采用何种形式表达，必须包括下列内容：

(1) 侦察任务；(2) 执行人和情报来源；(3) 侦察开始与完成的时间；(4) 侦察措施；(5) 侦察预备队。

侦察计划适用时间通常包括进攻战役准备的全时节和战役开始后的一定时间。战役准备时节应尽量详细拟制，战役过程中只能根据预想情况概略拟制。尔后根据情况的发展变化予以充实。侦察计划拟制完成后应呈请部队主管首长批准。必要时应呈送上级司令部一份备查。

计划是建立在对客观条件认识的基础之上的，客观条件发展变化，计划就应改变。计划有它的时效性，为了使侦察计划符合客观实际情况，不致影响侦察工作的实施，必须不断地进行修正补充。毛主席在论述计划性时曾这样说过："由于战争所特有的不确实性，实现计划性于战争，较之实现计划性于别的事业，是要困难得多的。然而，'凡事予则立，不予则废'，没有事先的计划和准备，就不能获得战争的胜利。"他又说："战略计划，是基于战争双方总的情况而来的，有更大的固定的程度，但也只在一定的战略阶段内适用，战争向着新的阶段转移，战略计划便须改变。战术、战役和战略计划之各依其范围和情况而确定而改变，是战争指挥的重要关节，也即是战争灵活性的具体的实施，也即是实际的运用之妙。"[《毛泽东选集》(一卷本) 第 62、463 页]

这样看来，计划是没有一成不变的，在实际侦察活动中，必须随时根据情况的发展变化，予以充实修改，切勿受到计划的束缚。虽然计划是组织与实施侦察的依据，但是决不应因拟制计划而影响侦察的进行。

侦察指示是下达侦察任务和指示的一种形式。在战役过程中侦察机关如有必要，随时可以对属下部队、各军（兵）种、专业兵以及侦察部队下达指示。

指示的内容根据需要而定，例如，侦察任务，完成任务的时间和手段，重要俘虏及敌军文件上送的方法、地点以及协同的事项等。

下达的方法应灵活，可用口头（利用通信工具或亲自见面）、书面，可分别下达，亦可下达合同指示。

侦察指示应明确具体，便于理解，为下级所能胜任，并应迅速传递给执行者。

在进攻战役中，战役军团各级司令部在进攻出发地位上派出观察哨的数量、配置地点根据部队正面的宽度、地形性质、敌情、侦察任务以及观察器材的性能和气象条件决定。侦察机关应以首长和主管首长的名义指示，督促本部队的观察勤务，使各军（兵）种、专业兵的观察哨形成一个完整的观察配系。侦察机关应将下级及本部队各军（兵）种、专业兵的观察哨的位置标示在自己的工作图上，以备适时进行督促检查和调整观察之用。

观察因受气象条件的影响较大，还容易受敌炮火等破坏，且所获得之情报具有一定的局限性，还容易被敌人假象欺骗，因此，观察必须与其他手段结合进行，所获得情报必须进行印证。为迅速传递情报，司令部应保障与各个观察哨有可靠的通信联络。

潜听是由专门派出的潜听哨利用潜听仪器或直接用耳力听察的方法进行的。这种手段可获得较为重要的情报。

在进攻出发地位上组织潜听时，应注意伪装隐蔽与掩护和支援措施，以防遭受损失，暴露己方企图。为此，应统一计划本部队及属下部队在进攻出发地位上的潜听活动。

根据完成侦察任务的需要，在许多情况下，可以进行战斗侦察。由于任务的不同，组织方式和动用兵力亦不相同。

在进攻战役发起前，部队可能实施战斗侦察。为使战斗侦察获得成功，侦察机关应对当面敌情尤其是预定实施战斗侦察的地段进行周密地侦察和观察，随时将最新的情报提供给首长，使首长定下实施战斗侦察的正确决心。因此，侦察机关还应做好下列工作：

(1) 与作战处（科）共同确定战斗侦察的侦察任务；(2) 协同作战处（科）拟制战斗侦察计划；(3) 派遣侦察组参加战斗侦察，以便捕俘、搜集文件和新式武器；(4) 根据情况的需要可派出侦察群或侦察组，在战斗侦察部队的翼侧实施侦察；(5) 下达补充侦察指示，使全部观察哨在战斗侦察实施的过程中展开观察活动（尤其是炮兵和工程兵的观察）；(6) 搜集整理情报，并及时地报告主管首长及上级司令部。

火力侦察即是以火力袭击的手段去欺骗敌人，使其暴露真象，以达到侦察的目的。在进攻战役各阶段可根据任务需要组织实施。

为了完成进攻战役准备阶段的侦察任务，根据需要应广泛地组织搜捕、伏击活动。在进攻战役准备阶段，搜捕、伏击不应局限于敌前沿附近实施，而应在敌前沿、翼侧和纵深广泛地实施。实施搜捕与伏击的侦察组必要时可实施化装对敌进行诱俘以及袭击等。

在组织搜捕、伏击时应注意不暴露己方的主要突击方向和行动企图，如派有小部队渗入敌后侦察活动时，司令部应为其选择人员，配备武器装备，侦察机关或首长应亲自赋予其侦察任务，为其选择恰当的潜入方法、时机等，并在尔后指挥其行动。

战役军团各级司令部应及时地组织雷达、无线电、电视和红外线等技术器材的侦察活动。

战役军团情报侦察机构和所属各级情报侦察机构，对于本部队所需要的情报，而自己的侦察能力不能取得时，可以向统帅部或上级司令部申请侦察。例如，为查明敌配合作战的空海军、导弹部队情况或为察明敌人深远纵深内的情况以及敌人纵深内某地段（地域）的地形、道路状况和敌人工程设施等，均可申请上级以其他手段获取情报；申请的方法可用书面的，亦可用口头的。

要与地方政府、民兵、地方群众及协同动作之友邻部队加强联系，获得情报。

组织侦察协同动作的目的，是为了使全部侦察兵力器材互相协调，共同完成进攻战役的侦察任务，并且避免在侦察活动中互相妨碍和发生误会。

在进攻战役中，组织战役的时间短促，在这短促的时间内完成一系列的侦察任务，又要保障发起进攻战役的突然性，就必须严密地组织侦察的协同动作。同时，在进攻战役的过程中，由于战役发展迅速，情况变化剧烈，如缺乏周密和确实地协同动作，必然会发生互不协调和分散侦察力量等现象。因此，经常而有计划地组织侦察的协同动作，是保障侦察不间断的重要措施之一。

侦察协同动作组织的时机和方法。侦察协同动作是贯穿在整个进攻战役过程中，随时组织反复进行的，因此，时机是不固定的。然而由于组织侦察协同动作必须根据部队首长的决心，进攻战役各阶段的战役任务和侦察任务等，因此，宜在首长定下战役决心后组织为好。组织的方法应根据当时具体情况可以召开会议的形式共同协商，亦可与有关人员分别进行协商。可以在现地组织，亦可在室内沙盘、地图上组织。组织战役情报侦察，一般情况下，需要召开专门的协同动作会议，明确有关协同事项。

在进攻战役中组织侦察协同动作的内容通常为：

根据各阶段的战役任务和侦察任务，明确各军（兵）种、专业兵的侦察活动以及为完成侦察任务相互间提出的要求和协同事项；明确各军（兵）种、专业兵，何时向何地域派出何种侦察机构，完成什么任务，各个侦察机构间如何识别与联络；按时间和地区与航空兵代表明确陆空联络信号和识别方法；明确各军（兵）种、专业兵及属下部队向司令部报告情报的时间和方法以及他们之间交换情报的方法；明确派出的侦察机构通过第一梯队战斗队形的时间和方法；进攻战役准备时节，实施战斗侦察，抵近潜听、搜捕、伏击和渗入敌后行动时，要求第一梯队（掩护、警戒部队）协助和支援的事项。

组织协同动作应是不间断地，并应不断地检查，当发现协同动作失调时应及时地纠正。

战役准备阶段情报侦察机关应根据当时的需要与可能派出侦察支队、侦察群、敌后侦察组等侦察机构，并为战役过程中预定派出之侦察机构做好行动前的准备。

当侦察指示发出后，司令部应对属下部队、各军（兵）种、专业兵的侦察工作情况实施检查。检查的目的是为了及时发现问题，给予及时的帮助，使其正常地展开侦察活动。检查的方法可灵活进行，如电话询问、研究属下呈送之报告或派参谋人员到下级部队检查与帮助工作。

当进攻战役准备的时间较充裕时，应根据需要对侦察部队进行训练。

训练侦察部队主要是在平时战役间隙进行，但绝不应放松战前有利时机的训练。

这时的训练内容，仅限于目前执行任务的需要，例如对搜捕组进行捕俘训练，对观察哨进行专门的观察勤务训练等。训练时应当力求选择在与执行任务地域相似的地形上进行，并设置必要的设备，使训练成为执行任务前的演习。训练应与侦察部队执行任务的组织准备工作结合进行。

（三）进攻战役实施阶段的侦察

1. 火力准备时的侦察

对一般阵地防御之敌进攻时，在步兵坦克冲击之前，通常实施炮火准备、航空火力准备，在主要方向上还可能实施核生化准备，以摧毁敌人的有生力量和火器，保障部队冲击的顺利实施。因此，侦察应获得必要的情报，使己方火力准备得到最大的效果。

在火力准备之前，应以一切手段察明敌人主要防御地带前沿的真实位置、主要部署、防御的强弱点以及敌人实施反准备的征候。当己方火力准备实施后，侦察的主要任务应察明：

敌人工事、机动力量和火器被我方火力摧毁杀伤的程度；我方部队进攻地带内及两翼侧残存的和重新出现的敌人的火力点位置；敌人各级第二梯队（预备队）和炮兵部队在战场上进行机动的情形以及对我方火力准备的抵抗措施；敌人兵步、坦克由掩蔽部内开出占领阵地准备抗击我方军队冲击的情况；及时发现敌实施核、生物、化学武器突击的征候，发现敌从前沿向纵深撤退的情形；敌部署可能的变更。

完成上述任务的侦察手段为：加强观察，各兵种、专业兵的各级观察哨和各级首长均应展开观察。侦察机关应及时提出对观察的补充指示。为了防止观察的中断，应准备预备观察人员和观察地点，以便当观察哨遭到损失后立即恢复观察。此外应加强空中观察，获得情报后及时进行报告和通报。司令部应与各个情报来源保持顺畅的通信联络，随时搜集、整理研究敌情，迅速报告和通报。

2. 冲击开始后的侦察

冲击开始后，战场情况极为复杂，不仅情况发展变化快，而且会出现一些难以预料的情况。为了保障部队顺利的突破敌人防御阵地，保障部队实施包围、迂回、穿插、割裂和渗透行动，应不断取得下列情报：

及时发现对我方部队前进威胁较大的枢纽部和火力点；及时发现敌人阵地、兵力部署间隙的位置，向其纵深迂回、渗透的可能性；敌人指挥所、观察所、通信枢纽向后移的情报；及时发现敌人自主要防御地带向后撤退的情报；敌人纵深各阵地的工事构筑、防御的兵力部署、火力配系，尤其应察明坚固支撑点的工事构筑和防御的兵力；敌人从次要地段或后方向前机动兵力兵器的情况。

为保障完成上述侦察任务，应采取以下措施：

(1) 派遣侦察机构

冲击开始后，预先编成之侦察机构应随战斗队形向前转移，当需要与可能派出时立即派出进行侦察。步兵师在完成当前任务时节，如条件许可，可派出步兵（搭乘装甲输送车）或以坦克兵编成的侦察群，并配属数名化学辐射侦察员和工兵进行侦察。侦察机构的兵力编成、派出的具体时机和距离，根据具体情况而定。

当突破敌人主要防御地带的过程中及以后，由于战斗队形间隙的增大，情况的复杂等，师、军均可派出侦察支队，对敌主要防御地带、中间阵地及第二防御地带进行侦察。

根据需要与可能还可利用战役情况紊乱之际，乘机向敌纵深派遣敌后侦察组进行侦察。如已经派出了敌后侦察组，应给予补充侦察任务。此外，还可广泛地派遣化装的侦察人员进行侦察。

情报侦察机关应适时赋予侦察机构补充侦察任务，并与其经常保持密切的通信联络。

各个侦察机构在侦察活动中应勇敢地渗入敌后，与敌主力保持接触，以观察、捕俘和战斗等手段获得情报。

此外，情报侦察机关还应根据需要，按首长的意图，指示化学兵适时地派出化学辐射侦察群，对敌放射性物质沾染地域和染毒地段进行侦察。

总之，战役军团各级部队应根据情况的需要与可能，主动、积极和适时地派出各种侦察机构进行侦察。

（2）转移观察哨

原配置在进攻出发地位上的各观察哨，当第一梯队突破敌人防御后，即应以交互转移的方式向前跃进，进入适当的地点进行观察，尔后随战斗队形向前跟进，保障对敌情观察的不间断。侦察机关应适时地调整各兵种、专业兵的观察配系，使之能及时地随战役的进展向前转移，对敌人较深远的纵深内的情况地面观察不到时，可申请上级以空中观察来查明补充。并应注意以侦察预备队补充或重新建立观察哨。

如部队进展迅速时，应派遣乘车跃进之运动观察哨进行观察。在纵深战役中应特别加强对各战斗队形翼侧的观察。

（3）继续进行技术侦察。各个技术侦察部队根据需要适时地向前转移。

（4）修改补充侦察计划、下达补充侦察指示

在战役中根据情况变化的需要随时修改补充侦察计划，使之符合首长新的决心意图的要求，并应根据修改了的计划及时地给各个侦察执行人下达补充侦察指示，重新调整侦察机构。

（5）搜集和处理情报

为了能及时地搜集整理情报并报告、通报，情报侦察机关内部应适当地进行分工，使搜集整理、报告、通报各有专人负责。

并与各个情报来源建立可靠的通信联络和规定报告、通报制度。侦察机关在必要时应派出联络参谋携带通信工具亲赴重要方向搜集情报。情报侦察机构应随时将得到的情报向首长报告，并及时提出组织补充侦察的建议。

在战役中由于时间紧张，情况变化快等，对于来自四面八方而且异常复杂的情报进行分析研究得出正确的结论，是一件较艰巨的工作任务，情报侦察机关必须很好地加以组织。

3. 为保障粉碎敌人反冲击的侦察

敌人反冲击的时机是由其防御性质、防御企图、军队的部署以及我方军队进攻战役发展的状况决定的。为了粉碎敌人反冲击，保证进攻速度，就必须及时获得其反冲击的情报。敌人反冲击的征候可能是：对我方战斗队形的某一部分或某一方向抵抗加强，炮兵火力和航空兵火力突然加强，在新的地域内发现敌人军队输送工具集中，敌人步兵纵队、汽车、坦克纵队向前开进，部队当面发现了敌人及敌人使用烟幕等。一经发现上述征候后即应与敌主力保持接触，竭力察明其兵力编成、运动方向、可能的展开地区和冲击方向等。当敌反冲击部队展开后应察明其战斗队形的主要部署、主要突击方向，尤其集中力量查明敌实施核、生、化武器突击和敌后续部队向前接近的情报。

为完成上述侦察任务应采取的措施：

(1) 加强观察。纵深战役中，由于各战斗队形的不整齐，可能形成犬牙交错的态势，我方军队战斗队形可能出现的间隙和暴露的翼侧，因而，各级观察哨应尽量接近敌人配置并加强对翼侧的观察。当发现敌人反冲击后，侦察机关应指定一部分观察哨的观察。当发现敌人反冲击后，侦察机关应指定一部分观察哨（或以预备观察人员临时建成）配置在抗击反冲击部队的战斗队形内及翼侧展开观察活动。侦察机关在纵深战役中为了准确及时地发现与掌握敌人实施反冲击的情报，应赋予侦察航空兵（或申请）专门监视敌预备队行动的任务。

（2）调整或派遣侦察机构。侦察机关如感到已派出之侦察机构不足以保障取得敌人反冲击的情报时，除了进行必要的调整外，根据需要可重新派出敌后侦察组、侦察支队或侦察群等。

（3）加强与友邻部队的联系取得情报。

（4）及时审讯俘虏，搜集研究缴获文件。

（5）注意重新建立侦察预备队。

（6）迅速搜集整理和处理情报。为此应与各个方面保持经常可靠的通信联络。

4. 为保障第二梯队进入战斗的侦察

使用第二梯队是进攻战役取得胜利的关键之一，其使用时机、方向等对于战役的影响甚大。侦察机关应以全力保障第二梯队适时进入战役所需要的情况。这时主要的侦察任务应察明：第一梯队各部队发展顺利与受阻的地段的情况；当面敌人抵抗的强弱点所在；敌人自后方及两翼侧向我方军队进攻地带机动的兵力、兵器的情况；向我方军队实施反冲（突）击的可能性；敌人纵深内的阵地工事的构筑、火力配系、障碍物设施情况，敌人阵地内的地形、道路状况等。

为保障第二梯队进入战斗，侦察机关应根据首长使用第二梯队进入战役的决心，适时地组织第二梯队进入战役的侦察。当部队发起进攻以前或战役过程中，侦察机关即应根据首长预定使用第二梯队的地区、时机等预先作好侦察的准备。当首长定下使用第二梯队的决心后，侦察机关应：

（1）为第二梯队进一步明确侦察任务、方向及其侦察机构通过第一梯队战斗队形的时间、地点和方法以及为第二梯队的战斗需要所派出的侦察机构的行动方向、任务与其进行联络的方法。

第二梯队在进入战斗前（尤其是坦克机械化部队），通常不派出侦察机构超越第一梯队的战斗队形进行侦察活动。因此，侦察机关应广泛地为第二梯队搜集情报，并及时通报。

(2) 预先派遣观察哨进入展开地区进行观察

观察哨应在第二梯队展开地区的正面及两翼侧展开观察，当第二梯队发起冲击后，观察哨应适时地机动。

(3) 赋予已派出的侦察机构新的侦察任务，并指示其行动，接收其敌情报告。为了掌握敌纵深预备队的情报，应赋予（或申请）空中侦察补充任务。

(4) 赋予第一梯队补充侦察任务。

5. 为保障包围及歼灭被围之敌的侦察

在纵深战役中，侦察应积极寻觅一切有利战机为首长指挥战役所利用，适时定下包围、迂回和最后歼灭被围敌人的决心。为此，应及时查明：敌阵地、战斗队形被割裂的情况；暴露的翼侧、间隙、缺口以及敌人向己方预定包围地段机动兵力、兵器的情况等。在实施迂回包围过程中，应在部队的前方、翼侧派出侦察机构进行侦察。当敌人被我包围后，为不使被围之敌组成环形防御、固守待援，应在最短的时间内察明其兵力编成、数量、番号、部署中的强弱点及其企图突围的方向等情况。同时，还应派出强有力的侦察机构配合打援部队在对外正面上监视敌人从其他地段调来之增援兵力，以保障在对外正面上的军队采取适宜的措施。

当敌人被围后，对外正面的侦察任务除与防御战斗的侦察任务基本相同外，应注意查明敌可能的增援方向。对内正面的侦察任务，除与一般进攻的侦察任务相同外，应注意察明敌人可能的突围方向。对被围敌人侦察时，应首先判明其行动企图，因为敌人可能以一部兵力占领有利地形，掩护其主力撤退或掩护其后续部队的到达实施反冲（突）击，为不被敌人的佯动所迷惑，必须从敌人整个态势、兵力大小、行动性质等判明其行动企图。

为保障完成上述侦察任务，除采取上述侦察手段外，应特别注意以下几点；

（1）组织纵深的侦察。当敌人被围后，不应局限于包围圈内的侦察，必须在敌人增援与突围的可能方向进行纵深的侦察。尤其是部队担任包围和打援的双重任务时，应将侦察的重点放在对外正面上。在对外正面上应派出兵力较大并配备性能较好的通信工具和快速的交通工具的侦察机构。

（2）加强空中侦察。敌人被围后，可能引起敌人整个防御态势的变化，如增援、撤退和突围等。情况变化激烈、迅速。同时敌人被围后如兵力较大而地形又有利时可能形成环形防御，由于兵力密度的加大，对敌环形的防御体系则不易观察和侦察。此外，如敌重兵集团被围后，由于陆上交通线隔绝，必然从空中进行补给和撤退等。因此，加强空中侦察将有非常重要的意义。

（3）对敌人组织环形的防御体系观察。

（4）广泛展开搜捕、伏击活动。

（5）组织妥善的侦察协同动作。尤其在包围圈较大、包围的部队较多时，侦察的协同动作更为重要。

（6）应控制一定数量的侦察预备队。

对被围敌人冲击后的侦察与一般进攻相同。侦察机关在此时即应根据首长新的意图与现有敌情，为尔后战役的侦察进行准备。

在战役过程中，有时情况可能发生剧烈的变化：在我粉碎敌人反冲击后，可能遭到敌人更大兵力的反突击，也可能敌人放弃主要防御地带撤至中间阵地或二、三防御地带进行抵抗，甚至敌人全线瓦解，也可能在合围敌人的过程中遭敌强大预备队的反突击等。侦察必须紧紧掌握住这些对战役具有决定意义的情报以提供首长定下新的战斗决心。

在战役中，由于部队进攻正面和纵深加大，情况错综复杂，为了及时掌握战场上的全般情况并及时为各级首长及部队所利用，如单一依赖部队的专业侦察部队进行侦察势必应接不暇，故必须使侦察成为部队群众性的活动。各级首长和司令部应将主要侦察力量用于对战役、战斗具有决定意义的方向，完成重要、复杂的侦察任务。当面的具体侦察任务可由战斗部队担任。

6. 战役结束后的侦察

战役结束后，部队可能进行休整、补充，也可能连续地进行作战。部队必须经常做好连续作战的准备工作。如任务不紧迫时，应首先总结此次战役中的侦察工作经验，找出工作中的优缺点，成功与失败的经验教训，以利再战。同时，应补充人员、武器和装备，以保障侦察部队经常的满额和侦察准备。此外，还应对此次作战敌人的编制装备、战役、战术特点进行总结，整理成材料列入档案以备查考。

与此同时，应派出少数侦察部队与当面敌人保持经常地接触，以监视其行动，当部队得知可能的行动方向或可能的作战地区与作战对象后，即按受领任务前的侦察原则展开侦察活动。

下面研究对机动防御之敌进攻的侦察。

现代防御中，不是单纯地扼守已占领的阵地，而是要不惜任何代价掌握主动权，实施机动防御。实施机动防御的特点是：阵地和工事构筑薄弱，强调火力和障碍物的作用，依靠“快速反击（反突击）群”结合核、生、化武器突击，进行反冲（突）击、兵力部署前轻后重，正面与纵深较大，间隙宽等。因此，对机动防御之敌进攻的侦察有以下特点：

在侦察任务方面：

(1) 由于机动防御时将主要的兵力、兵器集中控制在后方编为“快速反击群”用以反冲击（反突击），因而其预备队的行动对战役具有很大的影响。所以在考虑与确定侦察任务时，应集中主要力量察明其各级预备队的兵力编成、配置地域及其行动企图并监视其行动。

（2）及时发现敌人实施核、生、化武器反准备的征候。

（3）查明敌袋形阵地的位置及其构成：前沿、翼侧和纵深，各阻滞阵地的位置、工事构筑、障碍和火力配系。一般情况下，袋形阵地不构筑较坚强的工事，而加强障碍物的密度和侦察部队的活动，同时为了迷惑对方，常在“口袋”阵地内设置假支撑点，因此，应及时加以判明。

（4）查明敌防御枢纽部和防御地域的间隙：机动防御时，在警戒阵地和主要防御地带纵深内构筑的诸支撑点和抵抗枢纽部之间形成有相当大的间隙地，对侦察活动有便利条件，侦察如能及时查明通常其间隙地的位置及其防守的情况，对实施迂回包围有极大的意义。

（5）机动防御的正面和纵深一般均较阵地防御为大，因此侦察的范围必须力求广泛、全面，否则难以判明其整个防御部署的情况。

在侦察手段方面：

（1）加强空中侦察。由于敌人的防御部署的面广而深远，主力部队又分开配置在其纵深内。因此，地面观察往往不能完成侦察任务，必须加强空中的观察和监视。

（2）广泛地派遣秘密的侦察机构和人员渗入敌纵深进行侦察。由于敌人部署间隙大、工事构筑不严密等，可以派遣短小精悍的侦察支队、侦察群以及敌后侦察组和战地谍报员等进行侦察活动。

（3）侦察部队在行动中应勇敢沉着，善于穿插渗透，与敌主力保持接触。

对侦察机关的要求是：

(1) 应控制兵力较大的侦察预备队，以应付突然出现的侦察任务。

(2) 侦察应具有更大的预见性、计划性和灵活性。在拟制侦察计划时应估计到各种可能出现的情况，拟订出几种侦察方案。对敌人机动防御的作战方案应想尽一切办法予以查明。

(3) 传递情报更加敏捷及时，分析判断情报更加迅速准确。

下面研究对占领坚固阵地（筑垒、要塞或城市）防御之敌进攻的侦察。

坚固阵地防御就是以永备工事为基础，结合野战工事，构成完整的防御体系，坚固阵地（筑垒地域、要塞）的防御通常又与城市防御结合而设防的。

在未来战争中，尤其在战争后期敌人可能退守各孤立城市苟延残喘，以坚固阵地防御之敌必须实施攻坚战役，此种进攻战役的侦察组织与实施有如下特点：

(1) 战场与作战对象较固定，防御之敌不易变动（尤其是孤立无援之敌），组织进攻要有较长的战役准备时间，这就要求侦察工作要周密组织，反复地进行。

(2) 敌人守备的阵地经长久的经营，可充分利用与改造地形、地物，工事坚固，守备严密。构有核心工事与外围据点，以一般的侦察手段不易侦察到敌人纵深内的情报。

(3) 如果经过围城的情况，一方面，敌我双方将会堡垒相对，声息相闻，形成己方多数部队在宽大环形的正面上与敌军短兵相接的形势，侦察行动不易隐蔽。另一方面，由于敌人被包围孤立无援，士气低落，恐慌厌战，势必发生逃亡、投诚的现象，这将成为重要的情报来源。

首先，看攻坚战役的侦察组织：

实施攻坚战役时，可能首先逐步肃清其外围据点而接近其城垣，与敌主力保持接触，尔后与友邻部队协同包围城市并实施进攻战役。这时上级可能为集中侦察力量，统一指挥侦察，为各部队区分侦察地段和侦察任务。

攻坚战役的侦察必须组织各兵种、专业兵联合进行，并且运用各种侦察手段实施。为此，应在主管首长的亲自领导下，以侦察机关为中心，统一领导整个部队的侦察工作。侦察机关内部应进行分工，分别负责侦察（包括观察和测绘）、审讯、情报整理等。对城市进攻的侦察，应与地方党政机关、部门取得密切的协同。

对城市侦察，除与一般阵地进攻侦察相同外，在组织侦察时还应注意以下几点：

(1) 给各兵种、专业兵及属下部队明确区分侦察地域（地段），赋予侦察任务要特别注意侦察敌坚固工事的构筑与复杂建筑物的结构。在实施侦察中可不受侦察区域的束缚，适当地进行机动，但须注意与友邻的协同，以免发生误会。

(2) 城市建筑物复杂，经敌人长久地经营，广泛地改造与利用建筑物构成各种不规则的防御体系，并且还可增设大量的障碍设施，因此，在考虑与确定侦察任务时应周密具体，对每一条街、每一个建筑物都应仔细地研究。

(3) 对敌可能增援的方向及可能突围的方向，组织纵深的侦察。

(4) 协同政治保卫部门加强对俘虏、投诚者的审讯和教育工作。组织各种形式的会议进行座谈以了解敌人防御的情况，还可物色可能作为派遣的对象或作战的向导。因此，司令部应派遣得力干部负责这一工作。

(5) 组织可靠的通信联络，建立报告、通报制度。

(6) 对城市主要建筑物，敌人的工事建筑、火力、阵地配系、兵力部署和障碍设施等应绘制要图（1∶2000 或 1∶5000 比例较适宜），重要的建筑物或工程设施应绘制平面、断面或写景图，并详细地加以注记，对于任何细小的情报，都应随时进行登记、标示，如时间和条件允许时，应作出敌人防御守备状况的模型，以供研究作战行动之用。

（7）组织干部侦察。由于攻坚战役目标固定、复杂，加之敌我直接接触以及组织战役的时间较长等，有必要与可能广泛地组织各级干部亲自侦察。司令部应分批组织进行。其方法是现地勘察与观察以便熟悉地形、方位和敌情。

（8）搜集城市的兵要地志。

其次，看攻坚战役的侦察任务：

攻坚战役的情报侦察主要应查明：敌人的防御企图、防御计划及其防御措施；敌人防御兵力、部署情况及其战斗力；敌人指挥机关的位置及其通信联络的设施；筑垒地域或城市的地形状况；城内或敌人设防地域的水陆交通情况；敌人阵地配系、工事坚固程度、火力配系和障碍物设施的情况；城市的制高区、坚固建筑物及城内有无核心工事；坚固的地下建筑物、下水道设备以至地下交通设备敌人利用的程度；城内飞机场的设备、飞机的数量、类型及其活动的规律。

攻坚战役的侦察手段应以观察、无线电技术、照相（空中、地面）、测绘、搜捕、伏击、审讯俘虏和研究兵要地志为主，并结合谍报及战斗等手段灵活进行。

第三，看战役实施阶段的侦察：

占领筑垒地域、城市防御之敌有较长期的战役准备时间，可以利用每一所建筑物、废墟、院落、地下室，在全城中可能建立许多一个联接一个的阵地防御枢纽部，并且可利用各种建筑物、废墟和残垣断壁的特点，结合火器性能，在不同的高度与不同的角度上组成梯次多层的火力配系，对每一条街、巷，每一空地、走廊，都可能形成严密的火力控制地带，并对每一个接近路标及其可能放弃的目标，事先进行测绘与标定，以对进攻军队发挥射击效力。敌人为了隐蔽地变更其部署、调动预备队实施反击，可能在建筑物之间构建道路。这些情况在己方军队进攻以前是不易彻底察明的，因此，当部队发起进攻后应以一切手段予以察明之。此时在侦察组织上应注意以下几点：

(1) 侦察机构派出的数目可酌情增多，其兵力编成应短小精悍，并指派得力干部率领，适当的减少其加强兵器，多携带克服障碍物的器材，进攻战役开始后，随先头部队进入城市，并在其先头或翼侧进行侦察，必要时侦察机构可进行化装侦察（化装成居民、冒充敌军等）。

(2) 控制一定数量的侦察预备队。

(3) 进攻战役开始后，侦察机关应根据情况的发展变化，随时修改补充侦察计划，集中力量保障主攻部队所需要之敌情。

(4) 观察哨应选定在既便于观察又隐蔽安全的地点，尽量接近敌人，并保障进行环形观察和对上层、底层的观察。

(5) 司令部应为侦察机构配备轻便可靠的通信工具，并为侦察机构与战斗部队间规定互相识别的方法和信号。

(6) 应派专人搜集敌军文件。

(7) 城市战役势必形成逐街逐屋的争夺战斗，情况较为复杂，如果单一依靠侦察部队获取情报可能力不胜任，同时，各个战斗部队在战役中由于与敌人直接接触，均可了解当面敌情，因此，侦察必须成为群众性的活动，各级首长均应注意侦察工作。

(8) 巷战中，当敌人被我方进攻军队分割包围后，处于孤立态势，由于恐惧惊慌，当有线电遭我方破坏时，可能使用无线电进行明码通话，应注意截收。此外，如敌通信设备未破坏时尚可进行窃听、冒充问答等，因此，城市攻坚战役应注意利用通信工具的侦察。

(9) 城市攻坚战役，敌人四面被围，无处逃窜，因此将有大批的俘虏和投降人员，侦察机关应进行迅速的审讯，最好做到就地审讯，获得情报后首先通报就近的部队。条件允许时可利用俘虏和投降人员对敌进行喊话劝降或充当我军的向导。

（10）注意组织侦察部队间、侦察部队与战斗部队间的协同动作。

（四）运动战战役情报

运动战战役，是战役军团在不固定的战线上进行的外线速决的进攻战战役。目的是歼灭敌人的有生力量，改变敌我态势或配合阵地攻防作战。运动战战役的打法，主要分创造战机和歼灭作战两个部分。创造战机目的在于调动、分散、削弱敌人，造成有利的歼敌态势。歼敌作战是以伏击、突袭和必要的阵地攻击等手段，将已深入我预定战场之敌歼灭的行动。运动战战役情报的任务就是及时发现敌人的动态，为首长定下歼敌决心，提供情报保障。

现代条件下，由于制导精确，杀伤破坏威力大，自动化程度高，反应快速的武器装备的大量使用，战役呈现出空前的复杂性，敌我态势交错，战役进程加快，情况复杂多变。战役中攻与防，机动与反机动的斗争更加激烈，有利的歼敌时机稍纵即逝，有时甚至还出现不利的情况。因此，及时准确掌握敌情在运动战战役中显得更为重要与迫切。

1. 运动进攻的特点和对侦察工作的影响

运动战战役的特点是："正规兵团，战役和战斗的优势兵力，进攻性和流动性。"〔《毛泽东选集》（一卷本）第465页〕。运动进攻敌我双方都在运动中，作战线相对的不固定，情况变化异常迅速，作战形式迅速地转换，作战的突然性和连续性增大了。要力争调动敌人于运动中或乘敌人立足未稳将其歼灭，组织战役的时间较为短促，进攻任务大多按地域、目标赋予，作战初期分割指挥多，完成包围后又须集中指挥，协同动作困难。

运动战战役对情报侦察工作的组织与实施的影响是：侦察任务繁多、范围广阔，对情报的及时性、准确性和连续性要求更高，组织与实施侦察的时间短促，用于侦察的兵力和器材的需求量增大了。为此，运动进攻的侦察工作必须在首长的意图下积极主动地组织与实施侦察；加强预见性和计划性；正确地确定与掌握侦察的重点，并根据情况适时转换，在侦察力量的使用和侦察手段的运用上应具有更大的灵活性和机动性；集中主要侦察力量完成重要而急需的侦察任务，并在整个战役过程中控制强有力的侦察预备队。

2. 运动进攻战役的侦察工作

在组织运动进攻的侦察时，应注意以下几点：

（1）及时指示侦察方向和对象

运动进攻组织战役的时间较短促，侦察工作通常在部队受领具体战役任务前，即已根据总的作战意图开始进行。战役中随着情况的发展变化，部队作战任务、作战方向和作战方法的改变，侦察方向、对象和任务亦须改变，侦察兵力、器材需要转用。因此，各级主管首长，及时指示侦察方向和对象，适时给侦察工作以指导，对做好运动进攻侦察工作是极为重要的。

（2）组织干部侦察

战役（战斗）指挥员应亲自到最前边去，亲自侦察与掌握情况，以便及时准确掌握情报。

对预定战场的侦察，重点是要察明部队开进、集结和作战地域内的地形、道路等情况，监视敌人行动，掌握敌行动规律。对立足未稳之敌的侦察，主要是察明敌人的兵力部署、企图、地形、道路和工事等情况。

干部侦察由各级首长及参谋人员实施，特别对重要方向首长应亲自侦察。

(3) 研究情况

运动进攻情况变化迅速异常，要求在战前能很好地搜集研究情况，打下战役中分析判断情况的基础。各级主管首长应亲自研究情况，并吸收下级部队首长参加，研究的内容应以当前敌人兵力编成、部署、企图、行动规律、战役、战术特点和地形为重点，从而找出敌人行动规律，以确定对策。

(4) 加强侦察部队的建设与领导

运动进攻，部队流动性大，情况变化多，侦察任务繁重，侦察部队极度疲劳并且损失大，各级首长应经常关心培养与选拔侦察干部，充实侦察部队。

3. 侦察的组织与实施

(1) 部队受领具体战役任务前的侦察

部队受领具体战役任务之前，可能是担任战役预备队；可能是战役结束后，在距离敌人较远的地域内进行休整；也可能是与敌人直接接触下准备作战。运动进攻部队机动性大，组织战役的时间较为仓促，故平素就应搜集各作战对象的情报，调查研究有关作战方向上的兵要地志，为在战役中判断情况打下基础。在部队受领具体战役任务之前，可能已受领了概略的作战任务（方向对象），或接到了上级的侦察指示，此时就应立即对预定战役方向的作战对象（某一部分运动的或驻地的敌人）和地形进行侦察。

部队受领具体战役任务前的侦察任务，具体内容根据当时部队可能的行动、上级给予的侦察指示和对当面情况了解的程度而定。通常包括下列各项：

对运动之敌侦察时，应察明其兵力编成、番号、战斗序列、技术装备，有无核、生物、化学武器以及当前和尔后的行动方向、路线、时间和企图、兵力部署、战术特点、敌军政治情况和指挥员的特点。

对驻地之敌侦察时，应察明敌人防御的兵力部署、阵地编成、火力配系、工事构筑和障碍设置等情况。

察明预定作战地域内的地形、道路、河流、桥梁、渡口等情况及其对部队行动的影响。此外应察明部队开进道路、集结地域及预定作战地域内的居民地的政治、经济、卫生等情况。

(2) 侦察机关的工作

部队受领任务前组织与实施侦察的时间，通常较为充裕，如时间充裕时，侦察机关可以召开有各兵种、专业兵、下级部队的侦察干部和其他有关人员参加的侦察会议，传达首长和上级机关的指示，了解各方面所能担负的任务，随后结合已掌握情况展开讨论研究，明确侦察的对象和重点，确定侦察任务及使用的兵力、器材，尔后拟制侦察计划，下达指示，分别执行。

这时所派出的侦察机构需要有较大的独立性，能运用各种手段实施侦察。距敌较远时，可统一组织提前派出侦察机构到预定作战方向，察明敌人开进、集结或防御的情况，了解预定作战地域内的地形、道路状况；或察明我军开进的道路、集结地域的地形等情况。如兵力较多而且需要时，可组织与派出侦察支队实施侦察，其可能的编成和任务是：以直属的侦察部队为基干，各兵种、专业兵侦察人员参加，由侦察机关干部率领。如侦察的对象，没有友邻部队接触、情况又复杂时，可以酌情抽调战斗部队参加。侦察支队应以各种手段察明情况，掩护干部侦察并与友邻联络。

为保障与侦察机构有顺畅的通信联络，应为其配备性能较好的通信器材。

侦察机关应充分运用地方党政机关、人民团体和人民武装等各方面的侦察力量，主动地与其取得联系，广泛地搜集情报。所派出之侦察机构应注意保密，同时还应积极打击敌人的侦察活动。

4．受领具体战役任务后的侦察

受领具体战役任务后组织战役的时间较为短促，许多情况有赖于受领战役任务前的侦察。前一阶段的侦察能有预见而顺利地完成所规定的侦察任务，取得充分的情报，后一个阶段的侦察就有了基础。

(1) 侦察任务

在完成上阶段任务的基础上，应组织察明以下情况：敌人的兵力编成、番号和战斗序列；敌人的行动性质、兵力部署、企图和行动方向；敌人防御的兵力部署、阵地编成、障碍设置、火力配系、指挥和通信联络等情况；敌人的技术装备，特别是有无核、生物和化学武器，其种类、数量和配置位置及向我军实施袭击的征候；敌人飞机场的位置、飞机类型和数量，空军活动的规律，有无空降兵、其数量及可能的行动；敌人预备队的配置、数量和可能的行动；敌人后方供应道路和补给情况；敌人的作战特点和内部政治情况；组织察明我军行动地带内的地形道路情况，及对我军行动的影响程度并随时了解天候的变化。

(2) 侦察机关的工作

受领具体战役任务后组织侦察的时间短促，侦察的任务繁多，需要的情报急迫，侦察机关应根据当时的具体情况周密地计划并尽量缩短组织侦察的时间，及时调整或重新派出侦察机构全面对敌人展开侦察活动。将侦察的主要兵力、器材集中使用在完成最重要的任务的方向上。

A．准备与提出敌情报告

侦察机关应将所取得之情报随时整理，报告首长和上级司令部，通报下级和友邻。在受领战役任务后，战役指挥员研究战役部署定下决心时，情报侦察机构应向战役指挥员提出较全面的敌情报告，其内容同阵地进攻侦察所述。

B. 迅速拟制侦察计划，下达侦察指示

这时的侦察计划是在受领战役任务前侦察计划的基础上修正、补充或者重新拟制的。在拟制侦察计划时，应计划到战役实施阶段，还要有第二步行动的考虑，以便在情况变化时能迅速采取措施。在计划拟制后或在拟制过程中，以各种方法迅速把侦察任务下达给各部队、各兵种及直接派出之侦察机构。

运动进攻的侦察计划除其内容、样式和要求与一般进攻类同外，根据运动进攻的特点，在拟制侦察计划时，应着重考虑以下问题：

由于组织战役的时间短促，侦察任务繁多，因此，考虑与确定侦察任务时应更加全面和周密，分清主次缓急，恰当地区分完成任务的步骤，以便有目的、有重点地进行侦察；因侦察的范围广阔，情况复杂，在组织侦察时，一方面要注意主要方向的侦察，同时还应照顾到次要方向的侦察，为此，必须广泛地开展群众性的侦察活动，加强与友邻部队、党政机关、地方武装、民兵和人民群众的联系，以做到全面、细致；由于运动进攻战场的空间较大，需要加强对敌人纵深情况的掌握，因此，除运用其他侦察手段外，应广泛地开展敌后侦察活动，以便控制敌人纵深内的情况，提前发现敌人的行动企图。必要时可用情报侦察部队向敌人的指挥所、通信枢纽部、炮兵阵地、仓库以及重要的道路枢纽、桥梁进行袭击和破坏，配合主力作战；由于作战部队经常实施迂回、包围、穿插、割裂行动，情况变化异常迅速，在组织侦察时除注意翼侧侦察外，还应经常控制机动性能较大的侦察预备队，以应付突然出现的情况。

C. 组织对运动之敌的侦察

运动之敌是运动进攻最有利的打击目标。敌人运动的时机可能是：向我分进合击时、敌预备队进入战斗向我纵深冒进时、增援其被我合围之敌时、退却时，或者局部调动时等。

侦察机关组织对运动之敌的侦察时，应以地面侦察与空中侦察并重，结合使用技术侦察和谍报侦察等手段，并广泛地展开群众性侦察活动。

组织地面侦察很重要，应在敌人正面、翼侧、跟踪三个方面，采用观察、搜捕、伏击和询问相结合的侦察手段进行侦察。

正面侦察：由配有观察和通信器材的侦察组，在敌人行动方向上，以观察为主，并相机以伏击、搜索手段捕捉俘虏查明情况。有可能时，应以精干的侦察组转到敌人的翼侧或乘隙插入敌人纵深，监视敌人，捕捉俘虏，了解情况。

翼侧侦察：可以直接派遣也可由正面监视敌人的侦察组转换方向进行之。敌人翼侧往往是我军行动的有利方向，因此在敌人翼侧的侦察组应强有力，并派能力强的侦察干部亲自率领。翼侧侦察组应以观察、搜捕、伏击或化装插入敌人行军序列捕捉俘虏等手段进行侦察。

跟踪侦察：在敌人后尾活动的侦察机构主要任务是跟踪侦察，捕捉敌后尾零星人员查明情况，并监视敌人后援部队的行动。

如敌系数路平行向我开进时，地面侦察除按上述要领侦察外，以精干的侦察组配属电台，乘隙潜入敌人各部队之间隙进行侦察。

侦察机构在侦察活动中应广泛地向人民群众进行询问。

组织或申请空中侦察。对运动之敌进行空中侦察，可在短时间取得广大地域内的情报，应及时组织进行，并应指定专人负责收听空中侦察的情况报告。但空中侦察受到空中敌情、天候和时间的限制，也受到制空权的影响。

组织技术侦察和谍报侦察。无线电侦察可截收敌人无线电密语密码，经过破译能发现敌人企图；可测定敌人电台的位置，能掌握敌人移动情况。

雷达侦察可发现敌人空军活动规律，查明敌人雷达波长和位置，对地面侦察的雷达可发现敌人兵力、兵器的移动，从而可判明敌人的行动和企图。

谍报侦察，是从敌人内部或附近来监视敌人行动，可提供重要的情报。

开展群众性侦察。广泛地展开群众侦察，才能发挥侦察工作的最大威力，把敌人的行动完全控制在我监视之下。

D. 组织对立足未稳之敌的侦察

立足未稳之敌包括：由行军转入宿营之敌；仓促占领防御之敌；在进攻战斗中刚刚占领城市或阵地之敌；进攻前位于集结地域之敌。

这些场合敌人一般具有警戒不严、空隙较大、兵力部署不完善、火力配系不周密、工事薄弱、障碍设置少、指挥通信联络不稳定、协同动作不细密等特点，随着时间的延长敌人的弱点将逐渐消失。

对立足未稳之敌侦察，要争取时间，抓住时机，以原来使用的侦察机构和侦察手段组织进行，并迅速组织与派出新的侦察机构对敌人展开全面的侦察。

E. 组织侦察协同动作

情报侦察机构要加强各方面的联系，把与上下级间、各军兵种间的侦察活动紧密地协调起来；把地面与空中、正面与敌后之各种侦察机构的行动协调起来，加强与友邻部队和地方党政机关、人民武装间的密切联系，以保障顺利地完成情报侦察任务。

（五）战役实施阶段的侦察

运动进攻，力求调动敌人于运动中或乘敌人立足未稳之际，抓住有利战机，集中优势兵力，针对敌人的弱点和要害实施猛烈突击，达到各个歼灭敌人之目的，并同时构成对外正面的包围，阻止敌人增援和突围。敌受我军突然打击时，必然企图拼命抵抗，采取种种措施阻止我之包围、迂回、穿插、割裂部队的机动。当敌人被包围时可能企图固守待援或是突围逃窜，这时在外正面之敌也常有积极的行动。侦察工作要及时掌握敌人的每一变化，揭露其企图，提供首长适时定下决心的情报。

1. 侦察任务

察明我炮火准备、航空火力准备的效果，敌人的损失情形及其采取的措施；察明当面敌人的抵抗程度和可能的行动，对我包围、迂回、穿插、割裂部队的对抗措施；察明敌人炮兵发射阵地转移的情况，尤其是敌人核、生物、化学袭击兵器的位置和可能向我实施袭击的情报；察明敌人纵深内有无障碍地段及其位置和性质；掌握敌人各级预备队兵力编成、配置、位置，如向我实施反冲击时，应察明其反冲击的时机和方向；察明敌人空军活动的情况，特别注意敌人空降兵的集结位置、数量及其向我实施空降的时间、地域、兵力和企图；组织察明敌人退却和突围的情况；察明敌人纵深预备队的行动企图，掌握对外正面上的敌情变化。

2. 侦察机关工作

(1) 部队发起进攻后，侦察应不断地掌握当面和纵深敌情之一切变化情况，为此应明确区分侦察目标或侦察范围，及时调整或重新派出侦察机构，必须充分发挥各级侦察机关与侦察部队的积极性，以便及时掌握不断出现的新情况。侦察机关要与各方面情报来源保持顺畅的通信联络，密切与其联系，主动及时地搜集情报，并迅速加以整理报告首长和上级司令部，通报下级和友邻。

（2）侦察机关在战役实施时的工作重心应根据情况需要适时改变。战役开始后，各级首长和广大战士均能了解当面敌军的变化情况，故侦察机关应把工作重点放在对敌人纵深和翼侧情况的掌握上。对纵深情况的掌握主要使用各级的专业侦察兵力和器材，以观察（空中）、搜捕、伏击、敌后侦察、无线电侦察、雷达侦察和谍报侦察等手段获得情报。

（3）当部队对敌人实施包围迂回行动时，侦察机关应首先提供保障首长定下决心所必须的情报。实施包围迂回中，在迂回部队的前方和翼侧应派出本身的侦察机构实施侦察，了解敌人对抗措施保障迂回部队顺利前进；侦察机关应利用迂回部队的突出态势，派出侦察机构大胆插入敌人纵深了解与掌握情况；预先派有敌后侦察组时，应规定其保障迂回部队行动的侦察任务；此外还应申请空中侦察察明敌人纵深情况。侦察机关应采取一切措施为穿插、迂回部队提供情报，并向其搜集情况。当歼灭被围之敌战斗开始后，侦察机关除掌握当面敌情外，要有预见地乘敌混乱之际，派出若干侦察组化装成敌人或以其他隐蔽的方法潜入敌人间隙进行纵深侦察，或透过敌人部署实施对外正面上的侦察。

（4）随着战役进展和敌情变化，各级作战部队行动任务可能改变，侦察机关应根据首长的决心适时调整侦察部署。如敌人突围逃窜，部队就要实施追击；如敌人外有增援，部队可能阻止敌人增援或作其他机动，侦察应根据首长决心调整部署侦察。

（5）运动进攻要求部队具有不休整或经过短暂地休整补充连

续作战的能力。因此，侦察工作在战役过程中应以全力保障部队当前的作战和指挥，还要有预见地先走一步，用适当的力量去取得下一战役、战斗所需的情报，以保障部队连续地进行作战。

为适应运动战流动性的特点，侦察工作应善于把转移和进攻的侦察有机地结合起来。部队为避开与敌人不利的作战，可能采取诱敌深入调动敌人，制造敌人的弱点，以寻找有利的战机歼灭敌人。侦察工作既要保障部队转移和后退的行动，又要着眼于尔后进攻时的情报需要。因此，侦察机关应有预见地在敌人可能占领的地域、要点和交通枢纽部署或派遣侦察机构；组织必要的力量调查修正当前行动地域和尔后作战地域的兵要地志资料；对预定作战地域实施空中照相；组织撤离地区的群众性侦察活动等。这样，既能保障转移和后退时的情报供给，也可以有力地保障尔后的进攻。

（六）战役追击的侦察

战役追击是进攻战役的继续，战役追击胜利的关键，在于及时发现敌人退却，立即转入追击，粉碎敌人掩护部队的抵抗，穷追猛打，不给敌人喘息之机，将其割裂、包围而歼灭之。为此，侦察工作必须及时发现敌人退却的征候、企图和部署，并立即转入追击的侦察。

战役追击的侦察任务应察明：

敌人退却开始的时间、兵力部署、方向和道路，尤其是主力的退却时间、方向和道路；敌人掩护部队的兵力编成及其占领的掩护地区；敌人中间抵抗地区的兵力部署、工事构筑、障碍物设施及地形状况；敌人核、生物和化学武器的转移情况及其向我实施袭击的情报；敌人退却地带内的地形、道路情况及其对道路、桥梁、渡口破坏的程度，有无障碍地段及其位置和性质；有无通向敌人翼侧和后方的道路，道路的状况及两侧的地形情况，沿途有无敌人伏击和拦阻；敌纵深内有无新预备队向前开进、其兵力编成和企图。

敌人为了隐蔽迅速地脱离追击，在其退却前将以各种假象迷惑或尽量保持其原来的活动常态，但敌人退却前通常有很多异乎寻常的征候，侦察必须从敌人活动的每一细小征候和其总的态势结合起来给予客观的分析判断，及时发现敌人的退却行动和企图。侦察机关发现敌人退却征候时，应迅速采取种种措施进行证实，以保障部队及时地转入追击。

侦察机构的兵力编成应根据当时的具体情况决定，最好使之具有快速的行动能力和一定独立战斗的能力，迅速插入敌人主力的翼侧和退却纵队的先头，察明敌人主力退却的方向、路线和到达地点，并察明中间掩护地区有无兵力占领和敌人纵深内地形、道路、障碍设置情况以及敌人可能阻止我追击的措施等，立即报告前卫和首长，保障部队实施高速追击。

侦察机构的行动应勇猛迅速，以战斗和观察的手段来获得情报，遇小股敌人迅速歼灭；如遇强大的敌人时，则应设法绕过，急速地深入其侧后大胆逼近敌人主力进行侦察。对敌人的指挥所、通信枢纽部、飞机场、导弹发射场及其准备撤退的仓库等实施突然袭击，在渡口和通行困难的地段上袭击（伏击）敌人的退却警戒部队，捕捉俘虏了解情况。侦察机构在执行任务过程中，对重要的地物、桥梁、渡口、道路交叉点、隘路等要点，应予以夺取并进行顽强地扼守，阻止敌人退却直到先遣部队到来。

侦察机构在执行任务过程中，应与先遣部队、前卫、侦察机关、航空兵、敌后着陆的空降兵以及在敌人侧后阻止或监视敌人的地方兵团、游击队和民兵等取得密切联系。

在前卫行动的正面或翼侧应派出兵力较小的侦察机构进行观

察。

随着部队的追击，各观察哨应以逐次向前跃进的方法进行观察。

空中侦察对于察明敌人退却的情报起着重要的作用。当敌人开始退却前，可以发现敌人退却征候，并察明地形、道路的通行程度；当敌人开始退却时，应迅速地察明敌人退却的时间、方向及部署。

战役追击战斗，敌我部队行动变化极大，情况错综复杂，不仅要求情报及时，而且要求高度的准确。侦察机关应与各侦察机构、各兵种侦察机关、先遣部队和前卫保持顺畅的通信联络，及时搜集情报并给予补充任务；与航空兵、友邻、空降兵、敌后兵团等取得密切联系。及时从各方面搜集情报并迅速整理，报告首长和上级司令部，通报下级和友邻。

(七) 登陆战役情报

1. 概　　述

登陆战役，是陆、海、空军战役军团在地方部队、民兵的支援配合下，按照统一的计划和指挥，对据守海岸、海岛之敌的渡海进攻作战。登陆战役的主要任务是：突破敌抗登陆防御，歼灭当面之敌，夺占战役登陆场或具有战略、战役地位的岛屿（列岛、群岛），为尔后作战创造条件。登陆战役按规模大小，分为方面军和集团军的登陆战役。

登陆战役，需要克服海洋障碍，实施渡海越洋进攻，战役行动涉及敌我双方的地面、海上（水下）和空中各个领域。由于海区范围广阔，地理、气象、水文等自然条件复杂，诸如海底地貌、水域深浅、风力涌浪、潮汐海流、岸滩底质以及阴晴雨雾等，对航渡路线和登陆方向、登陆地段与登陆时机的选择以及对登陆战役的行动等均有着直接影响。为此，登陆战役指挥员应采取有效的措施，搜集和掌握行动海区的地理、气象、水文等情况，把握其规律，以便趋利避害，能动地夺取登陆战役的胜利。

战役指挥员要想准确掌握情况，必须统一组织陆、海、空军的侦察力量，采用多种措施和手段，在广大的地区内有重点地反复进行战役侦察。主要查明：敌人抗登陆的兵力编成和部署，防御阵地编成，火力和障碍物配系；敌军机场、通信枢纽、雷达站和指挥所的位置；作战海区的水文、气象和敌岸的地形情况；登陆海岸的岸滩、港湾、交通等。对可供登陆和着陆的岸滩底质、坡度、潮汐和设防情况及空降地区等，要组织周密细致的侦察。对海区的水文和气象要作出中长期预报。为隐蔽登陆企图，迷惑和欺骗敌人，侦察应在大范围内进行。

依据侦察所得情况，着重判明敌人的抗登陆企图，主要防御方向和薄弱部位；敌军作战能力和可能采取的行动，预备队的配置、位置及可能反击的方向；海区的水文、气象及敌岸地形对我登陆行动的影响；便于登陆和空降的地段与地区及其容量；敌后人民群众与人民武装的可能支援等。然后结合我军情况进行全面分析，从而作出最后的判断，并在正确领会上级意图，明确本军团的任务及其在全局中的地位作用的基础上，据以定下登陆战役的决心。其内容重点是确定主要登陆方向、登陆场、登陆时间、登陆战役布势、海上输送方式和登陆作战的方法等。

2. 岛屿自然环境对情报侦察的影响

岛屿的基本特点是：四周环水，易守难攻，不便上陆，多风，气候变化急剧，并有群岛、列岛和孤岛，有大岛、小岛、主岛和围岛，远海岛屿与近海岛屿之分。上述条件不同，各有一定特点，因此在军事上所起的作用和对军队进攻行动的影响也不同。对侦察的影响是：

侦察内容复杂，除地形、敌情外，还应察明水文与天候的情况；距陆地较远的岛屿，尤其是对远的孤岛观察困难，敌人的隐蔽火力点和坑道工事更不易察明；由于岛屿四周环水，视距甚远，侦察船只不易接近，如被发觉返回也较困难，越海侦察通常需要制备器材，且天候对行动影响极大，遇到大风大浪，甚至没法行动，海上辨别方向困难；由于为海所隔，来往人员较少，加之敌人严密封锁，故调查研究也较为困难；参加侦察的军种、兵种较多，故侦察的协同动作较为复杂；未受过海上训练的侦察部队，很难担任越海侦察，而侦察人员海上训练则需要较长的时间。

岛屿侦察也有有利条件，组织得好是能够完成侦察任务的：登陆战役通常是陆、海、空三军的联合行动，故参加侦察的兵力多、器材性能好；由于岛屿的限制，敌情变化不甚复杂，易监视和掌握；由于有海相隔，敌人易疏忽大意，较大的岛屿敌人通常都是宽正面防御，空隙较多，利用夜暗大雾的掩护，越海侦察是完全可能的；岛屿中一般说来群岛、列岛较多，而且许多岛屿附近有大的礁石或小荒岛，均可用来组织观察和监视敌人行动，并可化装渔民或利用夜暗大雾，进行抵近观察；可询问渔民、研究历史资料和进行谍报侦察以及有较多的时间进行侦察。

3. 侦察任务

登陆战役的侦察任务除和一般条件下相同外，还应察明和掌握以下情况：

敌人阵地前沿是沿海岸直接设置，还是间接设置，有几道阵地、构筑的特点，尤其核心阵地及滩头阵地的位置；敌人坑道和永备工事，尤其永久性发射点的位置与坚固程度，水上、水下障碍物的性质、位置与数量；敌人兵力兵器部署的特点，尤其预备队的兵力、位置和可能的行动；岛屿的地形特点、便于登陆的地段、可能的容量、海崖和海底的性质、水的深浅、有无暗礁、潮汐的规律；岛屿及其附近的气象特点，尤其是风、浪、雨、雾的大小和规律；敌人海、陆、空军支援的可能性。

为完成上述任务，根据当时的具体条件，可进行空中侦察（申请）、海上侦察、技术侦察、兵要地志调查、询问渔民、观察、越海侦察、谍报侦察、气象侦察等。

4. 侦察机关的工作

侦察机关的工作，根据战役军团进攻岛屿的条件，敌人岛屿防御的特点，组织战斗的部队大小，参加战役的军种、兵种的多少等条件的不同而各异，除与一般条件下相同外，应作好以下工作：

(1) 受领任务前

担任进攻的部队，如系与敌对峙中海岸防御的部队，平时就应对我军控制的沿海岛屿和敌占岛屿主动进行调查和组织侦察。敌占岛屿距我近时，或距我虽远时，但附近有敌未占之荒岛、礁石等可用来进行观察时，均应组织观察。可能时还应进行越海侦察以及组织沿海群众的侦察，派遣谍员、空中侦察、技术侦察和兵要地志调查，以便察明与掌握敌占岛屿的情况，经常把搜集来的材料进行整理研究，为战时需要打下基础。

位于敌占岛屿附近地区的部队，尤其与敌对峙进行海岸防御的部队，如对其进攻岛屿的行动有所了解，应在防御的基础上，注意为进攻所需要的情报积极进行侦察，如系其他地区调来部队或上述地区的机动部队，在受领任务之前，凡对其进攻岛屿的行动有所了解时，应及时派人到与敌对峙进行防御的部队或军区，搜集其所了解的各种情况。并在不失密的原则下，在其帮助下，展开兵要地志调查，同时整顿、补充、训练自己的侦察部队，以便在受领任务后，能展开全面的侦察。

(2) 受领任务后

受领进攻任务的部队如系原防御部队，应根据其所进攻岛屿的具体情况在防御侦察组织的基础上，加以必要的调整，使之适合进攻需要，展开全面的侦察。如系该地区的机动部队或其他地区调来的部队，除及时组织必要的侦察外，同时应派人到与敌对峙的部队搜集情况，这时如有必要，可要求其到现地介绍已了解的情况，并接受其组织侦察的经验，尤其是越海侦察和海上训练侦察部队的经验。接管或参加其当地群众性的侦察组织，以便领导或与其协同展开对敌侦察。

受领任务后还应进行下列工作：

及时拟制各种必要的侦察文书。拟制侦察计划时，应广泛征求各军种、兵种、技术侦察部队等对组织侦察的意见，最好有各军种、兵种派人参加共同拟制。

适时组织侦察的协同动作。当侦察计划批准之后，根据侦察计划召集各军种、兵种、技术侦察部队、地方政府等相关的单位的代表，组织侦察的协同动作。使各军种、兵种彼此了解任务，彼此提出要求，经过讨论加以明确，使其为总的侦察任务的完成而努力。协同动作的内容，根据当时的具体情况而定。如何区分侦察任务、措施，侦察活动中如何协同和支援以及如何交换情报等。协同的内容大致有：

明确海军的侦察地（海）域内容、时间、地点、措施等；海军航空兵侦察的地域、目标、时间、手段等。海军潜水舰艇在何海域、侦察监视何处敌海、空军的活动，对进攻的岛屿何时在何处进行观察、照相，在何处遣送何种侦察机构上陆进行侦察，何时接回等。海军水面舰艇在何处进行观察、技术侦察、海上伏击、火力侦察，在何处遣送何种侦察机构上陆进行侦察。海军的地面侦察机构，对何处敌舰、敌机进行侦察。应搜集何种情况，如何报告和通报等。

明确空军侦察的地域、目标、手段、时间、次数、照相比例尺、数量、遣送侦察机构的时间、地点、方法，何时接回，联络方法。对空监视的范围，报告通报情况的方法等。

明确陆军各兵种侦察的范围、内容、措施、时间等以及技术侦察部队等如何进行侦察。

如何与地方政府协商，组织沿海群众的侦察和派遣战地谍报人员。

要积极搜集情报，进行兵要地志调查，如有必要可组织专门的情报搜集所。该所在组织本战役行动的司令部的侦察情报机关领导下，负责搜集、整理和研究各军种、兵种等所获得的情报，进行报告和通报及审问俘虏等。当战役军团有较多的军种、兵种在广大地海域进行联合行动时，组织统一的情报搜集所尤为必要。该所通常以组织本战役行动的司令部为主，由参加本战役行动的各军种、兵种、技术侦察部队、地方政府等单位参加的有关人员组成。这样组成便于发挥与集中各专业人员之专长，正确地判断所获得的情况，以免对情况作出错误的结论，或遗漏某些各军种、兵种所需要的重要情报。保障各军种、兵种能适时利用侦察成果。

组织观察。对我将要进攻之岛屿，如距陆地较近时，应组织统一的观察配系，用各种观察器材，进行昼夜不间断地观察。如距离陆地较远时，可利用该岛附近敌未占岛屿或大的礁石，组织专门的隐蔽观察，或化装成渔民，在其掩护下进行观察，或夜间接近利用拂晓进行抵近观察。

组织越海侦察。登陆战役中，由于大海相隔，越海侦察比较困难，但对较大或敌人较疏忽的岛屿，如能掌握敌人行动规律及水文、气象特点，且组织得严密、时机适当、有决心、沉着勇敢等，越海侦察是能够成功的。越海侦察可用舟船、泅渡、空投、水面水下舰艇派送等多种方法进行。组织越海侦察时，除选择意志坚强经过训练的人员担任外，尤应进行充分准备，正确选择出航时机、航线、登陆的时间和地点，并研究在敌占岛屿上活动的方法。登陆时机一般在黑夜或雾天进行。如侦察的岛屿太远时，在不暴露行动的要求下，可在天黑前，前进一段，以便天黑时适时接近，出敌意外地乘机登陆。登陆时机的确定应使侦察人员有完成任务足够的时间，及在天亮前能离开敌人为宜。故最好在天黑后开始登陆，登陆地点应选在不易上陆、出敌意外，但又便于完成任务的地方。如白天需要继续侦察时，还应有可靠的隐蔽船只的条件。必须指出，越海侦察船只是异常重要的，故侦察机构一般应在当夜天亮前返回。

组织空中侦察。空中侦察是登陆战役重要的侦察措施之一。故应及时组织，反复进行，运用不同的方法摄取不同比例尺的照片，以便对敌人的工事和兵力部署等进行研究。

组织技术器材的侦察。登陆战役中，无线电和雷达侦察有着重要作用，应及时组织和不间断地实施。

组织侦察的通信联络。尤其是陆、海、空军联合行动时更为重要。

(3) 战役过程中：登陆战役岛屿进攻，尤其对远海岛屿进攻时，制海权、制空权是战役成败的重要关键。故战役开始后，侦察机关应时刻掌握敌人陆、海、空军，尤其是空军的活动。登陆成功后，除进行观察等进行侦察外，应及时审问俘虏，以便进一步察明敌人核心阵地、坑道工事、永备工事等，以保障部队迅速地歼灭敌人。

战役结束后，应组织专人和指示部队搜集敌人的文件等，并进行整理研究，以便总结敌人岛屿防御的特点等。

六、防御战役情报

防御是军队抗击敌人进攻的作战，是基本作战类型之一。目的是为了消耗敌人，保存自己，争取时间，辅助进攻或准备转入进攻。防御分为战略防御、战役防御和战术防御。

防御战役，是战役军团为达到一定的战略或战役目的，按照统一的计划，在一定时间、一定作战方向或地区内进行的一系列坚守和攻势作战的总和。防御战役，一般达到下述一个或几个目的：坚守重要战略方向，制止敌人长驱直入，挫伤敌人锐气，为稳定战局和尔后作战创造条件；在濒海地区粉碎敌人的登陆进攻；保卫国家重要的政治、经济和军事目标及坚守要塞、战略要点；保障和配合战略预备队、机动集团进攻歼敌；保障主力机动、集结或休整等。防御战役分为：阵地防御战役、城市防御战役、抗登陆战役、反围攻、退却以及运动防御等。本部分主要讲阵地防御战役、运动防御战役、城市防御战役和抗登陆战役。

由于科学技术的高度发展和在军事领域的广泛运用，使现代防御战役出现了许多新特点：纵深立体作战的地位大为提高，战役将在前方、后方，地面、空中和海上的广阔空间同时或交替进行；防御手段增多，以攻为守的作战行动更为广泛，防御的进攻性明显增强；进攻一方火力突击能力的提高，使防御遭破坏的程度明显增大，部队隐蔽、机动以及后勤保障将受到严重威胁，提高战场生存能力问题十分突出；战役中，空袭与反空袭、突破与反突破、突击与反突击、合围与反合围、空降与反空降斗争将异常激烈，整体作战要求高；军队机动能力的提高，使战役中双方争夺的焦点随时可能发生变化，临时转用兵力，变换部署和改变战法的情况也会经常发生。为此，必须加强战役侦察，准备判明敌人企图，掌握其动态，科学预测战役发展。只有及时获取准确的情报，才能在预先周密计划的基础上，主动适应战场变化着的情况，迅速地作出反应。防御战役情报是为保障战役，所获得的战役作战所需的情报。

（一）阵地防御战役情报

阵地防御战役，是战役军团在较固定地区依托预先构筑的坚固阵地或临时构筑的野战阵地所进行的防御战役。目的通常是扼守设防地区或目标，抗击敌人进攻，争取时间，为稳定战局和尔后的进攻或反攻创造条件。

1. 战役准备阶段的情报侦察

（1）情报侦察任务

根据战役军团的战役任务、作战地区的地形和当时对情况了解的程序，防御战役的侦察任务是不同的。必须根据战役指挥员的意图和当时当地的具体情况，确定具体的侦察任务。在阵地防御准备时节应着重察明：

敌人先遣部队或前卫的兵力编成和番号，接近我保障地带的时间，进攻我保障地带的兵力和部署和行动性质，及其侦察活动的情况；敌人主力纵队的兵力编成、运动方向、开进或集结的时间，以及开进的部署，集结地域和进攻准备的情况；敌人装甲坦克部队的兵力编成、配置地域，及可能使用的方向和方法；敌人核、生物、化学武器的类型与性能，进行袭击准备的情况；敌人炮兵和各类火炮的数量、口径及其发射阵地的位置和进入的时机；敌人空降部队的兵力编成、位置，可能空降的时间地域和方法；敌人指挥所、观察所、通信枢纽部的位置；敌人前线飞机场的位置、飞机的类型和数量及其活动的特点；敌人各级预备队的兵力编成和番号、集结地域及其可能行动的方向；作战地域内的居民、政治和物资情况及地形特点。

在战役准备前已掌握的情报，尚须继续察明；有的则是在防御战役的过程中才能察明。但在防御战役准备时节必须充分发挥主观能动性、力争全部完成这些侦察任务，以利于判明敌人进攻的部署、主要突出方向、进攻开始的时间及使用核、化学、生物武器的可能情况。

(2) 各级指挥员和侦察机关组织侦察的工作

部队受领具体战役任务前，组织防御战役的时间和条件不同，各级指挥员及其司令部组织侦察的工作也有所不同。有的部队可能预先受领了阵地防御的任务，他们对侦察工作早就有所准备；有的部队可能临时受领阵地防御的任务，有时甚至可能在敌人压迫下转入防御，这在组织侦察工作方面就有了新的问题。

当部队受领了防御任务后，即应根据上级意图和本部队的任务指标侦察机关对作战地域及作战对象进行侦察，以便使侦察机关迅速地展开工作。

侦察机关应根据首长的意图，以下一战役可能作战的地域和作战对象为中心，组织或调整侦察力量，执行侦察任务。

在拟制侦察计划时要求有预见性，适当地扩大侦察的范围，并且要控制预备的侦察力量，一方面准备在受领具体的作战任务后进一步进行侦察，同时也准备应付意外的需要。

此外还应广泛地搜集和研究有关敌人作战活动的情况及战术资料，及时报告首长、上级、通报部队和有关机关。侦察机关可能较早地了解首长的意图，同时侦察部队活动的地域可能预示部队的行动方向与任务性质，如果不注意保密就容易泄露战役企图。因此，应加强保密工作。

部队受领战役任务后各级指挥员应进一步对侦察工作给予指示：将有关的作战任务和行动意图告知侦察机关并指示其侦察任务和完成的时间；指示用于侦察的兵力和器材；应在哪些方向上为完成哪些侦察任务派出侦察机构进行侦察，确定其兵力编成、物资保障和通信联络等事项；指标建立观察配系；对重要的侦察机构应亲自下达任务；根据情况发展，不断地指示和检查侦察机关和部队的活动。

防御战役准备阶段，侦察机关组织侦察的工作程式和内容与进攻战役相比无太大差异，在此仅将必须注意的要点加以说明：

防御战役敌情报告应掌握的重点是：敌空降兵的情况，敌可能在我纵深空降的地域，敌人进攻的方式和开始的时间，核、生物、化学等武器的情况。

由于防御战役组织准备的时间较充裕，故应多次详细地向指挥员提出敌情报告，并应绘制各种要图和参考资料，以备指挥员定下防御战役决心。

在拟制侦察计划时，应着重考虑下列事项：为保障部队防御战役需要应获得哪些情报；战役指挥员和上级赋予的侦察任务；敌人可能进攻的兵力和方法；如何运用各种侦察力量，如何组织他们之间的协同动作；如何组织对翼侧和后方的侦察，尤其是对空和空降兵的侦察；如何与党政机关、地方武装、民兵、人民群众加强联系；控制一定数量的侦察预备力量。

由于防御战役我军处于相对的被动地位，所以要求侦察计划更加周密具体并预见到可能出现的各种情况，为应付意外，应拟定几个不同的侦察计划。

防御作战多数情况下是以弱抵强，以劣抗优，侦察的兵力、器材也可能不足，因此，要求各级指挥员和侦察机关“巧妙”地组织和运用侦察力量，发挥高度的组织能力和指挥艺术，把一切可以调动的力量都组织起来，以完成侦察任务。

组织和实施敌后侦察是察明敌情、完成侦察任务的重要手段之一。组织敌后侦察的方法有：

留置侦察：为查明敌人进攻以及敌后的情况，可预先留置敌后侦察人员进行侦察。这将比向敌后实施渗透或空降更为方便，留置敌后侦察组的人选应精干，并带轻便武器及性能较好的通信工具，潜藏在人民之中或隐蔽在敌人难以发现的地方，或依靠坑道工事，进行侦察活动。为做好这项工作，平时的边防保卫工作应与战时的留置工作结合起来；即在平时为战时的留置工作准备条件，以便战争中加以利用。

派遣侦察：担任这一任务的侦察机构经过充分准备之后，利用敌人部署的间隙或空降派至敌人纵深和后方展开侦察活动。

在派出时应特别注意：

明确交代任务，使执行者正确了解任务的作用，并为他们具体分析行动的有利条件和困难，研究克服困难的方法，拟定几个行动方案。

渗入道路，一般以敌接合部、空隙、敌方防御设施薄弱之处，利用小溪、山腰，能隐蔽通过的位置作为行进路线，而避开道路、山顶或明显的目标附近。

严密地组织与炮兵或航空兵的协同动作，并明确规定通信联络的事项，使敌后侦察人员不致为自己的火力所杀伤。

侦察组的人员不宜过多，应短小精干，既易隐蔽，又便于活动。

派出的时间应为夜间或敌人警戒疏忽之时，并且有可以达到目的地或中间的暂留点，侦察应力避与敌战斗，应秘密地渗入，秘密地返回。

及时周密地组织各部队各兵种的观察配系和在防御地带上展开观察，是防御战役的重要侦察手段，其组织形式应依据当时的条件而定。在组织防御战役观察时应注意观察位置的选择，既要便于观察，又要有一定的稳定性；既能观察到正面，也能观察到翼侧、纵深和后方；协调各军、兵种的观察力量，避免发生漏洞，减少死角，使敌无法隐蔽其行动；设置预备观察哨。

组织和展开技术侦察是防御战役时取得敌人情况的重要手段之一。

加强与地方武装、民兵、情报站和人民群众的联系，这是完成防御作战侦察任务的重要条件。

防御作战侦察的范围大，需要了解的情况多，单依靠部队侦察是不易完成任务的，故必须与地方武装、民兵、情报站及人民群众进行密切的联系，搜集情况，必要时还可以向其提出协助侦察的要求。

2. 战役实施阶段的情报侦察

防御战役实施阶段的侦察，是防御准备阶段侦察工作的继续和发展。有的侦察任务需要继续完成，新的侦察任务随着情况的变化不断地在产生；有的侦察手段继续使用，有些新的侦察任务就需要采取新的侦察措施。

防御战役的实施，随着敌人的进攻开始而开始。敌人可能由远方向前开进途中就完成了进攻准备，夺取我警戒阵地之后继续对我主要防御地带实施进攻，在这种情况下，防御战役的实施是从警戒阵地战斗就开始了。另一种情况是敌人以先遣部队攻占我警戒阵地后，仅以掩护部队与我保持接触，主力在其后方分开集结，进行进攻准备，尔后再向我主要防御地带发起进攻。在这种情况下，防御战役的实施是从敌人对我主要防御地带进攻时才开始的。

(1) 敌人开进和火力准备时的侦察

敌人由集结地域向前开进，利用夜间或不良天气乘车前进，与此同时，可能进行航空兵、炮兵火力准备，为突然发起进攻创造有利条件。此时，侦察的主要任务是察明：

敌人由集结地域向前开进的时间、纵队的数目、兵力编成、运动的方式和展开的地区；敌人导弹与炮兵发射阵地的位置及其占领阵地的时间；敌人航空兵及炮兵火力准备开始的时间，突击的目标、地域和航空兵、炮兵火力分布的情况；敌人空降的地域，兵力编成及其着陆后的行动；敌人第一梯队或作战群在火力准备过程中的行动情况。

察明上述情况，就可以进一步判明敌冲击开始的时间、兵力部署和主要突击方向。这样就可以保障首长定下有根据的决心，化被动为主动，进而粉碎敌人的进攻。

为了达成上述侦察任务，应采取如下侦察措施：

给敌后侦察的人员（敌后侦察组、敌后留置人员、民兵等）下达新的侦察任务，并迅速搜集其所得情报；给各观察哨下达补充观察任务；加强无线电、雷达和空中的侦察；根据当时情况的需要，派出新的侦察机构执行新的侦察任务；与上级、友邻及时地交换情况。

此一阶段，各级指挥员和侦察机关都必须密切地注意敌人行动的情况及其发展变化，紧张顽强地工作，搜集各方面情报，经分析研究之后，做出判断结论，根据情况的变化不断组织侦察。

(2) 敌冲击开始后的侦察

随着敌人冲击的发起，观察敌步兵、坦克冲击的方向和火力分布的情况，进一步判明敌主要突击方向和行动企图。同时，必须掌握敌人在我纵深内实施空降的情况以及敌预备队行动的情况等。

敌人进攻开始以后，敌情的发展变化是迅速而复杂的，指挥员必须亲自观察战场和掌握情况，尤其了解和掌握主要方向上的情况变化。侦察机关应迅速而不间断地向属下部队、各观察哨及侦察机构，技术侦察部队、友邻和其他各有关部门积极主动地搜集情况供给首长和部队。战役开始后，敌人的无线电通信已广泛使用，因此应与无线电侦察部队机构和空中侦察部队保持密切的联系，及时向他们提出侦察要求。

(3) 反冲（突）击时的侦察

当敌人突入我防御阵地之后，将继续向纵深处发展和扩张。这时部队的任务首先是阻止敌人的继续突破和扩张，并乘敌人立足未稳或协同动作被破坏之际，机动兵力、火力消灭突入之敌，为此应察明：

突入防御之敌主要集团的位置、兵力部署及其对翼侧的保障程度；敌军的作战能力、部署中的强弱点、诸军兵种协同动作的情况；炮兵向前转移的情况；敌人装甲坦克部队或其预备队的行动及其可能进入作战的地区、方向、时间；敌空降部队的行动情况；敌人使用核、化学、生物武器的情况；利于我航空兵、炮兵突击的目标；利于我反突击的地形方向和目标。

侦察机关应及时研究敌人的情况，一旦发现对我有利时机，应迅速报告指挥员，使其适时地定下反冲击的决心。

当定下反突击的决心后，应监视敌人的变化情况。

为完成上述侦察任务应采取如下措施：

加强地面各军兵种的观察。因这时敌人兵力兵器的大部分暴露出来了，易于观察。根据当时情况，重新调整和派出观察哨；根据当时情况的需要，派出新的侦察机构，其数量、距离等应依当时当地情况而定；加强空中和无线电的侦察工作；加强与敌后侦察人员的联系；积极主动地搜集地方武装、民兵、情报站、人民群众所获敌人的情况；不断地询问上级侦察机关。

此外，侦察机关应将从各方面搜集的情况迅速分析研究、报告首长和上级，并通报部队，尤其注意供给反冲击部队的情报，必要时应派员前往反突击部队传达侦察指示，并帮助其组织和实施侦察。

当反冲击开始后，侦察机关将敌变化的情况迅速报告首长、上级和通报部队及其有关部门。

当反冲击成功后，应当在恢复了的前沿或新夺回的阵地上组织观察。其他侦察工作与防御准备阶段的侦察相似。所不同的是经过激烈的作战后，部队可能在较短的时间内迅速调整部署，准备抗击敌人新的冲击。

为了保障首长及时定下新的决心，侦察机关应及时提供以下情况：

敌人变更部署的情况，特别是敌人预备队的行动性质和企图；敌人损失的情况和尚在继续顽抗的情况；敌人再次发起冲击的时间，可能的主要突击方向。

（二）运动防御战役情报

运动防御战役的目的是以空间换取时间，消耗与疲惫敌人，保存我军力量，以造成我军转入进攻和反攻的有利条件。

运动防御一般在总的意图下有计划地进行，但也有可能在不利的条件下被迫进行。运动防御作战的特点是：机动范围大、情况发展变化快。在组织与实施侦察时，必须考虑到这些特点及其所产生的影响：

敌情变化快。未来作战的对手是以现代化装备的作战部队，在地形、条件较好的战场行动时，运动速度快，这使对运动中的敌人进行不间断的侦察增加了困难。因此，要求周密地有计划地组织侦察，发挥各种侦察手段的作用，采取逐段监视的侦察部署，具有重要的意义。

组织侦察的时间少。运动防御有时预先占领阵地，可能有较长的准备时间，但通常是处在时间仓促、任务紧迫的情况下进行的。敌我双方又处于变化状态之中，新情况不断出现，新的侦察任务经常产生。因此，各级侦察机关，应善于研究情况，预见情况的发展并尽早地了解首长的作战意图，力求在最短的时间内将侦察的工作组织完善。各级首长则应及时地将作战企图传达给侦察机关。

侦察的范围广。运动防御的部队通常是在宽大正面的防御地带内进行防御。为保障部队作战情况的需要，而侦察又必须在比防御地带更为宽广的地域内组织与实施。同时，由于敌我部队的机动性大，侦察范围不仅包括当前作战地区，而且必须包括尔后作战地区，不仅掌握当面敌人的情况，而且还要掌握其他方向敌人调动的情况。因此，要求组织侦察时，必须全面地考虑分析情况，区分轻重缓急，并根据情况的变化，适时转移主要侦察力量，完成主要的侦察任务。

运动防御在不与敌直接接触的情况下进行时，侦察部队可能远离主力，单独地在较长时间内进行侦察活动，因此，要求首长和侦察机关，对派出的侦察机构，应指示情况变化时的处置方案，为其配备性能较好的通信工具，规定联络信号，以保障对其不间断地指挥。此外，还应注意侦察机构在连续不断地完成各项侦察任务中其精力、体力消耗的程度，在可能条件下，适当地轮换进行休整，以保证连续地完成侦察任务。

1. 防御准备阶段的侦察

(1) 侦察任务

运动防御的侦察任务有很多是与野战阵地防御的侦察任务相同，但还应着重察明如下情况：

敌人的兵力、番号及其部署；敌人编制装备，特别是导弹及装甲机械化部队；敌人动态及行动企图；敌人各交通线的输送情况及其后方基地的位置；敌人航空兵活动特点及飞机场分布情况；敌人向我接近开始的时间；敌人地形、道路、江河的情况。

(2) 各级指挥员组织侦察时应注意事项

组织运动防御时，对敌情的了解可能是比较概括的。因为当时情况，多是由上级和友邻通报的，为进一步了解具体的敌情和地形情况，必须有预见地组织、领导侦察工作。

尽早地将对侦察有关的作战意图或行动的方案传达给侦察机关，以便及早地组织与实施侦察。对派出的侦察机构，最好指挥员亲自赋予侦察任务，说明实施侦察的意图，使其能根据情况的变化，机断行事。

为了及时完成重要的侦察任务，或当情况发生剧烈变化时，指挥员应注意挑选坚强的侦察部队执行任务，必要时可派侦察机关的干部率领。

运动防御，敌情变化快，侦察范围广，建制的侦察兵力、器材往往不够使用，指挥员应注意这一情况，必要时可派出一定数量的战斗部队执行侦察任务。

(3) 侦察机关的工作

组织地形侦察。地形条件是确定作战部署的依据之一，担任运动防御的部队在受领任务后，司令部首先对预定战场进行地形侦察。其方法可统一组织实施亦可统一组织、分别实施。侦察结果在时间许可时应整理资料，绘成地形要图。

搜集研究敌情，并及时报告和通报。

拟制侦察计划，下达侦察指示。

组织人民群众的侦察。在部队受领了运动防御的作战任务后，指挥员或指派其司令部侦察机关主动地与作战地区的党政机关建立联系，组织作战区域的群众性的侦察。根据部队的作战任务，有重点地布置人民群众的侦察力量，划分侦察区域，给予侦察任务，规定情报传递的时间、方法。

组织和派出侦察机构。部队受领运动防御任务后，应在需要的方向上及时地派出侦察机构。侦察机构可能由建制的侦察部队编成，也可能由战斗部队编成。各兵种为了及时地获取本兵种所需要的情报可指挥自己的侦察部队或侦察人员参与合成军队的侦察机构共同地完成侦察任务，或单独地派遣侦察机构实施侦察。

组织技术侦察。

组织（或申请）空中侦察。空中侦察能在较短的时间内获取广大地域内敌人的情报，尤其对运动目标的侦察具有更大作用。

2. 防御实施阶段的侦察

敌人可能从行进间发起进攻，也可能经过直接接触后进攻。在不与敌人直接接触的情况下，敌人要经过开进、展开等一系列的行动向我发起进攻。然而运动防御的目的是以空间换取时间，而不求与其决战，因此，我军实施运动防御时，必须在某一阵地上给敌以严重杀伤后，在适当时机转移到下一阵地继续阻滞敌人，为此，侦察必须掌握如下情况：

敌人向我接近的情况，如敌人先遣和主力部队的兵力编成、番号、运动道路、方向及其行动性质等；当面敌人的情况，如投入我阵地内的兵力、行动企图、重新组织进攻的行动及其预备队的情况等；我部队转移时敌人变化的情况，如敌人迂回部队的行动，转入追击的征候等；敌人使用核、生物、化学武器及航空兵、空降兵等情况。

为了获得上述情报，侦察机构应采取下列措施：

(1) 敌人向我接近时

主要依靠已派出的侦察机构、警戒部队的侦察和群众性的侦察组织以及临时增派的侦察机构，进行侦察。

侦察机关应指挥已派出的侦察机构对敌人向我接近的各个纵

队实施不间断地监视和侦察，并给予新的任务。侦察机构还就与我警戒部队保持密切的联系，通过警戒部队的战斗、观察等手段获取敌人向我接近的情报。必要时可派侦察干部随重要方向上的警戒部队行动，搜集侦察机构、警戒部队获得的情报，掌握敌人的接近情况。

根据情况的发展或发现了新的敌人，以及在未派有侦察机构的方向出现情况时，应派出侦察机构或调动执行其他侦察任务的侦察机构实施侦察。

(2) 我部队转移时

修改、补充侦察计划。在防御过程中，修改、补充侦察计划是不断进行的，部队转移实施之前尤为重要。

修改的侦察计划应解决以下问题：

明确部队转移过程中的侦察任务；部队转移时侦察机构转移的顺序，应撤收、派出哪些侦察机构，何时派何地，执行什么侦察任务；正在执行侦察任务的机构在部队转移过程中的侦察行动；何时给各兵种、专业兵哪些侦察任务；应调用哪些部队执行侦察任务。

战役过程中修改侦察计划的时间是极有限的，因此，要求侦察机关一方面有预见地调整侦察部署，一方面修改侦察计划，使侦察机构在很短的时间内发挥其作用，不应因拟制侦察计划而影响侦察机构的组织和派遣。

根据修改的侦察计划，给各兵种、专业兵下达侦察指示。下达的方法，可用有线电话、无线电报或派参谋传达。

为了保障不间断地实施技术侦察，侦察机关应根据部队战役转移情况，恰当地组织其转移行动。

转移的时机应根据当时具体情况决定。转移应当分批实施，以保障工作不间断的进行。为有秩序地转移，应拟制转移计划，其内容包括下列事项：

转移的顺序和运动道路；转移开始时间；在转移过程中展开侦察的位置；转移终点及实施侦察开始的时间；转移过程中的指挥和通信联络的方法。

转移计划可由侦察部队拟制，侦察机关审核，也可以由侦察机关拟制。

防御战役过程中，对派出的各种侦察机构，应根据新的情况需要，适时地调整其行动，给予补充的侦察任务。在战役过程中应不断地转用、收回或派出新的侦察机构（如有计划地在敌后方留置侦察机构，或向敌人翼侧和我部队行动的道路要点以及受威胁的方向派出侦察机构等），以便在敌人行动的正面前、翼侧、后方、重要桥梁、渡口，均有我侦察机构活动。部队转移时，在敌人正面或翼侧的侦察机构，必须与敌人保持接触，利用敌行动中的间隙大胆地渗入敌人的间隙内，积极地进行侦察，可能时应捕捉敌军人员，打击敌人的小部队和侦察部队，破坏敌人运动方向上的道路、桥梁等。

派出距离较远的侦察机构，撤回时部队可能已经转移，而不能到预定地点会合，应指定其两个以上的会合地点，不致于失掉联络。

为了准确地掌握敌人行动的情况，侦察机关应根据指挥员的指示，派出有侦察干部带领的侦察机构和我掩护部队配合，与敌人保持接触，掌握敌人的行动。

部队转移时，临时产生的侦察任务是很多的，因此，应控制兵力较大机动性较强的侦察预备队。但不能因控制侦察预备队而影响当前侦察任务的完成。这就要求科学地预见情况的发展，巧妙地计划使用侦察兵力和器材，只有这样才能在战役的各阶段保持有一定数量的侦察预备队。侦察预备队使用后应建立新的预备队。

（三）城市防御战役情报

城市防御战役，是战役军团依托城市外围与城区设防所进行的以保守城市为目的的防御战役。目的在于守住城市或利用城市大量杀伤、消耗和拖住敌人，配合其他方向作战并为尔后作战创造条件。城市防御战役主要由外围防御和城市防御构成。城市防御战役的侦察，其组织与实施的基本原则与一般条件下的侦察相同。在此，仅就组织情报侦察时应注意掌握的几个问题，加以研究。

未来我军进行的城市防御战役将是在党统一领导下，由党、政、军、民共同组织与实施的。其侦察工作，除组织军队的侦察外，还必须组织人民群众的侦察。发挥城市的潜在力量，利用其对地形、社情熟悉的有利条件，共同获取城市防御战役所需要的情报。为此，担任城市防御的部队，应主动地与各有关部门，特别是地方政府和各人民团体等建立密切的联系，以便有目的，有计划地实施侦察。

组织人民群众侦察，根据具体情况可采用如下几种方法：

(1) 统一组织，集中领导。由城市防御司令部组织和领导，统一规定任务，划分区域，搜集情况，而后通报防御的部队和有关的单位；

(2) 统一组织，分别领导。由城市防御司令部统一组织，按地域按方向，分别由各防御的部队领导，直接取得联系，规定侦察任务。

组织人民群众的侦察所采取的手段，应根据如何能发挥群众侦察的积极性，情报传递迅速、及时、准确为依据。

城市防御，是由各军（兵）种共同进行的，沿海某些大城市防御，可能有海军参加。这样在组织侦察时如何发挥各军（兵）

种的侦察力量就成了组织城市防御司令部的重要工作。在组织各军（兵）种的侦察时，其方法：可能是建立统一的侦察机关，在城市防御司令部的领导下，制定各军（兵）种的联合侦察计划，负责防御战役各阶段的侦察组织与实施；也可能是以合成军队司令部为主，与支援的各军（兵）种建立指导关系，由合成军队司令部侦察机关召集城市防御的各军（兵）种侦察会议，组织区分防御战役各阶段，各军（兵）种的侦察任务，规定情况报告通报的时间和方法，并由合成军队司令部侦察机关下达各种侦察指示，并负责监查督促其执行。

在组织各军（兵）种的侦察时，要注意恰当地将各军（兵）种的侦察力量运用于防御战役的各阶段，既能完成各军（兵）种的侦察任务，也要保障合成军队所需要的情报。在区分侦察地带时，应当按部队的部署划分区域。

组织城市防御的侦察时，除将建制和加强的侦察兵力器材加以周密地组织外，还必须组织担任防守各个枢纽部、支撑点、重要建筑物各部队的侦察，使其均能获得保障自己作战所需要的情报，就是在敌包围之中，与上级中断联系的情况下，仍能独立地实施侦察，以保障作战的胜利。因此，就要求担任防守枢纽部、支撑点、重要建筑物的指挥员，在受领作战任务后，在上级侦察机关的协助下积极地组织侦察，并拟定好各项侦察措施，报上级备案。

城市防御战役情况变化剧烈迅速，作战队形常有被敌割裂的可能。又因敌使用着威力较大的兵器，对我进行袭击，我某些侦察组织和器材，可能遭受到敌人的破坏。因此，在组织侦察时，除了注意将兵力和器材适当地分开，配置力求隐蔽，还必须控制一定数量的侦察兵力和器材，及时地补充遭到破坏和损失了的侦察机构和器材，以保障侦察的顺利进行。

城市防御战役中，由于遭受敌人各种火力的破坏，建筑物倒塌，街道被堵塞以及在巷战中敌人为巩固夺占的阵地所设置的各种障碍物，使侦察机构的活动受到很大的影响，为适应这种情况，各级侦察机关就必须组织数量较多的短小精干的侦察机构，携带开辟通路的器材，迅速地通过障碍物去完成侦察任务。各级侦察机关还应预先进行详细的地形侦察，并设法取得城市建筑物的资料，特别是对坚固的建筑物及地下设备，更应详细地侦察，并将侦察的结果绘成要图（或翻印原图）。在可能的情况下组织侦察机构结合作战任务进行演习，以便在作战中熟悉和利用各种地下设备。

城市防御时，广泛地组织观察是获取敌情的重要手段之一。但由于城市建筑物繁多，且高低不一，利用城市高大的建筑物对城市近郊的观察，一般是视界开阔，展望良好。但城市内部观察，则视界不良、死角多、观察的纵深浅，有的观察只限于街道或不大的建筑物、间隙地。而战时各种高大建筑物又多系敌人火力破坏的目标，同时由于建筑物的燃烧所发出的烟雾和尘土增加了观察的困难和障碍，因此在组织观察时就必须注意以下几点：

（1）观察应是环形的，应利用不同高度的建筑物，组成梯级多层次的观察配系。

（2）观察哨设置的数量，较一般野战阵地条件下为多。特别应注意设置一定数量的预备观察哨位置。

（3）巷战时，观察哨设置的位置可能距目标很近，甚至有的观察哨设在作战队形的第一线，因此必须进行很好的伪装。

（4）为弥补死角大的缺点，可组织运动观察哨，对临时出现的目标及时进行观察。

（5）组织城市防御的观察时，除了将各观察哨组成严密的观察配系外，还应强调与敌人保持接触的各部队，随时观察当面敌人的行动。将发现的情况及时报告上级。

组织城市防御的侦察，是为了及时发现敌人一切行动的弱点，保障指挥员不失时机地机动兵力兵器、打击敌人，破坏其进攻，以保障我防御的稳定性。

（四）抗登陆战役情报

抗登陆战役是陆海空军战役军团协同在海上、空中和濒海地区抗击敌人渡海作战的防御战役。抗登陆作战的最根本的特点是面对海洋。海洋对战役的性质、参战力量、交战状态、作战焦点、有利战机等，有着直接的制约和影响。

现代条件下，抗登陆作战呈现出作战空间广阔，参战军兵种多，作战规模大，战役样式多，指挥协同复杂等特点。登陆场是敌我双方争夺的焦点。争夺制空权、制海权的斗争更为激烈，现代化的立体快速登陆工具将造成更大的威胁。及时掌握准确的抗登陆战役情报是抗登陆战役指挥员组织准备抗登陆作战的先决条件。抗登陆作战指挥员要在充分掌握情况的基础上，着重判明：敌登陆企图、规模、主要登陆方向；登陆兵的编成、作战能力、战役布势；登陆编队的数量、航行序列、展开、换乘海域和登陆的主要方式；空降兵的编成、可能空降的时机和地域；战役登陆场的范围、可能建立海、空军基地的地域；使用核武器的可能性及其数量和主要突击目标等。

由于敌人距我较远，并将以各种手段隐蔽其行动企图，弄清敌情是抗登陆战役的一大难题。为此，除了重视从各种渠道广泛搜集情报外，在判断敌情时，首先要从总的战略格局和战场态势上判断敌人可能的行动。其次是对战场客观环境进行深入分析。例如，敌之主要登陆方向，通常选在便于登陆，便于空降，便于夺取港口、机场，便于向纵深发展的地区。深入分析这方面的情况，是判明敌情的重要依据。再次是采取“去粗取精，去伪存真”的方法，对各方面的情况进行综合分析，严防被敌人假象所迷惑。

七、军种战役情报

（一）空军战役情报

1. 空军战役概述

空军战役，是空军战役军团或战役战术兵团，为达成一定的战略或战役目的，按照统一的企图和计划，在一定时间内进行的一系列战斗的总和。

空军战役是空军各种类型战役作战的总称。空军战役类型，按战役性质和目的可划分为：防御性空军战役和进攻性空军战役；防御性空军战役和进攻性空军战役，是现代战争中战役作战的基本战役类型。按战役样式，可划分为独立空军战役和合同战役中的空军战役。独立空军战役，是指由空军或以空军兵力为主而进行的战役。如：突袭敌机场、与敌空战、空中压制敌地面防空兵器、争夺制空权、突击敌后纵深军事、工业基地、政治经济中心和破坏敌战争潜力等。这些战役作战，实际上具有明显的独立性，构成了独立的空军战役。合同战役中的空军战役，是指由空军配合其他军兵种进行的战役。如：粉碎敌方地面、海上军队的进攻，或对敌地面、海上军队实施进攻等。在这些战役作战中，空军是对战役作战进行配合的，具有明显的合同性。

根据现代战争和空军作战特点，空军战役可划分为：防空战役、空中进攻战役。合同战役中的空军战役也是属于空军战役。空军战役重点是防空战役。

2. 防空战役情报

防空战役，是以空军战役军团为主，联合陆军、海军战役军团的防空兵力和人民防空力量，为破坏敌对我实施的空中进攻战役，按照统一的企图和计划，协调一致进行的一系列战斗及突击的总和。

防空战役的目的是：歼灭或削弱敌空袭力量，保卫己方作战地区内重要目标免遭敌人空中突击或减少敌空中突击造成的损失，为夺取战区或合同战役的胜利创造条件。

防空战役的主要任务是：阻止敌人航空侦察，严密监视空中动态，及时发现并判明敌人实施空中进攻战役的行动和时机并报知各部队及人民防空组织；掩护指挥机关、重兵集团、机场、基地港口、交通枢纽、后勤设备、重要城市等主要目标及重要战役行动的空中安全；组织航空兵、战役战术导弹部队对敌浅近纵深的空袭兵力兵器基地等重要目标实施突击。

防空战役的成败对战争局势的稳定和战争进程影响极大，战争初期尤为重要。防空战役的规模，一般以敌空袭规模确定，大体上可分为三种规模：（1）要地防空战役，是针对敌空袭己方某要地而进行的战役作战。这种战役规模一般较小，但双方空袭与反空袭作战目的明确，决心果断，兵力密集，斗争激烈。（2）战区防空战役，是针对敌方空袭己方某战区内众多目标而进行的战役作战。这种战役规模较大，这种战役，敌方投入的空袭兵力较多，袭击的方向较多，己方反空袭作战保卫的目标分布范围较广，参加战役的兵力较多，指挥协同复杂。（3）多战区防空战役，是针对敌方同时空袭多个战区的目标而进行的战役作战。这种战役，规模大，双方投入兵力多，袭击和反袭击的范围更大。指挥协同也更复杂。为适应现代防空作战需要，必须建立情报预警和报知系统，获得防空作战所需情报。

情报预警和报知系统的重要作用在于：以多种手段尽早发现、识别和连续掌握空中目标，并将信息迅速传递至作战指挥系统。为指挥员组织抗击、反击和防护决策提供及时准确的情报。该系统由雷达警戒网、无线电技术侦察网、对空观察哨网和空情报知网组成。

(1) 雷达警戒网

雷达警戒网是防空作战的耳目，是获取空中情报的基本手段。战役指挥员应将战役编成内的空军、海军、陆军的雷达部队，统筹安排，在国土防空雷达网的部署基础上，按不同程式、不同性能适当进行调整和补充，重点加强主要作战方向和对低空目标和探测，形成一个完整严密的战时雷达警戒网，使之有较大的控测空间，能在较远的距离上连续掌握来自不同方向、不同高度的多批空中目标，并具有一定的抗干扰、抗空袭能力。有条件时应将预警飞机纳入警戒网中，以弥补地面雷达的弱点，提高防空预警系统的能力。

(2) 无线电技术侦察网

无线电技术侦察网是防空作战耳目的延伸。能够截获、破译敌无线电工作信号，进行测向定位，提供重要情报资料。无线电技术侦察网，应提高捕捉无线电信号的能力、快速破译能力，分析鉴别情报真伪的能力和迅速报知能力。电子技术情报处理中心，应将无线电技术侦察部（分）队获取的情报，统一汇总，进行处理，从而为战役指挥员进行决策，提供准确情报。

(3) 对空观察哨网

对空观察哨网是用目力借助于光学和电子观察器材，监视空情并负责传递情报的警戒网。它是获取低空情报的有效手段。

在重要保卫目标外围，按照统一的计划和任务分工，由各防空作战部队分别建立对空观察哨站，共同组成观察哨网。在整个作战地区，应建立起专业与临时派遣相结合；敌后、前沿与纵深相结合；军民相结合的对空观察哨网。同时，还应不断改进观察、通信手段，增大观察、通信距离，提高观察精度和报知速度。

(4) 空情报知网

空情报知网是传递空中情报的网络。除战役军团应建立雷达情报总站外，各作战部队应建立情报分站，人防组织应建立情报站（台)，组成统一的空情报知网。

战役军团的雷达情报总站，为各级指挥机构提供远方空情；各部队和人防的情报站（台）收听上级播发的空情，同时也可直接收听就近雷达站报知的近方情况。

在防空战役准备阶段定下决心的前提，是使用各种手段广泛搜集近期敌人活动的情报。但是，军事情报的重要特点之一是情报的确实性。因此，战役指挥员必须从掌握的情报中，认真分析，多方验证，去伪存真，作出正确判断，定下正确决心。初步形成的决心可能有些地方与实际情况不相适应，在战役实施中应当随着情况的变化及时修正与补充。

在防空战役实施阶段，战役指挥员及指挥机关，应采用多种侦察手段，严密掌握敌人动向。从敌对我实施的频繁侦察活动，无线电通信联络的异常变化，实施电子干扰及空袭兵力调动情况等征兆，尽早判明敌空袭企图、兵力、主要来袭方向、可能采取的行动步骤及战术手段、突出的主要目标等。

战役指挥员一旦对敌情作出判断，应指示情报保障系统昼夜不停地严密监视空中动态，随着敌空情威胁的不断加剧或缓和，适时向各部队及人民防空组织发出空袭预报、空袭警报及解除警报的信号。发放空袭警报信号的时机不可过迟或过早，过迟会贻误战机，造成损失；过早则影响生产备战和工作，造成军民疲惫。

3. 空中进攻战役情报

空中进攻战役，是空军战役军团为达成战略、战役目的，按照统一的企图和计划，独立或在其他军兵种协同下实施的系列空袭和空战的总和。

实施空中进攻战役的主要任务是：消灭、压制敌航空兵和对空作战力量，夺取战役或一定范围的战略制空权，破坏敌重要军事工业和基础工业设施，削弱敌战争潜力，破坏敌战役纵深或后方交通运输系统，阻滞敌战略、战役预备队机动，破坏其后勤补给，消灭或削弱敌集结或开进的重兵集团和海上登陆集团以及突击敌敏感要害目标或对己方构成威胁的军事目标，达成特定的战略目的。

空中进攻战役，按规模可分为战略空中进攻战役和战役性空中进攻战役；按指挥关系可区分为独立的空中进攻战役和合同战役中的空中进攻战役；按作战任务和目的可区分为夺取制空权的空中进攻战役，削弱敌战争潜力的空中进攻战役，独立战场的空中进攻战役，削弱敌重兵集团的空中进攻战役和达成特定战略目的的空中进攻战役。通常是按后者进行区分。

战役指挥员在受领任务之后，首先要在平时掌握情况的基础上，使用一切可能和必要的侦察手段，进一步查明预定突击敌之目标数量、性质、兵力、兵器及部署；防空兵器的性能、数量及部署；指挥系统和相互关系；装备及作战能力，战区天气等情况。着重判明敌人的企图，防御性质及特点，主要抗击能力，找出敌人目标的要害，将敌军的情况进行研究分析，作出正确的情况判断结论，在此基础上，根据上级企图定下战役决心。

4. 合同战役中空军战役

空军战役军团通常遂行重要战略、战役方向上的防空作战和支援陆、海军作战任务。在合同战役中，可以实施防空战役，粉碎敌人的战略、战役性空袭，保卫战区重要目标的安全，也可以实施空中进攻战役，消灭或削弱敌航空兵集团或重兵集团，摧毁敌交通系统等重要战略、战役目标。

实施航空侦察，是空军在支援陆、海军作战中的主要作战行动之一。

航空侦察，是利用航空器进行的空中侦察。它能在较短时间内查明宽大正面和深远纵深内敌人的部署和机动，为战役指挥员进行决策提供情报资料。

战役航空侦察，通常由空军战役军团根据合同战役指挥员的意图统一组织实施。主要使用专业侦察航空兵，采用目视侦察、成相侦察、电子侦察等手段实施。在战役准备阶段，主要查明敌军兵力部署、阵地编成、工事构筑、火力配系，预备队配置地域、机场分布和指挥所位置等。在战役实施阶段，主要查明敌军部署的变更情况和战役预备队的动态，为战役指挥员及时提供情报。

战役指挥员赋予航空侦察任务时，应明确侦察的目标和重点，使用的兵力、完成任务的时限和报告侦察结果的要求等。在使用航空侦察情报资料时，应与其他侦察手段获得的情报资料相互对照，去粗存精，去伪存真，使获得的情报更为准确全面。

（二）海军战役情报

1. 概述

海军战役是海军战役军团，单独地或在其他军兵种协同下，为达成一定的战略或战役目的，按照一定的企图和计划，一定海域和一定时间内所进行的若干相互联系的战斗和交战的总和。一个海上作战行动，只有具备了战役的五个要素，才能构成为海军战役。这五个要素是：

战役力量——是组织与实施海军战役的客观物质基础。

战役目的——是组织与实施海军战役的主观基础，是战役力量运用的结果，也是组织战役力量的主要依据。

战役海区——是海军战役军团为实施战役所驻屯和活动的作战海区，是衡量海军战役规模的标志之一。

战役时间——从战役指挥员受领任务开始，到完成所受领的任务或奉命停止战役为止。包括战役组织准备和实施两个阶段。

战役手段——战役是通过组织不同的交战和战斗实施的，交战是达成战役目的的主要手段，战斗是达成战役目的的基本手段。

按照海军兵力在战役中所起的作用和战役指挥关系的不同，海军战役可分为：海军独立战役和合同战役中的海上战役。

海军独立战役，是指由海军兵力单独地或以海军兵力为主体在其他兵种的支援配合下，于海战场实施的战役。海军独立战役通常是由海军指挥员指挥，其战役的基本任务是由海军兵力完成的。实施海军独立战役的目的有多种情况：它可能是为了改变濒海战区某一战略方向上敌我海上力量的对比，为我海军兵力的生存和作战行动创造有利态势；也可能是为控制某一种战略要地(如海峡、群岛等)，限制敌海军兵力的行动；还可能是为了改变敌我双方的供给条件或战争潜力；有时，是为了后续战役或陆上战役的顺利实施创造有利的条件。

海军独立战役的样式主要有：保卫海上交通战役；破坏敌海上交通线战役；袭击敌基地、港口战役；消灭敌海上兵力集团战役；封锁海区战役等。

海军独立战役通常是在远离已方海岸的海区进行的，一般由舰队机动兵力来完成。

合同战役，是指在统一的企图和指挥下，以陆军为主体，诸军兵种联合实施的战役。海军兵力能参加的是濒海战区，在沿海地区组织实施的合同战役。海军兵力通常组成海军战役军团或战役战术军团，以在海战场实施海上作战的方式，为陆战场作战创造有利条件。

合同战役中的海上战役样式主要有：登陆战役中的海上战役；抗登陆战役中的海上战役；濒海地区进攻战役中的海上战役；濒海地区防御战役中的海上战役；濒海城市防御战役中的海上战役等。

合同战役中的海上战役和海军独立战役的根本区别是战役指挥关系的不同。

按照所实施战役性质的不同，海军战役可区分为进攻性战役和防御性战役。

海军进攻战役是主动去实现某一目的的战役，是海军战役的基本类型之一，其目的是剥夺敌海上战役力量，歼灭、削弱敌人的有生力量，破坏敌人重要战略战役目标和地区，夺占敌具有战略战役意义的海岛和海岸地区，或将敌驱逐出一定海域。海军进攻战役样式主要有：袭击敌基地、港口战役；消灭敌海上兵力集团战役；封锁海区战役；破坏敌海上交通线战役；登陆战役中的海上战役；濒海地区进攻战役中的海上战役。

进攻战役是由己方发起的，有选择时间、海域和对象的主动权，通常可按己方事先制定的计划行动，可在对我有利的条件下实施，便于达成战役的突然性。

海军防御战役是对进攻之敌实施还击的战役，目的是挫败敌人从海上和空中的战役进攻，或歼灭敌突入我海上防御纵深之敌，或使敌之进攻遭受重大损失而放弃进攻，也可以是掩护重要战略战役方向，保持己方的防御态势，赢得时间，为转入反攻创造条件，有时是为了节省兵力兵器，以保障其他方向上的进攻。

海军防御战役样式主要有：保卫海上交通战役；抗登陆战役中的海上战役；濒海地区防御战役中的海上战役；濒海城市（海军基地）防御战役中的海上战役等。

2. 海军战役情报

海军战役情报是为了保障海军战役作战所获取的敌情、战役海区自然、地理、社会等方面的情报。目的是保障战役指挥员及时正确地定下战役决心和实施战役指挥。必须采取各种侦察措施和手段，获取海军战役情报。海上侦察是根据上级的意图、指示和受领的任务而确定的，其主要任务是及时发现敌人并查明其企图、位置、兵力编成、战斗（航行）队形、运动要素及防御组织，查明敌人在战役地（海）域的设施情况，查明作战海区的地理、水文气象情况，查明敌人可能使用核、化学、生物武器的情况，引导己方兵力接敌，提供目标指示，并查明突击效果等。

海军战役侦察通常是按照战役各阶段的任务和目的，由战役军团司令部组织实施的。

在战役准备阶段，应保障战役指挥员能够全面了解和掌握敌人的情况，特别是在战役决心之前，获得必要的和最新的敌情材料，以便战役指挥员能及时地定下正确的决心。因此，要求情报部门广泛地搜集和全面整理各种情报资料，对敌情作出初步判断，提出结论性报告。敌情报告的主要内容应包括：

（1）敌海军兵力编成情况、武器装备状况、部队战斗力、战斗作风、作战观点、指挥官的特点和官兵的政治情绪等；

（2）敌海军战役企图、兵力部署、活动规律和各部兵力的强弱程度；

（3）敌参加战役的机场、基地、港口的设施、容量以及各种飞机、舰艇的类型、数量等；

（4）敌后方补给、物资储备、海上运输和海上机动补给能力等情况；

(5) 敌核、化学、生物等武器的类型、数量、性能、配置及可能使用的时机、方法和袭击目标；

(6) 敌可能采取的作战形式和手段，夺取制海、制空权和实施电子战的时机和手段等。

在战役实施阶段，应及时地查明敌情的变化，特别应查明敌人的真实意图，识破敌人的各种伪装和佯动，从而保障战役兵力能够及时、正确地行动。

实施海军战役侦察的基本兵力是航空兵、潜艇、海上侦察船队和技术侦察部队。在一定条件下，水面舰艇、海岸观通站也可以担任侦察任务。为了保障侦察的可靠性，还应广辟情报来源，并充分利用日常侦察和友邻侦察所获得的情报以及现有的一切情报侦察材料。为此，应组织好各种侦察兵力之间的侦察协同。以便既能节省侦察兵力和器材，又能获得准确的情报材料。为了隐蔽我方的战役企图，海军战役侦察应在广阔的空间进行。

为了适应海军战役不断扩大的战场范围和先进伪装技术的发展，海军的侦察手段和器材正在进一步向着远视距、高敏感度、高分辨率的方向发展。尤其是海洋监视卫星的广泛应用，改变了海军侦察的时间和空间范围，它的高覆盖率、高精度和信息快速传输的特点，使得海军的战略侦察、战役侦察和战术侦察能集于一身，极大地提高了海军侦察的效率，也改变了传统海军侦察保障的实施方法。加之电子计算机技术的应用，为侦察情报系统向多功能、多手段、高度自动化方向发展，开辟了广阔的前景。

3. 海军独立战役

(1) 保卫海上交通线战役

保卫海上交通线战役是海军战役军团单独或在其他军种支援下为了保障具有战略或战役意义的海上交通线的安全，在统一的企图和指挥下，于一定的时间内、针对敌人的破坏活动所进行的相互联系的运输行动，作战行动和保障行动的总和。

海上交通线是组织海上运输的航行路线。它包括装卸港口、中间港口、运输舰船及其航线。保卫海上交通线战役相对于其他样式的海军战役，由于受敌情威胁严重，作战范围广，持续时间长，保护对象复杂，作战任务艰巨复杂，尤其是远洋交通线，暴露在一望无垠的海洋上，失去岛屿滩岸依托，难以伪装和佯动，极易被敌发现。为此，及时准确地获得情报就显得更加突出。保卫海上交通线战役一般应查明：

敌人的兵力编成、部署、配备、作战能力、使用方法以及在我交通线上可能的布雷情况等，并以此为据，对敌（特别潜舰和航空兵）可能的破坏行动以及在各个方向、各海区、各阶段对我构成的威胁作出正确判断。还应该了解有关海区的地理、水文、气象情况，以及对我作战的影响，运输航线上可供运输舰船避风、补给或临时停泊的港湾、锚地情况等。

(2) 破坏敌海上交通线战役

破坏敌海上交通线战役，是海军战役军团在上级总的战略意图下，在一定时间内，于海上交通线的重要地段（海域），针对敌交通运输所实施的一系列相互联系的战斗、交战的总和。其目的是破坏甚至中断对方的海上运输，破坏其经济、军事力量，削弱其战争潜力和部队的作战能力，从战略上配合陆上战场的作战。

未来组织计划破交战役，将面临广阔的海上战场和多变的敌情。在这种情况下，要想及时地捕捉有利战机，取得较好的整体效益，最根本的就是要及时掌握敌情，为我组织破交战役创造条件。为此，应做好以下工作：

首先，要周密地组织战役侦察。根据敌人沿海港口的吞吐量和分布情况、海峡和水道情况、外国贸易往来等情况，科学地使用侦察兵力，全面而有重点地、不间断地实施侦察，力争查明敌交通运输情况，为战役指挥员定下正确的破交决心、修正战役部署提供及时而可靠的情报。

其次，要熟知敌保交作战的基本观点。根据当时敌我战役态势，敌装卸港口、运输舰船和护航兵力的基本情况，分析敌人的输送企图、物资的基本流向和流量，判断敌人改变运输组织和防御组织的可能性，为定下正确的破交决心打下基础。

第三，要不为敌之假象所迷惑。敌为了保障运输舰船的安全，除组织必要的伴随护航和区域护航外，还会采取一些欺骗、佯动措施，来迷惑破交的一方，以避开对方的攻击。战役指挥员要根据敌保交作战的观点和侦察所得的材料，综合进行分析，以便从敌情的变化中，预见战役的发展，并采取相应对策，取得战役胜利。

战役指挥员在受领任务后，应认真全面地了解面临的敌情、海情和己方兵力的情况，以便确定正确的战役决心。战役指挥员通常对己方参战兵力的情况和经常活动的海区情况是比较了解和熟悉的，因此，分析判断的重点应是敌情。

分析判断敌情需要掌握大量的情报，为此，情报侦察机构应着重查明以下情况：敌兵力部署情况，尤其是运输舰船的分布情况；敌主要装卸港口的设施、吞吐量及防御情况；敌对海峡的控制情况；敌作战兵力的护航能力等。

在了解、分析敌情的基础上，还应判明以下主要问题：对敌国民经济或战役发展影响最大的交通线是哪几条；敌当前急需输送的是物资、装备，还是军队；敌输送工具的数量、大概的输送量和可能使用的装卸港口；敌运输编队的可能编成及护航方式；敌运输编队在战役进行中，改变航线的可能性和可能的改变幅度；敌运输编队可能通过的海峡、水道和防御薄弱的海区；对我袭击、封锁的可能采取的防护措施等。

(3) 袭击敌基地、港口战役

袭击敌基地、港口战役，是海军战役军团在统一企图和指挥下，于一定时间内对敌基地，港口所进行的一系列相互联系的袭击、封锁等交战、战斗的总和。袭击敌基地、港口战役既可以是海军诸兵种合同实施的，也可以是在陆、空军的支援配合下进行的。袭击、封锁敌重兵集团为目的的独立战役，也可以是登陆、抗登陆、破交、保交等战役的重要组成部分。

海军基地、港口及其配系内的岸上重要目标，是海军兵力驻泊补给、维修、军政训练等活动的中心，是海军战斗力和战争潜力的重要组成部分，因此，它在军事上、政治上和经济上都具有十分重要的作用。破坏、封锁敌基地、港口，可以有效地削弱敌海军战斗能力和战争潜力，严重地瓦解敌人的士气，因此，它既是海军的主要作战任务之一，也是海军重要的战役样式之一。战役作战使用的兵力主要是海军突击航空兵、攻击潜艇和水面战斗舰艇，有时还可能得到空军轰炸，强击航空兵和陆军战役战术导弹部队的支援。

战役指挥员在受领了袭击敌基地、港口任务后，应全面分析与执行任务有关的各种情况，并把重点放在分析判断敌情上。

要准确地判断敌情，必须查明以下主要情况：敌防御体系中防空导弹、空炮阵地和对空雷达站的配置位置；敌机场、指挥所、通信枢纽等主要战役目标的位置；敌大型舰船在港内驻泊情况及位置；港内和港口航道上水深、潮汐和潮流的情况等。

在了解、分析敌情的基础上，应判明以下主要问题：敌不同的基地、港口在其军事、政治、经济上所处的地位及对其陆上战役的重要程度；敌基地、港口防御体系的分布情况和重要战役目标的准确位置；敌基地、港口的地形、水文条件对我突击兵力、兵器的选择和作战方法的影响；我突击兵力可能进入的主要突击方向和次要突击方向；敌主要舰船在港内停泊的基本规律和泊地；敌港口与航道上水深、潮汐、潮流等条件对我布雷封锁的影响；敌基地、港口所处的态势对我使用水面战斗舰艇封锁的影响；敌防御、生活习惯等存在的问题及对我选择突击时机的影响等。

（4）消灭敌海上兵力集团战役

消灭敌海上兵力集团战役，是海军战役军团在统一的企图和指挥下，于一定时间内，在海战场对敌作战兵力集团所进行的一系列相互联系的战斗和交战的总和。其目的是改变海战区或战役地幅内兵力对比，夺取战役制海权，为后续战役的顺利实施创造有利条件。

海上兵力集团，主要是指由海军中、大型水面舰艇、潜艇和舰载航空兵组成的担负机动作战任务的海上大型编队或战斗群。这种大型战斗舰艇编队或战斗群，具有很强的攻防作战能力和机动能力，是海军控制战役地幅内的制海权，完成海军战役任务的主要力量。因此，各海军大国都十分重视建设自己的大型战斗舰艇编队或战斗群，并把消灭敌大型战斗舰艇编队或战斗群作为战时夺取战役制海权的主要手段。

消灭敌海上兵力集团战役，既可以是海军诸兵种独立实施的，也可以是在陆、空军的支援配合下进行的。消灭敌海上兵力集团战役通常是以夺取海战场的控制权为目的的独立战役，也可以是登陆、保交、破交等战役的重要组成部分。

消灭敌海上兵力集团，可加速改变敌我兵力对比，是达成海上战役目的的主要手段。因此是海军传统的作战样式之一。使用的兵力主要有海军突击航空兵、攻击潜艇和水面战斗舰艇，有时还可得到空军轰炸、强击航空兵的支援。

战役指挥员在受领了战役任务后，应全面分析与执行任务有关的各种情况，其重点应放在分析判断敌情上。

战役指挥员要准确地判断敌情，必须组织周密的战役侦察，主要查明敌海军以下情况：敌主要作战兵力的编成、数量和分布情况；主要作战兵力的装备、性能和在航率；敌兵力的保障能力及活动规律等。

在了解、分析敌情的基础上，主要应判明以下问题：敌海军兵力的可能作战企图、敌海上兵力集团可能的编成及担负的任务；敌海上兵力集团的编成规模、作战能力及活动的海域；敌兵力集团可能采取的航线和可能经过的海峡或水道；敌可能采取哪些伪装、佯动措施来隐蔽自己的行动；敌遭到袭击后可能的反击措施；敌兵力集团改变航线的可能性等。

(5) 封锁海区战役

封锁海区战役，是海区战役军团在统一的企图和指挥下，于一定时间内，对具有重要战略或战役意义的某一海区所进行的一系列相互联系的武力封锁行动的总和。其目的是控制所封锁的海区，限制敌海军兵力的行动；阻断敌岛、岸与外界的海上联系，震慑敌人，削弱敌斗志，为实现战略或战役的目的创造条件。

封锁海区战役既可以是海军诸兵种合同实施的，也可以是在陆、空军的支援配合下进行的。封锁海区战役通常是以切断敌岛、岸与外界的海上联系为目的的独立战役，也可以是登陆、抗登陆、保交、袭击敌基地、港口等战役的重要组成部分。

封锁海区战役，是海军传统的作战样式之一。使用的兵力主要有海军突击航空兵、攻击潜艇和水面战斗舰艇，有时还可能得到空军轰炸、强击航空兵和陆军炮兵的支援。封锁的方式有水雷封锁、兵力封锁和综合封锁。

战役指挥员在受领任务之后，应组织有关人员全面了解、研究敌情、海情和己方兵力的情况，以便定下正确的战役决心。战役指挥员对己方兵力情况，通常比较熟悉，因此，分析判断的重点应是敌情，其次是海情。

要准确地判断敌情，首先应着重查明以下情况：敌主要战斗舰艇、航空兵的类型、数量、部署情况；敌巡逻兵力的配置、编成、活动规律；敌对海、对空观察、预警配系的有关情况等。

在了解、分析敌情的基础上，应判明以下主要问题：敌人和外界联系的主要港口、航道的位置；敌必经的海峡、水道；敌必争的群岛或岛屿；敌可用于反封锁的兵力类型、数量及作战能力；敌反封锁作战的主要手段及弱点；敌被封锁后其指挥员可能采取的应变措施等。

4. 合同战役中的海上战役

(1) 登陆战役中的海上战役

登陆战役，是陆、海、空三军和地方民兵，在统一的企图和指挥下，于一定时间内，对据守海岛或海岸之敌所进行的一系列相互联系的渡海进攻战斗、交战的总和。其目的是突破敌抗登陆防御，歼灭当面之敌，夺占敌人控制的岛屿或战役登陆场，为建立海空军基地，控制战略战役要地或为以后实施陆上进攻战役创造条件。

全面而准确地判断情况，是定下正确决心的基础。海军指挥员要准确地判断海战场敌情，除认真地研究上级情况通报外，应组织周密的海上战役侦察。海上侦察是整个战役侦察的重要组成部分，它应和空中侦察、必要的岸上侦察系统统一筹划、密切结合，根据战役的需要在作战海区构成宽正面、大纵深、有重点、多层次的侦察体系。海上侦察主要应查明以下情况：敌控制的便于我登陆地段的长度、坡度、底质及防御情况；敌海军主要兵力的编成、配置、活动海域；敌海军主要作战兵力的装备、性能、在航率；敌对海、对空雷达观察站的配置、性能、主要技术参数；敌岸防火力配系的位置、性能等。

海军指挥员在全面了解、分析敌情的基础上，主要应判明以下问题：便于我登陆的主要方向和主要地区；便于我登陆的时间；敌抗登陆防御的强弱点；便于我达成战役突然性的航线；我在先期作战中必须袭击的敌海军基地、港口和机场；敌发现我登陆企图后在海上可能采取的对策和措施；对我有利的输送方式、航渡方式、掩护方式和上陆方式；敌对我登陆编队威胁较大的海峡和海域；对隐蔽我登陆企图有效的伪装、佯动措施；便于我利用的港口或建造人工港的可能性等。

(2) 抗登陆战役中的海上战役

抗登陆战役，是陆、海、空三军和战区民兵，在统一的企图和指挥下，于一定时间内，在海上、空中和濒海地区，对登陆、着陆之敌所进行的一系列相互联系的战斗和交战的总和。

在抗登陆战役中，参战的海军兵力和海上民兵通常组成统一的海军战役军团。海军战役军团是海战场的主力军，它在陆、空军的支援配合下，将在海战场积极地进行攻势作战，不断消耗、削弱敌人，为发挥战役整体威力，最终战胜敌人创造有利条件。

在抗登陆战役中，海军战役军团担负的主要任务通常有：实施海上战役侦察；布设水雷和栅网障碍；参加反空袭和反封锁作战；袭击敌基地、港口和登陆兵集结地域；打击敌登陆编队和登陆输送编队；打击敌战役掩护编队和预先扫雷编队；支援陆军岸上作战。

在抗登陆作战中，海军指挥员应根据合成军首长的决心和赋予的任务，着眼战役全局，结合海战场情况，全面而有重点地进行作战的组织准备，在组织准备阶段重点是分析判断情况。

海军指挥员分析判断情况是在合成军首长判断的基础上进行的，他应根据上级的情况通报和海上侦察所获得的各种材料，全面客观地进行判断，其重点应放在分析判断敌情上。

海军指挥员要准确地判断海战场敌情，除认真地研究上级情况通报外，应组织周密的海上战役侦察。海上侦察是整个战役侦察的重要组成部分，它应和空中侦察、陆上侦察系统统一筹划，密切结合，根据战役的需要在作战海区构成宽正面、大纵深、有重点、多层次的侦察体系。海上侦察主要应查明以下几种情况：敌参战海军兵力的编成、配置、活动海域；敌登陆兵集结上船地域及防御情况；敌海军主要作战兵力的装备、性能、在航率；敌保障兵力的活动情况及保障能力等。

海军指挥员在全面了解、分析敌情的基础上，主要应判明以下问题：敌可能登陆的方向、地区和时间；敌可能的登陆作战部署及其登陆编队的编成、数量；敌可能采取的航线、必须航经的海峡或水道；敌登陆兵集结上船地区及可能的上船时间；敌登陆编队可能的启航时间及可能的输送方式、掩护方式和上陆方式；敌登陆兵航渡序列、队形、运动要素及防御情况；敌开始先期作战的时间及手段；敌战役掩护编队可能活动的海域及对我威胁的大小；敌预先扫雷编队可能的编成及活动海域；敌登陆编队航经某一海区的大概时间；敌对重要海峡可能采取的控制措施及我兵力通过或封锁的可能性；敌可能采取的隐蔽、伪装及佯动措施；敌遭我抗击后可能采取的对策等。

(3) 濒海地区攻、防战役中的海上战役

濒海地区攻、防战役，是陆军战役军团在海、空军兵力和战区民兵的支援配合下，在统一的企图和指挥下，在一定时间内于濒海地区对实施野战阵地的防御或进攻之敌所实施的一系列相互联系的战斗、交战的总和。

在濒海地区攻、防战役中，海军指挥员应根据合成军首长的决心和赋予的任务，结合海战场情况，统筹全局，全面而有重点地进行海上作战的组织准备。首先要进行的是分析判断情况，这是组织准备阶段的重要组成部分。

海军指挥员要准确地判断海战场敌情，除认真研究上级情况通报外，应组织周密的海上战役侦察。海上侦察是整个濒海地区攻防战役侦察的重要组成部分，它应和空中侦察、陆上侦察系统统筹规划、密切配合，根据战役的需要在作战海区构成宽正面、有重点、大纵深的侦察体系。海上侦察主要应查明以下情况：敌参战海军兵力的编成、装备性能、配置及作战能力；敌主要作战兵力的作战半径、在航率；敌保障兵力的保障能力及活动规律等。

海军指挥员要在全面了解、分析敌情的基础上，主要应判明以下问题：敌海军兵力可能担负的任务及其部署；敌海上兵力的作战能力及在战役中所起的作用；敌海上兵力活动的海域及可能的支援陆上作战的样式；敌海上兵力可能采用的航线及经过的海峡或水道；敌海军可能采取的隐蔽、伪装及佯动措施；敌遭我海上打击后可能采取的对策。

(4) 濒海城市防御战役中的海上战役

濒海城市防御战役，是陆、海、空三军和广大人民群众在统一的企图和指挥下，于一定时间内坚守并利用濒海城市抗击敌人来自空中、海上或陆上进攻的一系列相互联系的战斗和交战的总和。

濒海城市背靠陆地、面向海洋、水陆交通便利，工业基础雄厚，经济发达，人口密集，在我国政治、经济生活和对外交流中发挥着重要作用。因此，在军事上濒海城市通常是国家的战略战役要地，在战时濒海城市通常是敌必夺我必守的重要战场。敌人进攻濒海城市的基本方式有三种：一是袭击，二是封锁，三是夺占，而且常常是三种方式结合运用。因此，组织陆、海、空三军力量和民兵，合同实施濒海城市防御战役是十分重要的。

在濒海城市防御战役中，海军指挥员分析判断情况是在合成军首长判断的基础上进行的，应根据合成司令部的情况通报和海上侦察所获得的各种材料，全面客观地进行判断，其重点应放在分析判断敌海上情况。

海军指挥员要准确地判断海战场敌情，除认真研究上级情况通报外，应组织周密的海上战役侦察。海上侦察应和空中侦察、陆上侦察系统统筹计划、密切结合，根据战役的需要在作战海区构成宽正面、大纵深、有重点、多层次的侦察体系。海上侦察主要应查明以下情况：敌参战海军兵力编成、部署；敌主要作战兵力的装备、性能、在航率；敌兵力的保障能力及活动规律等。

海军指挥员在全面了解、分析敌情的基础上，主要应判明以下情况：敌军进攻我濒海城市的可能企图；敌海军兵力可能担负的任务及部署；敌海上兵力的活动海域及作战能力；敌人从海上进攻我濒海城市的主要方向和方式；敌海国兵力可能采取的航线和经过的海峡或水道；敌可能采用的隐蔽、伪装及佯动措施；敌遭我海上打击后可能采取的对策等。

（三）核反击战役情报

概述：核反击战役，是当敌对我实施核袭击后，我军种核力量按照统帅部的意图和计划，为达成特定的战略目的或战略性战役目的所实施的在打击目标、时间和空间上协调一致的若干次核突击的总和。

核反击战役，按参战核力量的多少分，有独立核反击战役和联合核反击战役；按作战目的与性质分，有战略核反击战役和战区核反击战役；按实施的时间顺序分，有首次核反击战役和尔后的核反击战役等。

核反击作战，就政治、军事影响而言，不论规模大小，都直接关系到战争的全局，是战略问题，但就作战行动来讲，是战争的局部，属于战役范畴。在未来核反击作战中，依据不同的战略、战役目的，核反击作战可能担负的主要任务是：打击敌政治、经济中心，特别是重要的城市目标，以达到综合效果，造成敌在政治、心理上的震慑，从而瓦解其战争意志；打击敌石油、电力、钢铁等重要工业目标，削弱敌人的战争潜力；打击敌铁路枢纽、编组站等重要交通目标，在短期内中断铁路运输，阻止或迟滞敌人战略机动和物资补给，削弱其作战能力；打击敌重要军事目标，尤其要重点打击敌亚太地区距我边境较近、对我威胁最大的敌重要空军机场、海军基地，削弱其亚太地区远程航空兵与海军的作战能力，以减轻来自空中、海上对我的威胁。必要时，根据战场形势和战役需要，也可打击敌重兵集团和战略战役预备队集结地域等重要目标，杀伤敌有生力量，直接配合我战役军团作战，以迅速达成战役目的。核反击战役，必须在经常战备状态的条件下组织实施。经常战略状态，是指导弹部队进入等级战略之前，为完善作战条件，使部队所处的一种特定的战略状态。它是防突然袭击和核反击战役准备的基础和前提条件。因此，必须建立有效的侦察、预警警报系统，运用各种侦察手段，搜集敌目标情况，为核反击提供准确的目标。

核反击战役指挥员受领预先号令后，在正确领会统帅部意图，了解任务，准备的时限和要求、核反击战役在整个战局中的地位与作用以及同其他军种协同等事项的基础上，分析判断敌人可能对我进行核袭击的兵器、方式、时机、规模；我导弹基地可能遭受毁伤的情况；敌战略目标的情况。

核反击命令下达后，指挥员应随时了解敌人动向，及时向所属部队提出侦察情报要求，并向有关部队及时通报敌情。特别注意掌握空中和地面敌情，严防敌人突然袭击。

指挥员在下达发射命令的同时，应给所属部队和弹道观测、核爆探测分队下达实施核反击效果侦察指示，并根据上级情报侦察部门、参战军种所属作战基地核爆探测分队报告的观察、探测数据以及有关单位的情报，及时进行综合处理、分析判断，以确定对目标是否再次进行核突击及其效果的利用。

八、特殊战役情报

（一）战区战役情报

1. 概述

战区是为实现战略计划、执行战略任务而划分的作战区域。战区是一个军事行动空间，是一个由军事、政治、经济诸要素组成的综合体。具有独立完整的作战体系、作战能力以及良好的战场条件，是一级战役作战的实体。

战区战役是使用战区的主要作战力量，在战区指挥机构统一计划和指挥下，为达成重要战略目的，于一定地区和时间内实施的大规模战役。

战区战役，是一个由多种类型、多种样式的战役组成的战役体系。按战区地理条件可分为内陆战区战役和濒海战区战役。按战役行动的性质可分为战区进攻战役和战区防御战役。内陆战区战役一般包括：各方面军（集团军群）战役、空中战役、防空战役、空降或反空降战役等；濒海战区战役还包括：海上战役、登陆或抗登陆战役等。

战区战役是按战役规模划分的一种战役类型，是相对于集团军战役、方面军战役而言，是规模比方面军战役更大的大型战役，是我军战役的最高层次。它与其他规模战役的区别在于：一是战区战役是由战区一级指挥机构统一计划和指挥，而不是由方面军或数个集团军联合指挥的战役；二是战区战役是由战区的主要作战力量，按照一个统一的企图，于一定的地区和时间内共同实施的战役、而不是部分作战力量，在战区范围内先后实施的一系列战役的总和；三是战区战役必须达成的重要战略目的。战区战役是由庞大的战区战役军团实施的战略性战役。其基本任务是：防御时是保卫战区的重要战略目标；进攻时是歼灭敌兵集团或夺占具有战略意义的地区，是直接达成重要战略目的作战行动，其成败将对战争的进程和结局产生重大影响。

战区战役是一个以陆军为主，有空军、海军和其他战役力量参加，联合与独立实施的一系列战役组成的战役体系。

我军未来的战区战役，主要是以对付敌人全面入侵或大的局部入侵为背景的。由于各战区所处的地位不同，面临的作战对象和受敌威胁的程度不同，因此，战区战役既有可能在大战条件下实施，也有可能在局部战争条件下实施。

2. 战区战役情报

由于战区战役规模宏大，参战兵力多，一般有两个以上方面军参加，可达数十万人。作战范围大。战役将包括陆地、海洋、空中在内的广阔区域内进行，正面宽、纵深大、空间广，战线可达数百甚至上千公里。作战时间长，战略性强。战区战役不仅要达成战役的直接目的，而且要完成重要的战略任务，并对整个战争的进程和结局产生影响。战区战役，敌我双方必将全力进行抗争，作战将呈现更激烈与复杂的局面。战区战役情报将成为双方斗争的焦点，为此，情报侦察部门必须查明以下情况：敌战役企图、参战兵力、编成、部署；敌主要作战兵力的装备、性能；敌核、生、化武器情况；战役发起时间、主攻方向、作战形式和战役样式以及转换时机；敌海、空军协同作战兵力、部署情况等。

（二）局部战争战役情报

局部战争，是一种为实现政治、经济、外交等有限的战略目的和有限规模的军事斗争。局部战争的表现形式，包括世界区域性战争，中小国家之间的全面战争，大国强国入侵小国弱国的战争，国家间在有限地区进行的战争，边境军事冲突，对重要目标进行突击的外科手术式战争等。局部战争已成为当今世界军事斗争的主要样式。局部战争是直接受国家政治、经济、外交斗争支配和制约，并为国家战略服务的。局部战争的目的和手段、时间与空间、进程与结局常常不是以战争自身的意志和规律为转移的，而是由国家战略目标和利益的需求所决定的。未来局部战争，无论其规模大小，时间长短，都将是一种由国家最高当局决策的。局部战争具有战略性、有限性、突发性、多变性、速决性和技术性等特点。未来的局部战争将是突发的，激烈的高技术的。因此，情报侦察部门面临的任务将更加艰巨。我国周边存在着许多引发局部战争的不安定因素，直接或间接地威胁着我国领土安全和国家利益，从而使局部战争成为我国的主要威胁。

为了能应付突发的现代局部战争，情报部门必须保持经常不断地侦察，随时掌握敌人的动向，最主要的是及时发现敌人突然袭击的征候，为我军争取时间，以便采取相应对策。局部战争战役情报应主要查明：敌国内政治、经济社会等情报；敌军事战略思想；敌军队部署、兵力编成；突然袭击征候，参战兵力，装备武器性能；发动局部战争的企图、进攻方向；及时发现敌人的各种欺骗手段和伪装措施；敌机动能力，采用的先进科学技术，新型武器、作战飞机，导弹、电子武器；敌使用生、化、核武器情况等。

（三）战役电子战情报

电子战是敌对双方查明、削弱、阻止对方使用电磁波谱和为保护已方使用电磁波谱而进行的斗争。

电子战包括电子进攻和电子防御两个方面。电子进攻，也叫进攻性电子战，是采用电子战侦察、干扰和摧毁手段以查明、干扰和破坏敌方电子设备使用的军事行动。电子防御，也叫防御性电子战，是指采用反敌电子战侦察、干扰和摧毁等综合措施，以保障己方电子设备的正常工作的军事行动。

当前，电子设备已成为现代武器、军事技术装备、自动化侦察与指挥控制系统中最重要的组成部分。它大大提高了指挥控制兵力、兵器的灵活性与可靠性，也提高了武器和技术兵器的作战能力，但与此同时，也形成了现代军队的致命弱点，即为电子战提供了可乘之机。这些电子设备一旦受敌干扰与破坏而失去效能，就会给军队带来极大的被动。因此，电子战在现代战役中具有十分重要的地位，已经成为一种重要作战手段与作战方式，是决定战役胜负的重要原因之一。战役发起前先要进行电子侦察，以查明敌方电子设备配置、使用及技术参数，为尔后进行电子干扰、破坏提供依据。同时，又可据以了解敌方兵力、兵器部署，有助于分析判断情况和制定战役作战计划。通过电子佯动和电子欺骗，迷惑敌人，造成敌方疏忽或失误，隐蔽我方企图，达成战役突然性。在战役发起时，电子战一般也是先于火力、机动之前开始，这时主要是运用电子干扰手段和反辐射武器，干扰压制与摧毁敌电子设备，造成敌侦察预警系统工作困难或失效，使敌指挥控制中断，处于被动挨打地位，有利于掩护我空中、地面和海上的火力与机动作战，提高我作战效果。战役过程中，继续进行电子战侦察与监视，及时查明敌人电子设备使用、配置的变化，以判断敌方兵力、兵器部署变化情况为实施电子干扰与调整部署提供情报保障。

战役电子战力量主要是电子战侦察部队、电子干扰部队、电子伪装部队和敌后战场电子作战部队。

战役电子战指挥员受领作战任务后，首先应组织战役电子战侦察，获取敌电子设备技术参数与使用情报。战役电子战侦察是实施电子战的先决条件，是电子战的重要组成部分。

战役电子战侦察，应按战役准备和实施两个阶段组织。战役准备阶段，应根据上级侦察通报尽早对当面之敌进行直接电子战侦察，以获取敌电子设备参数、体制、配置位置、数量和使用规律，为战役发起时对敌电子设备实施电子干扰、破坏提供依据，同时也为我制定作战计划、分析敌战役布势和行动企图提供情报。战役实施阶段的电子战侦察，主要查明我主要作战方向上新出现的敌电子设备的技术参数、体制、配置位置，并监视敌原有的重要电子设备使用配置变化情况，为干扰、破坏敌电子设备提供依据，同时，也为掌握敌情变化和确定我军对策提供适时情报。担负电子战侦察的是电子战侦察部队，其任务是：

在平时，要侦察掌握敌方电子设备技术参数，以应付突发事件。

在战役中，电子战侦察部队主要任务是要查明敌电子目标及其电子设备技术参数，对敌电子设备和干扰源实施测向定位，为对敌实施干扰、摧毁和反敌电子干扰提供依据，并配合雷达部队尽早发现敌电子目标，争取较长的预警时间。

地面电子战侦察部队编有固定式和机动式两种侦察站，海上和空中电子战侦察部队，通常编有电子侦察、电子预警飞机和电子侦察船。地面电子战侦察站配置在战役纵深内距离前沿约 150 至 250 公里地域，机动电子战侦察站的配置，通常距离前沿约 5 至 30 公里，在可能时要尽量靠前。电子侦察飞机、电子侦察船，通常以单机单船或小编队，隐蔽突然地接近敌上空和海域、港口附近对敌实施电子战侦察。电子预警飞机遂行对敌防空全系火器、空袭兵器的监视预警任务，通常以单架在己方一侧空域对敌实施连续监视与预警。

组织实施电子侦察时的主要措施是：根据当面敌海军情况和

己方海上作战任务的需要，分析过去积累的大量资料，确定海军电子侦察的重点方向和主要海区；正确选择和使用电子技术侦察的兵力、器材，并明确其具体任务；查明最需要的敌方电子技术器材的战术技术参数、使用特点和配置；建立必要的海上情报协查网，并对电子干扰、摧毁兵力实施正确的引导。

九、反分裂军事行动情报

反分裂军事行动，是为维护国家统一，打击分裂国家活动所采取的军事斗争行动。

反分裂军事行动情报，就是保障反分裂军事行动所需的情报。

反分裂军事行动，通常以战役军团为主，在军地联合机构的统一布置和指挥下与地方武装力量密切协同，实施反分裂军事行动。

反分裂军事行动是在特定的国际、国内背景和复杂的地理环境下进行。为确保军事行动顺利实施，有效打击分裂势力的分裂活动，战役军团在组织和实施反分裂作战行动中，反分裂军事行动情报保障至关重要。

反分裂军事行动是在复杂的社会和政治背景下实行的军事作战行动。具有背景复杂、爆发突然，环境特殊的特点。民族分裂势力，往往在乞求国际敌对势力的支持和谋求分裂活动国际化的同时，借口人权、宗教、民族、民主等问题，制造事端，煽动群众，扩大事态，激化矛盾，继而组织武装动乱、暴乱、叛乱或进行武装割据，以实现其分裂国家，建立非法政权的政治目的。而且分裂行动往往是分裂势力经过长期的秘密策划后，利用民族社会等敏感问题，引起社会动乱，继而进行分裂国家活动的。分裂行动具有突发性，战役军团实行反分裂军事行动时，对反分裂地区、方向、行动规模、强度、实行任务的方式、手段都难以预料。分裂势力大多利用边远地区、少数民族地区和重要城市组织分裂活动。企图利用复杂的地理和社会环境，与反分裂战役军团对抗，有的还通过爆炸、纵火等破坏手段、阻塞交通，阻滞反分裂战役军团兵力机动和展开。依托制高点、寺庙建筑物进行抵抗。

分裂活动的起因关联到民族、宗教、历史等诸多方面的因素，敌我矛盾和人民内部矛盾交织在一起，国内分裂势力与国际反华势力勾结在一起，军事斗争与政治、外交斗争联系在一起，背景非常复杂，为此，必须查明分裂活动的各种情况。

分裂势力进行分裂活动，有一个谋划、准备和实施的过程。需要一定的经济基础和武器装备，也需要各种情报和信息。分裂活动一般都限定在一定的区域范围，通常通过开工厂、办公司以及走私、贩毒、贩卖武器等手段聚敛财物，作为其活动的经费开支。这些都是反分裂军事行动情报搜集的重点。

反分裂军事行动情报在主要行动阶段需查明的情况有所侧重：

（一）实施区域封锁，控制暴乱地区局势阶段

作战部队开进暴乱地区时，应迅速与地方武装、公安，当地政府协同查明：（1）暴乱地区通往外界的主要道路、车站、机场、码头等交通要道，以便实施严密封锁暴乱区域；（2）暴乱地区的主要交叉路口、街区、广场、闹市区等重要位置，设置路障，控制人员和车辆流动，实施交通隔绝；（3）对暴乱分裂势力占领地区，主要查明电源、水源、燃气源，实施全面关闭，使其无法生存；（4）暴乱地区分裂分子使用的有线电话、移动电话、

国际互联网以及其他通讯联络方式以及电台实施通讯隔绝；(5)区域内需重点保护的目标。

（二）实施武力威慑，驱逐暴乱人群阶段

作战部队完成封锁基本部署后，要及时查明：(1) 现场情况；(2) 摸清分裂势力的指挥机构、骨干分子，以便适时使用兵力和火力予以打击；(3) 查明被围困人员的数量、位置和受威胁程度；(4) 暴乱人群的规模、围困方式、可能采取的暴力手面；(5) 围困场所和被占目标内部的设施结构以及附近地形情况等，为实施军事行动提供准确情报。

（三）围剿分裂势力头目，消灭非法武装阶段

这是反分裂军事行动的重要阶段。作战部队应迅速查明：

(1) 分裂裂势力割据或盘踞的重要据点、指挥所、火力点、仓库、训练营地等目标，以便对分裂分子实施准确打击，立体快速突破和多路分割围歼。

(2) 残余分裂势力遭打击之后可能化整为零，分散藏匿的城镇巷道、教堂寺庙、坑道洞穴、居民建筑物，或可能利用的边境地区小道和偏僻山区可藏或逃的小道，以便围剿逃逸之敌。

（四）组织战场救援，消除暴乱后果阶段

暴乱给当地社会和居民的财产、设施造成不同程度的损害和遗留的危害。这一阶段应主要查明：

(1) 暴乱区域被破坏的水、电、气设施，暴乱分子纵火的地点，以便及时修复、灭火，帮助居民恢复正常的生活秩序。

（2）对分裂势力占据的场所，应查明爆炸物品、枪支弹药、暴乱分子安置的爆炸物等情况，以便及时清除，消除隐患。

反分裂军事行动情报保障是一项比较特殊的情报保障工作。获取预防情报和作战情报，对维护国家领土完整、维持社会稳定、保护人民群众生命财产安全，具有重要的意义。反分裂军事活动是军事情报部门的一项很重要的工作。

第十一章　信息作战情报工作

一、概　述

现代战争已进入信息战争时代。信息战时代不论是利用精确制导武器实施精确打击，还是利用信息和电子手段实施的攻击，都是在情报信息的基础上展开的，攻击的目标也是对方的军事信息系统。信息战就是军事信息系统之间的对抗，情报信息是信息作战的基本要素。

随着信息技术的发展，军队武器装备、作战方式、方法发生了新的变化，战争的形态也发生了变化。信息作战时代对情报的运用也发生了质的变化，已由单一的情报支援发展为在特殊领域运用特殊手段进行军事对抗，成为新的作战手段和作战方式。信息战主要是利用情报信息的准确和技术优势，信息战实现了“发现即摧毁”的作战飞跃。信息战时代只要能精确地确定敌方目标的时空数据，精确制导武器系统就能迅速攻击和摧毁目标。由于信息武器的使用，使作战武器开始从属于情报，即有什么目标情报，就打击什么目标。传统的情报活动已向信息情报活动转变。信息时代情报工作体现出空间上的立体化，速度上的实时化，手段上的综合化，侦察、监视与攻击的一体化的新特点。

信息作战情报是指为了获取组织与实施信息作战所需要的情

报，是各级指挥员和指挥机构进行正确决策和指挥信息作战行动的依据和保障。信息作战情报是为了及时、准确地掌握敌方的信息作战企图和相关情况。

二、信息作战情报的任务和内容

任何作战行动首先必须进行必要的情报工作，掌握战场态势和敌方的活动规律，进行正确的分析与判断，正确地运用各种作战力量，充分发挥己方的作战能力。组织信息作战情报工作，掌握敌方情况是各级指挥员及其指挥机关的一项十分重要的职责，信息作战不可缺少的组成部分，也是指挥员实施信息作战指挥的必要条件。

（一）信息作战情报工作的任务

信息作战情报工作的基本任务是获取与信息作战有关的情报，为有效组织和实施信息作战提供可靠的保障。信息作战情报工作的任务是：

1. 为信息作战决策提供依据

军事作战决策必须有军事情报的支持。在现代高技术战争中，信息作战覆盖的空间范围广，涉及的军兵种多，对军事情报工作的要求也更高。各级指挥员和指挥机构在信息作战决策和制定计划时，必须得到及时、准确、完整的情报支持。信息作战决策所需的情报内容，重点是敌方军用电子信息系统。军用电子信息系统广泛地运用于各个军事领域，是现代军队战斗力的一个重要组成部分，军事电子信息系统的装备数量和技术水平直接反映一个国家的科技水平和军事实力，也直接反映了一个军队的战略思想、作战企图。信息作战侦察获得情报的速度快、信息量大，可以通过获取敌方战略思想、作战企图的情报，及时发现敌方重大战略行动，发现敌企图发动战争的征候等。它不仅是统帅部制定信息作战战略的基本依据，也是制定国防政策、战略方针、指挥重大军事行动的一个重要依据。

2. 为信息作战部队的作战与训练提供依据

信息作战具有很强的针对性。信息作战部队的指挥员在制定作战计划时，要全面掌握敌方信息作战力量的构成，信息作战装备与系统的技术与战术性能，以及敌方作战部队的士气与民心等情报，特别是电子信息系统的战术与技术情报，准确分析敌方的信息作战态势和薄弱环节，正确判断敌方的信息作战战略与战术。

在战争中，只有全面、及时、准确的情报保障，才能使信息作战计划和行动建立在可靠的基础上，保证信息作战中能充分利用敌薄弱环节，灵活地运用战略战术，正确的分配兵力，在关键时间、恰当的地点集中优势兵力，压制或摧毁敌重要目标。

在平时信息作战训练时，通过熟悉敌方，特别是作战对象或潜在的作战对象的信息作战力量的编制、装备、作战能力和演习情况等，有利于有针对性地进行信息作战训练，提高信息作战部队信息作战能力。逼真的信息作战设备和战场态势的模拟，也完全依赖于信息作战情报。军用电子信息系统和计算机网络不断更新换代，信息作战环境不断发生变化，根据获权的信息作战情报，及时改变信息作战模拟训练环境和训练条件，有利于提高模拟训练水平。为信息作战部队的作战和训练提供可靠依据是信息作战情报工作的一项经常性的任务。

3. 为信息作战装备的发展提供情报支援

信息作战是一种高技术战争，是信息作战装备和技术的对抗。要夺取和保持信息作战的主动权，必须保持信息作战装备与系统的发展水平，要与当前先进军用电子信息系统和计算机网络的发展技术水平相适应。随着信息技术的迅速发展，现代战场上的信息作战环境日益复杂，电磁信号密度越来越高，信号形式越来越复杂。信息系统与设备数据库需要不断地充实和更新，信息处理软件也需要不断地改进，否则就难以适应信息作战环境的变化与发展。及时掌握敌方信息作战的新概念、新技术、新装备，特别是军用电子信息系统、计算机网络和电子对抗装备及系统采用的新体制、新技术和发展方向，都需要信息作战情报的保障。

4. 为军事情报搜集佐证和提供情报支援

信息作战情报工作可以发挥侦察手段多、作用距离远、搜集情报速度快、获取信息量大的特点。可以作为其他手段获取军事情报的补充和佐证。

（二）信息作战情报工作的内容

通常按照战争的规模，把信息作战情报的内容分为三类：

1. 战略信息作战情报工作的内容

（1）有关国家和地区的军事战略

一个国家或地区的信息作战力量的建设和运用是在其军事战略的指导下进行的。世界是由不同社会制度和不同经济形态的国家组成的群体。由于各国执行的都是以捍卫本国根本利益为目标的军事战略，这必然影响到其他国家的军事战略的选择。因此，各国的军事战略是既互为条件、互为依存，又相互影响和制约的。其中那些对世界具有一定影响的大国或强国，特别是超级大国所推行的军事战略往往对有关地区乃至国际形势具有特别重大的影响，研究它们的军事战略是战略情报的重点。大霸权主义的战略意图就是压倒一切对手，取得世界霸权地位；小霸权主义的战略意图是胁迫邻近弱小国家，取得一个地区的霸权地位。

战略信息作战情报工作就是对世界主要军事大国、强国和地区进行不间断的侦察和监视，密切观察其军事战略的实施情况及其变化情况，要从它们的言论、行动、实力以及各种关系中，找出有关国家和地区的真实的战略意图，掌握世界军事战略态势的变化。在战略信息作战情报工作中，特别重要的是对周边国家和地区不间断地实施侦察和监视，及时、准确地掌握主要作战对手和重要潜在作战对手的军事战略及其最新发展动态，并及时上报，为指挥员和指挥机构战略决策提供情报。

(2) 有关国家和地区的军事力量

战争是军事实力的竞争。虽然现代国家的安全是由军事、政治、经济、科技、文化等多种因素构成的综合国力来达成的，但军事力量是保障国家安全最直接、最基本的力量。世界各国的军事战略是根据各自的军事实力以及与相关国家和地区军事实力对比与判断来确定的。了解各国军事实力以及相互之间的实力对比，是战略信息作战情报工作的重要内容。在现代战争中，从军事情报的角度讲，对战争有最直接影响的是：战争潜力、军事实力和战争准备。

A. 战争潜力。战争潜力是一个国家或地区的人力、物力、财力、运输力、科学技术水平以及精神力量等因素的总和。在战争中，这些战争潜力可以转化为现实的军事力量，支持战争的进行。

B. 军事实力。这是指一个国家或地区现役武装部队的编成、指挥体制、兵力、兵器数量和质量、指挥自动化系统、军事信息基础设施和后勤保障能力，是可以立即投入作战的军事力量。

C. 战争准备。战争准备的程度，决定着从和平到战争转变的速度和能量，是进行战争和应付战争的基本条件。战争准备包括军队的组建、部署和训练，武器装备的现代化程度，军事基地建设，战略物资储备，交通运输能力，军事工程的建设以及作战计划、动员计划的制定等。

(3) 自然地理、水文、气象情况

地理、水文、气象情况对军事战略和军事行动有重要影响。一个国家和地区的地理位置、自然条件、资源状况，对其军事战略和作战能力也有直接的影响，与其军事力量的发展建设、主要作战方向、作战方式方法也直接有关。海洋、江河、沙漠、气象、水文等对军事行动有重大影响，特别是对海空军和核武器的使用影响更大。因此，各种地图、海图、航空图、卫星照片、气象、水文资料等，各种海空军基地、战略物资、核武器基地都属于战略情报搜集研究的重要内容，占有重要的地位。

(4) 世界政治形势

世界形势是国际斗争各方战略意图、力量对比、地理条件、政治、经济、军事联盟等综合因素相互作用而形成的相对稳定的态势。某些国家的对外扩张、渗透，相互间的争夺；影响大的社会思潮、政治思潮；民族、种族问题；宗教、教派斗争以及由此而引起的国家的分裂和合并；重要国家的党派、政治集团、社会势力、阶层与阶层之间的斗争、妥协和联合；重要国家的国策变化、政权交替，主要政党的政策变化，内部重大问题；领土、领海、领空、边界争端、纠纷；重要国际会议、谈判、访问、国家间的重要条约；结盟、国家集团的组成或分化等等。在一定的国际条件下，局势紧张，矛盾激化，发生冲突、爆发战争。但在另一些条件下，斗争双方形成对峙，或矛盾得到缓和，或找到解决矛盾的新途径，战争得到制止或推迟。现代条件下，发动战争的一方，为了达成战争的突然性，总是千方百计地采取信息防御措施，以政治、外交、舆论等活动进行欺骗、迷惑、造成假象，甚至散布假情报，掩盖其真实目的。在信息作战情报工作中，要广泛搜集国际上各种政治、经济、军事、科技等各方面的情报，不间断地监视主要作战对象及潜在的重要作战对象的发展情报，包括敌方的外交活动，与其他国家缔结联盟的情况，其行动在国际上引起的影响等。也要关注世界热点地区的发展动向，及时发现敌方发动战争、进行突然袭击的征候，搞好战略预警工作。

(5) 综合国力

在现代战争中，军事力量和支持战争的能力直接依赖于综合国力。因此在战略信息作战情报工作中，在搜集一些国家或地区的军事情报时，不仅要搜集与军事活动本身相关的情报，还应搜集与综合国力有关的情报。综合国力是一个国家的政治、经济、军事、精神、科技水平以及各种力量的凝聚和综合。在对一个国家综合国力情报的搜集中，重点是搜集经济实力和科学技术水平的情报。敌国或敌方的综合经济实力，主要指可供作战利用的战略资料、物资、设备、交通与通信枢纽、能源以及其他可利用的资源，包括其同盟国在资源上的支援情况。科技能力情报工作，主要是了解敌方科学技术发展水平，包括科研人员的数量和水平，科研机构的数量和水平，特别是与发展军用信息技术装备有关的科研人员的数量和水平以及高技术信息化兵器的研制和生产能力的情报。

(6) 社会信息和军队士气

在信息时代，高技术信息化作战装备需要高素质人才来操作，作战人员的精神状态对于发挥武器系统的作战能力有直接的影响。因此，军队士气和民心取向直接关系到作战能力。一个国家或地区最高军事战略决策层是心理战的作战重点，心理战是现代信息战的最主要的作战方式之一。心理战运用各种手段影响战略决策者的思想、信念、意志、情绪、认知系统，力图造成其认识、判断和决策的错误，动摇其思想信念和抵抗意志，达到不战而屈人之兵的目的。因此，信息作战情报还要着重搜集敌方战略决策者的气质、性格、能力、个人兴趣及其与参谋人员的关系等情况。军队士气主要包括：军队总体的精神状态、各军兵种之间的关系、各级军官之间的关系、官兵关系；官兵对作战目标的认识、对战争的态度、作战意志等。影响军人士气的因素很多，主要包括：民族成份、宗教信仰、教育程度、经济状况等。传统的心理战主要是针对军队，并且主要是在战争期间进行。现代战略心理战不仅是针对军队，也针对平民；不仅由军队心理战机构进行，也通过新闻、文化交流、经济活动、学术活动和民间活动等方式进行；不仅在战时进行，在平时也不间断地进行。因此，对敌方心理战情报，需要了解敌方官兵的心理素质和精神状态，敌方实施战略心理战的手段、活动方式、活动情况以及实施战略心理战的主要技术装备和重要设备等。

一个国家和地区人民对战争的态度，直接影响到战争发生、发展和结局。对社会信息的情报工作，主要包括有关国家和地区的社会政治状况、居民的民族成份、语言、风俗习惯、宗教信仰、大众心理、政治倾向、对战争的态度，各级政府对战争的态度和工作效率等情况。

2. 战役信息作战情报工作的内容

(1) 敌方信息作战的能力。包括信息作战力量的兵力、编成、指挥体制、部署及其作战能力；可投入作战的力量，信息作战系统与装备的类型、数量和性能，技术保障能力，主要战法；敌方军用电子信息系统的部署。

(2) 敌方战役信息作战企图、当前态势、信息作战思想、作战原则、部队部署、指挥体系部署以及调整情况等。

(3) 敌方主要电子信息系统与设备的战术和技术参数及其作战能力。

(4) 敌方主要指挥员的气质、性格特点、能力、个人兴趣爱好、家庭状况，与参谋人员的关系以及与上下级指挥机构的关系。

(5) 作战地区的民心和作战部队的士气。主要作战地区的社会政治状况，包括居民的民族成份、语言、风俗习惯、宗教信仰、生活习俗、大众心理、政治倾向、对战争的态度等，各级政府对战争的态度和工作能力等情况。军队的总体精神状态、士气，包括对作战目标的认识、对战争的态度、作战意志等。

(6) 敌方实施心理战的新观念、新技术、新手段；敌方实施心理战的手段、活动方式、活动情况以及实施心理战的主要技术装备和重要设备；敌方可能实施的“虚拟现实”、“虚拟环境”的技术及其在战役和战术行动中的运用原则、运用方法。

(7) 地理与气象情况，主要是作战地区的地理环境状况以及敌方区的地形、水文、气象情报以及对信息作战的影响等。

3. 战术信息作战情报工作的内容

(1) 敌方在战术行动中实施信息作战的原则和方法。

(2) 敌方战术信息作战力量的编成、部署、指挥关系、作战能力和作战运用方法。主要包括：敌方信息战部队的编成、部署及其作战能力，网络战力量和心理战力量的编成、部署及其作战能力。

(3) 敌方主要信息系统和计算机网络的战术和技术参数与作战能力。主要包括：敌方与战术行动直接相关的雷达、通信设备、光电设备、水声设备、计算机设备与系统的技术与战术参数。敌方主要作战平台上信息系统与装备的作战能力，敌方军用信息基础设施的构成、部署及其技术与战术性能等。

(4) 敌方战术指挥官的气质、性格特点、能力、个人爱好、精神状态、作战意志等。

(5) 敌作战部队的士气和作战地区的民心。主要掌握敌方作战人员对战争的态度、士气、作战意志等；作战地区的社会政治状况、居民的民族成份、语言、风俗习惯、宗教信仰、大众心理、政治倾向、对战争的态度等；各级政府对战争的态度和工作能力等情况。

(6) 地形、气象、水文。主要掌握与战术信息作战直接有关的地形、气象及水文情况。主要包括地形、居民地、道路、桥梁的数量和状况，港湾、锚地、航道、码头、机场状况和设备能力，水源条件、天然障碍、人工障碍和水利工程设施等情况；作战地区的气象（水文）特点和变化规律，包括日出和日落的时间、气温、湿度、风向、云、雪、雾、海浪和潮汐等情况以及在预定作战时间内可能的变化，并分析这些因素对战术信息作战行动的影响。

三、信息作战情报工作的特点和要求

(一) 信息作战情报工作的特点

1. 紧密性

战略信息作战情报与战役信息作战情报、战术信息作战情报密切相联。

在高技术战争中，常常难以明确地区分战略行动、战役行动与战术行动。在许多战术行动中就是带有战略性、决战性，其作战的胜负往往与国家的利益直接相关，或直接决定战略、战役行动的成败。因此，交战双主都将投入最大的力量，“毕其功于一役”。这就决定了信息作战情报中，将战术、战役和战略信息作战情报结合在一起，才能保障各级信息作战指挥的需要，才能充分发挥各种信息作战侦察装备的作战效能。

2. 复杂性

信息作战情报涉及多专业、多军兵种，组织协调相当复杂。

信息作战情报涉及的专业很多，包括电子战情报、计算机网络战情报、心理战情报等，因此信息作战情报力量的编成涉及多军兵种、多种专业。信息作战情报力量编成中，既有本级所属的各种信息作战情报力量，又有其他各军种加强和支援的信息作战情报力量；既有各种专业信息作战情报力量，又有地方部队与地方有关部门的信息作战情报力量以及预备役、民兵和人民群众的支援力量等。因此，情报工作的组织协调工作相当复杂。应根据各种信息情报侦察力量的不同特长区分任务与使用，以充分发挥他们的作用。

3. 高技术性

信息作战情报是高技术在军事领域应用的结果。其主要表现在三个方面：一是信息作战情报获取手段必须依靠高技术。在信息作战情报活动中，大量使用卫星侦察系统、电子侦察设备、计算机网络侦察设备和地面传感器等高技术侦察探测系统直接获取敌方的各种信息作战情报；二是信息作战情报传输手段也必须依靠高技术。在信息作战情报传输中，除传统的有线电、无线电传输手段外，更主要依靠光纤通信与卫星通信传输，能够快速保密地将所获取的各种文字、图像、数据、话音等情报及时地传输到使用者手中。采数字化处理信号的技术，减少了传输中的损耗，提高了通信质量，增强了保密性；三是处理手段依靠高技术。主要是运用计算机系统，对获取的各种数据、图像、信号等进行及时、准确、快速的分析处理。信息作战情报获取、处理、传输，必须依靠和使用先进的高技术，才能适应现代战争的需要。

4. 局限性

高技术侦察手段有其先进的一面，也有其局限性。卫星照相侦察，可以发现对方纵深内的暴露目标，却不能获取对方锁在保险柜或办公桌内的文件，也不能准确地了解敌方作战部队的精神状态和心理状态；在高技术条件下的信息作战情报工作中，传统的军事情报侦察手段仍然有着不可替代的作用。

（二）信息作战情报工作的要求

1. 把信息作战情报作为信息作战的首要任务

情报是指挥决策和作战指挥的前提和基础，信息作战情报直接影响指挥决策的正确性和作战指挥效能，直接影响战争的进程和结局。高技术条件下的局部战争，敌对双方的对抗首先表现在信息。在信息作战情报活动中，涉及的侦察力量多，覆盖的空域广，组织协调难度大，并且敌方总是采用隐蔽、伪装、干扰等各种反侦察措施，侦察与反侦察的斗争是十分激烈的。为了保证信息作战的顺利进行，各级指挥员必须把信息作战情报作为信息作战的首要任务，认真贯彻情报先行的信息作战运用原则，高度重视情报行动的组织领导。

2. 建立完善的信息作战情报体系

信息作战情报工作是一项高技术的工作，对装备的技术与性能要求高。各级指挥员和指挥机构在组织信息作战情报工作行动时，应当依据上级信息作战情报计划和指示，把本级的情报力量和上级加强的情报力量统一组织，形成一个有机的整体，并与上级、友邻等相关单位信息作战情报系统建立沟通渠道，以建立起一个陆、海、空、天多维一体，各军兵种、各部（分）队、各部门一体化的信息作战情报体系，统一部署和运用各级信息作战情报力量和设备，统一计划和组织各种信息作战情报活动，充分发挥情报体系的整体作战威力。

3. 制定周密的信息作战情报工作计划

信息作战情报先行并贯穿于作战始终。各级指挥员应依据上级的信息作战情报的指示要求，结合本部（分）队的实际情况，对信息作战情报工作进行周密计划，明确情报的目的、任务，确定所需情报力量以及技术装备和器材，区分各情报部（分）队的任务和协调方法，明确情报工作实施的过程与阶段的划分，完成任务的时限，上报情报的方式等。

4. 建立信息作战情报共享机制

信息作战情报来源广、内容多，诸军兵种、各部（分）队、各部门运用情报侦察手段不同，获取情报的内容和特点也各不相同，对所获取的情报信息要实施集中统一管理，实现侦察情报信息共享。克服各种、各部（分）队、各部门之间各自为战、互通性差，造成情报资源浪费的缺点，使各种来源的情报互相补充、相互印证，从而判明真伪，提高情报的准确性和可靠性，最大限度地发挥情报的效用。

四、信息作战情报的力量和手段

信息作战情报力量主要包括信息作战情报机构、信息作战情报侦察专业部（分）队以及情报装备与系统。信息作战情报工作是一种技术性很强的工作，必须有一个有效的、完整的组织系统和强大的力量，并拥有实施的专门手段。

（一）信息作战情报的力量

世界多数国家都有专门的信息作战情报力量。由于世界各国军队体制不同，其信息作战情报的组织体系和情报力量的构成有所不同。但基本组成是一致的：包括战略、战区、战役军团、特种及地方信息作战情报力量。

1. 战略信息作战情报力量

战略信息作战情报力量主要是由信息作战指挥部门直接掌握的信息作战情报力量，主要包括：空间信息作战情报系统、信息作战、侦察部队、卫星地面接收站和军兵种所属的信息作战情报机构等。战略信息作战情报力量是军队信息作战情报力量的核心组成部分。

2. 战区信息作战情报力量

战区信息作战情报力量主要指战区信息作战指挥机构所掌握的信息作战情报力量以及所属的信息作战情报力量。包括信息战侦察部（分）队、卫星地面接收站、海上侦察舰船、侦察飞机和地面侦察部（分）队等。战区信息作战情报力量是战区信息作战指挥员直接掌握的信息作战侦察力量，也是完成战区信息作战情报保障任务的主要力量。

3. 战役军团信息作战情报力量

战役军团信息作战情报力量主要指战役军团、军兵种信息作战情报力量。主要包括：隶属的信息作战信息部（分）队、卫星地面接收站、海上侦察舰船、侦察飞机等。这些信息作战情报力量是信息作战情报机构获取战役军团所需信息作战情报的主要力量。

4. 特种信息作战情报力量

特种信息作战情报力量是指特种侦察、特工队或特工人员。通常是利用渗透、偷越、偷袭、空降等方法，把这类特种情报力量送入敌后，完成情报任务。

（二）信息作战情报侦察的手段

信息作战情报侦察的手段，是指信息作战情报工作中运用的各种装备及其实施的方式、方法。

1. 信息作战情报装备

（1）电子战侦察设备

电子战侦察设备侦察作用距离远、获取的信息量大、受气候和天时的限制少，同时具有很好的隐蔽性，是信息作战侦察的一种最重要的手段。电子战侦察设备主要有：雷达对抗侦察设备、通信对抗侦察设备、光电对抗侦察设备、水声侦察设备等。

A. 雷达对抗侦察设备可以获取很多雷达的技术参数与战术参数。可获取的技术参数主要包括：雷达信号的到达方向、工作频率、信号调制形式、脉冲宽度、脉冲重复频率、脉冲内部调制参数、波束形状、天线扫描方式和扫描周期等；新型的雷达对抗侦察设备还可获取信号的细微特征；可获取的战术参数主要包括：雷达工作平台、雷达位置、担任的战术任务、威力范围、雷达战术运用规律等。雷达对抗侦察设备有地面固定式、车载式、便携式、机载式、舰载式、气球系留式、星载式等多种结构形式。

B. 通信对抗侦察设备可以获取通信电台的技术参数和战术参数。可获取的技术参数主要包括：信号到达方向、工作频率、信号调制类型、信号调制参数、信号细微特征、信号的编码方式、码元传输速率等；战术参数主要包括：通信电台的位置、通信网络的组网方式、通信网络的作战途径、通信距离、网台的战术运用规律等。通信对抗侦察设备有地面固定式、车载式、便携式、机载式、舰载式、气球系留式、星载式等多种结构形式。

C. 光电对抗侦察设备可获取敌方激光和红外设备与系统的技术参数与战术参数。可获取的技术参数主要是：信号的到达方向、信号的工作波长、信号的调制样式及主要的调制参数等；可获取的战术参数主要是：目标的性质、工作平台、空间位置等。光电对抗侦察设备一般分战略光电对抗侦察设备和战术光电侦察设备。战略光电对抗侦察设备主要用于侦察、监视洲际弹道导弹的发射，如美军导弹预警卫星上的红外侦察系统；战术光电侦察设备主要用于告警，如机载激光告警设备、坦克上的激光告警器等。

D. 水声侦察设备可获取敌方水声设备的技术与战术参数。可获取的技术参数主要是：信号的到达方向、工作频率、信号的调制样式与主要调制参数等；常见水声侦察设备有舰载式、机载式和固定式的。舰载式水声侦察设备又可分为船壳式、变深式、拖曳式等几种；机载式是指投放式声纳；固定式水声侦察设备是指设置在重要港口、关键航道或主要作战海域内的固定侦察设备。

(2) 计算机网络战情报侦察设备

计算机网络战侦察设备主要包括专用的侦察设备、器材和软件。网络战侦察设备可以获取的情报包括：网络的基本组成、运用状态、信息流量与流向、网络担任的作战任务等。甚至可获取敌方网络中数据库的内容、网络中传递信息包的内容，也可能获取敌方网络系统的部分控制权。

(3) 心理战情报侦察设备

心理战情报侦察常用的设备主要是电视接收设备、收音机、计算机以及一些特种电子侦察器材，如特种照相设备、特种窃听器材等。主要任务是搜集敌方的电视、广播、电话、电报以及计算机网络中传播的各种信息，敌方各种报纸、杂志、书刊等印刷材料。当前，计算机网络是信息流量最大、传递速度最快的传播媒体，从网络上可以获取大量有价值的信息作战情报，因此计算机网络也是一种十分重要的心理战情报侦察手段。

2. 信息作战情报侦察的主要手段

(1) 空间信息作战情报侦察

指利用航天平台对敌方实施信息作战情报侦察。空间信息作战情报侦察平台主要是卫星、航天飞机、航天飞船、空间站等。空间信息作战情报侦察的主要优点：一是速度快，在近地轨道上运行的侦察卫星，每秒飞行 7~8 公里，1~5 小时就可以绕地球一周。获取信息后，在数秒钟内就可以发回地面接收站；二是范围广，获得的信息多；三是不受国界、地理、气候等条件的限制，可以自由飞越地球上任何地区，实施合法的侦察监视行动。因此，空间侦察将是信息作战情报活动不可缺少的手段之一。

(2) 空中情报

指主要是利用各种飞机、飞艇、系留气球和特种飞行器等空中平台，装载信息战侦察装备、可见光照相机、多光谱照相机、激光扫描仪、红外扫描装置、电视摄像机、雷达，接收并记录各种目标的电磁信号和红外信号，经加工处理后，从中提取有价值的信息。特别是无人侦察机体积小、行动灵活、在空中停留时间长，在战场信息作战侦察中发挥越来越大的作用。

(3) 海上侦察

主要包括水面侦察和水下侦察。水面侦察，主要利用水面航艇装备的各种侦察设备、电子探测设备、光学设备和红外、激光等侦察设备，对作战海区实施侦察。水下侦察，主要是利用水下侦察技术设备对各种水下目标进行的探测和侦察。水下侦察设施可分为水声探测和非水声探测两类。水声探测设施，主要有声纳和以声纳为基础的水下噪声测量仪、声速仪、声线轨迹仪、声纳测试仪、弹道轨迹测试仪、水下准确定位测试仪、波浪仪等；非水声控测设施，主要有磁探测仪、红外探测仪、低能见度电视、废气探测仪等。

五、信息作战情报工作的组织实施

信息作战情报工作的组织实施是指根据上级的指示和作战计划组织实施情报侦察的过程。

(一) 信息作战情报工作组织实施的基本原则

1. 及时获取准确的情报

及时获取准确的情报是作战指挥对信息作战情报工作的根本

要求，也是信息作战侦察行动的根本目的。现代信息作战是高技术战争，对情报的及时性和准确性要求更高，获取情报要分秒必争，准确可靠。及时获取准确情报，包括侦察行动和情报报告两个方面。既要及时派出侦察兵力发现敌人，又要及时报告情况；既要准确侦察敌人，又要及时报告敌情。

2. 全面而有重点地部署侦察力量

在信息作战情报侦察过程中，根据作战任务、上级意图和实际情况，区分各兵种、各部队的侦察任务，部署各种侦察力量，控制必要的侦察预备队，建立包括地面、空中、海上及太空的统一信息作战侦察体系。既要全面组织，又要突出重点，集中使用主要侦察力量于主要方向、重要时节和对外战有重大影响的重点侦察对象，完成主要的侦察任务。在侦察过程中，要视敌情和任务的变化，适时修改侦察计划，调整侦察部署和转移侦察力量。

3. 充分发挥信息作战情报系统的整体作用

信息作战侦察单靠某一情报力量和侦察手段，难以完成情报任务，必须充分发挥各种情报力量和侦察手段的优势，形成合力，才能发挥情报系统整体的作战效能。因此，信息作战作情报的指挥员必须熟悉各种情报力量和侦察手段的特点和能力，并根据情报任务，正确使用，充分发挥其特长。

4. 积极主动不间断地实施侦察

积极主动不间断地实施侦察，是及时查明情况的先决条件。只有充分发挥积极性、主动性，才能千方百计地克服困难，获取情报；只有不间断地实施侦察，才能及时掌握敌情的发展变化。要适时派出侦察力量，及早展开侦察活动，与敌保持接触，严密监视敌情；不断组织和协调各种侦察力量，连续地实施侦察，及时掌握变化中的敌情；根据情况的发展变化，及时明确和补充情报侦察任务，适时调整部署，必要时还可使用侦察预备队。

5. 突出重点，兼顾一般

信息作战情报侦察中应全面考虑，明确主次，重点搜集直接影响信息作战行动所需的情报。情报的搜集，要根据上级和部门的意图和任务，以及对情况掌握的程度，明确搜集的目的，确定搜集的内容、范围和重点，分清主次、缓急，有组织有计划地进行。和平时期，信息作战侦察应突出当前主要作战对象，兼顾潜在作战对象的情报。战争时间，信息作战侦察应首先搜集敌方电子信息系统与设备的类型、数量、部署及其作战能力，敌方部署、火力配系后勤保障，敌作战企图、主攻方向、进攻时间、信息作战兵力与兵器的部署等。为了适时搜集重点情报，信息作战情报部门还需不断研究形势发展变化和上级关于情报搜集的指示，适时地向所属情报侦察部门提出情报搜集要点或提纲，以便使用多种手段完成重点搜集任务。

6. 要素齐全，确保质量，提高效益

信息作战情报价值的大小，一定程度上取决于其要素是否齐全，在进行情报搜集时，应尽量保证搜集的情报是要素齐全的情报。一般情况下，情报应具备四个要素：

(1) 时间：情报中有关情况发生的时间；

(2) 内容：主要包括获取有关事实的具体内容，事件发生的过程、重要的技术与战术数据、相关作战平台和武器系统的运用、战场背景以及对情报的分析与判断；

(3) 地点：情报中有关事件发生的地点；

(4) 手段：获取有关情报的手段、运用装备、情报来源等。军事情报搜集要齐全，才能提高其价值，最大限度地发挥情报的

效益。

7. 连续不断，全面掌握

情报工作是一个信息搜集与积累的过程，通常必须积累数量足够多的信息，才能从中发现有价值的情报。因此信息作战情报是一个连续不断的过程，要全面规划，长期进行，不间断地对有关国家和地区实施侦察与监视，对主要的作战对象和作战目标实施连续的侦察与监视，反复核实已掌握的情报，逐步查明未知情况，积累情报素材，这样才可能全面掌握有关国家和地区的情报，或有关作战区域的情报。

（二）组织与实施信息作战情报工作的一般过程

各种信息作战情报侦察行动都是在各级指挥员的领导下，由信息作战情报部门具体组织实施。指挥员在受领上级分配的作战任务后，向信息作战情报部门提出情报工作的原则和要求，信息作战情报部门根据指挥员的指示，迅速组织并展开侦察。信息作战情报工作的一般过程可以归结如下：

1. 提出敌情报告

在指挥员定下作战决心前，信息作战情报部门应提出综合性敌情报告。其内容包括敌情、对敌情判断的结论，待查事项和组织侦察的建议。对敌情判断的结论是敌情报告的核心内容，主要包括：

（1）敌作战企图、作战部署和兵力编成、指挥关系；

（2）敌作战观点、敌指挥官的特点、部队素质等情况；

(3) 敌方信息基础设施的建设和发展情况。

2. 下达信息作战情报侦察指示

为使情报工作目的明确，及时展开指挥员在听取了信息作战情报部门的敌情报告后，应根据作战任务，适时向情报部门下达侦察指示，其内容包括：

(1) 指挥员为定下作战决心而急需查明的情况；

(2) 侦察的重点；

(3) 使用的兵力、器材及其使用强度；

(4) 完成任务的要求和时限；

(5) 侦察协同的原则和方法；

(6) 有关战斗保障和物资、技术保障的规定等。

3. 拟制信息作战情报侦察计划

制定信息作战侦察计划是信息作战情报工作的具体实施方案，是指挥员组织实施侦察行动的基本依据，对侦察行动具有很强的指导作用。

(1) 制定侦察计划主要依据是：

A. 军事决策、作战准备、作战指挥的需要；

B. 指挥机关和作战部队已经掌握的情况；

C. 现有侦察兵力和侦察装备的情报侦察搜集能力。

(2) 侦察计划的主要内容包括：

A. 侦察目的和各作战阶段各兵种、各编队的侦察任务；

B. 侦察兵力的编成、任务区分和使用强度；

C. 完成任务的方法和时限；

D. 侦察情报网的部署及报告情报的时间、程度和方法；

E. 预备侦察兵力、器材；

F. 侦察的组织指挥和协同；

G. 侦察兵力部署地域；

H. 对侦察兵力物资、器材的保障措施等；

I. 需上级或友军支援帮助的申请情况。

在许多情况下，仅仅依据本级的情报力量是难以完成情报侦察任务，这时必须要求上级指挥机关提供必要的协助。提出申请通常有两种情况：一是本级不具备对指定目标实施侦察的条件和能力；二是在指定的时间内，本级难以完成获取全部情报任务。

4. 下达信息作战情报侦察指令

下达信息作战情报侦察指令，是指挥机关在信息作战情报工作中的一项重要职责，指挥机关在制定出信息作战情报工作计划并报指挥员批准后，应及时下达信息作战侦察工作指令。下达信息作战侦察工作的指令，依据情况既可以与信息作战侦察工作计划一并下达，也可以分项、分单位逐个下达。无论采取何种方式、方法下达信息作战侦察工作指令，都应做到及时、准确、保密。

5. 对信息作战情报侦察兵力实施不间断指挥

指挥员及其指挥机关对信息作战侦察兵力实施不间断指挥，是及时、准确和连续不断地实施侦察的重要条件。为此，应做到：

（1）与所属的侦察机构和直接派出的侦察兵力，建立顺畅的通信联络，以保障对侦察兵力的不间断指挥。

（2）随时了解和掌握各侦察兵力的情况，并进行有效的监督。为查明某些重要敌情，必要时指挥员可直接指挥重要的侦察行动。

（3）及时处理侦察报告，并根据作战的需要，给侦察兵力下达新的侦察任务，提出新的侦察要求；对有关战争全局的重大情报，指挥员要亲自掌握，及时组织研究，作出正确判断；对重要疑难情况，要及时指示查证。

(4) 及时准确地接收、传递情报材料和预警信息；及时向侦察兵力通报敌情。

(5) 根据侦察活动的需要，适时提供各项保障。如空中、海上掩护，航海、水文、气象保障等。

(6) 检查、督促预备侦察兵力的战斗准备，使其处于良好的战备状态。

(7) 要依据敌情和任务的变化，适时修改侦察计划、调整侦察部署和转移侦察重点；适时使用侦察预备队，及时补充侦察兵力和器材，必要时向上级提出新的侦察申请，以保持不间断地获取情报。

6. 指导信息作战情报侦察活动

指导信息作战情报侦察活动，指的是指挥员对信息作战情报侦察活动的具体检查、督导活动。主要包括两个方面的工作：一是指挥员对指挥机关信息活动的指导；另一方面是指挥机关对有关部（分）队侦察活动的指导。包括：

(1) 检查、指导信息作战侦察活动的各项准备工作；

(2) 掌握侦察活动的进展情况；

(3) 及时调控各种信息作战侦察活动。

各种侦察部（分）队，由于其所处地位的限制，对全局的情况不可能十分清楚，只有了解必要的情况和全局的形势，才能更明确、更主动地完成自己的任务。有关领导和有关部门要不断地给他们介绍情况。平时可通过集训，战时可结合实际工作来进行。

对信息作战侦察任务和要求的指导，可采取定期或不定期发出信息作战侦察要求。这种要求 依据侦察手段的条件提出，既照顾需要，也考虑可能。各种信息作战侦察手段都有自己的主要任务，在进行指导时，应与其主要任务密切结合，有步骤地进行。也可依据情况发展变化和在信息作战情报资料的研究判断中发现新问题，随时对信息作战侦察提出新的要求。

对信息作战情报资料应认真进行定期评价或按件评价。定期评价指在一定时期内对信息作战侦察的质量和作用进行讲评，指出工作的优缺点并提出对今后侦察工作的要求。按件评价是根据需要和侦察部门的要求及时进行，其内容主要是评估信息作战侦察的价值、可靠程度、整编好坏以及应注意的问题等。有时还可以把较好的信息作战情报资料予以通报，以交流经验。总结或交流经验，既可通过文电形式，也可通过如开专业会议进行，其目的是不断提高情报工作的质量。

7. 信息作战情报的汇总、整理与处理

情报的搜集、整理和处理是信息作战侦察情报部门的中心任务。它不仅关系到所获得的侦察情报能否发挥作用，也直接关系到信息作战侦察能否有效组织。为此，指挥员必须十分重视并领导情报部门做好这项工作。

汇总、整理和处理情报的工作必须坚持：

(1) 快速原则。有些重要情况，掌握与处理稍不及时，就可能贻误战机，甚至造成严重后果，因此应充分利用电子计算机等现代化器材进行情报处理，以提高工作效率。

(2) 集中原则。信息作战情报侦察手段、情报来源广，信息数量大，许多情报往往是真假混杂，相互矛盾。因此，对情报的掌握和处理必须归口集中，以便综合比较，得出正确的判断结论。战争经验证明，只有集中各种来源的情报，并进行统一处理，才能有效地保障作战指挥的需要。

第十二章　战术情报

一、概　述

战术是指导和进行战斗的方法。战斗是敌对双方的兵团、部队和分队，在较短的时间、较小空间所进行的有组织的直接武装斗争，是达成战役或战略目的的基本手段。基本类型可分为进攻战斗和防御战斗。

随着社会的发展和科学技术的进步，大量先进的科学技术在战斗中不断运用，使现代战斗出现了许多新的特点：

(1) 战斗空间扩大，前后方界限消失。现代战斗，无论是陆战、海战或空战，都是在使用电子设备条件下进行的。电子战将使战场向外延伸，在更大的空间首先展开无形的战斗，并直接影响有形的地面、海上、空中战斗的进程和结局。同时，使用导弹、火箭、飞机、火炮等多种远距离投射工具投射核、化学武器，在战略范围内可袭击地球上任何一点，在战术范围内可袭击战术纵深内的任何目标。这就使前后方的界限消失，军队在任何地方都可能遭受敌人的核、化学武器的袭击，所谓“安全的后方”已不复存在。

(2) 军队部署和战斗队形趋向疏散，攻防正面、纵深加大。核、化学武器的可能使用，使军队的战场生存力受到极大威胁。

常规武器火力压制的纵深、火力的密度和杀伤破坏力也明显增大。因此，疏散配置和疏散行动成了免遭敌人核、化学武器和炮火的袭击，减少损害的重要手段。攻防正面和纵深也将随之而增大。

（3）地面战斗进一步立体化。现代战斗，部署是地面和空中结合的立体部署；火力是地面炮兵和空中飞机组成的立体火力；机动是地面坦克、装甲战车和空中运输机、直升机组成的立体机动；突击是坦克、装甲步兵的急速推进和空降、机降部队的垂直攻击组成的立体突击。战场空间得到了广泛利用，战斗将在空中、陆地同时进行，一样活跃。能否控制战场空间以及空中战斗行动的成败，成了左右战局的重要因素；对付正面敌人和对付纵深机降的敌人同等重要。

（4）战斗行动速度大大加快，快速反应能力明显提高。现在，由于武器的发展，军队地面、空中和海上的机动力、突击力空前提高。从行进间发起冲击；快速攻击，快打快撤，将成为进攻的重要措施。利用自动化的指挥系统，可以及时、准确获得情报，迅速定下决心，快速作出反应。

（5）战斗情况急剧多变，战斗样式转换迅速。在现代条件下，核、化学武器能在瞬间大量杀伤对方有生力量，精确制导武器能在短时间内给对方造成巨大损失，从而使战斗行动速度大大加快，双方兵力对比和战术情况的变化十分迅速而急剧。交战双方为争夺主动权，都会最大限度地发挥己方优势，千方百计地减杀对方的优势。机动反机动、突破反突破、包围反包围、突击反突击、空降反空降、伏击反伏击将频繁发生，优势和劣势在局部地区（地段）能迅速变化，战斗样式将频繁变换，战斗更加紧张激烈。

（6）火力战将成为决定胜负的重要条件。现代战斗从某种意义上说就是火力战斗。它通常从火力突击开始，又以完成火力任务而结束。火力为进攻部队开辟通路，接送冲击部队前进，消灭阻止部队前进的目标，破坏对方防御系统，粉碎对方预备队的机动，打乱对方的指挥。防御中，火力能阻止对方实施冲击和包围、迂回，能保障战斗队形的稳固和提高防御的积极性。特别是精确制导武器能从远距离打击目标，有时交战可能在双方相距几十公里互不见面的情况下激烈进行。因此，组织火力可靠地杀伤敌人，是现代战斗的中心，是夺取胜利的重要条件。

7. 隐蔽、防护更加困难，也更加重要。由于核、化学武器破坏力大，杀伤因素多；空中炮火几乎可以摧毁所有的表面工事，使军队随时有遭受袭击的可能，精确制导武器的使用，使重要目标的生存受到了极大的威胁，隐蔽伪装成为提高生存力的重要措施。

8. 夜战可能更为频繁。由于夜视器材的发展，使飞机、坦克、火炮等技术兵器具有了全天候性能或夜战能力。昼夜间战斗的差别越来越小。夜战仍然是达成突然性的重要手段，昼夜连续战斗已成为提高进攻速度的重要方法。未来夜间战斗将更加频繁，更加激烈。

二、战术情报

（一）概　述

战术情报是战术指挥员组织实施战斗所需的情报，是战斗的重要保障。获取战斗所需情报的活动是战术侦察。战术侦察由战术指挥员及司令部组织，主要运用部队侦察的各种手段实施。

战术侦察是获取战术情报的主要手段，是军事侦察的组成部分。因此在组织实施战术侦察时，必须注意处理好战略侦察、战役侦察和战术侦察的关系。一切侦察工作人员，在组织与实施侦察时，不应机械地强调战略侦察、战役侦察和战术侦察的区别而忽视它们之间的联系。战役和战术侦察为战略侦察服务，上级机关又要及时供给下级机关作战所需的情报，在判断敌情时为确实地发现敌人企图及其可能的行动，也必须从敌人行动的全局分析到敌人的局部，或者由敌人局部行动联系到敌人行动全局才可能得出正确的结论。这说明了战略、战役与战术侦察之间的相互关系是不可割裂的。因此，我们在组织与实施侦察时必须从全局观点出发，不能只顾局部而不照顾整体，不能以完成上级所赋予的任务为满足，要考虑到上级及友邻的需要而主动地予以支持。在进行当前战斗行动的侦察时，要为尔后战斗行动的侦察做充分的准备，在组织当前战斗的侦察时，必须预计到下一个战斗的侦察问题。

（二）战术情报的要求

现代战斗发展急剧，战场情况瞬息万变，在战斗过程中稍一不慎一方就会失去主动权，就可能迅速地改变战场敌我形势。为在战斗中保障我军处于主动地位，保障首长、指挥部队所必须的敌情材料，从而争取战斗的胜利，这就对情报侦察工作提出了许多要求。

1. 侦察的目的性

一切侦察措施必须服从于部队战斗行动的需要，以保障战斗任务的胜利完成。

为正确地执行与完成侦察任务，必须集中侦察的主要力量，完成重要而复杂的侦察任务，避免分散兵力。因此，组织侦察必须有明确的目的性。为达成侦察的目的性，必须做到：正确地了解战斗任务和首长的作战意图，确实地了解敌情，并预见情况的演变，掌握敌我行动中的各个关键，及时确定侦察目的和任务；根据现有的侦察兵力和器材，按照统一的计划有重点地实施侦察，并根据各军（兵）种和专业兵种的侦察能力明确地区分任务；首长及其司令部对属下侦察工作，应经常及时地给予指导和帮助，当军队任务改变时，应指示侦察机关及早转移侦察的重点。

2. 侦察的计划性

现代战斗发展迅速而剧烈，情况千变万化，组织侦察的时间短促，侦察的内容复杂，使用于侦察的兵力和器材繁多，要想充分发挥侦察能力完成侦察任务，就必须将各种侦察的兵力、器材组织起来有计划地加以合作。因此，侦察需要有高度的计划性。

侦察的计划性，在于对当前情况及其可能的发展和变化有充分地预见，在于适时而合理地使用各种侦察兵力、器材；既有重点，同时又不能出现空隙。要欲达成侦察的计划性，必须做到：正确而及时地拟制侦察计划，并监督其执行；根据战斗情况的发展变化，不断地修正与补充侦察计划，使之与当前情况相适应；有计划地使用侦察兵力、器材，并对执行任务的侦察部队有计划地轮换；根据时间、地点和当时的具体情况，及时地了解和协调各军（兵）种、专业兵的侦察活动，并给予及时指导。

3. 侦察的及时性

侦察的及时性，在于适时地获得敌人的发展与变化的情报，使敌人每一重要行动均能及时为我军所察觉，以保障不失时机地供给首长定下决心和指挥部队所需要的情报。为达成侦察的及时性，必须做到：预先在敌人正面、翼侧和纵深不间断地周密地组织侦察，并适应战斗过程的演变，有预见地指导侦察活动；侦察应有顺畅的通信保障，及时地将所获得敌情报告首长和通报部队；迅速地搜集研究和整理情报，使情报能不失时机为指挥部队所利用；侦察人员高度的工作责任心与主动精神。

4. 侦察的连续性

侦察的连续性，就是说侦察应在任何情况下不分昼夜地实施，对已发现的敌人，使其始终处于我方的掌握与观察下，一经与敌人接触即不应与之脱离，在当前敌人具有现代装备和高度机动能力的情况下，侦察的连续性更有其重要意义。为达成侦察的连续性，必须做到：对侦察执行者进行连续不间断地监督和检查；组织各军（兵）种、专业兵侦察的协同，对已破坏了的协同动作，应及时地恢复或重建；执行任务的侦察机构应具有高度的积极性和连续不断地进行侦察活动；及时派出新的侦察机构完成新的侦察任务；保持侦察的连续性，及时地进行轮换以及经常地掌握预备的侦察兵力和器材。

5. 侦察的准确性

侦察的准确性，即要求所获得情报是真实的，与当前的实际情况相符合，而不受敌人假象的欺骗。

准确的情报，是定下正确决心的基础之一，可以导致战斗的胜利，反之，会使战斗遭到失败。情报的准确性，对于战斗的胜利，具有特别重要的意义。为达成侦察的准确性，必须做到：提高侦察工作人员的政治、业务水平和分析与判断情况的能力；对不同来源得到的情报，应进行反复的对照、检查和证实；必须具有唯物辩证的思想方法和科学的工作方法，对于任何情报必须由此及彼，由表及里地思索，以对情报作出正确的判断。

6. 侦察的群众性

我军进行的战争是正义的人民战争，有广大人民群众的拥护和支持，因此我们的侦察工作也必须建立在广大的人民群众的基础之上。

侦察的群众性，就是在党和政府的领导下，充分发挥群众的智慧和积极性，从而做到个个做侦察，人人当耳目。使敌人的一举一动，始终处于我党、政、军、民一致的侦察和监视之下。为达成侦察的群众性，必须做到：加强对全军所有人员和民兵的侦察训练，使人人会做侦察；反对单纯的依靠侦察人员完成侦察任务及单纯的技术观点；首长应重视对群众性侦察工作的领导；加强与军内各部门、各军（兵）种、专业兵和地方党政机关、人民团体的联系。

（三）战术情报侦察的任务和手段

1. 战术情报侦察任务

为及时获取部队作战所需的敌情、地形、气候等情报，必须根据各情报侦察机构的性质、任务和侦察力量、手段，及时、准确、连续地查明部队作战所需的各种情报。一般情况下，战术情报侦察的任务是：

对敌情侦察应查明：敌人的兵力编成、番号、部署、行动性质、企图和战斗力；察明敌阵地、工事、障碍和火力配系；敌人新式技术兵器及新战法；尤其要察明敌人大规模毁灭性武器的数量，配置地点和使用企图。

对地形侦察应查明：地形特点、土质、居民地、道路、河流的性质等情况及其对敌我行动的影响程度；察明天然障碍和隐蔽地的数量、质量和通行程度，观察和伪装的条件，以及地形对毁灭性武器的防护价值。

对军队行动地域的侦察应查明：当地居民的政治成份、情绪、民族风俗习惯及该地域的经济、卫生等情况。

对天候的侦察应查明：天候变化的规律，及对军队战斗行动的影响等情报。

侦察任务是根据侦察目的、部队战斗任务、首长的决心、上级的指示和已掌握的敌情材料多少而具体规定的。

2. 战术情报侦察手段

侦察手段是侦察人员和侦察机构在执行任务时所采取的各种具体措施的总称。由于完成侦察任务的具体措施不同，由于先进的科学技术广泛用于军事领域，各种先进的侦察器材相继出现，使战术侦察的手段也越来越趋于多样化、科学化，这里择要介绍几种。

有线电话窃听：即使用音频电话窃听器和载波电话窃听器，窃听敌人有线电通信内容，从中获取情报。它组织简便，在敌人使用有线电通信的所有地点都可以采用。不但专业分队可以采用，各级部（分）队一般的有线电通信人员都可以采用。但易被敌查线时发现，如采用无线电转发，还可能被敌无线电测向发现。

照相侦察：照相侦察是摄取侦察目标的景象，通过照片判明目标位置、性质及地形特点和物体形状等情况的一种侦察手段。照相分地面照相、航空照相和卫星照相。

地面照相比较简单易行，但覆盖面有限，通常用于主要方向和对重要目标的侦察。照相侦察员应根据任务、敌情和地形，秘密进入适当地点，利用有利地形，灵活变换位置，迅速完成任务。

航空照相覆盖面大，是过去战争广泛采用的侦察手段。通过航空照片判读，往往能查清较大范围内，特别是敌人纵深内的兵力兵器配置情况。但在战术范围内，部队一般只能利用上级提供的航空照片。

卫星照相是现代科学技术为军队提供的最重要、最有效的侦察手段之一。其覆盖面和极高的分辨率，为所有侦察手段不可比拟。

（四）战术情报侦察的组织实施

在任何情况下，不断地和积极地组织与实施侦察，是战术指挥员和司令部的重要工作。

当受领作战任务时，战术指挥员应根据上级的指示和自己的决心意图，及时地给予侦察机关组织侦察的指示，指出具体地执行事项和为实施侦察可动用的侦察兵力、器材。对某些可能预见的困难，亦应指出具体措施。适时规定和听取侦察机关的敌情报告，亲自研究敌情，作出必要的结论，并指示继续侦察的事项。在组织侦察时，应及时批准各种必要文书，并确实监督侦察工作的顺利实施，使司令部能及时地展开全面的侦察活动，以便及时获得战斗所需要的情报。根据战斗发展的需要，及时给侦察机关和各军（兵）种、专业兵以补充的侦察任务，对执行重要任务的侦察机构，并应亲自赋予侦察任务。及时掌握与协调诸军（兵）种的侦察行动。并给以明确具体的指示。

在组织侦察和搜集情报的过程中，要特别注意情报的及时性、完整性和可靠性。现代战斗中，随着技术装备的发展和部队机动性的增强，对及时性的要求越来越高，迟到的情报通常是无用的，而且过时的情报往往会导致指挥员定下错误的决心。完整性是指掌握完整的情报，以便全面了解情况，定下有根据的决心和正确地处置战斗过程中情况的变化，情报不完整就难以定下决心。可靠性则是同实际情况的一致性。它对指挥员定下决心更具有重要意义。侦察中可能获得许多不大可靠、互相矛盾甚至完全虚假的情报，情报人员必须加强核对和验证工作。正确区分确实和不确实的情报，尔后才能向指挥员报告。

侦察机关组织侦察的工作范围、程序和内容是由战术指挥员组织战斗的工作程序和部队的战斗行动而决定的。侦察机关必须密切地围绕着战术指挥员组织战斗的工作程序，并结合当时的具体情况灵活地组织与实施侦察。

侦察的组织与实施，应贯穿在战斗的全部过程中，并应反复地进行。由于每次战斗任务的性质不同，侦察的内容也不同。

侦察机关在一般情况下，组织侦察的几个主要任务是：

1. 情报的搜集、整理、报告和通报

情报的搜集和处理是侦察机关重要的和经常的工作。

正确的情报是首长定下正确决心的基础，是指挥军队的依据，但战斗所需的情报不是单靠侦察机关和侦察部队所能获得的，因而就必须依靠各军（兵）种、专业兵、地方党政机关和广大人民群众多方面的侦察获得。侦察机关的主要工作即在于如何及时地将来自多方面的情报材料搜集起来，并整理成为系统的、有价值的材料，这是一件异常细致、复杂的工作。

2. 组织与实施侦察的工作

组织侦察的基本内容在于：为了获取战斗行动所需的敌情、地形、天候和当前行动地域内的情报而决定采取的各种措施；就是根据侦察目的确定具体的侦察任务赋予执行单位，并分配侦察兵力和器材；确定侦察机构的侦察任务和行动方向以及协调其侦察的行动等。

组织侦察包括下列具体事项：根据首长决心和指示，上级司令部赋予的侦察任务及现有的敌情材料，拟制侦察计划，作为组织侦察的依据；按现有的侦察兵力和器材，适当地使用和分配，切实做好侦察行动的准备；将侦察任务具体及时地赋予执行人，并根据需要补充或变更其侦察任务；根据时间、地区或方向拟定侦察协同方案，并规划技术侦察措施；对侦察工作全盘地领导和不断地检查与帮助；及时总结交流侦察工作经验。

实施侦察，就是为实现既定的侦察计划而采取的一系列的工作和行动措施。

侦察工作是一面组织一面实施的，不能为组织侦察而延误实施侦察，同时在实施侦察过程中又必须不断地继续组织侦察，由此可见，组织与实施侦察两者是有机相结合的。在一般情况下，组织与实施侦察有以下的几个主要工作：

拟制侦察计划；下达侦察指示；申请侦察；组织观察、潜听；组织战斗侦察、火力侦察、搜捕、伏击和敌后侦察；协调侦察机构的行动并加强与各有关部门的联系；组织侦察中的通信联络；组织人民群众的侦察。

3. 训练侦察部队

各级侦察机关不论在平时或战时，均应抓紧时机训练侦察部队，以提高其一专多能的本领和政治觉悟，以便顺利地完成侦察任务。

（五）战术情报分类和来源

侦察情报机关在战斗各阶段，将从各个情报来源中收到大批的情报材料，根据其可靠程度，概略地可分为以下四类：

准确的情报：由几个互不相关的情报来源所证实，并完全符合敌人实际的情况而又无可怀疑的情报，或者来源确实可靠与根据充分的情报，均为准确的情报。

近似的情报：与当前情况和过去已知材料相符，但是只有一个来源，或虽由数个来源得到但其内容却有出入，这种尚须进一步核对证实的情报，即为近似的情报。

可疑的情报：与当前情况和过去已知材料有矛盾，但是由可靠的来源获得的情报，或者虽与当前情况相符，但是由不可靠的来源获得的情报，均为可疑的情报。

虚假的情报：与当前情况不相符并有确凿证据证明为不准确的情报，即为虚假的情报。研究和分析这种虚假的情报，有时可以确定敌人反侦察的企图，可使我军订出恰当的对策。所以虽然是虚假的情报，也有进一步研究的价值。

侦察机关在确定情报可靠程度的结论时，必须特别慎重。因为，在现代战争中战场情况变化非常剧烈而复杂，敌人极力想隐蔽自己的行动企图，并散布假情报，给情报判断造成很大困难，必须掌握敌人战略战术特点及其行动规律，以免为敌假象所欺骗。经验证明：某些情报起初乍一看来可能性很小，而且是没有经过证实的情报，却是准确的情报。

情报的重要性和价值的大小，是取决于情报准确性和获得情报的及时性。如果所获得的情报是准确的，但已失掉时机，变成没有现实意义而仅成为研究敌人行动规律的参考材料，那末，这种情报的重要性即已丧失。

我军的侦察工作是建立在广泛的群众性基础之上，因而，情报的来源是极其广泛的，侦察机关的主要情报来源有：上级、友邻和属下情报侦察部门；为作战需要而组织的空中侦察；各军（兵）种及专业兵种；军队政治机关和地方党政机关、人民群众；实施侦察的侦察机构；俘虏、投诚者提供的材料；询问居民；缴获的敌军文件和战利品；各种有关的参考资料，兵要地志等。

(六) 战术情报的搜集、管理与研究

搜集和整理来自不同来源的情报，及时地报告战术指挥员、上级司令部以及通报所属和友邻，是侦察机关经常的重要工作。

在战场上能及时地将来源广泛、点滴零乱的情报搜集起来，加以整理，作出正确的判断，有助于战术指挥员适时定下决心，指挥军队，为争取作战胜利创造条件。整理零星情报成为系统的有价值的材料，是一件非常细致、复杂的工作，对敌情错误的判断，往往贻误战机甚至遭受损失。因此，情报侦察工作人员必须不断提高整理情报、判断敌情的能力。

搜集情报应根据部队战斗行动的需要来决定其内容和方法，并且应有计划、有预见、主动和不间断地进行，不应存在等待和依赖思想。侦察情报机关应真正成为搜集、整理和研究情报的核心，并主动地把自己所获情报与有关单位及时交换。搜集情报的方法是多样的，基本方法是接收、听取下级的报告与汇报，或亲自向下级搜集，但究竟采用何种方法应根据当时的具体情况灵活决定。搜集情报必须要求做到:

规定与上级和下属联络的时间和方法；加强与有关部门和单位联系和交换情报；指定接收机接收空中侦察的情报；指定专人亲去有关机关搜集；从审讯俘虏、研究敌军文件和战利品获取情报；调查和研究兵要地志以及询问居民等。

在组织搜集情报的工作时，应力求首先获得当前作战行动中首长定下决心和指挥作战所特别需要的情报。

由于情报来源广泛，所收到的情报有多少、先后不同，而且时常有分歧和矛盾（有的是表面现象，有的是枝节问题），如何将这些互有矛盾、杂乱无章、片面和点滴的材料归纳综合成系统的材料，必须首先从情报的整理和研究工作着手。

情报材料可能是客观现实的反映。要想“去伪存真，去粗取精”，以揭露敌人的企图，在进行整理时，应掌握以下几个问题：

(1) 抓住要害，突出重点

通过详细研究敌人兵力和兵器的部署及使用大规模毁灭性武器的可能性，来判明敌人行动性质和企图，是整理情报的中心工作。

(2) 应有步骤地实施

通常按下列顺序：

详细地熟悉情报内容；了解情报的来源和收到的时间；与已有情报对照或进行判断，以确定情报的重要性和可靠程度；估计从取得情报到整理情报时间内敌人的态势可能的变化；进行分析综合作出结论。

在整理情报的过程中，发现有可疑的情报时应立即予以对证和检查，材料不完整，根据不充分应继续搜集情报，并给侦察执行者提出补充任务。

(3) 必须客观分析，不能主观臆断

必须以客观的态度观察分析问题。应当运用辩证唯物主义的方法，根据敌人的编制、装备和战术特点，所处态势与行动状况，地形对行动的影响等，来分析判断敌人的企图（当然亦要考虑到我军行动对敌人的影响），丝毫不可主观武断。敌人行动有几种可能性，但要从自己最困难的方面去研究敌人，在战术上我们要重视敌人，否则会给自己造成极大的困难。

运用科学的方法，“由此及彼，由表及里”，正确地分析判断敌人的企图，而不为表面的、杂乱的和矛盾的现象所迷惑，才能找到问题的关键，找到其内在的必然规律，才能对敌人行动得出正确的结论。

应考虑敌人是在变化着的、能动的，不应看成是固定的和静止的。应当从敌人的变化中，能动性中看出其行动的规律性。只有把握了解敌人的行动规律，才能保障首长适时地定下决心，取得战斗的胜利。

为及时而正确地整理与研究敌情，侦察情报人员应具备高度的政治责任心，强烈的革命事业心，有冷静的头脑与科学分析的方法，同时还要有深入而细致的工作作风，以及高度的政治修养、军事素养与具有研究敌情的充分知识。

（七）战术情报的报告和通报

为了迅速地使情报不失时宜地为首长定下决心与指挥军队所利用，经过分析研究而综合了的敌情材料，必须及时地报告首长和上级司令部，通报属下和有关单位。

向首长和上级司令部提出的敌情报告，可分为定时与不定时两种，为保障首长定下决心而提出的敌情报告，其时机：可在首长受领任务后；了解和判断情况时；在听取各军（兵）种、专业兵首长的报告时；或者在首长规定的时间。

向上级司令部的敌情报告，可按上级规定的时间，也可以主动地呈送。

报告的方法应灵活，通常采用口头、书面或用电话尤其无线电传达，但不论运用何种方法，均应及时、保密。

为供属下、友邻和有关部门参考，应定期或不定期地发出敌情通报，其时机应根据现已掌握的新的敌情和属下及有关单位的需要灵活进行。

敌情通报的目的，在于将自己所获得的情报，系统而及时地送给有关部门作为研究敌情之参考，并互相交流情报。

敌情通报没有固定内容，有什么通报什么，但应力求系统、简练，避免现象罗列。并应根据所获得情报的缓急程度，可定时或不定时地进行通报。

敌情通报由侦察机关起草和分发，但需与作战机关密切协调，以使敌我情况相符合。

三、进攻战斗情报

（一）阵地进攻战斗侦察

阵地进攻的基本手段是突破，为了正确选择主要突击方向，就要搜集广泛的情报。因此，侦察情报机构应设法查明敌人的防御部署，缴获敌人的作战计划，以保障首长得到全面情报。

阵地进攻的纵深战斗，往往因战前侦察不足，战斗中难于掌握敌人发展变化，影响战斗进展。因此，应该积极主动查明敌情的变化，为部队进攻提供情报保障。特别在敌人实施机动防御时，其预备队配置在防御纵深内，这是我军不易察明之处。更需要侦察了解有关敌人预备队配置情况、行动企图、使用时机和行动方向，还要及时发现敌人布置的“口袋”。以便我进攻部队决定对策。

担任迂回、包围和穿插、渗透的部队，侦察情报机关应很好了解战斗企图，掌握战斗发展情况，积极主动、及时地提供敌情的变化及其企图，查明敌人间隙、弱点，以保障实施迂回、包围、穿插、渗透部队的行动所需要的敌情。为打乱敌人部署、分割敌人，击破敌人指挥中枢寻找最有利的条件。此外担任迂回、包围、穿插、渗透的部队常常利用夜暗及敌不注意的小路、森林行动。因此，侦察机关尚需负责提供地形、道路的情报，保障部队顺利地以最快的速度前进到敌人的翼侧和后方。

（二）运动进攻战斗侦察

在确定运动进攻的作战对象、时机与战场时，情报有着极重要的作用。侦察机构应当在这方面提供充分的情报。当决定实施运动进攻时，由于组织战斗时间仓促，战斗形式转换迅速，更需要准确的情报。

运动进攻军队受领任务后，为很快抓住敌人，必须迅速投入战斗。因此，组织侦察的时间有限，有时只能在远距离派出侦察分队和干部对敌情、地形进行侦察；要尽一切可能之手段获取敌人最新的情报，迅速地传递给军队指挥员。

运动进攻，军队侦察在战前对敌人情况通常仅能做到大体的了解，而在战斗发展中逐步具体化。为了保障军队能在情况迅速变化、战斗迅速发展的情况下及时了解敌情，准确掌握敌人行动企图，侦察机构必须在敌人纵深不间断地以各种方法，查明敌人行动情况。及时查明纵深敌人行动急剧变化的情况，及时提供上述情报，可为军队指挥员掌握战机及时定下新的决心，转换战斗形式提供保障。此外在战斗过程中侦察机关派出的侦察力量，特别是担任迂回、包围、穿插、分割的侦察部队要提出要求，及时完成急迫的侦察任务。

当进攻战斗转换为追击时，侦察机关应及时提供敌人行动方向、所沿道路、行速以及敌人纵深预备队使用时机、企图、兵力等情报；当军队转为围歼被围之敌时，尚须及时查明敌突围及增援的行动、兵力等情况。

（三）山地进攻战斗侦察

山地进攻战斗，由于地形复杂、彼此隔绝、道路有限、气候特殊、变化无常、雨季河水急湍、水位涨落急剧等，大大限制了军队的行动。对侦察的活动也有一定影响。如由于山地死角多、某些地区树（竹）林多等，使观察（空中观察、照相也如此）受到很大限制。地形起伏大，通行不便，侦察人员的体力消耗极大。能通行的道路少，隘路、关口、垭口—山口、谷口等易被敌封锁或易受伏击。易迷失方向，有时甚至指北针因受磁性感应而失去作用。山地气候变化无常，易生疾病。通信联络不便，尤其是无线电通信和测向，均受到山岳的影响。但山地对侦察部队的活动也有比其他地形更便利的条件。由于地形复杂、彼此隔绝、观察不便等等，敌人通常只能在一些高地、垭口、山梁、谷口、谷地、隘路、交通枢纽部等进行防御。有很多空隙可乘，侦察机构能出敌意外隐蔽地接近敌人和渗入其纵深进行侦察。高地、草木便于隐蔽地进行抵近观察和监视敌人的行动。敌人山地防御时，由于侦察警戒部队的增多，加之道路有限，其活动规律便于判明和掌握，增加了伏击等捕捉俘虏的机会。因此，我们应细致地研究和利用上述有利因素来进行侦察。

1. 山地进攻战斗侦察任务

山地进攻时的侦察任务除和一般条件下相同外，尤应查明与掌握以下情况：

山的高低、倾斜程度、地形特点、树木性质等对军队行动影响的程度，尤其对于观察、通信、协同动作等影响的程度；

防御制高点、隘路、谷口、垭口、山梁、山脚、交通枢纽部等地区，敌人的兵力部署和利用山势防御的特点，侧射、斜射火力点的位置，便于接近的斜坡、死角、隐蔽地、谷地内有无雷区、陷阱、断崖、放射性物质沾染地段和化学障碍物；

敌人各支撑点的翼侧、间隙地、接合部的位置及其保障，防御的薄弱处和有无未占领的地段；

便于我接近、包围、迂回以及尔后追击敌人时道路的数量、通行能力和破坏的程度，有无敌人防守及障碍设施；

季节气候变化的特点，对军队行动的影响，和供给军队用水的条件。

完成上述任务的主要侦察措施：观察、空中侦察（申请）、工程侦察、兵要地志调查、派出侦察机构深入敌人纵深进行侦察、向地方政府、群众团体、情报站联络搜集其所了解的情况。

2. 侦察机关的工作

山地进攻战斗中根据山地的特点，敌人防御性质和特点，我军行动的特点等各种条件不同，侦察机关的工作也有一定的不同。

夺取敌人的保障地带时，部队发动进攻过程中或不与敌人直接接触的条件下，对山地防御敌人进攻时，通常先要克服敌人的保障地带。夺取敌保障地带时，侦察机关的工作和一般条件下相同。由于山地特点，应强调侦察机构利用山地特点和敌人的间隙尽可能地绕到敌后，进行抵近观察与捕捉俘虏等。可能时侦察机构应趁敌混乱利用其间隙，在我军夺取敌保障地带的过程中，就渗入到敌主要阵地内进行侦察，以保障主力一举突破敌人的主阵地。侦察机构上述活动中应特别警惕敌人的袭击，尤其是伏击。

进攻准备阶段，部队可能是与敌人直接接触条件下，由防御转为进攻或与兄弟部队换班来组织进攻的，也可能是在不与敌人直接接触的条件下，夺取敌人保障地带以后组织进攻的。这时侦察机关的工作，除和一般条件下相同外，尤应做好以下工作：

(1) 整理研究情况，进行兵要地志调查时，应特别对有军事价值的高地、隘路、谷地、垭口等进行细致的调查研究，以便判断被敌人利用的可能性。尤应注意调查可能出敌意外的一些高山、森（竹）林、断崖等，通行的可能性和出敌意外的可能性，以保障军队出敌意外的行动。还应注意调查林木对战斗行动隐蔽的程度，以便判明敌人集结机动力量与技术兵器的可能性和对我军行动的影响。

(2) 组织观察、潜听时，应利用地形特点与林木的隐蔽，尽可能抵近目标或潜入敌纵深内进行观察和潜听。观察、潜听哨还应利用地形特点和夜暗掩护，接近敌人的工事障碍物等进行细致地观察。

(3) 广泛组织敌后侦察。对派出的侦察组指示其在不易通过的地形上出敌意外的潜入敌人纵深。当渗入到敌人纵深后，应利用山地特点，敌人防御间隙，在山地死角、林木等掩护下，尽可能接近敌人的阵地、集结地、补给站、车站、渡口和谷地、垭口、交通枢纽等查明和监视敌人的行动。

(4) 山地通信联系困难，侦察机关应与各兵种和派出的侦察机构，保持可靠的通信联络。

(5) 组织空中（申请）侦察时，应有重点的对敌人重要支撑点，有军事价值的高地、垭口、谷口、交通枢纽部、桥梁、渡口、车站、敌人集结的位置等，反复侦察和重点监视敌人的行动。尤应注意对较隐蔽或有森（竹）林掩盖的地区进行细致地侦察和连续不断的监视。

战斗过程中，侦察机关应与敌后活动的侦察机构保持可靠的通信联络，以便指挥其查明与监视敌人预备队的行动等。为保障穿插、迂回部队的安全并提供其所需要的情报，应适时在其行动的前方和两翼上，派出移动的或固定的侦察机构进行侦察警戒，并应注意从空中监视敌人预备队的行动等。战斗中所派出的侦察支队不仅要执行侦察任务，而且应对重要地形要点进行控制，或袭击敌人指挥机关等，以本身战斗行动来促使整个战斗的胜利。

(四) 江河进攻战斗的侦察

江河是影响军队战斗行动的天然障碍，江河进攻时，根据江河的位置、性质、流向、变化规律、两岸地形、敌人防御特点和我军强渡江河的方式等条件的不同，对侦察的影响也不同。如一水相隔，渡河困难，水上不易隐蔽和伪装，需要渡河器材，渡过河后返回或后勤保障均较困难，河宽时观察受到限制，以及需要了解的情况多而组织侦察的机会少等。但也有侦察的有利条件，如因有一河之隔，敌人易疏忽大意，可出敌意外。河水流动的声音，可掩护我侦察行动。敌人通常是宽正面的防御，有间隙可乘。江河一般又是早已存在，且变化小，有一定的历史资料可作参考等。只要我们能正确地组织侦察，尤其对将要强渡的江河提前进行侦察和组织群众性的侦察，其侦察任务是能够完成的。

1. 由行进间强渡江河时的侦察

(1) 侦察任务

部队在进攻过程中由行进间强渡江河，或不与敌人直接接触的情况下强渡江河时，为保障我军顺利地克服敌人保障地带，并由行进间一举强渡江河，应查明以下情况：

便于接近江河的地区和通往江河的道路数量、性质、被破坏的程度、有无迂回路、敌人设有何种障碍及其位置；我前进道路上敌人有无抵抗要点、保障地带和桥头堡，其位置、工程措施、兵力编成、部署和火力配系；我军展开地区内，地形性质与对部队行动的影响，以及便于对敌岸进行观察的位置；江河性质，敌人防御情况和渡河设备的情况；我军强渡江河过程中和在敌岸发起进攻中，应察明、监视敌情的变化，尤其是敌人反冲击和使用核、生物、化学武器的行动。

完成上述侦察任务的主要措施，是兵要地志调查，空中侦察（申请），派出侦察机构在我军的先头、翼侧和敌后进行侦察。

（2）侦察机关的工作

部队受领任务前，侦察机关如已知作战地域有江河障碍时，就应主动有预见地对江河进行必要的侦察，尤应及时搜集有关江河的情况，研究有关江河的历史资料，进行细致的兵要地志调查。当部队受领任务后，及时派出敌后侦察组进行侦察，搜集有关江河资料。进行空中侦察（申请）、工程侦察和继续进行兵要地志调查。主要与地方政府、群众团体、情报站取得联络，搜集江河和敌人防御的情况。及时将搜集来的情况进行整理研究，作出结论，报告和通报。当我军在接近敌保障地带之前和战斗开始后，在部队先头、翼侧上和敌后派出侦察机构进行侦察。侦察机构为了隐蔽自已的行动依情况可进行化装，以便尽可能地接近敌人进行侦察。指示侦察机构利用敌人间隙，深入敌后尽可能地接近河岸，以观察、捕俘、询问等手段进行侦察。必要时应主动配合先头部队占领桥头堡、桥梁、渡场和争夺渡河器材，以保障主力由行进间强渡江河。侦察机构根据可能，应主动地趁敌混乱之际，渡过江河，渗入敌阵地内进行侦察，为此应为其准备必要的渡河器材。有直升机时可预先或在战斗过程中，将侦察人员空投至敌后进行侦察。对派出的侦察机构，要与其保持可靠的通信联络，及时搜集情报，并给予新的或补充的侦察任务，适时地指挥其行动。

渡河后的侦察任务和措施，同有准备的强渡江河时战斗实施阶段的侦察。

2. 有准备强渡江河进攻时的侦察

(1) 战斗准备阶段

有准备的强渡江河时，部队可能是经过行进间强渡未成，或者是由防御转为进攻或与兄弟部队换班来组织进攻。上述条件不同，侦察工作也有所不同。

战斗准备阶段的侦察任务，除与一般进攻战斗相同外，还应察明与掌握以下情况：

江河的宽度、水深、流速、河底性质、变化的规律，两岸高低及其附近的地形特点，有何水利工程及其位置以及对我军行动的影响，江河中有无岛屿、沙洲等，便于掩护部队渡河的位置；有无桥梁、渡场、徒涉场和便于架桥、开设徒涉场的位置，有无渡河器材及其种类、数量和位置；江河两岸和水中敌人设有何种障碍物及其位置和数量；敌人有无江河舰队，其兵力编成和可能的行动；敌人防御准备的情况，尤其是江河岸上（前沿）各种火力点的位置、袋形阵地的位置、预备队的兵力，配置地域及其可能的行动，以及敌人使用核、生物、化学武器的可能性。

为完成上述任务，应及时在我岸展开观察和技术侦察，进行空中侦察（申请），向敌岸和敌后派出侦察机构进行侦察。

这一阶段侦察机关的工作，除与一般条件下相同外，应作好下列工作：

组织严密的观察配系。江河进攻时，因一水相隔，观察受到了限制，尤其较宽的江河更增加了观察的困难。因此，侦察机关在组织观察时，除在我岸有利地形上设置观察外，还应在江河中的沙洲、岛屿上配置观察哨。必要时还可乘船等在水上进行观察，以及潜入敌岸敌后进行隐蔽观察。

及时向敌岸（后）派遣侦察机构进行侦察。对派出侦察机构应及时给予侦察任务使其进行充分准备。经反复研究后确定侦察机构渡河地点、活动地区、完成任务的手段以及返回（报告）和联系的方法。必要时战术指挥员应亲自率领侦察机构（或其指挥员）到现地选择渡河位置研究渡河的方法和行动等。渡河位置，应适合侦察任务的需要，又能出敌意外，便于上岸和抗击敌人的袭击，便于隐蔽地观察和潜入敌后，便于返回和与我岸进行联络等。对侦察机构行动前的准备工作，应不断地进行检查与帮助，解决其训练、渡河和敌后活动中所需要的物资器材。必要时还应组织火力，掩护侦察机构的行动。

江河进攻时，因有一水相隔，地面侦察有困难，而空中侦察有着重要作用，故应及时组织（申请）空中侦察，不断地研究空中侦察的结果。

及时给各兵种、专业兵下达侦察指示，充分发挥其侦察器材的作用，尤其工程侦察则更为重要。

继续进行兵要地志调查，尤应及时向地方党政机关、群众团体、参加过水利工程的工人和渔民，调查江河情况和敌人防御的情况。询问居民、逃兵时可到现地对照研究。

强渡开始后侦察机关的工作，在于保障部队顺利地渡河、夺取与巩固登陆场以及为尔后发起进攻准备情报，此时应查明和掌握以下情况：

进一步查明敌人各阵地的位置，尤其是袋形阵地的位置；敌人使用核、生物、化学武器的征候与行动；我强渡开始后，敌人情况的变化，监视敌人预备队，尤其是纵深预备队的行动。

掌握上述情况主要是观察、空中侦察和派出强有力的侦察机构等来查明敌人的行动。

侦察机关要做好以下工作：适时督促侦察机构，迅速渡至敌岸，在部队掩护下，展开观察及利用敌人间隙，渗入到敌阵地内进行侦察。不断给在敌后活动的侦察机构以补充任务。主动向有关方面搜集情况和审问俘虏，及时整理研究情况报告和通报。

随着战斗的进展，尔后的侦察工作与一般进攻战斗相同。

（五）水网稻田地进攻战斗侦察

水网稻田地有季节性和常年性的，在平原、丘陵、山地均有分布，各有一定特点，对军队行动的影响也不同。平原地水网稻田的特点是：河、沟、渠、湖、塘纵横交错，人力水力设备较多，道路桥梁较少，且冬夏变化不同等。

根据上述条件，在水网稻田地进攻时，侦察有以下特点：侦察任务除和一般条件下相同外，还应查明：行动地域内地形的特点，便于接近的道路和地区，道路的数量、性质、被破坏的程度和敌人封锁道路的措施。行动地域内河、沟、渠、湖、塘的数量、位置、障碍程度、敌人可能的利用和对我军行动的影响。行动地域内敌人在主要防御方向上及道路附近和河、沟、渠、塘等有利地区，构筑有何种阵地。敌人封锁道路及便于接近地、间隙地的障碍物和交叉火力点的性质和位置。敌人机动兵力的工具及其能力。为获取上述情报，侦察机关应及时展开兵要地志调查。及时下达工程侦察的指示进行工程侦察。组织抵近侦察与潜听，尤应观察敌人封锁道路的交叉火力点的位置。及时派出侦察机构利用黑夜、田埂、沟渠对接敌道路、迂回道路的通行程度，破坏的情形，有何障碍物等进行实地侦察。利用敌人的间隙渗入敌人纵深进行观察、潜听、捕俘等，并对便于我军行动的地区、道路、迂回路的通行能力和敌人封锁的程度等进行实地侦察。对派往敌后的侦察机构尽可能地解决其所需要的轻便制式或简易的渡河器材。空中侦察时，应特别注意对公路两侧、河、沟、渠、塘等进行侦察。战斗过程中侦察机构应利用田埂、土丘尽可能接近河、沟、渠、塘的对岸，进行观察，以便查明敌人隐蔽火力点的位置等。

（六）夜间进攻战斗侦察

夜间进攻的侦察，和阵地进攻、运动进攻、对占领特种地形防御敌人进攻时的侦察基本相同。因为军队的战斗活动，尤其是侦察活动是昼夜不断进行的。从观察来说，当然白天的视界远，但从接近敌人活动的侦察机构来说，黑夜对其行动则更加有利。夜间进攻的侦察和白天比较，惟夜间进攻因观察不便，防御敌人有照明设施等。为此应查明敌人的照明设施，尤其是探明灯的位置和夜视器材的位置。夜间进攻对敌人的机动，不易查明和掌握。观察哨的作用比白天大为减低，侦察机构与先头部队的联络困难。但夜间便于侦察机构渗入敌纵深，接近敌人，监视和掌握其活动。故夜间进攻时，侦察机关应派出比白天多的侦察机构深入敌后，展开广泛地侦察活动。在敌人可能前进与后退的道路附近，尽可能地接近敌人，来监视、掌握敌人的行动。根据情况可趁敌混敌之际，袭击敌人以配合主力歼灭敌人。对在第一梯队、迂回部队先头行动的侦察机构，应组织好与部队的联络。观察哨应尽可能在第一线步兵内进行抵近观察，而且还应观察我军的战斗行动。侦察机关对派出的侦察机构，应进行辨别方向的训练，并训练其在敌人使用夜视器材的情况下，正确地进行侦察活动。可能时应给观察哨和在敌后活动的侦察机构配备夜视器材和侦察敌人夜视器材的望远镜等。

四、防御战斗情报

（一）阵地防御战斗侦察

阵地防御有着一定程度的固定战线，组织实施侦察的时间较充裕。在不与敌直接接触时还可派出侦察机构前出至一定距离进行侦察。而在直接接触情况下，则不易了解敌人进攻准备情况。由于敌人掌握着进攻主动权而力量对比又占优势，为争取化被动为主动，先机制敌，更需要对敌人全面了解。特别是阵地防御，通常是在预期方向上预先组织，并受地形限制不便机动，而敌人可以任意变更进攻方向、活动范围。因此，必须及时获取准确的情报。

侦察应当在敌正面、敌后采用各种手段，大力开展侦察活动，捕捉敌人员，袭击、伏击敌人车辆；窃听电话；袭击敌指挥机关缴获文件等。以求查明敌使用于进攻的兵力及行动企图、部署、进攻时间等并注意敌人空降活动。此外，还应进行破击任务，达到迟滞敌人查明敌情的目的。

防御战斗实施过程中，侦察应查明敌人后续部队情况外，在我反冲（突）击军队或运动进攻军队翼侧亦应积极展开侦察活动，及时发现情况，保障军队之翼侧安全。如敌人实施空降兵着陆时，应积极查明敌空降地域及其兵力，并迅速配合友邻部队歼灭。

我军在筑垒地域（城市、岛屿）防御时，位于城市、岛屿的地方部队、民兵等一起形成统一的防御力量。此时侦察活动，通常应积极迅速查明地形、道路的特点，利用地下道、隐蔽的小巷（如城市）、坑道、垭口、山间通路、小路等（如岛屿、山地等），以及敌我作战线的交错复杂情况，深入敌人翼侧、后方，袭击敌人指挥机关、通信人员，捕捉俘虏，缴获文件，查明敌情。

（二）运动防御战斗侦察

根据运动防御目的与任务不同，侦察的任务亦有不同。

当部队以运动防御、诱敌深入执行歼灭敌人的任务时，侦察机构应查明敌人兵力、部署、番号，以及行动企图、行军纵队等情况。其侦察手段可以广泛采用观察、监视、伏击、捕捉俘虏以及询问逃出的居民和被敌抓去的民工等。

当部队于主要防御方向防御，而以一部兵力配合地方部队、游击队担任次要方向进行运动防御时，侦察机构对主要方向和次要方向的敌人情况均应查明。侦察分队应保障担任防御的地方部队、游击队所需要的情报，其他任务以情报网及其他侦察力量担任。侦察中对查明敌人实施迂回、包围军队的行动方向、兵力、番号、企图等要特别重视，以保障主要防御方向的防御。

当我以运动防御争取时间，逐次后退，而要在纵深选择有利地形歼敌时，侦察机构应严密封锁消息，并以自己的积极活动吸引、迷惑敌人，造成敌人错觉，并查明敌人的行动方向。当敌人到达我预置地区时，应积极查明敌人兵力部署，寻找查明敌人的弱点，保障主力迅速割裂歼灭敌人。

（三）山地防御战斗侦察

1. 山地防御组织侦察的特点

(1) 山地地形复杂，气候变化剧烈，使空中侦察和技术侦察受到了一定的限制，降低了其应有的效能。然而地面的观察和侦察部队活动的作用相对的有所提高。山地防御除组织技术侦察外，还应特别强调积极广泛地组织地面的观察、搜捕、潜听、伏击以及敌后侦察等。

(2) 山地起伏大，间隙、死角以及隐蔽的接近地多，便于我侦察部队接近敌人，但也容易被敌人所接近。因此，侦察机构的活动与敌人进行遭遇战斗的可能性就加大了，所以在组织各种侦察活动时就必须注意这一特点。

(3) 山地防御正面宽，兵力少，单纯依靠侦察部队的活动和技术侦察力量是不够的，这就必须开展全军群众性的侦察活动，以弥补侦察兵力、器材能力的不足。积极广泛地开展小部队的侦察活动，能够获取很多有价值的情报，对防御作战可起巨大的作用。

(4) 组织山地防御侦察时，除了注意正面、翼侧和间隙外，对战役战术纵深，敌可能实施空降的地域，也要同时组织对空的观察和侦察，并可通过地方党政机关和民兵部队组织大众对空观察网，及时发现敌人的空降。

(5) 山地防御时，由于正面宽，往往将防御的基本兵力配置在几个主要方向上，而在次要方向或防御薄弱的地段上，要派出侦察部队来执行侦察与警戒任务，这样就加重了侦察部队的责任。因此，必须很好地计划、使用侦察兵力，保证战斗中侦察的机动与主动。

2. 山地防御对侦察技术器材的影响

(1) 空中侦察。由于山地地形条件的影响，其侦察效果较一般地形条件下减低，只能在100公尺以下的高度进行，如果观察敌人的工事情况，要在700公尺以下低空进行。但低空飞行，易受到敌人防空兵器的威胁。空中照相，也因地形地物的复杂，而难于判读，如果使用彩色照相可弥补这一缺陷，在山地条件下空中侦察虽受到各种自然条件的影响较多，但对敌纵深主要目标的侦察，仍是非常重要的一种手段。

（2）无线电截收和通信。无线电电波受到山地的阻挡和气温的变化与气流方向的影响而缩短有效距离，使某些地域内的截收工作和无线电的通信效能减低，有时甚至中断。尽管这种侦察器材在山地有此困难，但仍应积极组织并应力求选择适当的位置克服因山地而产生的缺点。

（3）炮兵仪器的侦察（包括声测、光测、测地、照相和雷达等器材）和红外线观察器材，也由于受到高山的隔绝和气温、气流的变化而受到不同程度的影响。如声测侦察，当敌炮发射后，其声波由于受到高山和气温、气流的影响，使声波运动的规律发生了变化，以及声波碰到了高山而产生了巨大的回音使声测侦察的准确性减低。光测侦察，也因山地、森林和地形的隐蔽，以及山地的低云厚雾，而影响到光测侦察的顺利进行，许多目标不易发现。雷达和照相侦察同样也受到地形和气候的影响而作用减低。因此，在组织实施侦察时要有预见性地选择适当的配置位置。

3．山地防御侦察部队的活动

（1）由于山地起伏大，死角和隐蔽地多，特别是在有树林草丛的山地条件下，便于派出敌后侦察组向敌纵深的渗透和在敌纵深内潜伏活动。但由于山地地形复杂、道路少，如处于地形生疏的情况下，特别是在夜间使敌后侦察组运动的速度大大减低，如在前进中遭遇到一些情况需要规避或绕道行进时往往不能按时到达预定的潜伏地点。所以在派遣敌后侦察组时，必须注意研究，选择渗入的路线，以及渗入途中临时规避（潜伏）的位置，充分做好途中潜伏的准备，同时还要考虑预定侦察地域基本潜伏点的隐蔽和存在的条件，并且考虑和选择几个预备潜伏点。

(2) 敌人在山地进攻时，由于其战斗队形的间隙增大，便利于我侦察活动。因此应广泛地组织搜捕、伏击等。在组织伏击时，首先应明确伏击的对象、伏击区域的地形来确定我使用的兵力。选择伏击地区时，应考虑到接近、撤回及我火力支援的条件。

(3) 山地防御时，侦察任务是非常艰巨的，侦察部队比较疲劳，因此在组织侦察部队的活动时，要控制一定数量的机动侦察兵力，以便连续地完成侦察任务。

(四) 岛屿防御战斗侦察

1. 岛屿防御战斗侦察的特点

岛屿防御战斗是敌人在远方准备好之后发起的冲击，因而岛屿防御战斗的初期，不直接与敌人接触。敌人实施登陆战斗的准备是在远方进行的。但敌人的侵犯是来自海上和空中，这样，在组织侦察时就必须将侦察的兵力和器材周密地统一部署，不间断地进行对海面和空中的侦察。

由于岛屿四周环水，敌人对岛屿的登陆可以从一个方向或几个方向同时进攻或实施空降着陆。这样，在侦察的部署上，必须注意环岛的侦察。同时又要集中主要兵力、器材完成重要的侦察任务。在群岛防御时应组织以大岛为核心与外围岛屿相结合的侦察。

岛屿防御时（特别是大岛），一般都驻有海、空军派出的侦察机构。他们具有较新的侦察器材，可以运用各种不同的侦察手段，能够获取比较深远的情报。因此，担任岛屿防御的部队，可在上级司令部指示下与海、空军侦察机构协同动作，对其分别提出使用的要求，统一而严密地组织全岛侦察。

岛屿防御，有时可能在敌包围之中进行独立持久的战斗。因此，节省使用兵力、器材，控制足够的预备力量，组织可靠的通信联络，有其重要的意义。

岛屿防御，将是党、政、军、民组成一体的坚强力量。在组织侦察工作时，除军队的侦察工作外，应发挥各种侦察力量的作用，尤其是政府机关和渔民的积极作用，以扩大情报来源。

2. 岛屿防御的主要侦察手段

观察是在岛屿防御战斗中重要的侦察手段之一。与陆地一般条件下相比具有如下的特点：

(1) 视界开阔，在能见度良好的条件下能发现远距离的海上目标。

(2) 海上往往没有方位物，增加了对目标指示的困难，在测定目标距离时也容易发生误差。

(3) 观察哨的位置比较分散而固定，使用的兵力、器材较多(包括通信器材)。

(4) 在岛屿防御时，外围小岛的观察，往往是观察警戒合而为一，是由战斗部队担任的。

组织观察的原则：应是环形的，根据山势的起伏分层配置形成从前沿到纵深的梯次配置，特别是大岛各观察哨不应因视界广阔，而过大地增加观察海域。为了严防敌人利用夜暗向我海岛空投和由海上输送敌特以及敌利用夜间向我岛接近，更应加强夜间观察，并应与夜间巡逻密切结合起来。

岛屿防御时，搜捕虽受到一定的限制，但仍是重要的侦察手段之一。当敌已占领的岛屿与我防御的岛屿距离较近时（能得到我地面炮兵支援为宜)；或是敌对我防御的岛屿登陆成功并与我形成对峙时；或是登陆之敌被我击退但仍占领附近的岛屿时，在这些情况下仍可实施搜捕。

组织搜捕的要求，除与一般防御相同外，更应特别强调搜捕前的准备和训练，更要注意担任搜捕的人选，确实掌握搜捕对象的活动规律才可进行。总之，这种搜捕要慎重从事，不能轻举妄动，并派遣坚强得力的侦察干部率领。

巡逻分为海上巡逻和岸上巡逻两种：

海上巡逻，通常是由海军组织与实施。守岛的部队参加与海军共同研究拟制巡逻计划和协同计划。当岛屿防御的部队正面没有海军时，在船只、气候条件许可的情况下，亦可单独实施巡逻。派出的时机和距离可根据所掌握的情况而定。除此以外，还应组织岛上出海的渔民广泛地对海上实施监视活动。

岸上巡逻，以值班部队与民兵配合，在我防御薄弱又不便于观察的地段上实施巡逻侦察，以防敌突然袭击，并及时地发现和捕捉潜入之敌特。

炮兵侦察：组织与发挥炮兵侦察兵力器材的作用，使之既能满足炮兵本身需要的情报，同时也要提供有关军队所需要的情报。

雷达侦察：在主要岛屿防御之部队可能得到炮兵和海、空军雷达侦察的加强与协同，还可能得到上级司令部直接加强的雷达。在组织雷达侦察时，除上级直接加强的外，要注意使这些侦察机构能完成其上级业务系统所赋予的任务。

3. 组织岛屿防御侦察时应注意的事项

组织岛屿防御的部队，在战斗准备阶段往往因自己的侦察能力有限，对纵深的情况无法直接获得，因此，应及时向上级申请，并详细地研究上级的敌情通报，力求了解各方面的情况。在战斗发起后，岛屿防御的部队应主动地向担任海岸防御的部队和上级司令部提供情报。

岛屿防御时组织侦察的时间一般是充足的。因此，担任防御的各级侦察机关应抓紧时机，周密地组织侦察，并结合作战任务训练侦察部队，使所有的侦察人员熟悉地形，明确任务，了解敌人登陆作战的编制，登陆作战的技术的特点等，为战时分析判断情况打下基础。

担任岛屿防御的部队，多系长期设防于岛上，侦察部署平时可能就有一部分在展开。各级侦察机关要特别注意在战斗发起前，适时地对侦察部署进行调整、充实和加强，以适应战时的需要。

在群岛防御时，侦察部队往往是处在分散的情况下执行任务，依靠建制的侦察力量去完成侦察任务是不够的，因此，各级侦察机关就要注意组织各岛防御部队的侦察，特别是各小岛，侦察机关还应及时地给以帮助和指导。

第十三章　现代高技术条件下的军事情报工作

一、概　　述

冷战的结束，并未使国际形势变得乐观，全球化进程的加快使世界形势变得更加复杂。两极对抗为多极竞争代替，强权政治、霸权主义对国际安全带来更大威胁；地区冲突、宗教民族矛盾更为突出，国际恐怖主义又成为新问题，加之传统的东西方矛盾、发达国家与发展中国家的矛盾、西方国家之间的内部矛盾等依然存在。虽然发生世界大战的危险在减小，但局部战争接连不断。随着科学技术和信息化时代的发展，伴随着军事斗争的军事情报斗争不仅没有因冷战结束而结束，反而斗争更为激烈。军事情报不仅是处理国际关系，维护国家安全的幕后力量，而且在军事斗争中的作用，伴随高技术的发展，显得更为突出，可以说，军事情报工作已直接成为军队战斗力的重要组成部分。冷战结束后的局部战争，就充分说明这一切。作者选择了具有典型意义的海湾战争、科索沃战争、阿富汗反恐战争、车臣战争四场战争，进行了分析，重点对海湾战争的情报工作进行了分析，以加强大家对军事情报工作的认识与了解。战例编写结构是：（1）概述；（2）战例叙述；（3）综合评述。

二、海湾战争中的军事情报工作

（一）海湾战争

海湾战争是以美国为首的“多国部队”在联合国安理会授权下，为恢复科威特领土完整，对伊拉克进行的战争。

海湾战争从1991年1月17日开始至2月28日结束，历时42天，分为两个阶段：

第一阶段：空中战役阶段（1991年1月17日—2月23日），目的是夺取和保持制空权，摧毁伊拉克的核、生物、化学武器，主要是工厂、军事设施和军事力量，瘫痪伊军指挥系统，瓦解科威特境内伊军，为地面进攻创造条件。空中战役包括：战略性空袭、夺取战区制空权和为地面进攻做好战场准备三个步骤。

第二阶段：地面战役阶段（1991年2月24日—28日），目的是消灭科威特战区的伊军，特别是共和国卫队，恢复科威特领土主权和合法政府。2月24日多国部队发起地面进攻，2月26日萨达姆宣布停火，伊军迅即崩溃。28日晨8时，多国部队宣布停止进攻，历时100小时的地面战役至此结束。

海湾战争是二战后现代化程度最高的战争，广泛使用了当时世界上最先进的高技术武器装备。高科技武器装备在战争中发挥了巨大作用。

(二) 战前情报工作

1. 美国开始关注伊拉克

海湾冲突爆发前几年，情报界便开始关注伊拉克的情况了。然而，阿拉伯复兴社会党控制下的伊拉克政权采取了严格的保密和反情报措施，使收集情报的环境变得更加复杂。伊拉克公民不得与外国人接触，甚至使用国际邮政和电话也要获得内政部的批准。伊拉克保安部门时时处处监视和调查着伊拉克公民和外国人。这种困难的情报收集环境使美国对伊拉克从事核研究的进展情况以及生物和化学武器设施的精确分布情况，缺乏了解。虽然美国情报机构了解伊拉克的军事能力，但无法获得有关伊领导层意图的情报。

2. 美国把伊列入敌对国家

1989 年下半年，美军中央总部在苏联的威胁日益下降、大规模杀伤性武器和先进投送系统的地区性扩散日益严重的情况下，开始重新评估伊拉克作战计划。伊在两伊战争中曾使用过化学武器和弹道导弹，发生过大规模的坦克战，人员伤亡也十分惨重。随着伊拉克呼吁美从海湾撤军的要求日趋强硬，随着公众对萨达姆·侯赛因加紧军事研究和发展武器的情况有更多的了解，美军中央总部情报处开始把伊拉克作为自己责任区内对美利益构成潜在威胁的国家。

3. 萨达姆谴责科威特，制造入侵舆论

沃尔拜和布比延岛的归属问题悬而未决，这在过去也影响了伊科两国之间的关系，但是科威特领导人对萨达姆在 7 月 17 日

纪念1968年伊拉克革命22周年的大会上的发言还是感到十分意外。萨达姆在讲话中谴责科威特和阿联酋与美国和以色列勾结，阴谋骗取伊拉克价值数十亿美元的石油收入。讲话的激烈态度引起了情报界的担忧，同时发现共和国卫队的部队从巴格达向科威特边境运动也引起了同样的担心。

（三）海湾战争中的技术侦察装备

进入1990年7月以后，美国紧急向空中轨道发射了几种不同类型的情报卫星，并采取措施把其他的卫星转移到可监视海湾的轨道上来。组成了由通信情报卫星、红外线导弹发射卫星、照相卫星以及雷达成像卫星等庞大的情报收集网，开辟了一个能控制全海湾的准确、适用、实时、逼真、情报发布面广、情报传输渠道畅通的全新的情报途径。它包括：

（1）地球同步情报卫星：美国一共有三颗这种卫星，定点在印度洋上空，专门用来监听伊拉克境内的最重要的通信频道，其中包括萨达姆本人和总统卫队、共和国卫队高级官员所用的频道和伊军的其他指挥网。这三颗同步情报卫星，由设在澳大利亚中部的松峡、德国的巴德艾布林以及英国的约克郡三个地面站来控制。它们收集的情报可适时地传递给美国家情报机构和华盛顿的决策者，也可以通过它们直接提供给在海湾的美军一线指挥官。

⑵“锁眼”成像卫星：这些卫星是专门用来获取沙特、伊拉克、科威特地区的图像。卫星上携带的照相机能够在离地球表面500公里的轨道上，分辨出小于1英尺的视觉图像；它还能通过情报接收器，监听电话、微波信号和视频信号。这些情报通过数据适时传送到设在美国马里兰州的“锁眼”卫星地面接收站。

⑶“长曲棍球”雷达卫星：这是1988年12月2日美国首次发射的新型监视卫星，它配有合成孔雷达，可全天候提供图

像。这种卫星能够透过云层、黑暗以至树叶来观察地面，分辨力很强，可辨出坦克、导弹发射架等。海湾地区干燥的沙漠环境，为雷达卫星的情报收集提供了理想的背景。

为了有效地、尽快地将这些卫星获得的情报提供给驻海湾的美军指挥官，美国制定了一个代号为“永恒的源泉”的计划，不分昼夜地向各级指挥机关和指挥官提供最新的情报。

（四）海湾战争中的高技术侦察情报工作

海湾战争是自越南战争以来规模最大的一场现代化局部战争。在这场战争中，及时、准确的情报工作为战争胜利的取得发挥了至关重要的作用。

情报战例之一：伊军可能入侵科威特

1990年7月17日，伊军首批坦克部队开始向伊科边境调动。7月24日，美国间谍卫星查获伊军约有2个师已开进并部署在伊科边境附近。美国情报机构向白宫呈送了最新的卫星照片。美国政府马上向科威特、埃及和沙特阿拉伯通报了这一情报。1990年7月29日，美国低轨电子侦察卫星突然截获自两伊战争结束后一直关机的伊南部防空雷达。这一迹象表明：伊军可能入侵科威特。

情报战例之二：伊向科发起进攻

规模判断：不是边境冲突而是全境占领。

8月2日凌晨，伊军向科威特发动进攻。3个小时后，美国通过卫星等侦察手段不仅证实了伊军入侵的消息，还准确地报告了入侵的规模，并且判明伊军的目的决非仅仅是占领边境地区，而是洪水般地涌向科威特全境。

伊军入侵科威特后仅 20 个小时左右，五角大楼通过军用通信卫星向世界各地美军部队发出了自海湾危机后第一批战备命令：紧急召集大型军用运输机的机组人员；军队取消一切休假，军人必须在 3 小时内返回基地；两个航空母舰战斗群及舰载的 100 多架飞机驶往海湾地区；海湾地区附近的美国空军基地进入高度戒备状态等等。

迅即有利的情报侦察使美国能及时地掌握与分析战场态势，并为部署军事行动提供了可靠的依据。

情报战例之三：伊拉克下一个目标：入侵沙特阿拉伯

以美国为首的多国部队施行“沙漠盾牌”行动时遇到一个极大的障碍，即必须获得军队进驻国沙特阿拉伯方面的同意。

海湾危机爆发后，美国对太空中的“锁眼－11”型照相侦察卫星发出指令，使其改变运行轨道，能够从较低的太空轨道上对海湾地区的每一公里区域进行详细的照相侦察。卫星传输回来的图像表明，尽管伊拉克军队在 10 小时内就完成了对科威特全境的占领，但在此后的两天里，科境内的伊军从 3 万人增加到了 10 万人，其中包括伊军最精锐的部队，并且已经进入科威特和沙特阿拉伯之间的“中立区”，在离沙特边界 13 公里处构筑阵地。情报部门在给白宫的报告中分析，伊军的下一个目标可能就是入侵沙特阿拉伯。

8 月 2 日至 4 日布什总统与沙特国王通电话，通报了美国获得的情报，试图说服沙特国王同意美军进驻沙特，帮助沙特军队保卫沙特。但国王和其他王室成员却出于阿拉伯民族情绪，对西方军队进入海湾阿拉伯国家心存顾虑，并怀疑伊拉克是否真会入侵自己的王国。因为伊拉克在入侵科威特之后，多次信誓旦旦地保证说：决无威胁沙特和其他阿拉伯国家的意图。

8月4日，布什总统在戴维营会议之后，于中午1时又一次与沙特国王法赫德通电话。布什说，巴格达集结在沙特边界的兵力处于进攻态势，沙特必须考虑它的防御能力，而华盛顿是能够提供相应军事支持的。但国王仍在犹豫。布什建议，派国防部长切尼前往沙特，“他带来一叠情报机关的报告可以证实，沙特正面临伊拉克入侵的危险。他还要带来详细的部署计划，介绍美国在你的国土上部署兵力的可能性。”

8月5日，美国国防部长切尼、美军中央总部司令施瓦茨科普夫以及美国部分情报官员等抵达沙特，与沙特领导人进行了一系列的会谈。沙特方面认真翻阅了美国情报机关的报告和卫星照片，这些照片清晰地显示了伊军在科沙边界集结兵力和装备的详细情况，成为美国说服沙特领导人的一张王牌。

8月6日晚上，切尼从沙特给白宫打电话。此时是华盛顿时间下午3点整。国防部长告诉总统，沙特方面已经开绿灯了。下午4点，布什总统通过电话下达了施行“沙漠盾牌”行动的最后指令。1小时后，美国空军第一战术战斗机联队F－15C战斗机从弗吉尼亚州兰利空军基地腾空而起，飞向沙特阿拉伯。“沙漠盾牌”行动正式开始了。

情报战例之四：高科技卫星显神通

由于海湾战争的特殊性，在情报侦察方面，各种侦察卫星发挥了主导作用。海湾战争期间，美军通过国家侦察办公室，运用了美国现有的几乎所有型号的间谍卫星，其数量之大、型号之多，在人类战争史上是绝无仅有的。此外，战争期间，美军还大量使用了气象卫星、通信卫星和全球定位系统卫星等。

“锁眼－11”卫星及“锁眼－12”卫星完全覆盖海湾及地中海地区，可在1小时37分钟内飞越上述地区1次，每次可提供数百张分辨率高达15厘米的可见光图像。可使用红外多光谱扫描仪实施全天候照相侦察，使用侧视雷达拍下云雾遮挡下的目标并实时向地面传输图像。“锁眼－11”侦察卫星是当时美国最新型的数字成像无线电传输卫星，它不用胶卷而是用数字摄像机拍摄地物场景图像，然后把图像传送给地面。地面收看的效果犹如看电视片。它最早发现伊拉克军队向科威特推进的行动。更先进的“锁眼－12”侦察卫星，它的地面分辨率高达0.1米，足可以清点沙漠中伊军的坦克、帐篷和人员。这种卫星具有一种“斜视”功能，即当卫星不能直接飞越海湾地区上空时，也能通过改变其光学系统的指向来摄取旁边地域的图像。卫星上的红外设备还可以在夜间拍照。据称多国部队的飞行员在起飞执行任务前都要仔细观看和分析卫星拍摄的目标照片，以保证空中打击的最佳效果。

情报战例五：轰炸清单

“长曲棍球”合成孔径雷达扫描成像卫星，可透过云层、夜暗、恶劣气候进行全天候探测目标，还可透过沙漠等伪装探测地下10英尺深处隐藏的目标，如隐蔽的飞机库、地下掩体等。海湾地区地表沙漠多，最适合雷达全天候监视。“长曲棍球”侦察卫星是一种雷达成像型卫星，它与可见光照相侦察卫星不同，不受光照条件限制，可以昼夜工作，不间断地提供地面目标图像。这些卫星传回了大量数据，在处理、分析这些情报的美国图像照片判读中心里堆积如山，使情报处理人员每天工作长达18小时以上。经过处理的情报信息输入美国海、空军的导弹制导系统中，伊拉克一个个精心伪装的战略重地大多进了多国部队的轰炸清单。

情报战例之六：电子侦察情报

“大酒瓶”、“旋涡”、“弹射座椅”和“AFP－658”等电子侦察卫星使海湾地区的多国部队可以及时地直接接收电子侦察情报。伊拉克最重要的无线电通信波道全部被监控起来，包括萨达姆和共和国卫队高级指挥官使用的波道以及伊拉克其他军事指挥机构通讯网使用的波道。电子侦察卫星无线电信号截获率之高，使得萨达姆想要进行任何重大军事行动而不被美方得知，已经是难以办到的事情。一位退役的美国空军将领以一种夸张的口吻指出，美方对伊拉克的电子侦察异常严密，“甚至连伊拉克飞行员在待飞室中打开电动剃须刀的声音都可以分辨得出来。”

情报战例七：全方位监测情报

（1）水面水下情报

“白云”系列侦察卫星对海湾地区水面及水下舰艇雷达信号进行了有效的侦察截收，为海上封锁行动提供了准确的情报。

（2）地形情报

“陆地”卫星也为战斗行动提供了直接支援。当美军开始执行“沙漠盾牌”计划时，美军部队拿到的海湾地区地图都是10年前或30年前的旧地图。为了弥补这一缺陷，美军使用了多光谱图像“陆地”卫星系统拍摄该地区。按照卫星的图像，美国国防部测绘局于1991年1月15日前绘制了新的海湾地区地图，极其精确地标出了攻击目标。

（3）导弹预警情报

“国防支援计划”导弹预警卫星及时监视伊拉克军队导弹发射情况，并探测海湾地区上空飞行的战斗飞机喷出的尾焰。

情报战例之八："爱国者"拦截"飞毛腿"

海湾战争中，美国的"爱国者"导弹多次成功地拦截了伊拉克的"飞毛腿"导弹，从此揭开了反导弹时代。实际上，在"爱国者"导弹的背后，有美国导弹预警卫星所助的一臂之力。

位于海湾地区上空的"国防支援计划"预警卫星每12秒钟就对伊拉克扫描一次。当"飞毛腿"导弹刚发射升空，卫星即可观察到导弹发出的红外特征，并立即将信息传给位于澳大利亚的美军卫星地面站，同时通过通信卫星传给美国科罗拉多州的美国航天司令部预警中心。两地计算机将卫星侦察到的"飞毛腿"导弹发射数据与已掌握的发射红外特征和可能的导弹数据进行比较，算出弹着区，再经卫星传到沙特利雅得美军指挥部和"爱国者"防空导弹指挥中心。后来，美国为适应战时需要，对数据传输系统进行改进，将预警卫星获取的数据直接传给驻沙特和以色列的"爱国者"导弹部队进行处理，使预警时间由2分钟延长到5分钟左右。而伊拉克发射的"飞毛腿"导弹到达沙特或以色列的时间约为7分钟，因此有足够的时间进行有效的拦截。

海湾战争中，伊拉克累计发射"飞毛腿"导弹80枚，其中被"爱国者"导弹升空拦截掉的就达45枚，由于伊拉克导弹设备及人员技术水平较低等其他原因仅有1次"飞毛腿"导弹直接命中目标。"国防支援计划"导弹预警情报发挥了重大作用。

（五）海湾战争中的人力情报工作

1990年8月底，美军中央总部向派驻沙特的特种司令部下达第003—90号作战命令，其中对收集情报工作作出了明确的规定：

（1）搜集作战地区的气象、水文和地貌特征的资料数据；

(2) 从联军特种作战区域对伊拉克军队实施特种侦察；

(3) 收集伊拉克军事指挥部门和通讯中心的准确位置和布局；

(4) 搞清地下掩体的厚度、成份的精确数据；

(5) 发现并标示掩蔽政府和军事设施的伪装；

(6) 掌握伊拉克要员进入这些设施的确切时间。

在整个海湾战争中，特种作战部队的情报任务完成得相当出色：

A.1990 年 8 月 23 日至 9 月 12 日，海军第 1 特种大队为海军预置船在科威特朱拜勒港的顺利卸载，提供了全套的港口资料；

B.1990 年 12 月中旬，陆军第 528 特种空降侦察队从伊拉克发回有关伊拉克空军总部有 5 个地下掩蔽所的情报；

C.1991 年元旦刚过，第 10 特种作战大队 A 连向美军中央总部发来有关伊拉克南部桥梁架设同轴电缆的精确数据；

D.1991 年 1 月上旬，“海豹”大队发回了伊拉克 T—43 布雷艇的水雷情报；

E.1991 年 1 月，陆军第 5 特种大队的空降侦察特遣队 12 次深入科威特和伊拉克的纵深地域实施抵近侦察，为空降第 18 军和第 7 军的指挥官发回了重要的情报，其中包括有关进攻道路的土质分析，为确定重型装甲车辆是否可以通过提供了准确的情报。

参加海湾战争情报工作的“海豹”突击队的表现突出，被美国情报界称为“神出鬼没的海豹”：海豹突击队一共有 2 个小队即第 1、第 5 小队，它们分别由 2 个排的兵力组成。虽然名义上是海军的编制，但是它们却具有极强的两栖作战本领、高超的情报搜集能力。无论是在波涛汹涌的波斯湾，还是在渺无人烟的中东大沙漠，整个海湾战场几乎都有他们的足迹。

情报战例之一：打破伊军水雷封锁，情报作用巨大

(1) 扫雷情报

几个月来，由于伊拉克在海湾布下了大量的水雷，给多国部队带来很大的麻烦。尽管美国拥有许多高、精、尖的现代化武器，但却被那些漂浮在海上的孤孤单单的水雷弄得筋疲力尽。为了搞到水雷准确的参数情报，“海豹”突击队担负起了水雷情报的搜集任务。

根据卫星导航定位仪的显示，海豹突击队员在预定的作业地点，用红外夜视仪向附近海面搜索水雷，发现后将无线电测试仪安放在水雷上，位于陆上的基地，马上就收到了无线电测试仪发回的信号，准确地记录下了水雷的有关参数，并立即输送到相关的计算机里，为反潜直升机排雷提供准确的数据。

(2) 布雷情报

卫星传来的监听情报表明，伊拉克海军的T—34布雷艇，又将到科威特领海布雷。“海豹”队员立即乘坐直升机去侦察伊拉克海军布雷活动。

为了不使伊拉克的布雷艇发现美军的侦察活动，队员在到达预定水面之前，潜入到海中进行侦察

当伊海军的布雷艇从他们藏身的海面驶过时，他们从海下升起潜水照相机和录像机，开始搜集伊拉克海军布雷的详细情报，这次，“海豹”突击队一共获取了伊拉克海军的170枚漂浮水雷的详细情报。海豹突击队为美军在海湾战争中打破伊拉克水雷封锁提供了重要情报。

情报战例之二：收复海夫吉，情报是关键

1990年10月14日，沙特阿拉伯东北部的石油重镇海夫吉。

“海豹”突击队第1小队的一个排，奉特种司令部之令，进驻科伊边界沙特小镇海夫吉，协同沙特皇家部队，开始在海夫吉

以北哈利吉边防站一带执行边境侦察任务，通过直接观察，加强对伊拉克军队活动的情报搜集。

1991年1月29日午夜，正当多国部队持续对伊拉克实施强大的空中打击时，伊拉克一支由3个营约1500人组成的先遣队，以50辆T—55坦克为先导，分3路越过边境，向沙特境内的海夫吉推进。由于海夫吉早已无人居住，又无重兵设防，伊军先遣队的一路很快占领了海夫吉城，另两路到达该城附近地区。

30日凌晨，一支由MAX—30坦克和装甲车组成的卡塔尔车队顺公路北上，在海夫吉外围遭到伊军火箭筒、迫击炮和其他轻型火炮的拦截。此时，美海军陆战队的一支机动部队赶来增援，也遭到伊军炮火的猛烈射击。美陆战队、卡塔尔装甲车队以及后来赶到的沙特部队不得不向后撤了几英里。

面对暂时的受挫，美军中央司令部立即作出了强烈的反应，紧急调集兵力，增派作战飞机，准备夺回海夫吉。

就在这时，海夫吉前线又传来不幸的消息。

战斗中，美陆军特种作战大队的一辆装甲侦察车，被己方空军的一枚“小牛”导弹击中，车上7名负责收集前线情报的陆战队员无一生还。

此时，参加夺取海夫吉的A—10攻击机、“眼镜蛇”直升飞机正在从陆上机场、航空母舰的甲板上陆续升空。没有前线情报人员的侦察，这些飞机无法准确实施攻击。

指挥官们正在焦急之时，奇迹出现了。

位于伊沙边界阿尔阿尔的中央总部特种司令部战术行动与通信中心里，一台电台传出了“海豹”突击队发自海夫吉的情报：

“沙漠、沙漠！海豹以北T—55，集群坦克”！“海豹”突击队1小队的侦察人员在高频电话中急促地报告道。

于是，指挥中心又收到了海夫吉前线的情报，并及时将己方空军的有关信息，传送给“海豹”突击队，令他们负责为参加攻击的飞机提供伊拉克车辆运动的适时情报。

此时被切断退路的“海豹”突击队员顽强战斗，他们在一座楼顶上，继续坚持报告和提供伊军运动的适时情报。

战至31日，多国部队一共摧毁了近100辆伊军的坦克和其他战车，消灭近千名伊军，彻底收回了海夫吉，获得了后来地面大战前惟一一次“预演”的成功。

情报战例之三：控制石油外溢，情报指向目标

1991年1月25日，驻科威特的伊军根据萨达姆·侯赛因的命令，开始向海湾倾泻数以百万桶浓黑的原油。他们引爆了科威特全境的油井、输油管和炼油厂，致使大量原油外溢，七百多口油井燃烧起熊熊大火，向天空喷吐出巨大的火球。

一时间，海面上形成了大面积、厚厚粘粘的污油层；天空中带着毒气的浓密烟云，遮天蔽日，严重影响到多国部队军舰、飞机的活动。美军中央总部决定采用措施，控制石油外溢。

正在“突击者”号航空母舰上待命的第5“海豹”突击队，立即开始行动。

一架载有2名“海豹”情报专家的SH—3H直升机从波斯湾“突击者”号航空母舰上腾空而起，向受污染的海区飞去。

这种直升机装备有很强的情报搜集设备：与座舱仪表相容的夜视仪、AQS—13E有源吊放式声纳、AN/ASQ—81磁异常探测系统、声纳数据计算机以及AKT—2声纳数据网等。“海豹”情报专家向基地源源不断地输送回搜集到的情报数据。

2架F—111战术轰炸机，按照“海豹”发回的情报，飞临泄放原油的输油管上空，用两颗2000磅的GBU—15炸弹，准确

地摧毁了油泵系统及其输油管道，阻止了石油流入波斯湾海域。

以“海豹”突击队为代表的美军特种作战部队，在情报方面的出色表现，得到了来自各方面的高度评价。

（六）海湾战争中的高技术秘密情报战

海湾战争中，伊拉克的“共和国卫队”曾被军事评论界一致看好，被公认为是这次战争中的三支“雄狮”之一。然而，地面交战还不到100小时，就被多国部队打得溃不成军。

为什么这支在两伊战争中颇有建树的军队，在海湾战争中却毫无招架之力呢？原因就在于以美国为首的多国部队，除了在战场上占有绝对优势外，还采取了更加隐秘的措施，向伊军的高级指挥机关发动了一场秘密的反情报战，迫使伊军的高级指挥机关乃至萨达姆本人失去了对战场情报的了解，从而造成指挥失灵、60万大军群龙无首的败局。

据战后香港《大公报》披露：美国国家保密局在海湾战争中，第一次使用了刚刚研制出的一种名叫AF/91的病毒程序。这种计算机病毒是专门用来实施破坏伊军收集、传送和处理情报的计算机系统。它不仅能够破坏伊军的信息系统，而且还能用来更改伊军传递信息的软件，并且能够通过无线电通信系统移植到敌方的计算机上。

在技术情报方面，尽管伊拉克处于劣势，但它仍具有一定的实力：两架伊尔—76早期预警飞机，16个地面情报接收站及各种车载式机动窃听、测向和干扰系统。虽然这些设备大多是20世纪70年代中期根据苏伊签署的交流与援助协议，由前苏军情报总局提供的，但仍然能够较全面地向其指挥机关提供一定的技术情报。

为此，美国在策划海湾“沙漠风暴”计划时，就绞尽脑汁来对付伊拉克的这些情报设施。

1990年盛夏，位于约旦首都安曼的美国大使馆，由于海湾战争将要爆发，显得格外繁忙。在大使馆二楼一间密闭的机要通讯室里，计算机专家找到了伊拉克国家通讯网的接口。通过找到伊拉克的国际通讯网，军事情报专家就把这种代号AF/91具有神经网络细胞式的自我变异功能的计算机病毒输入进去，然后通过它又渗入到伊拉克情报部门的计算机网络，使它的系统功能发生紊乱，致使伊拉克的情报、指挥机关彻底瘫痪。

根据美国在战后的有关报道统计，到实施“沙漠风暴”计划之前，美国已经利用这种特有的反情报“病毒”，使伊拉克情报系统使用的半数以上的计算机遭到破坏，并且连伊拉克的战斗机上的计算机也感染上了这种病毒。美军有效地控制了伊拉克情报机关的活动，迫使伊军不得不依靠战术情报系统和人力情报来了解多国部队的情况。伊军统帅部几乎成了瞎子，他们纵有“雄狮”，也难免不陷入一败涂地的下场。

（七）美国国防部对海湾战争中的情报工作的评价

美国国防部致国会的最后报告附录了对联军的情报工作作出的总结：

“联军取得的压倒性胜利，在很大程度上归功于向决策人员提供的精确情报，在国家和战区更是如此”。

海湾战争中，联军的情报工作发挥了很好的作用。英国、加拿大和澳大利亚的情报官加入了美国中央总部联合情报中心，并与之完全融为一体。英国皇家空军根据战区的需求，分配GR—1照相侦察机的情报搜集任务；美国中央总部情报搜集管理人员还可以使用沙特的空中侦察能力；沙特皇家空军的 RF—5C 照相侦察机不仅在沙科和沙伊边界执行了监视任务，还在“沙漠风暴”行动中飞越伊拉克执行侦察任务。利雅得陆战队和沙特皇家空军的情报人员负责判读 RF—5C 侦察机所摄照片。其他联盟国家也提供了各自的情报系统搜集到的情报。

联军情报工作取得的成绩：

（1）为国家和战区决策人员提供的情报支援十分出色。

（2）由国防情报局、国家保密局和各军种情报部门的人员组成的国防部联合情报中心，向战区提供了统一的国防部情报，并协助消除了重复工作。

（3）中央总部联合情报中心为战区指挥官提供了有效的情报和损失判定。把联合侦察中心设在联合情报中心内可以根据战区和战术需求，有效使用战区设施。

（4）在整个战争期间，联合监视目标攻击雷达系统提供的有关敌地面部队的目标判定和情况数据十分有用。

（5）无人驾驶飞行器显示了其在搜集战术情报方面的价值。

（八）美军指挥官对情报工作的评价

（1）美军参谋长联席会议主席科林·鲍威尔上将在对国会议员提出的有关海湾战争中的情报工作时，作了总结。他认为：“从来没有哪位作战指挥官，能像我们的战场指挥官那样，全面而完整地了解其对手，沙漠盾牌和沙漠风暴行动的情报工作是非常成功的。”他亲自指挥了这场由现代化情报技术做支撑的海湾战争，对情报工作在现代战争中所起到的巨大作用，自然有一番更深切的感受。

（2）海湾战争的最高指挥官、美国陆军中央总司令部司令诺曼·施瓦茨科普夫上将，在国防部给国会的有关海湾战争的最后报告上，极为认真地写道：

“美国和联军部队，在沙漠风暴行动中，取得的巨大军事胜利和遭受的极小损失，应直接归功于针对伊拉克人的出色的情报工作。”施瓦茨科普夫上将的这一段话，为海湾战争中的美军的情报工作作出了高度的评价。

(3) 美国中央情报局副局长加里·福斯特，这位专门负责谍报方面工作的高级官员，对海湾战争中的人力情报工作自有一番独到的见解：

“海湾战争中，军方采取什么样的行动，在很大程度上取决于确实优于其他手段的人力的情报活动。实践表明，对于中央情报局来说，这在一定程度上是对以往做法的回归”。

(4) 在这前后，参加过海湾战争多国部队行动的其他一些国家，如法国、英国等也先后向外界披露了在海湾战争中卓有成效的情报工作。

(九) 新的军事变革对军事情报的影响

海湾战争大量使用高技术武器装备，开创了现代战争的新纪元，标志着战争已经进入了高科技信息时代。军事家们一致认为，未来的战争，特别是高技术战争，首先是从高科技发起，谁夺取了制高技术权，谁就掌握了制信息权、制空权、制海权和陆上作战的主动权，就能夺取战争的胜利。高技术情报侦察力量在保障战略和战术行动中的巨大作用和能力，被证明是从海湾战争中得出的重要经验之一。

三、科索沃战争中的情报工作

（一）科索沃战争

科索沃战争是美国操纵的北约集团打着维护“人权”的旗号，对一个弱小主权国家发动的侵略战争。

北约集团依靠绝对的军事实力和技术优势，向南斯拉夫联合实行了代号“联盟力量”的高技术空中打击行动。

科索沃战争历时78天，大体分为四个阶段：

第一阶段：争夺制空权阶段（1999年3月24日—3月27日），历时4天。北约重点打击南军防空系统、空军基地、指挥控制中心和通讯中心，以夺取制空权，削弱整个南军指挥控制系统。南奋起抗战，转入战时体制。

第二阶段：空中重点打击阶段（3月28日—4月4日），历时8天。北约重点打击南军防空系统、科索沃及附近的南军警部队，削弱南军作战能力。南调整作战方针，继续抗战。

第三阶段：全面打击阶段（4月5日—5月27日），历时53天。北约集团全面打击南各类目标，最大限度地削弱南维持战争的能力。南继续抗战。

第四阶段：以压促谈阶段（5月28日—6月10日），历时14天。北约继续保持空中压力，配合俄、欧、美三方斡旋，支援北约与南军事代表团谈判，确保取得科索沃战后事宜主导权，最大限度削弱南作战能力和战争潜力。南有条件接受北约和谈条件。

科索沃战争是继海湾战争后发生的一次高技术局部战争，是一次典型的高技术对中低技术的非对称战争，是一次以远程和高空打击为主的非接触性战争。科索沃战争中卫星情报侦察手段和技术日益成熟，精确情报的作用显得尤为突出。

（二）科索沃战争中的情报工作

在“联盟力量”行动中，情报支援发挥了至关重要的作用。这些情报准确提供了有关塞军部队配置及其防御设施位置的情报，并遂行了战场搜索与侦察任务。大量情报、监视和侦察系统被部署在欧洲战区或被用于为北约部队提供情报支持。这些情报被有效地用于作战行动的各个方面。

情报战例之一：满天卫星飞机侦察，提供精确打击情报

精确情报的内容包括按以下顺序进行的活动：(1) 对目标进行精确定位与识别；(2) 对遂行打击任务的兵力兵器实施灵敏的指导与控制；(3) 评估打击效果的等级。

以美国为首的北约为保障对南联盟的军事打击的顺利进行，动用了50余颗侦察监视卫星，直接参与了北约部队的侦察、评估、指导、协调等许多任务，并将所有先前公开的美国军用卫星的轨道数据加以保密，从而切断了技术高超的南斯拉夫情报分析人员、俄罗斯和其他同情塞族人的专家接触军用卫星坐标信息的途径。盟军各国的近百架各型侦察飞机也不停地在南联盟上空飞行，以获取各种相关情报。

情报侦察卫星所获的数字图像数据，包括南联盟军队调动、飞机起飞等方面的情报，用“跟踪与数据中继卫星”实时传至贝尔沃堡地面站，由地面图像判断中心分析处理后，及时传到指挥中心。因此，战斗任务可以准确迅速完成。美国防部在关于联盟力量行动的战后审查报告中讲：为了达成精确打击，需要拥有精确情报。在“联盟力量”行动中，我们的精确情报能力在使用精确弹药对塞方重要军事目标造成系统毁伤方面，发挥了重要作用。

情报战例之二：导航情报准确、轰炸目标精确

北约对南联盟实施的“联盟力量”空袭行动中，以美国为首的北约调用50余颗军用侦察卫星，在外层空间不间断地以情报侦察、指挥控制、导航定位等活动来保障空袭作战的进行。多国部队、诸军兵种、各种武器装备和各个作战区域形成了一个较为协调一致的整体，在陆、海、空、天、电、磁各个战场、多个领域的联合行动中，基本上形成了全方位、全时空的情报保障体系。在空前强大的情报力量支援下，首轮空袭的方式主要就是采用依靠卫星导航和制导的三种重型战略轰炸机的远程奔袭。

空袭首日2架B－2A隐形轰炸机以双机编队方式，从美国本土怀特曼空军基地起飞，长途奔袭1.6万余公里，依靠卫星导航，避开南联盟的雷达站和防空火力网，用32枚卫星制导的精确炸弹攻击了南重要目标。同时8架B－52战略轰炸机也从远在老挝的波莱古空军基地起飞，经过空中加油后，长途奔袭9200公里，进行跨洲际的远程攻击，分三个波次配合B－2A作战，主要从防区外发射由卫星制导的空地巡航导弹。

3月30日，5架B－1B隐形战略轰炸机参与作战。E－3预警机、EC－130空中指挥机等为空袭飞机提供警戒或通信指挥保障。包括B－52、B－1B、B－2A战略轰炸机在内的各种轰炸机投掷了“联合直接攻击弹药”、“联合防区外武器”、“感应引信武器”等新一代远程精确制导炸弹。由卫星制导的“联合防区外武器”精确地攻击了南联盟装甲目标。

情报战例之三：高科技并非万能，“土招儿”也能糊弄卫星

面对北约军队拥有当今世界最强大的高科技装备和技术，南军深知自己处于明显劣势。但是，处于劣势并不等于只有死路一条。训练有素的南军情报专家设法跟踪敌方卫星，伪装隐藏己方的目标，进行反卫星侦察；俄罗斯也加入了这场太空“捉迷藏”行动，动用了一颗数据式图像卫星和一颗无线电侦察卫星以监视北约的无线电通讯。

南军还用许多办法躲过了北约卫星的侦察。例如：目标处于静态，那么电子侦测系统就会成睁眼瞎；假如目标区域上空多云或者多烟雾的话，那么卫星就无法看到目标。

北约军队广泛使用的热成像系统可以侦测到不同物体发出的热成像信号，但却无法“看到”隐藏在树林里，躲在树叶下的坦克；虽然坦克的发动机即使在关着的情况下仍能在热成像仪上原形毕露，但是躲在常绿林中却丝毫显不出来。对付热成像仪最简单有效的办法还有：在坦克附近地区放上一盏燃油灯，热成像仪就会不知所措；打一发诱饵弹，雷达就会引着飞机攻击假目标；车辆、坦克、重型火炮还可以藏身于建筑群和丛林里。

但是，这些武器在一个地方隐藏的时间太长也不行：砍下的树叶时间长了会枯萎，颜色会发生变化；装甲部队所过之处多多少少会留下燃油的痕迹；坦克的发动机时间长了需要发动起来预热一番；无线电的配电池得重新充电。以上种种迹象都容易让“卫星”侦测到。

南军在战争中还储存了大量的食品、饮用水和油燃料，所以他们可以把大量的部队隐藏在卫星侦察不到的地方。

北约空袭南斯拉夫虽然长达78天，但是南军的指挥、控制、通信与防空系统只被摧毁20%左右，北约的飞机仍然不敢低空

飞行。这与南军灵活运用反侦察技术有很大关系，南军用了不少“土招儿”糊弄了北约侦察卫星。

北约除动用侦察卫星、侦察飞机等高技术情报手段外，传统的情报手段，如布置人力情报侦察，利用“科索沃解放军”为其提供情报等，也发挥了重要作用。

四、阿富汗反恐怖战争中的情报工作

（一）阿富汗反恐战争

阿富汗反恐战争，是美国针对以拉登为首的“基地”组织恐怖袭击而进行的一场典型的非对称战争。

阿富汗反恐战争从 2001 年 10 月 7 日开始至 2002 年 4 月基本结束，历时近半年。

以美国为首的多国部队先后调遣兵力 8 万余人，对阿富汗塔利班政权和拉登“基地”组织实施了代号为“持久自由行动”的军事打击。历经：1. 空袭行动；2. 城市争夺战；3. 特种作战；4. 大规模地面战等主要军事行动，推翻了塔利班政权，基本摧毁了“基地”组织在阿富汗的据点，建立了阿富汗政权。

阿富汗反恐战争是美国历史上的第一次反恐战争，也是美国继海湾战争、科索沃战争之后发动的第三场高技术局部战争。

（二）阿富汗反恐战争的导火索——“9·11”事件

2001年9月11日上午，恐怖分子在美国的3个机场同时劫持4架民航飞机，其中3架分别撞击了纽约的世贸大厦北楼、南楼和华盛顿的五角大楼这3座美国的标志性建筑物，数千人于瞬间死亡，两座摩天大厦在全世界众目睽睽之下轰然倒塌，这给美国和世界带来的巨大震撼，已经难以用语言表述。这就是震惊全世界的“9·11”事件。这一事件本身的突然性、严重性、震撼性，使人类对恐怖主义危害的认识更加深刻。

（三）阿富汗反恐战争中的高科技情报工作

“9·11”事件出乎全世界的预料，“9·11”之后的阿富汗反恐战争聚焦了全世界的目光。这场战争自10月7日开始之后，美军所采取的作战方法依然是“老三段”：巡航导弹空袭、精确制导炸弹轰炸、再辅以B－52轰炸机用普通航空炸弹进行“地毯式”轰炸，行动模式几近一场单方面的表演。

但令人难以置信的是，被各国军事专家普遍认为能够进行较长时间抵抗的塔利班，自从主动放弃首都喀布尔后突然呈现崩溃之势，这一点连美国人事先都没有料到。预期出现的地面部队重现坦克大战的壮观场面并没有出现。于是有人不禁感叹这是一个创造高科技军事奇迹的年代，这个奇迹的创造者，就是情报侦察卫星。

情报战例之一：急急忙忙发卫星，反恐关键在情报

美国国家侦察局于2001年10月5日从加利福尼亚州的范登堡空军基地，用“大力神－4B”运载火箭秘密发射了一颗高度先进的“KH－11”侦察卫星，以便在对阿富汗实施军事打击前对该国进行侦察监控。

美国国家侦察局指出，这颗侦察卫星将用来收集地面上的图片资料和电子信号。这颗侦察卫星配备有能够分辨出地面上10厘米见方物体的数字摄影机。美国这次发射的“高级KH－11”（KH意即“锁眼”）照相侦察卫星，是“KH－11”的改进型。该卫星设计寿命长达8年，机动变轨能力极强，加满燃料重达14至18吨，燃料用完后可由航天飞机进行在轨加注，具有无限制的轨道机动能力。在发射新卫星和调整在轨卫星后，美国的照相侦察卫星基本上可以每天两次（分别在上午和下午）从阿富汗上空过境。

除拍摄影像之外，美国间谍卫星还可截取手提电话、传真和电邮等，了解敌方通讯和行踪。美国联同多个国家设下拦截站窃听大量电话、电邮，遇上特定字眼如“拉登”，便予以拦截及细阅。

与此同时，面对日益临近的美国军事打击，俄罗斯也在积极准备发射侦察卫星。10月3日，俄航天兵司令别尔米诺夫向国防部提出建议，要求在美国对阿富汗采取军事打击前发射几颗非计划内的侦察卫星，以搜集相关情报。10月6日晚，俄从哈萨克斯坦共和国境内的拜科努尔航天中心用“质子－k”号运载火箭成功地发射了一颗“宇宙”系列军事卫星，其目的不言自明。

情报战例之二：近 100 颗卫星在为美军服务，天、地、人情报信息一体化

军事侦察卫星调遣一直是美国国防部的秘密。美国的战略分析家认为，国家侦察办公室和国家安全局所有的天基系统在阿富汗反恐战争的前前后后，都已经全部进入警戒状态，大约有近 100 颗卫星在为美国军方提供情报支援。

由美国太空司令部负责管理的全球定位系统，能使美军士兵在任何气象条件下，在地球表面的任何地方，都能够确定自己的坐标和精确时间，并获得相关的导航情报。美军使用全球定位系统军用精码标准保证了美军的攻击行动尽量精确无误。通过侦察卫星识别目标，低空飞行的“战斧”巡航导弹由卫星进行导引，可打击 1610 公里远的目标。

此外，战机内装备的安全语音通信信息系统使战机之间以及战机与地面之间能够互通情况，这都是用全球定位系统信号进行了同步协调。进入阿富汗的地面特种部队也依靠卫星提供信息、图片和指令，每名官兵的装备中都包括防水防震的全球定位系统收发器和高频率多频道保密无线电通话器。太空侦察卫星、空中战机、地面特种部队、单兵都用高技术装备，联成了一体，情报信息实现一体化。

情报战例之三：记者传输图片被截获，图片周围被导弹炸平

战地记者日裔美国人岛津洋一最近在清华大学讲学时指出，他最难忘的一幅摄影作品是塔利班的一个组织正在葡萄架下开会，讨论是否该交出拉登。但是，第二天，这个葡萄架就被一枚导弹击中，图片上的一些人物和周围的景象荡然无存。岛津洋一说，他传输图片的过程中，图片被美军截获，这使他们开始对媒体在战争中的作用感到惊讶。

情报战例之四：拉登仰天长叹，卫星难辨真假

侦察卫星虽然很厉害，但不是万能的。目前有四种公认的对付卫星的有效高招：一是“躲避”。在太空中运行的侦察卫星的数量有限，其一次飞越一个地区上空的时间不过十几分钟，而要想对同一目标重复侦察，少则需要10多个小时，多则数天甚至几周。惹不起，躲得起。若能计算出侦察卫星轨道并了解星载设备的情况，在其经过的时候尽量减少军事活动，即可避开卫星侦察；二是“善变”。侦察主要是捕促目标和环境之间的差异，如果能把目标融入周围环境中，水乳一体，卫星就很难打到目标了；三是“欺骗”。巧妙地隐真示假，可以瞒天过海，躲过侦察卫星的耳目；四是“反击”。将来有可能出现实用化的反卫星武器，直接摧毁侦察卫星或令其侦察设备致盲。

因此，美国侦察卫星要想在连绵不绝的山地上找出本·拉登藏身的洞口位置及人员这样的活动目标非常困难，况且，卫星侦察只能发现人员的存在，还做不到具体辨别其细节特征。而在阿富汗境内，武装人员和普通百姓衣着打扮基本差不多，活动方式和居住条件也一样。有人戏言：即使拉登仰天长叹，美国侦察卫星也辨认不出他的模样。

阿富汗环境相对单一，地面人员只要采取一些简单的防范措施，照相侦察卫星就很难展开正常工作，这使得寻找拉登更是难上加难。美国主要靠侦察卫星发现拉登及其手下的大致活动区域，再依靠空中侦察、电子技术侦察和地面特种部队的人力侦察锁定目标。

为此，美国国防部目前正秘密招募数千名科学家研发下一代间谍卫星网，当全部启用后，能够在任何时间对全球任何一个地

区进行高度精密的侦察和摄像，并且在未来数十年对美国情报搜集起关键作用。

情报战例之五：与地方老板合作，买断图像使用权

“9·11”事件发生后，互联网上就公布了“伊克诺斯”成像卫星拍摄的遭袭点的高分辨率照片。由私营空间成像公司拥有的“伊克诺斯”成像卫星能分辨出地球上1米见方的物体。商业间谍卫星一时名声大噪，多家提供商业地球观测服务的公司也乘机宣传。

确立反恐战争的调子之后，美国五角大楼就开始向一些商用卫星公司购买独家的对阿富汗的勘测影像图片，尽管美军方自身的卫星系统能获得质量更佳的图片。五角大楼发言人称，这主要是为了获得更多的额外的对阿富汗战区的跟踪记录，加强美军方卫星系统的能力。

最近美国国家图片与测绘局代表军方与空间成像公司签订一项协议，购买了“伊克诺斯”卫星拍摄的阿富汗战区图像的独家使用权。协议金额估计为数百万美元。军方此举可以说是一箭三雕：一是防止其他人窥视阿富汗战区的情况；二是对阿富汗增加监视；三是贯彻政府寓军于民的思路。其实，美国军事卫星的分辨率比“伊克诺斯”要高10倍，而且根据美国有关法律，布什政府完全可以国家安全为由，启动“快门控制”条款，阻止新闻媒体使用卫星图像。然而为使美国政府成为“一个负责的投资者、用户和太空工业的协调者”，买断的做法是再高明不过的了。

情报战例之六：卫星电话传递情报，真假难辨狂轰滥炸

阿富汗出现大量的卫星电话还真是离不开美国人，他们慷慨地将这种先进的通讯设备提供给反塔利班的各派军阀，并教他们如何使用，以便让他们向美国人提供有关塔利班和本·拉登的情报。

据报道，在阿富汗各派军阀中，是否拥有卫星电话已成为衡量他们的势力是否强大的一个标志，那些没有卫星电话的军阀被认为是弱小、无能的，因为美国人根本没看上他们，所以才不提供这种先进设备。而那些拥有卫星电话的军阀则趾高气扬、整天指挥着美军去轰炸他们发现的塔利班和拉登“基地”组织的目标。

当然，这些人品并不怎么好的军阀也经常滥用卫星电话传递假情报，借以报私仇、泄私愤，打击政治对手，致使许多并不是塔利班和“基地”组织的目标也遭到美军轰炸。

塔利班军事指挥官哈卡尼曾被认为是一名温和派人士，是美国分化、互解塔利班所争取的目标。但有一天，一名反塔利班的军阀用卫星电话向美国报告说，在喀布尔、加德兹、霍斯特有几处塔利班和“基地”组织的目标，美军轰炸机随即准确无误地对目标进行了空中打击。

而这边，哈卡尼早已恨得咬牙切齿，因为美军端掉的根本不是什么军事目标，全都是哈卡尼的住宅，是他这些年置下的产业。现在哈卡尼不再摇摆，而是坚定地站在塔利班最高领袖奥马尔的身旁。

一名替美国工作的阿富汗籍情报人员在匿名的情况下激烈地抨击了这种利用卫星电话公报私仇的现象。他说，在阿富汗卫星电话本来是一种谍报工具，现在却成了报仇的工具。而美国人“宁可错杀一千，也不放过一个”，只要有人报告哪儿有塔利班和“基地”组织的目标，便毫不犹豫地进行轰炸。

这名情报人员建议美国谨慎、谨慎、再谨慎，不要轻易相信这些情报，尤其是在阿富汗东部和南部地区，那里遭受的轰炸最为猛烈。他警告美国说，如果不改变不问理由就狂轰滥炸的政策，美国在阿富汗尤其是在普什图族聚居区只能播撒下仇恨的种子，将来能收获什么，只能由美国人自己去体会。

另一方面，由于卫星电话对阿富汗战事进展功效显著，塔利班方面在战前已经加大了对此的盘查。塔利班士兵在战争前期在坎大哈抓获一名拥有卫星电话的阿富汗人，并指控他为美国提供情报，指引美国飞机轰炸塔利班目标，并在第二天一大早就在坎大哈市中心的一个十字路口将这个人绞死了。

情报战例之七：威力无比的卫星导向炸弹

这次对阿富汗开战，美军所使用的武器堪称精锐，其中包括准确无比的卫星导向炸弹。专家说，这种炸弹无疑是现代最尖端科技的产物。这次使用的卫星导向炸弹共有两种：一种是统合直攻式炸弹；另一种是统合优势射程炸弹。统合直攻式炸弹是一种装有导向系统的炸弹，在导向仪器引导下可以准确命中目标。导向装置并且包含惯性导航系统，可以自动修正风力所引起的偏向误差。统合优势射程炸弹则是一种由飞机在安全距离发射的自动导向集束炸弹。这种先进炸弹由战机投射之后，就会如同滑翔一般飞向目标，然后在大约足球场大的面积内撒下许多小炸弹，杀伤力相当惊人。这两种导向炸弹即使在恶劣天气使用，命中率依然相当高，就是因为都配备了卫星侦察定位系统，依靠由侦察卫星群组成的全球定位系统制导，能准确地获知攻击目标的经度、纬度和海拔高度等攻击信息。

情报战例之八：车队移动可疑，拉登副手毙命

被称为是本·拉登副手的“基地”恐怖组织中的第二号人物阿提夫的死，到目前为止始终是一个谜。不过，美国刚刚公布的间谍卫星照片和一些电话记录却清楚地显示，阿提夫已经被消灭，而且他死于太空中侦察卫星。

在塔利班的部队撤出首都喀布尔时，美国的间谍卫星和侦察机几乎同时发现，其中的一支塔利班部队表现得特别可疑，它一直小心翼翼地移动着，似乎有意识地在避开北方联盟追兵及美国卫星和侦察机。美军立即怀疑那里有重要人物。一天之后，该车队在途中的一个小镇停下，作稍事休息。这天夜里，高空乌云密布，给美国进行夜间高空侦察提供了极为便利的条件。小镇上空一架美军"掠夺者"无人驾驶侦察飞机正在盘旋，它把夜视摄影机处于开启状态，并将镜头对准小镇内惟一的光源外——来自镇上一家小旅店三层楼房间里的灯光，看看到底是哪些人，并将现场的影像拍下通过卫星传送回位于美国佛罗里达州的中央指挥中心。

通过镜头、卫星和地面遥控系统，远在美国佛罗里达州的情报分析人员可以清晰地看到旅店外有戴头巾的男子在停放了一批卡车的地方紧张地交谈，交谈之中不时有人进进出出，整个大楼防守严密，似乎里面有重要的聚会和重要的人物。这时，在佛罗里达州的情报人员已经基本确认里面肯定是有不同寻常的大人物，可以实施攻击了。

在佛罗里达州的军方一线指挥员正准备下令配备两枚导弹的"掠夺者"号立即对目标进行攻击，但是就在这时，他们接到了后方指挥员的命令，要求他们放长线钓大鱼，继续让"掠夺者"号观测对方的一切举动；与此同时，美军方火速下令调派 3 架 F－15 攻击机，随时准备更加完备的攻击行动，彻底置对方于死地。

在一切部署完毕之后，五角大楼作出了开火的指令，随即佛罗里达州指挥中心向远在阿富汗的 F－15 战机和"掠夺者"号下达开火命令。3 架 F－15 战机立即各投下一枚重达 2500 磅的精确制导炸弹。在看到地面火光冲天之后，在附近飞行的"掠夺者"侦察机又对准目标，向停车场的汽车发射了两枚导弹以进行"补射”。顿时，在场的所有人身陷火海，不少人身首分离。近 100 人当场毙命，美国的间谍飞机拍下了现场的许多照片。

在实施打击之后，美军方其实并不知道这次攻击的效果和作用，而是塔利班方面向美国“提供”的可靠消息才使美军方确认阿提夫已被炸死。据披露，在这次袭击行动的数小时后，美军方从通讯中截听到一个从阿富汗发出的卫星电话信号，经过美方破译后，才知打电话的人是塔利班的一名特工，情绪异常激动和伤感的他，竟忘了应该遵守保密规定，直接在电话中披露了“基地”组织中有多名高层人员在攻击中阵亡，并点名提到 57 岁的拉登副手阿提夫也是死者之一。与此同时，英国军方也在随后截听到另一段对话，从另一个侧面证实了上述消息。

美国的卫星情报侦察系统显然在阿富汗反恐怖战争中发挥了重要的作用。

五、车臣反恐怖战争中的情报工作

（一）车臣反恐战争概述

车臣反恐战争是二战后俄罗斯国土上的第一场内战。

（1）第一次车臣反恐军事行动

1994 年 12 月 11 日，俄叶利钦政权下令出兵车臣，试图以武力平息车臣分离主义势力。经过二年多的军事较量，未能消灭车臣非法武装。终于在 1996 年 8 月 30 日签署了哈萨维尤尔特和平协议，双方同意 5 年后再确定车臣政治地位。1997 年 1 月 5 日，俄国防部宣布，俄联邦驻车臣联合武装力量全部撤离车臣。

（2）第二次车臣反恐军事行动

1999年8月，车臣非法武装侵入俄联邦达吉斯坦共和国，接连制造多起边境流血事件，再次掀起分裂浪潮。在遭俄军打击后，车臣非法武装又制造多起恐怖爆炸事件。为彻底铲除高加索地区恐怖暴力活动与民族分裂活动的策源地，俄再次派兵进入车臣，清剿车臣非法武装，建立新政权，取得了阶段性胜利。

(3) 俄军第二次反恐军事作战行动主要分两个阶段

第一阶段：（1999年9月17日—2000年2月6日）俄军对车臣非法武装采取大规模军事行动，直到攻占车臣首府格罗兹尼，并基本控制了车臣全境。

第二阶段：（2000年2月6日至今）主要任务是清剿残匪。目前还在清剿之中。

二次车臣反恐战争，虽没有彻底解决车臣问题，但取得了许多反恐经验，尤其是反恐情报工作，更值得总结。

（二）车臣反恐战争中的情报工作

情报战例之一：车臣“总统”在格希丘村外田野，当场死于移动电话

1996年4月21日晚，车臣“总统”杜达耶夫在车臣共和国西南部的格希丘村村外的田野里用移动电话打电话给“自由”广播电台。电话接通后，杜与电台记者的通话时间过长，俄“格鲁乌”情报人员迅速捕捉到了信号情报。24小时随时待命的携带空对地精确制导炸弹的俄军战机直扑目标。几分钟后，两枚俄制炸弹在距格希丘村1500米的地方爆炸。杜达耶夫当场被炸死。杜达耶夫的死因曾引得俄罗斯各界众说纷纭，猜测种种。后来还是杜达耶夫的遗孀在接受新闻记者的采访时向人们证实了杜达耶夫之死的真相：是杜氏的卫星移动电话泄了密，导致了他的死亡。

众所周知，俄罗斯在 1994 至 1996 年的车臣战争期间就使用了卫星情报侦察手段。1995 年秋。俄特工部门决心除掉当时的车臣非法武装头目杜达耶夫，但他嗅觉极其灵敏，行动变化莫测。一次，情报人员发现了他的藏身地，对他进行包围并在他住的房子上安了无线电指向仪，准确指定轰炸目标。俄军用导弹将这所房子炸得粉碎，但是他却神秘地溜掉了。后来又采用其他手段均未奏效，最后决定利用卫星跟踪系统，根据杜达耶夫卫星电话的电波找到他，再从飞机上发射激光制导导弹将其除掉。但是，杜达耶夫似乎对此亦有戒备，他用手机讲话从不超过 5 分钟。1996 年 4 月 21 日，他一反常态，电话交谈过了时。准确地说，是俄情报部门利用“内线”同他通话并故意拖延时间，结果杜达耶夫命丧黄泉。

杜氏使用的电话是由国际移动卫星组织主持开发的全数字式卫星移动电话。该电话向通信卫星发出的无线电波被俄军方情报部门的雷达截收后，俄军方情报部门通过对电波做光谱分析处理，将结果与早已储存在计算机中的杜氏的声音信息资料相比较，发现两者完全吻合，于是再利用先进的计算机技术将其锁定，准确地确定出通话者的方位，然后发射制导导弹将其击毙。杜达耶夫就这样在短短几分钟之内成了卫星情报及侦察系统的牺牲品。目前，车臣的战地指挥官，像巴萨耶夫和拉杜耶夫由于没有其他通迅设备可供选择，因此还在使用这种“朝不保夕”的通讯工具。

卫星移动电话是移动通信技术与卫星通信技术相结合的产物，从本质上讲，卫星移动电话是依靠电波来传递，而电波信号又是直接射向空中，在空中进行传播的，所以极易被情报部门截获。杜达耶夫之死就证明了这一点。

情报战例之二：车臣叛军获悉俄军谈话内幕，源于美国资助的监听设备

车臣反恐战争期间，车臣叛军经常炫耀他们是如何不费吹灰之力获取俄罗斯联邦军方谈话内幕的。实际上，监听俄军队通讯联络的先进设备都是来自美国，并得到了美国情报机构或明或暗的资助。

美国在电子监听领域处于领先位置，拥有世界上最先进的电子情报侦察系统，能够监听并截获全球信息。俄媒体透露，为了监控和截获俄境内的所有信息，美国家安全局在德国奥格斯堡附近建立了一个电子侦察中心，这是迄今为止美国在本土和世界各地所设的4000多个大小监听站中最庞大的海外监听中心。此外，从1996年开始，3颗美国国家安全局使用的高分辨率侦察卫星，每天两次扫描俄领土的任何一个角落。车臣反恐战争爆发以来，美国家安全局明显加强了对俄在车臣剿匪行动中通讯联络的监听。

1999年9月，俄军新一轮战争爆发以来，虽然俄联邦军队取得了在车臣领土上的制空权，并炸毁了车臣叛乱政府使用的无线电定位站，但俄军在空袭行动中也付出了重大代价。堪称“天之娇子”的苏－24、苏－25歼击轰炸机和多架武装直升机在车臣上空被击落，表明车臣武装分子并不是“待宰羔羊”，他们身后有外国势力给撑腰打气。据俄《今日报》、《独立报》等媒体报道，一些国家确实向车臣恐怖分子提供了先进的无线电台和电话，这些装备被用来指挥车臣叛军和游击队打击俄联邦军队。

一些国家很早就与美、英、法的情报机构签定有情报及先进情报器材的交换协议，并在车臣战场中充分享用了这些先进的情报技术。因此，从空上角度来说，俄罗斯情报人员在车臣战场上遇到了真正的敌手就不足为怪了。目前，俄罗斯军方已确认，俄先进的苏－24歼击轰作机被击落并不是偶然的，车臣匪帮确实使用了某个国家先进的电子信息技术和先进的情报技术。

通过车臣反恐战争，俄军方的确汲取了许多教训。他们已经意识到，在车臣面对的不仅是反恐怖分子，而且还要经常与某些大国的情报机关交手过招。对俄罗斯情报机构来说，如果车臣首先是一个看得见硝烟的战场的话，那么对于某些外国情报机构来说，则是其本国先进情报技术的实验场。

情报战例之三：恐怖头目逍遥法外，侦察卫星太空追匪

2000年俄军解放了车臣首府格罗兹尼，但巴萨耶夫等非法武装头目至今仍逍遥法外，并频繁制造恐怖事件，准备顽抗到底，搅得人心惶惶。目前，俄百姓特别是莫斯科等大城市的民众普遍担心恐怖主义活动再次抬头。许多人感到奇怪，为什么军方不采取对付杜达耶夫的办法，利用卫星跟踪、导弹袭击？

实际上，俄军借助宇宙侦察卫星的太空追匪行动一直在进行。20世纪50年代末60年代初，美苏便开始利用间谍卫星侦察对方，当时卫星只能分辨地球上1公里长的物体，后来发展到可以分辨汽车和坦克，近年又有了进一步发展。最近，莫斯科流传这样一个故事：一次，克林顿送给叶利钦一张卫星照片，上面是叶利钦在索契休假时所玩的网球。叶利钦也回赠克林顿一张照片，上面是美国运动场上一个只有网球三分之一大小的棒球。

据俄《共青团真理报》报道，军事情报卫星已经跟踪上了巴萨耶夫的通讯信号，马斯哈托夫、巴萨耶夫和哈塔卜等头目乘坐汽车的电子图像已被卫星捕捉到并输进电脑。据说，利用电子图像进行鉴别万无一失，即使几辆相同的汽车放在一起，电脑仍能辨别出所要打击的目标。那么为什么迄今俄政府却一直未能除掉心腹之患呢？有报道说，巴萨耶夫和哈塔卜等屡屡得以逃生，是因为他们多次得到情报并及时地变换了交通工具，而且从来不在同一个地方逗留超过 3 小时，才得以逃脱打击。

车臣反恐战争表明：任何国家在反对国内、国际恐怖主义的斗争中，最重要的是及时而准确的情报。

主要参考书目

《中国间谍全书》，桑松森等著，时事出版社，1990年6月第1版。

《秘密与民主》，〔美〕斯·特纳著，时事出版社，1989年5月第1版。

《西方工业间谍》，〔苏〕哈桑诺夫著，时事出版社，1990年6月第1版。

《CIA在古巴》，〔古〕莫尔拉等著，时事出版社，1990年7月第1版。

《日本情报机构秘史》，〔英〕理查德·迪肯，群众出版社，1985年5月第1版。

《情报战》，〔法〕皮埃尔·诺尔著，群众出版社，1988年5月第1版。

《反间谍战》，〔法〕皮埃尔·诺尔著，群众出版社，1988年6月第1版。

《谍海沉浮三十年》，〔加〕利奥·希普斯著，群众出版社，1988年7月第1版。

《苏军情报部内幕》，维克托·苏沃罗夫著，军事译文出版社，1985年11月第1版。

《D日谍影》，〔美〕《读者文摘》编著，军事译文出版社，1985年3月第1版。

《中国黑宝——谍海奇遇》，〔美〕亚德利著，军事译文出版社，1985年5月第1版。

《中央情报局人物志》，〔法〕阿兰·盖兰著，群众出版社，1984 年 4 月第 1 版。

《新谍报学》，〔美〕迈尔斯·科普兰著，群众出版社，1980 年 6 月第 1 版。

《安全信息系统》，〔南〕维丹·马尔科维奇著，时事出版社，1989 年 10 月第 1 版。

《秘密战》，〔美〕桑契·德·格拉蒙特著，群众出版社，1964 年 6 月第 1 版。

《美国情报界》，〔美〕杰弗恩·里彻逊著，时事出版社，1988 年 12 月第 1 版。

《社会科学情报学》，梁邻德主编，南京大学出版社，1988 年 12 月第 1 版。

《情报学概论》，严怡民主编，武汉大学出版社，1983 年 7 月第 1 版。

《情报研究》，蒋沁等编著，武汉大学出版社，1989 年 11 月第 1 版。

《中央情报局秘密活动》，〔美〕哈里·罗西兹克著，群众出版社，1979 年 9 月第 1 版。

《天鹅行动——一个情报人员的回忆录》，〔西〕冈萨雷斯著，世界知识出版社，1983 年 6 月第 1 版。

《军事谋略学》，陈维仁主编，国防大学出版社，1990 年 8 月第 1 版。

《我在埃及的间谍活动》，〔以〕沃尔夫冈·洛茨，群众出版社，1985 年 1 月第 1 版。

《情报生涯三十年》，〔美〕威廉·科尔比著，群众出版社，1982 年 4 月第 1 版。

《敌人在倾听》，〔英〕艾琳·克莱顿，解放军出版社，1983 年 1 月第 1 版。

《新情报战》，〔日〕朝日新闻社编，海洋出版社，1985 年 5 月第 1 版。

《谍海轶闻》，布 仁编，时事出版社，1989 年 12 月第 1 版。

《海湾战争全史》，军事科学院军事历史研究部著，解放军出版社，2000 年 12 月第 1 版。

《海湾战争》，军事科学院外国军事研究部译，军事科学出版社，1992 年 8 月第 1 版。

《高技术条件下陆军战役学》，陈勇、徐国成、耿卫东主编，军事科学出版社，，2003 年 3 月北京第 1 版。

《信息作战学》，戴清民等编著，解放军出版社，，2002 年 6 月第 1 版。

《科索沃战争》，军事科学院外国军事研究部译，军事科学出版社，2000 年 6 月第 1 版。

《知识战争》，崔永贵主编，国防大学出版社，2001 年 4 月第 1 版。

《国际恐怖主义与反恐怖战争》，中国现代国际关系研究所反恐怖研究中心编著，时事出版社，2001 年 9 月第 1 版。

《美军战役法研究》，杨士华著，军事科学出版社，2003 年 1 月第 1 版式。

《太空战争风云录》，陈宏、王震雷编著，友谊出版公司，2003 年 1 月第 1 版。

《反恐启示录》，杨晖主编，军事谊文出版社，2002 年 11 月第 1 版。

《情报与国家安全》，情报与国家安全课题组，时事出版社，2002 年 1 月第 1 版。

图书在版编目（CIP）数据

军事情报学／闫晋中著.—北京：时事出版社，2003
ISBN 978-7-80009-530-6

Ⅰ.军…　Ⅱ.闫…　Ⅲ.军事－情报工作　Ⅳ.E87

中国版本图书馆CIP数据核字（2003）第04148号

出版发行：时事出版社
地　　址：北京市海淀区万寿寺甲2号
邮　　编：100081
发行热线：（010）88547590　88547591
读者服务部：（010）88547595
传　　真：（010）68418647
电子邮箱：shishichubanshe@sina.com
网　　址：www.shishishe.com
印　　刷：北京百善印刷厂

开本：880×1230　1/32　印张：15.25　字数：378千字
2003年8月第2版　2011年7月第3次印刷
定价：29.80元